本書由香港青松觀資助出版

全真道研究

第一輯

趙衛東 主編

齊魯書社

圖書在版編目（CIP）數據

全真道研究. 第一輯/趙衛東主編. —濟南:齊魯書社,2011.11

ISBN 978 - 7 - 5333 - 2541 - 1

Ⅰ.①全… Ⅱ.①趙… Ⅲ.①全真道—文集 Ⅳ.①B956.3 - 53

中國版本圖書館 CIP 數據核字(2011)第 217307 號

全真道研究 第一輯

趙衛東　主編

出版發行	齊魯書社
社　　址	濟南市英雄山路 189 號
郵　　編	250002
網　　址	www.qlss.com.cn
電子郵箱	qlss@sdpress.com.cn
印　　刷	日照日報印務中心
開　　本	720mm × 1020mm　1/16
印　　張	21.75
插　　頁	3
字　　數	440 千
版　　次	2011 年 11 月第 1 版
印　　次	2011 年 11 月第 1 次印刷
標準書號	ISBN 978 - 7 - 5333 - 2541 - 1
定　　價	65.00 圓

《全真道研究》編委會

編者的話

近年以來,全真道研究成爲道教研究的熱點,研究隊伍不斷壯大,高水平學術成果層出不窮。然而,因各種條件限制,目前全真道研究中仍然存在着諸多亟待解決的問題。有鑒於此,香港青松觀在慶祝創觀六十周年之際,於2010年1月6日至8日在香港召開了以“探古鑒今——全真道的昨天、今天與明天”爲主題的國際學術研討會。這次研討會採取了命題作文的形式,根據目前全真道研究的現狀及存在的問題,會議擬定了“儒、釋二教對全真道的深刻影響”、“全真道與正一道、凈明道、民間宗教等其他道派之間的互動”、“明清時期的全真道及其社會影響”等三個議題,並根據以上議題確定了撰寫論文的最佳人選,最後共收到來自美國、法國、日本和中國香港及内地等國家和地區的十三位學者撰寫的學術論文。會議期間,不僅各位作者宣讀了自己的文章,而且會議還聘請了海内外知名的專家學者對每一篇文章進行了評議,並提出了修改意見,各位作者會後又對文章作了進一步的修改與完善。2011年1月15日至16日,由香港青松觀全真道研究中心、香港道教學院和山東師範大學齊魯文化研究中心聯合主辦的“全真道與明清社會國際學術研討會”在山東濟南召開。在這次會議上,青松觀決定創辦《全真道研究》輯刊,並以2010年香港會議的文章作爲《全真道研究》第一輯的主要内容,於是就有了本書的出版。

本輯所收的十二篇文章可以分爲三組。

第一組有三篇文章,主要探究的是全真道與儒、釋之間的關係。劉固盛的《全三教之真——以全真道老學爲視角的考察》主要從全真道老學的視角考察了全真道對道、儒、釋三教理論的採納與吸收。他認爲,全真道以“真常”概念釋老子之道是“全道之真”,對儒家綱常名教的容納和吸收是“全儒之真”,以佛教術語闡明道體、發明心性之學是“全佛之真”,總起來可以稱之爲“全三教之真”。李大華的《儒學如何進入全真教的思想世界》專門探討的是儒學對全真道的影響。他認爲，王重陽創立全真道之初就繼承了儒家的孝道觀念，但同時也導致了行孝與出家之間的矛盾。爲了解決這一矛盾，全真教把世俗社會中子女對父母的忠孝落實到徒弟對師父的盡忠盡孝上，並把做到忠孝視爲自身修煉的前提，從而將儒家的尊君、親上、仁愛和道教的遺世獨立、遐遁隱居等基本價值觀念融合了起來。孫亦平的《論全真道對佛教的藉鑒與吸收》以早期全真道爲例，從教義理論、内丹修煉和生活方式等不同的方面探討了全真道對佛教的藉鑒與吸收，從一個側面説明了佛教對全真道的深刻影響。

第二組有四篇文章，主要探討的是全真道與正一道、净明道以及民間信仰之間的關係。陳耀庭的《相互尊重，相互融合，共同發展——全真道和正一道互動關係初探》通過對全真道與正一道互動的歷史考察，得出了和則兩旺、争則兩傷的結論，並在此基礎上認爲，處理正一道和全真道之間的關係，必須保持相互尊重、相互學習、相互支持、相互融合的態度。黎志添的《廣東道教歷史要述——以正一派、全真教及吕祖道壇爲中心，兼論三者之間的互動關係》基於歷史文獻及田野考察兩方面的資料，描述和分析了現存廣東道教的三個主要地方道教傳統的歷史發展及現況。通過對廣東地區全真派道觀、正一派道壇及吕祖道院的研究，他指出，近現代廣東道教的歷史發展過程，一方面是以道觀的形式和祭祀儀式的活動來傳播道教信仰，另一方面，作爲一個清楚的中國宗教事實，道教在中國地方社會上又是通過火居道士爲民衆提供豐富的生命和習俗禮儀，而保持和延續其根深蒂固的宗教功能的。郭武的《明清净明道與全真道關係略論——以人物交往及師承關係爲中心》通過考察明清時期幾組道教信徒的交往情況及師承關係，發現了全真道受净明道影響的兩種不同模式，一種是雖未達到自覺，但能順其自然地"爲我所用"，另一種是雖然接受了"净明忠孝"之説，但又不願意完全放棄原來所學，而是試圖融合兩派的學説。趙衛東的《全真道與民間信仰之間的互動——以濟南長清馬山隔馬豐施侯廟爲個案的研究》以濟南長清馬山隔馬豐施侯廟爲個案，考察了全真道與民間信仰之間的互動，並得出以下結論：全真道與民間信仰之間具有不可分割的關係，當全真道與民間信仰能够做到和諧共處、互動互補時，雙方都會得到迅速發展；相反，當兩者有一方衰落時，另一方也必然受到影響。

第三組有五篇文章，主要探討的是明清全真道及其社會影響。張廣保的《明代全真教的宗系分化與派字譜的形成》綜合了近些年來國内外學者對若干全真教宫觀在明代的傳承譜系的個案研究，對明代全真教宗系分化的問題進行了系統探討，指出《諸真宗派總簿》、《宗派别》、《道教宗派》等一類在清代出現的載述全真教各宗派傳承譜系的派字詩,至遲可以追溯至明代中期,它的形成反映出明代全真道發展的一種新的趨勢。樊光春的《明清時期西北地區全真道主要宗派梳理》以通過田野考察所得來的西北地區現存全真道碑刻爲主要史料,考察了這一地區全真道宗派的分佈與傳播情況,並指出,全真道在西北地區的主要宗派是龍門、華山二派,最先出現的宗派名單是華山派,但近代以來龍門派在西北佔據主要地位。尹志華的《清代全真道傳戒初探》對北京白雲觀歷代傳戒律師的生平和傳戒次數作了考察,並介紹了北京白雲觀以外,清代全國各地道教宫觀的傳戒情況,最後還探討了全真道三壇大戒戒本的來歷與主要内容。劉迅的《護城保國——十九世紀中葉清廷抵禦太平軍時期的南陽玄妙觀》探討和研究了清代咸同年間太平天國戰爭時期南陽全真道玄妙觀在守護南陽城池的幾次戰鬥中所扮演的角色。通過研究指出,玄妙觀之所以效忠清廷並致力於守護南陽城池,不僅是由於其方丈張宗璿個人對於太平軍所懷有的厭惡,而更重要的是玄妙觀長期與清廷合作的傳統格局和其多年致力於地方社會的經濟和儀式生活的結果。高萬桑(Vincent Goossaert)的《金蓋山網絡——近現代江南的全真居士組織》對近現代湖州金蓋山全真道的狀況進行了考察,不僅介紹了金蓋山全真道的歷史,而且對其在周圍地區的傳播、信徒的社會背景與活動情況等進行了考察。以上考察表明,全真道在現代中國社會有着十分豐富和複雜的潛能,而且與其他形式的中國宗教有着多種多樣的聯繫。

需要特别説明的是,在2010年香港會議上,莫尼卡(Monica Esposito)也提交了題爲《清代全真教之重構——閔一得及其建立龍門正統的意願》的論文,本來也應該在本輯發表,但稿子交到出版社後,出版社認爲,該文章的某些内容和説法不適合在國内發表,要發表的話,就必須修改。然而,莫尼卡突然去世,使此事陷入困局,出於對她的尊重,我們又不便於修改她的文章,因此她的這篇文章暫不收入本輯。但我們一定會對文章作出妥善處理,以便給莫尼卡一個合理的交待。

最後,請讓我們對莫尼卡爲全真道研究所作出的突出貢獻表示最崇高的敬意,對其英年早逝表示最誠摯的哀悼!

目　録

全三教之真

——以全真道老學爲視角的考察

□劉固盛

摘要：本文在對現存清代以前全真道有代表性的解《老》著作進行考辨的基礎上，從全真道老學的視角分析其“全三教之真”的思想。以“真常”概念以釋老子之道，不僅揭示了老子之道在宇宙萬物中的根本性意義，而且從哲學的高度爲個人的性命修煉確立了一個本體依據，這就是“全道之真”；既對儒家綱常名教加以容納和吸收，又强調一個“真”字，對儒家倫理容易産生的虚僞進行有效矯正，這是“全儒之真”；藉用佛教的一些概念與命題以闡明道體，發明心性之學，這是“全佛之真”。“全三教之真”的要點，則是“引儒釋之理證道”，從而使全真道教義獲得新的突破。

關鍵詞：全真道　老學　教義

作者簡介：劉固盛，男，1967年生，湖南漣源人。歷史學博士後，華中師範大學道家道教研究中心教授，博士生導師。主要從事道家道教研究，已出版《宋元老學研究》、《宋元時期的老學與理學》、《道教老學史》、《老莊學文獻及其思想研究》等著作。

全真道自王重陽創建以來，以其有别於傳統道教的教制、教義而受到社會的重視，影響不斷擴大。而對於全真道教義的理解，關鍵在於“全真”二字①。“全真”之義可以從多個角度加以理解，但至少包括三教圓融的思想，即“全三教之真”。那麽，全真道是以何種方式、在何種層面證成三教圓融無礙的呢？對於這個問題，尚可以進一步探討。由於在全真道歷史上有多位高道注解過《道德經》，

① 熊鐵基先生認爲，“全真”之義，至少包括“全三教之真”、“全老莊之真”、“全心性之真”三個方面。參見熊鐵基：《試論王重陽的“全真”思想》，《世界宗教研究》2008年第2期。

並藉此發揮自己的思想,宣揚全真教義,因此,本文擬以全真道老學爲研究視角來分析全真道派是怎樣"全三教之真"的。

一、全真道的主要老學著述及作者

1. 李道純《道德會元》

李道純,字元素,都梁(今湖南武岡)人,號清庵,又號瑩蟾子,本爲道教南宗創始人白玉蟾的二傳弟子,後來加入了全真道,是一位兼具道教南北之學的著名高道。關於李道純的生卒年,史書上不見詳細的記載,任繼愈先生主編的《道藏提要》載其生卒年爲1219年至1296年①。而據李大華教授的考證,李道純的生卒年是一個難以推測的問題,現在能够確切知道的他的最早活動是元世祖至元戊子年(1288);元成宗大德三年(1299),李道純在鑾江中和庵寫下了《金丹妙訣》,同年還撰寫了《煉虛歌》,由此可見,李道純1299年尚在人世,而羽化的時間,則不會晚於大德丙午年(1306)②。李道純的著作頗爲豐富,撰有《三天易髓》、《全真集玄秘要》、《中和集》、《清静經注》、《道德會元》等多種,門人柴元皋輯其語録編爲《清庵瑩蟾子語録》六卷。

李道純所著《道德會元》之篇首提到,"至元庚寅孟夏旦日,都梁參學清庵瑩蟾子李道純元素序",可知《道德會元》的完成時間爲至元庚寅即1290年。其注釋《道德經》之目的,是要"俾諸後學密探熟味,隨其所解而入,庶不墮於偏枯,會至道以歸元也"(《道德會元序》)。李道純的老學思想鮮明地反映了道教南北二派的立教宗旨。儘管南宗和北宗在立教宗旨上有先命後性和先性後命的區别,但其最終主旨均在於性命雙修。在闡道立教時,兩派又都會融了禪宗與儒學的一些思想資源,體現出三教合一的共同特點。因此,李道純在解釋本派最高經典《道德經》時,也體現出性命雙修、三教會通的特色。

2. 鄧錡《道德真經三解》

在道教史上,鄧錡的名字並不爲人所熟知,甚至可以説知道的人很少。詹石窗教授較早注意到鄧錡其人,他在《南宋金元的道教》一書中考證出鄧錡爲道教南宗實際創始人白玉蟾之二傳弟子,"亦爲南北之學匯合之一大代表"③。另元代

① 任繼愈主編:《道藏提要》,北京:中國社會科學出版社,1991年,第1203頁。
② 參見李大華:《李道純生平事迹與著述考》,《中國道教》2009年第4期。
③ 詹石窗:《南宋金元的道教》,上海:上海古籍出版社,1989年,第134頁。

前期有散曲作家鄧玉賓、鄧玉賓子,《太平樂府》録有其散曲多首,或以爲是一人,或以爲是父子兩人,甯希元先生在其《元曲五家雜考》①一文中考出鄧玉賓、鄧玉賓子與鄧錡實爲同一人。他説:"最近,檢有關金元全真教史料,於《道藏·洞神部·玉訣類》改字號,有《道德真經三解》一書,凡四卷,洋洋五萬餘言,署'玉賓子鄧錡述'。披閲之下,觸目動心,始知玉賓子實爲鄧錡習隱之道號。……據此益知《太平樂府》之作者題名,並不規範。所録鄧錡之作,未書本名,卷一作'鄧玉賓',卷三作'鄧玉賓子',都是一個曲家的作品,只是由於本名不彰,纔引起我們的誤會。其實,'玉賓子'呼作'鄧玉賓',猶如丘處機道號長春子人稱'丘長春',馬鈺道號丹陽子人稱'馬丹陽'一樣,都是金元間習慣稱呼,不足爲異的。"又據元代鍾嗣成的《録鬼簿》,鄧玉賓被列入"前輩名公樂章傳於世者"中,主要活動爲元世祖至元末年(1294)至元文宗天曆(1329)之間,並説他曾官"同知",甯希元先生據元人張伯淳《蒙養先生文集》考知鄧玉賓做的是嶧山同知②。黄卉《鄧玉賓和元代道情散曲》③一文對鄧錡其人有進一步的考述,指出鄧錡在青壯年時代,應該是個飽學詩書並有雄心大志的人,所以在元世祖時期走上了從政之路,以期實現自己濟世撫民的抱負,並且做到了"同知"這樣一個官職。後"急流中棄官修道"(鄧玉賓《中吕·粉蝶兒》),遠俗離塵,於林泉丘壑間修心養性,學道求仙,成爲一個虔誠的全真教徒,"玉賓子"是他棄官修道後的"道號"。黄卉的推測應該是符合實際情況的。鄧錡通道慕仙的思想旨趣,在其散曲《後庭花》中有很好的體現:"閑吟嘯嫌喧鬧,曾不掛許瓢。存機要閑玄妙,調二氣走三焦。天壑曜,地海潮,人山嶽,對銀蟾徹絳霄。則這的便是玄關一竅,了性命的修真道。"

由此看來,鄧錡與南宗二傳弟子李道純一樣,同樣是學兼南北、具有很高修養的全真道士。鄧錡現存散曲小令四首,套數四套,另有《道德真經三解》四卷。書前有鄧錡自序,時間爲大德二年戊戌秋日,可知《道德真經三解》完成於大德二年即1298年。其序稱:"今以《周易》、《論語》之暇,幸有餘力,謹依《道德》章句,别爲三解,是知天地大,造化一,出於聖人無爲而爲者矣,其旨不亦遠乎?一解經,曰:惟以正經句讀增損一二虚字,使人先見一章正義,混然天成,無有瑕讁。二解道,曰:宜述天地大道,始終原反,其數與理若合符節。三解德,曰:交索乾坤,顛倒水火,東金西木,結汞凝鉛,一動一静,俱合大道。凡五萬餘言,名曰《三

① 甯希元:《元曲五家雜考》,《首届元曲國際研討會論文集》,石家莊:河北教育出版社,1994年。
② 甯希元:《元曲五家雜考》,《首届元曲國際研討會論文集》。
③ 黄卉:《鄧玉賓和元代道情散曲》,《中國道教》2004年第2期。

解道德經》。"所謂三解,即在綜括經文大意的基礎上,再分道與德兩個層面進行解釋。從德的層面來看,顯然鄧錡是主張用丹法解《老》的,並且以張伯端内丹思想爲宗,由此上溯鍾、吕及劉海蟾;而從全書基本内容來説,鄧錡還是以全真爲主旨,南北之學由此合而爲一。

3. 程以寧《太上道德寶章翼》

程以寧,號復圭子,生平事迹不詳,其老學著作爲《太上道德寶章翼》。據劉仲宇先生考證,程以寧爲婺源(今屬江西)人,生於嘉靖初甚至更早至正德年間,本爲儒生,中年開始學道,大約在五十歲後正式加入道教。《太上道德寶章翼》常引李清庵之説,且稱爲"清庵李祖",而李清庵, 即李道純,原係白玉蟾弟子王金蟾門下,入元後自稱全真弟子,爲南宗併入全真的代表人物之一。程以寧既稱李清庵爲祖,則應屬於全真之傳,可能已經正式皈依爲全真弟子[①]。程以寧的著作,除了《太上道德寶章翼》外,尚有《南華真經注疏》等。此兩種老莊學著作,自問世以後即得到很高的評價,如鄒忠允爲《南華真經注疏》作序云:"昔朱紫陽注經書,爲千古之的解,今復圭子注疏《道德》、《南華》,亦爲千古之玄解。兩者皆新安人,故予序之爲並不朽云。"程以寧與朱熹爲同鄉,故有此一比。當然,程注的價值是否真的能與朱熹著作媲美,這個問題可以討論,但客觀地説,程以寧的老莊學研究是有特色和成就的。

《太上道德寶章翼》從書名上看似乎是專門闡發白玉蟾《道德寶章》的著作,其實不然,該著只有少部分地方對白玉蟾的注釋進行了疏解,其主要内容還是程以寧對《老子》的直接注解和發揮,同時還徵引了其他許多解《老》者的注文,所以也可以認爲這是一部集注。從徵引的學者如嚴遵、陳景元、蘇轍、李道純、薛蕙、釋德清、焦竑等來看,該著是儒釋道兼採,並且很注重發揮《老子》書的義理。當然,該著又是一部用内丹功法解《老》的代表作,可以説是一部道、術結合得較好的老學著作。而該著引録了《道德寶章》全文,並且於開篇全文摘引李道純《道德會元》中的《道》、《德》、《經》三論,又徵引《道德會元》第八十一章全部注文作爲該書的結尾,由此可見程以寧對道教南宗一系老學思想的推崇。

4. 潘静觀《道德經妙門約》

潘静觀,全真道龍門派第五代弟子,晉陵(今常州)人,清康熙年間道士。關於潘静觀的生平事迹,罕見史書記載。《道藏輯要》本《太乙金華宗旨》後跋按語

① 參見劉仲宇:《内丹家眼中的莊子——復圭子程以寧〈莊子注疏〉簡論》,《全真道與老莊學國際學術研討會論文集》,武漢:華中師範大學出版社,2009 年。

説:"此經於康熙戊申蒙孚佑上帝垂示人間,其時受法弟子爲潘易庵、屠宇庵、莊惺庵、莊誠庵、周野庵、劉度庵、許深庵七人。"而此書前有潘易庵序,云:"憶自戊申冬,我純陽祖師,傳示'宗旨',同盟七人,再拜而受,七人之外,無傳也。其奥旨不過一二語,全不涉語言文字。"潘易庵即潘静觀①。《太乙金華宗旨》雖託名吕祖所著,但實際上它應該是清初全真道龍門弟子的作品,潘易庵屬龍門派静字輩,爲第五代。又據朱元育《參同契闡幽》之序,順治十四年丁酉(1657),他"挈門下潘子静觀習静華陽,兼覽《道藏》,信手抽出《參同契》一函,快讀數過。……遂禁足結冬,日誦正文一兩章,與潘子究其大義,令筆録焉。深山静夜,秉燭圍爐,兩人細談堂奥中事,思之不得,鬼神來告,久而豁然貫徹矣。更八十晨昏,草本乃就,題曰《闡幽》。"朱元育即朱雲陽②,屬龍門派第四代,爲潘静觀之師,《參同契闡幽》由朱雲陽口授,潘静觀記述而成。從序言可以看出,潘静觀深得其師的器重。

潘静觀很有才學,與清初大儒李二曲有過交往,並有詩文贈答。據《二曲集》記載,康熙十年(1671),李二曲應常州知府駱鍾麟之邀前往常州講學,當地學者名流紛紛與其交遊,一時盛况空前。李二曲返程時,郡人極力挽留,潘静觀亦出山固留,並致書曰:"竊聞大道之興廢,全賴唱導之一人。此一人者,固造物篤生,以爲天地立心,生民立命,爲一切人起死回生者也。先生崛起關中,昌明正學……道駕甫到敝邑,春風一披,勾萌畢達,上至達官貴人,下逮兒童走卒,無不傾心歸命,自非一點真機鼓舞,何以致此!此山野觀所竭蹶而未逮,望塵而恐後者也。夫斯人皆吾與,宇宙總一家,亦何必終日戚戚,思戀故鄉,棄從遊於中道耶?"③除此書外,潘静觀還有詩相贈:"忽枉名賢共訂盟,離群此日悵遄征。皋比江左初談道,夫子關西舊有聲。長夜發蒙雙眼豁,千年希聖寸心明。春深無恙歸帆穩,緑樹青山贈遠行。"④從上述詩文可以看出,潘静觀是一位有寬廣胸懷和高遠氣象的道士,在常州很有名望,與李二曲也頗爲投緣。

又《藏外道書》第11册《邱祖全書》内收録有《邱祖語録》,後面附有潘静觀

① 《二曲集》卷十《南行述》:"客至,概不之見。其往來榻前盤桓者,唯楊雪臣先生諱瑀,龔浪霞先生諱百藥……潘易庵先生諱静觀……諸名德。"參見李顒:《二曲集》,北京:中華書局,1996年,第82頁。

② 閔一得本《太乙金華宗旨》第八章:"朱子(雲陽,諱元育,北宗派)嘗云:瞎子不好修道,聾子不妨。"

③ 李顒:《二曲集》,第84頁。

④ 李顒:《二曲集》,第90頁。

序一篇，署名“皇明永樂十三年龍門弟子潘静觀拜序”，其言曰：

長春《遺録》一篇，所説皆無上妙道。大約令人不歷階級，直下見性，不但絶無從上龍虎鉛汞諸家丹經伎倆，亦絶近來葛藤公案諸家語録習氣，確是我祖最後微言，不可思議者也。其徒珍藏之，但傳高足，勿落人間，是以世人罕聞罕見。今所傳者，乃龍門嫡嗣碧虚張祖得諸其師，而手授我雲陽老師者也。我師自得此篇後，默默行持，不輕示衆，即不肖觀，從之二十餘載，未嘗寓目，其秘可知也。歲在丁未，上邱祖法相，閣上光明焕發，因而法會雲集。一日，我師忽出是篇，示二三同志曰：此無上法寶也，子輩珍藏勿泄。觀一見不勝驚喜，頂禮拜受而卒業焉。……蓋祖書傳世者，向來有丹經、語録兩種。丹經半爲旁門附會，頗失其真。其不雜者，僅得《青天歌》一篇。語録雖與馬、譚諸真並存《道藏》中，今世所傳者，寥寥數則而已，未若是篇之洞明宗要，字字金針，得者可以印心，未得者可以悟入，爲能當機而破惑也。……惺庵莊子因讀此録，忽有所悟，遂發願付梓流通，公其海内，雲陽師笑而諾之。豈非因時赴感，迎機啓化，有不知其然而然者耶？觀遵師命，董校正之役，謹述緣起，用告同人。

此序内容，大體可信。對於《邱祖語録》的來歷，日本學者森由利亞先生認爲非丘處機及其弟子所著，而是明代以後龍門派弟子所造，而趙衛東則指出，《邱祖語録》雖然因史料缺乏而不能直接斷定爲丘處機所作，但至少可以斷定其反映了丘處機的内丹思想，極有可能是在口口相傳中經過了很長時間，最後纔在明末清初形成文字①。其實，兩人的觀點並不矛盾。據潘静觀之後序，《邱祖語録》由其師朱雲陽所傳授，並由其同門莊惺庵付梓流通，此點應該可信，但朱雲陽是否直接得之於龍門嫡嗣張碧虚呢？從時間上看，康熙年間的朱雲陽應該是没有可能的，所以森由利亞認爲此《語録》爲明代以後龍門派弟子所造，有一定的道理。當然，縱使是明清之際的龍門弟子所造，仍然可能反映丘處機的某些思想。由此看來，潘静觀之後序署其時間爲永樂十三年（1415），顯然是假託，而這一時間上的矛盾，恰可看出《邱祖語録》晚出的痕迹。

至於潘静觀所撰《道德經妙門約》，乃經過了其弟子顧日融的删削整理。據

① 參見趙衛東：《由丘處機到〈太乙金華宗旨〉——全真道龍門派内丹思想的形成與發展》，《道學研究》2008 年第 2 期。

顧日融於康熙己卯(1699)所作序言,他在整理此注時,“採先生者十之七八,而間入愚意者十之一二”。全書分上、下兩卷,前有“《道德經》源流”,簡述《道德經》的流傳情況;接爲“《道德經》提綱”,論述道、德之關係。注解即以道、德二字爲綱領,認爲“道以德而圓成,無終不成其爲始;德從道而建立,無始不成其爲終”,全注順暢可讀,頗具見地。

5. 宋常星《道德經講義》

宋常星,號龍淵子,山西人,爲全真道龍門派第七代弟子。宋氏歷順治、康熙兩朝,在朝廷供職三十餘年,先後擔任國史館總裁、都察院都御史,兼經筵講官、侍讀學士,於康熙十八年(1679)告老還鄉,專修清静無爲之道二十餘年,内功圓滿,特著《道德經講義》,大約在康熙四十二年(1703)由其子宋家廉進呈康熙皇帝①。從上面的經歷可以看出,宋常星是在致仕還鄉後的晚年加入了全真道,成爲龍門派弟子。康熙皇帝見到《道德經講義》,十分讚賞,遂令雕版印刷此書,並親自爲之作序,其序云:

> 朕久欲效黄帝故事,訪道崆峒。今得此項講義,崆峒之言,悉在是矣。爰《道德經》,自歷朝以來,注釋是經者無慮數十百家,雖衆説悉加於剖析,而群言莫克於折衷。朕素欽前國史館總裁……元老故臣宋龍淵所注《道德經講義》,其言洞徹,秘義昭融,見之者如仰日月於中天,悟之者如探寶珠於滄海,因此特命鋟梓,用廣流傳。凡宗室皇胄暨文武臣工均皆敕讀。果能勤誠修習,獲最勝福田,永臻快樂。敕書爲序,以示將來。

康熙敕令皇親國戚、文武大臣均須閱讀《道德經講義》,足見他對此書的重視。又九門軍都楊桐所撰《考證經注序》云:“山西名士宋龍淵先生,沉潛於道,念有餘年,專心致志,開示後學。分章逐句,無不詮解,可謂致詳且盡。”由此看來,《道德經講義》在當時的影響是較大的。

由於宋常星具備較高的文化素養,晚年皈依玄門,潛心學道,又獲得了具體的修煉經驗,因此,他對《老子》的詮釋具有自己的特色,並達到了較高的理論水準。

6. 劉一明《道德經會義》與《道德經要義》

劉一明(1734~1821),號悟元子,别號素樸散人,山西平陽曲沃人,全真道龍

---

① 以上事迹均見康熙《御製道德經講義序》。

門派第十一代弟子，是一位著名的道教理論家和內丹家，也是繼王常月後在乾隆嘉慶年間全真龍門派中最有影響的人物之一。其著述甚富，主要有《周易闡真》、《孔易闡真》、《陰符經注》、《修真九要》、《參同直指》、《悟真直指》、《會心內集》、《會心外集》等。劉一明還兼通醫術，是當時著名的醫學家，著有《眼科啓蒙》、《經驗雜方》、《經驗奇方》、《雜疫症治》等醫書。其主要著作在嘉慶年間彙刻成《道書十二種》。

《道德經會義》成書於嘉慶六年(1801)。分章作注，先校版本異同，再述經義。同時認爲《道德經》通行本分爲八十一章，未必完全符合老子之義，且分章解之，上下文意有不連貫之處，至於分爲道德上下二經，亦爲不妥。然而，八十一章之分法，由來已久，故仍然遵循，而道德上下二經的分法則不取，其書卷二至四十一章止，卷三從四十二章始。從思想内容來看，劉一明認爲，《道德經》一書無所不包，或言天道，或言聖道，或言王道，或言用兵道，故不可執一事而注釋。但他作爲方外人士，則主要從修身之道而言之。所以其解《老》大旨，則在於闡發性命之道。

劉一明於嘉慶六年(1801)完成《道德經會義》後，恐讀者無從下手理解該書主旨，故就《道德經》每章以數語指其大要，並附七言絶句一首，言簡意賅，"使初學者一見了然，不犯思索，可於要義而得其解義矣"，是爲《道德經要義》。

7. 李西月《道德經注釋》

李西月(1806～1856)，字涵虚，號長乙山人、紫霞洞主人等，清代内丹西派的創始者。李西月自稱於道光初遇張三丰，接着又遇吕洞賓，兩位祖師授其内丹法訣，他據此創立了新的内丹派别。由於張三丰屬全真教派，吕洞賓爲全真祖師，因此，儘管李西月並不拘於全真教規，但仍然可以視其爲全真一系。

其《道德經注釋》，全書不分卷數，逐句作注，加以眉批，以内丹性命解《老》，並認爲老子之道"内以治身，外以治世"，是研究李西月道教思想尤其是内丹功法的重要材料。

二、全道之真

全真道學者在闡發《老子》思想時，有一個共同的特點，即普遍以"真常"概念以釋老子之道。真與常兩者是相輔相成、不能分割的，非真則不可常，非常則不能真，真常纔是道。用"真常"解釋老子之道，較爲確切地把握住了道的特性與内涵，這就是"全道之真"。

鄧錡在《道德真經三解序》中指出:“老氏一書,真常爲主。解者悉與道德混而爲一,不知賓主上下,以致諸儒妄生異議,無區以别矣。今也先述真常三百字,以擬《陰符》之數,列於序次,庶使後之談《道德》者不遠迷其復矣。”鄧錡認爲,《老子》書的思想主旨就是“真常”二字,但是歷來解《老》者很少有人將這一主題提煉出來,由此造成主次顛倒,主旨不明,以至衆説紛紜,令人不知所從。爲了改變這一現象,讓解《老》者、讀《老》者有所遵循,鄧錡首先撰寫了“真常三百字”,以明《老子》之旨趣。其言曰:

> 真常之常,常謂之常;常真之真,真謂之真。真常在道,無所不抱;真常在德,無所不則;真常在命,無所不定;真常在性,無所不應;真常在理,無所不紀。天地未始,真常真止;天地既終,真常真空。萬物負陰而抱陽,聖人以之而有常;大道能敝而不新,聖人以之而有真。使真有形,無方而虚;使常有名,無體而居。道常無爲而無不爲,道真虚隨而無以隨。聖人登極即真,與道合真。上下無常,動静有常。乾始能以美利利天下,不言其所利;水能以美利利萬物,不言其所德。有爲而爲之失真,勿用之反常。日月相推而明生,寒暑相推而歲成,是以真常無形名。天道無言而告功,地道無成而代終,是以真常不虚空。虚空相襲,天地無實;無虚無實,復歸無極;無極無遍,真常乃寂。真常之寂,窈無所寂;無寂之寂,真常乃息。真常之息,窈無所息,無息之息,了不可得,了不可失,是以真常不虚息。

“真常三百字”可以説是鄧錡解《老》的一個思想總綱,具體推究,主要包括以下幾方面的内容:

其一,真常無所不在。“真常無形名”,然而“真常在道,無所不抱;真常在德,無所不則;真常在命,無所不定;真常在性,無所不應;真常在理,無所不紀”。也就是説,真常作爲道的化身,雖然無形無名,不可捉摸,但它又無所不在,具有最大的普遍性。

其二,真常是宇宙萬物的本體。道爲什麽能够決定一切呢?是因爲具有真常的特性。德爲什麽能够成爲普遍的法則呢?也是因爲它是真常的具體呈現。生命又怎樣去穩定呢?還是要向真常靠近。而宇宙的運行,季節的更替,萬物的變化,所謂“日月相推而明生,寒暑相推而歲成”,都是真常在起作用。但是,真常並非絶對的虚空,“天道無言而告功,地道無成而代終,是以真常不虚空”,真常雖然不可見,但又是無爲而無不爲的。

其三,真常是生命的本質狀態。生命的本性就是真,“真常在性,無所不應”,所以得道之士不會爲表象的東西迷惑,能够“去彼之幻,取此之真”(《道德真經三解》第十二章),而如果“以妄爲常,則以欲竭其精,以耗散其真,是以凶也”(《道德真經三解》第十六章),“心君以真氣平百脈,其邪不神。使邪得神,何病不生?全真廢矣”(《道德真經三解》第六十章)。修道者應該固守本原,不失其真。

其四,與道合真是修煉的最高境界。鄧錡指出:“萬物負陰而抱陽,聖人以之而有常;大道能敝而不新,聖人以之而有真。”聖人爲體道者,而道的表現就是“真”,所以“聖人登極即真,與道合真”。與道合真即達到了生命的極致,是修道者的終極追求。這一生命理想,鄧錡在《老子》第十一章“當其無有室之用也”的注文中也表現了出來:“性命兩全,神形俱妙,變變化化,與道合真。”類似的思想,在《道德真經三解》中還有多次出現,如:

> 堅固精粹,壽千萬劫,然後遣其幻妄,一歸真寂,變變化化,與道合真。(《道德真經三解》第二十章)

> 大音希聲,龍吟虎嘯也。大象無形,與道合真也。(《道德真經三解》第四十一章)

> 躁勝寒,火水未濟也。静勝熱,水火既濟也。清静爲天下正,形神俱妙,與道合真也。(《道德真經三解》第四十五章)

真即是道,修道即是修真,而與道合真,便可實現生命的超越。

由於老子之道玄之又玄,難以言表,所以每一個解《老》者都有各自的理解與詮釋,鄧錡用“真常”釋道,牢牢抓住一個“真”字,從宇宙的存在、萬物的變化到生命的修煉等多個層面展開對道的闡釋,自有其合理之處。同時,鄧錡的真常理論反映出了全真道的立教傳統。鄧錡在《老子》第四十二章的注文中說:“先師有云:捉住虛空一點真,萬古千年終不朽。”如何達到生命的不朽?那就是要在虛無變幻中抓住一個東西——真。鄧錡明確指出這是師傳的法門,也即是全真道之教義與精神。

從老學史的角度看,比鄧錡略早、屬於同一師門的著名全真道士李道純也是真常理論的宣導者。詹石窗教授曾用“無名之道真常化”一語概括李道純之老學大旨,指出“李道純以‘真常’立宗,這也是一種理論上的昇華,比起過去的老學來,他的最基本的概念顯得更抽象概括,更富有思辨色彩"①。顯然,鄧錡解《老》受到了李道純的影響,並對真常理論加以進一步的强調,更加清楚地反映出了全真道老學的致思特點。由於鄧錡、李道純均爲飽學之道士,在他們的影響下,以致形成了一股風氣,即全真道的學者解《老》,大都以真常爲宗,明清以後的全真派學者,大抵不會例外,宋常星的《道德經講義》當屬典型代表。

宋常星解釋《老子》首章"道可道,非常道"云:

道之一字,先天先地之先不爲先,在後天後地之後不爲後,最極最大,最細最微,無方圓,無形象,大無不包,細無不入。極大,尚有可量,極細,尚有可指,惟道極大不可量,極細不可指。乃是至妙至玄,無極太極之大道也。可道二字,凡落於言句,便是可道。真静悠久,謂之常,可道之道,即非真常之道也。

道可以分爲兩種,即可道與常道,凡落於言句者爲可道,而不可言説、無所不在、至玄至妙者爲常道,即真常之道。對於真常之道的特點,宋常星從多方面進行了描述:

鴻濛未判之始,道之本體,無方所,無形狀,耳目不可及,言問不能到,如雲出岫,拿捉不住,似月印潭,摸索不得。是故放之則彌滿六合,斂之又全無朕兆也。(《道德經講義》第十四章)

大道之實際,祖萬物而不祖,宗萬物而不宗。五太之先,不古不今,三才之後,無先無後。其實際之妙,若言無,却又無而不無,無物不有,無時不然,雖視之不見,聽之不聞,妙有自然之機,實未嘗無也。若言有,又未嘗見其有,空空洞洞,不有朕兆之可觀,渾渾淪淪,未見象狀之可指。輔萬物之自然,其自然之隱妙,可以神會,實不可以言傳也。立天地之大本,其大本之實理,可知其有,不可見其有也。是故乾坤内外,大主宰,大體用,造物化物者,道也。大千法界,大圓滿,大本根,無欠無餘者,道也。(《道德經講義》第十六章)

上述注文,對道的抽象、玄妙、圓滿進行了全面的描述,反映出宋常星對老子之道的理解是比較深刻的。他又注第三十二章説:"切思道之實際,本無名象,本

① 詹石窗:《南宋金元的道教》,第135頁。

無朕兆，不變不易，能常且久，莫可見聞，莫可名狀。雖然不可名狀，無而不無之真無，索存極妙，有而不有之實理，渾然全具，是以謂之道，是以謂之常，是以謂之無名，是以謂之樸。謂之常者，大道攸久之妙也；謂之無名者，大道微妙之機也；謂之樸者，大道渾全之理也。”宋常星認爲，道本不可名，但爲了把握道之要義，又不得不使用一些概念如無、樸、理之類來稱謂之，而在各種與道相關的名稱中，“真常”二字應該是最切近道之本意的，所以他説：

真常之道，得之於天地，天地可以常久；得之於人物，人物可以常久。知常是人，果能至此，可與大道同體，可與造物同遊矣。(《道德經講義》第十六章)

大道本是不變不易，真常之妙理。不有不無，不色不空，是謂性命之元，是謂萬化之本。(《道德經講義》第三十七章)

真常之道，即天地之心，造化之本。人能知此復命真常之妙，可通天地之微，可了生死之事。(《道德經講義》第十六章)

老子之大道既是宇宙之本體，又是性命之本原，而道的根本性含義，全在“真常”二字之中。真常之義，涵蓋天人，一切衆生，均有真常之性，修道之人，當以真常爲本，“倘若不悟真常，不窮歸根之理，不究復命之要，縱欲敗度，不當動而妄動，失正求邪，不可作而妄作，禍之來也。”(《道德經講義》第十六章)因此，“修道之人，若能取身中之金玉，養性命之真常，身外之金玉，視若塵囂，此心自然清净，知止知足，不貪不妄，用之不窮，守之不去矣。”(《道德經講義》第九章)

真常之道的特點之一是真。在宋常星看來，真爲老子思想中最重要的元素之一，所以老子之“玄”是“至真至常，渾化無端”，“又玄”是“真之更真，確之更確”，修道者應該“觀於無而識玄之妙，觀於有而識玄之真”(《道德經講義》第一章)，追求“真知”、“真智”、“真識”、“真味”、“真心”、“真性”、“真體”。爲了説明真的重要性，宋常星又引古道經云：“天得其真故長，地得其真故久，人得其真故壽。”(《道德經講義》第三十三章)對修道者來説，“真”是一種擺脱了世俗欲念干擾、不爲外物所累、純粹自然的境界，如果體會到了大道之真，不僅壽命可以延長，而且可以超越生死，正如三十三章注文所言：

妄心既死，法性自然真常，是以自古聖人，不以死爲死，而以不明道爲死；不以生爲生，而以明道爲生。大道既明，身雖死，而真性不死，形雖亡，而真我不亡，所以我之法性，不死不生，不壞不滅，無古無今，得大常住，雖不計其壽，而壽算無窮矣。

這裏提到，儘管人的肉體生命是有限的，但人的真性、真我是永恒的，所以只要把握住了大道之真，便可以“不死不生，與天地爲一”（《道德經講義》第三十三章）。

真常之道的特點之二是虚。宋常星指出，“大道之體，以虚爲體。”（《道德經講義》第四章）道是宇宙萬物之本原，萬物非道而不生，非道而不成，非道而不有，非道而不立。道如此神奇的創造力，乃來源於其虚的特性：“語大天下莫能載，語小天下莫能破。蕩蕩無邊，無聲臭之可聞；空空無際，無朕兆之可見。”（《道德經講義》第四章）正因爲道體虚無，故有生生之妙用，對此，宋常星反復加以强調：

無者，虚也。虚能容物，虚能生物，天地萬物，俱從虚無中生將出來，所以爲大道之本元，天地萬物之根本。（《道德經講義》第十一章）

其本體之妙，不塞不礙，虚靈而不可象；不有不無，神妙而不可窮；至神至靈，至虚至妙，是以謂之若沖。因有大盈若沖之妙，所以用之於天，天之道不窮；用之於地，地之道不窮；用之於人，人之道不窮；用之於物，物之道不窮。（《道德經講義》第十六章）

致虚者，天之道也；守静者，地之道也。天之道若不致虚至於至極之際，則萬物之氣質不實；地之道若不守静至於至篤之妙，則萬物之生機不有。是故虚者乃造物之樞紐，静者乃品匯之根柢也。天地有此虚静，故日月星辰，成象於天；水火土石，成體於地。象動於上，故萬物生焉；體交於下，故萬物成焉。所以虚静之妙，無物不禀，無物不受。出入陰陽，昇降造化，與萬物並作者，皆是此虚静之妙。（《道德經講義》第四十五章）

以上對虚的闡釋，可以説抓住了老子之道的關鍵所在，而虚又往往與静聯繫在一起，無論天道、地道還是人道，都是“以虚静爲本”的。

真常之道的特點之三是和。“大道之用，以和爲用。”（《道德經講義》第四章）道生天生地，涵育萬物，總是體現出和的特性，和也可以理解爲和氣，宋常星指出：“和者，天地之元氣也，得此元氣，天地自位，萬物自育，大道可入矣。”（《道德經講義》第四十二章）和又常與沖聯繫在一起，所謂“沖氣以爲和”，對老子的這一著名命題，宋常星解釋説：

> 沖者，沖之於和也，不沖則不和，是故陰陽内外，若無沖氣以和之，則陽氣不能變，陰氣不能合，雖有負抱之理，終亦不能生成矣。譬如苗而不秀，秀而不實，即是不得沖氣以和之也。故曰：萬物負陰而抱陽，沖氣以爲和。沖者，虚也；沖氣者，虚中谷神之氣也。得其虚氣，則陰陽變合之妙，自然和而爲一；萬物造化之機，自然入於無間。以天地之谷神，合萬物之谷神，以天地之沖和，合萬物之沖和，此所以有生生之妙也。（《道德經講義》第四十二章）

沖即虚，虚與和即道之體與用，在道生萬物的過程中，兩者是缺一不可的。對於修煉者來説，其理相同，修道之人若能得此沖和之氣，“天根自見，月窟自明，五氣自然朝元，陰陽自然反復。久久行之，何患道之不成，丹之不就乎？”（《道德經講義》第四十二章）所謂“修丹與天地造化同途”，宋常星正是抓住一個“和”字，以此溝通天人，闡發内丹之理。對於和的意義，他在第五十五章之注中進一步闡發云：“和者，太和之氣也。在天地，爲陰陽之正氣；在人身，即是谷神之元氣。身中之造化，由此氣而生；性命之根基，由此氣而立。純純全全，至柔至順，謂之和。”注文表明，太和之氣貫通天、地、人，天得之則清，地得之則寧，人得之則性命雙修，金丹可成。

從鄧錡、宋常星等全真道學者對《老子》的詮釋來看，他們對真常之道的闡發，不僅揭示了老子之道在宇宙萬物中的根本性意義，而且從哲學的高度爲個人的性命修煉確立了一個本體依據。他們的詮釋，既體現了全真道學者解《老》的一貫傳統，同時又賦予了“真常”範疇更加豐富的含義，由此反映出全真道學者在詮釋《老子》過程中所作的理論探索。

三、全儒佛之真

全真道是主張三教合一的，這毋庸置疑，如王重陽詩云：“儒門釋户道相通，三教從來一祖風。悟徹便令知出入，曉明應許覺寬洪。精神氣候誰能比，日月星辰自可同。達理識文清净得，晴空上面觀虚空。”（《重陽全真集》卷一，《孫公問三教》）認爲儒道釋三教乃是一家，可以融會貫通。柳存仁先生曾説：“王嚞（重陽）教旨的倫理性比宗教性來得强，它强調老子傳統中的純净及緘默，另外再加上忠孝的觀念，反映了中國人的民族意識。"①所謂倫理性，即指儒家的忠孝觀念之類，將儒家倫理與老子思想結合在一起，確是全真道的基本特色之一。因此，在全真道老學中，所謂全儒學之真，首先表現爲對儒家綱常名教的容納和吸收。如宋常星的《道德經講義》便對儒家倫理道德加以肯定，他注《老子》第三十八章説：

未有天人之先，其至誠無妄者謂之道。受命於天，全之於性，得之於心，謂之德。至公無私，生理常存者，謂之仁。有分別，有果決，當行則行者，謂之義。天秩之品節，人事之儀則，有文有質，恭謹謙讓者，謂之禮。此五者，乃是治國齊家之達道，修身立命之本始也。

注文肯定了儒家仁、義、禮的合理性與存在的必要性，並且與老子之道可以保持一致，即："道德仁義，愛民親賢，皆正道也。自古治國者，未有不以正；君臣父子，無不行之以正；禮樂尊卑，無不導之以正。民心之天德，由正而復；國家之風俗，由正而純。道德既能行於中外，仁義自然化於鄉邦。"（《道德經講義》第五十七章）

其次，全真道學者解釋《老子》時，引入全真道的教義，强調一個"真"字，對儒家倫理容易產生的虛僞進行有效矯正。如宋常星注第二十八章説：

聖人既爲天下式，爲君者，守其君之式；爲臣者，守其臣之式；爲父者，守其父之式；爲子者，守其子之式。黑白當然，不起好惡之情；知守一致，忘乎去就之想。則君臣父子之天理成全，上下尊卑之天德完具。真常之德，人人同知，人人同守，民無異俗，國無異政，未有差殊而不齊者也。

在宋常星看來，聖人之無爲，同樣是離不開儒家的三綱五常、上下尊卑之"天理"的。值得注意的是，宋常星引入了"真常之德"的概念，這便是真常之道的具體落實，儒家的倫理道德由此得以與道家精神相圓融。

劉一明解《老》時，同樣認爲老子之道與儒家倫理並不矛盾，他説：

自然之道，無理不具，無事不通，乃大道也。大道不仁而至仁，不義而至義，不智而至智，不慧而至慧，不孝而至孝，不慈而至慈，不忠而至忠，統仁義

① 柳存仁：《道教史探源》，北京：北京大學出版社，2000年，第274頁。

智慧孝慈忠，而一以貫之，非一仁一義一智一慧一孝一慈一忠而執於偏者也。(《道德經會義》第十八章)

既然自然之道包含仁義禮智，那老子爲什麽又説"大道廢，有仁義"呢？對此，劉一明有他的解釋：

所謂大道廢有仁義者，非外仁義也。智慧出有大僞者，非外智慧也。六親不和有孝慈者，非外孝慈也。國家昏亂有忠臣者，非外忠臣也。蓋自然大道，爲仁義智慧孝慈忠之始母。若廢其始母，以之行仁義則仁義無本，不出於自然，是勉强仁義，故曰大道廢有仁義；以之用智慧則智慧無本，不出於自然，是大僞智慧，故曰智慧出有大僞；以之行孝慈，則孝慈無本，不出於自然，即不和孝慈，故曰六親不和有孝慈；以之爲忠臣，則忠之無本，不出於自然，即昏亂忠臣，故曰國家昏亂有忠臣。然則仁義智慧孝慈忠臣，皆當本乎自然之道也。順其自然，則一真而七者皆真；逆其自然，則一假而七者皆假。道也者，須臾不可離也，豈可廢之乎？(《道德經會義》第十八章)

大道是仁義禮智之始母，如果離開了道，仁義禮智便失去了本根，不再合乎自然，不再是真正的仁義禮智了，而成了"勉强仁義"、"大僞智慧"、"不和孝慈"、"昏亂忠臣"。所以，在踐履道德的過程中，順道而行，一真而皆真；逆道而行，一假而皆假。由此看來，欲全儒學之真，當順道之自然。

劉一明進而指出，老子所言"絶聖棄智"、"絶仁棄義"之類，並不是真正要否定聖智仁義，而是由於廢棄大道，聖智仁義皆不自然，出於勉强，假而不真，不如絶而棄之：

蓋絶聖棄智者，無思無爲，不但己之神氣有養，即推之治民，而民各安生理，其利百倍矣。絶仁棄義者，無假仁假義，不但己之天真不失，即推之化民，而民不昧本性，皆復孝慈矣。絶巧棄利者，無機謀貪圖，不但己之意念清静，即推之感民，而民皆守本分，盜賊無有矣。……能見素抱樸，是得其始母，私不期少而自少，欲不期寡而自寡，久之無私無欲，渾然道氣，不聖而至聖，不智而至智，不仁而至仁，不義而至義，不巧而至巧，不利而至利，是謂真聖智，真仁義，真巧利，絶假復真，棄文就質之功，大矣哉。(《道德經會義》第十九章)

劉一明認爲，儒家的綱常名教，容易造成虚假和虚僞，所以要絶假復真，恢復真聖智，真仁義，真巧利，自然民心自安，民風自樸，社會和暢，家國穩固。可以看出，劉一明此解，確體現出了"全真"的精神。

全真道不僅試圖恢復儒家綱常名教之真，同時對佛學進行了抉擇和吸收，這一點在其老學中也有體現。全佛之真，主要表現在以下兩個方面：

其一，闡明道體。

既然老子之道"微妙玄通，深不可識"，很難用語言來具體描述，那麽又怎樣對它進行詮釋和把握呢？全真道學者藉用一些佛教的概念以幫助説明，收到了明顯的效果。試以潘静觀《道德經妙門約》第一章的解釋爲例，他説：

> 這個道體，先天地而無始，後天地而無終，亘古亘今，不變不易，一切人物，本來具足，無欠無餘，雖千聖出世，未嘗增得一毫頭，即三途中人，亦未常減得一毫頭，合天地人物，總在生生化化之中，莫可方物，無有窮期，此所謂常道也。道本無名，强名曰道，即所謂常名也。常道常名，古今人物，由行其中，不免仁智見生，名言紛起，莫不以爲可道而可名矣。不知真常之道，正在千變萬化之中，真常之名，迥出語言文字之外，則雖率由莫外而朕迹不留，動静弗離而言思道斷。故曰道而可道，則非常道矣；名而可名，則非常名矣。

潘静觀用"真常"來説明道的永恒性與普遍性，同樣顯示了全真道士解《老》的一貫特點。而世人不識真常之道體，拘泥於名言智故，因而無法徹悟大道，獲得解脱。接下來，潘静觀對有和無進行了闡釋：

> 然於無可道無可名之中，而强爲之安名立號，則或謂之無，又或謂之有。其所謂無者，蓋言此真常之體，原空空洞洞，而兩儀即於此造端託始，而無不終無也，故即無而强名曰天地之始。其所謂有者，蓋言此真空之中，又無所不有，一切人物，莫不從此中絪緼化育，而生生無盡也，故即有而强名曰萬物之母。由此觀之，真空即是妙有，妙有亦即真空。吾於真常之道而言其無，非僅以觀其無也，正欲以觀其無中生有之妙也；於真常之道而言其有，非僅以觀其有也，正欲以觀其自有還無之徼也。

有和無是老子哲學中兩個極重要的哲學概念，無是天地之始，有爲萬物之母，但怎樣理解始與母、無和有的内涵與關聯呢？潘静觀援引了佛教中的真空妙有進行闡發，無爲真空，有爲妙有，真空非空，妙有非有，真空是從體上講，妙有是從用上講,兩者是一不是二,所以真空即是妙有,妙有亦即真空。由此推之,觀妙即指無中生有,觀徼乃是自有還無。通過這樣的解讀,老子的玄妙之道頓時變得清晰起來。潘静觀接着説:

自世眼觀之,有對無而成兩,妙對徼而成兩,似乎明相熾然。若以道眼觀之,則有無妙徼,總是空明,有何實體?蓋兩者名雖異而所出則同,自其同者言之,則不謂之無,謂之有,謂之妙,謂之徼,但謂之玄而已。夫五色至玄而亡,謂之玄,則固非世眼所能觀,即道眼亦可忘乎其爲觀矣。到此則有無雙泯,妙徼齊融,朕迹不存,絶人指視,誠玄之又玄矣。抑知玄之又玄,即萬有所從出,而爲衆妙之門乎?神龍無首,獅子迷蹤,大用現前,不存軌則,此真常之道所以不可名言,不容思議也。

本段注文,藉用佛教"空"的概念以及中觀學中雙遣雙非的思維理論,以明真常之道體。用世眼觀道,那是入道的門徑而已,而對於道的體認,則不能僅僅停留在觀的層面,因爲停留於觀,就是執於觀,便無法體會道之自然,只有以道眼觀之,雖名爲觀,實忘乎觀,有無雙遣,妙徼圓融,於是可見空明之道體。

其二,發明心性。

全真道學者解《老》,除了藉用佛教的一些概念與命題以闡明道體,還有重要的一點,那就是援禪入道,發明心性之學。試以李道純《道德會元》爲例,該著從形式到内容都有禪意。在形式上,李道純在每章注文後面附上一段頌語,總結該章大旨,大類禪旨。例如:

鐵壁千重,銀山萬座。拔轉機輪,驀直透過。要知山下路,但問去來人。(《道德會元》卷上)

泥牛喘月,木馬嘶風。觀之似有,覓又無蹤。清庵掛杖子,畫斷妙高峰。(《道德會元》卷上)

可道非常道,無爲却有爲。爲君明説破,衆水總朝西。夜來混沌顛落地,萬象森羅總不知。(《道德會元》卷下)

這些頌語頗有韻致,意趣高遠,極似佛禪之偈頌。至於頌語的作用,李道純已交代得很清楚:"遂將正經逐句下添個注脚,釋經之義,以證頤神養氣之要;又於各章下總言其理,以明究本窮源之序;又於各章後作頌,以盡明心見性之機。"(《道德會元序》)可見,頌語的重要意義,就是要通過類似禪偈的語句,使人自行領悟,以達明心見性之效。

從内容上看,李道純把心性之説與《老子》之道論相融合,具有禪的特點。李道純藉《老子》闡發他的性命雙修思想,而關鍵又在於一個"心"字,他在《道德會元·究理》中説:"無欲者,無心作爲自然也;有欲者,有心運用功夫也。無爲則能見無名之妙,全其性也;有爲則能見有名之徼,全其命也。有與無,性與命,同出而異名,同謂之玄,玄之又玄,有無交入,性命雙全也。"李道純認爲老子的無欲、有欲,無爲、有爲,講的就是性命雙修。而在修煉的過程中,必須"先持戒定慧而虚其心"(《中和集》卷四),也就是説,性命雙修應以修心爲先。這一思想在《道德會元》中有鮮明的體現,如第九章頌云:"急走不離影,回來墮土坑。只今當脚住,陸地變平沉。若解轉身些子力,潛藏飛躍總由心。"又如第十一章注云:"以輻輳轂,利車之用,即總萬法歸心,全神之妙也。輻不輳轂,何以名車,法不歸心,無以通神。"萬緣萬象,萬事萬法,均離不開心。對心的重視,乃是禪宗本色,例如元代著名禪師明本就説:"禪何物也?乃吾心之名也。心何物也?即吾禪之體也。"(《天目中峰和尚廣録》卷五)突出地體現了禪宗以心性爲本的特點。李道純則云:"道不異於人,人自以爲異。一佛一切佛,心是如來地。"(《道德會元》卷上)與明本所言一致。李氏認爲,心是如來,佛存於心,因此要覺悟大道,心不能纖毫有染,如果心有一塵染着,即是本性未明。而從道教的立場看,修道煉丹的玄機秘訣也同樣在於明心見性:"若是個信得及底,便能離一切相,了一切法,直下打並,教赤灑灑、空蕩蕩地,潛大音於希聲,隱大象於無形,則自然形神俱妙,與道合真也。"(《清庵瑩蟾子語録》卷三)

怎樣纔能做到明心見性呢?一方面,李道純突出了一個"忘"字。他注《老子》第二章云:"忘其善惡,忘其有無,忘其難易,忘物忘形,忘情忘我,忘其所自。一切忘盡,真一常存。"又注第五十六章云:"無言無見,無争無事,無我無人,一以貫之,忘情忘形,忘物忘機,忘有忘無。一切忘盡,真常獨存。"把一切忘盡,實際上等於破除了心中的執著。我法之執既破,便將心性無染,體露真常。這個"真常"就是老子之道,其義與真心、真空相當,也即"中道"。這一信息是在第三十七章的注頌中透露出來的:"樸本無形,又曰無名,謂空也。道無爲,樸無名,心無欲,則自然復静也。静之又静,天下將自正。頌曰:有作皆爲幻,無爲又落空。兩途俱不涉,當處闡宗風。"不涉有無兩途，破除空幻邊見，“宗風”即是中道。另一方面，李道純突出了一個“虛”字。他頌《老子》第七章説：“道本至虛，至虛無始，透得此虛，太虛同體。太湖三萬六千頃，月在波心説向誰。”道如太湖波心之明月，是至虛至静的，而此虛静之道體，一旦呈現於人心，則爲本心之虛明。又如第十一章之注：“轂虛其中，車所以運行；心虛其中，神所以通變。故虛爲實利，實爲虛用，虛實相通，去來無礙。……至於無物可載，轂輻兩忘，車復無也，猶心法雙忘，神歸虛也。”個體只要内心虛静，就可去掉一切世俗的妄念，無所滯礙，返歸大道。“虛”的作用如此靈妙，因而被李道純認爲是三教秘傳的心法，他曾作《煉虛歌》曰：“爲仙爲佛與爲儒，三教單傳一個虛。亘古亘今超越者，悉由虛裏做工夫。學仙虛静爲丹旨，學佛潛虛禪已矣。扣予學聖事如何，虛中無我明天理。道體虛空妙莫窮，乾坤虛運氣圓融。陰陽造化虛推蕩，人若潛虛盡變通。……虛至無虛絶百非，潛虛天地悉皆歸。虛心直節青青竹，個是煉虛第一機。”“虛”爲煉丹學佛成聖的第一要義，這在李道純老學思想中亦有充分反映。

四、結語

全真道創教後，之所以很快得到社會的認可，並且發展迅速，這與它廣泛吸收儒佛思想，主張三教圓融的教義有關。李道純曾作詩云：“禪宗理學與全真，教立三門接後人。釋氏蘊空須見性，儒流格物必存誠。丹臺留得星星火，靈府銷鎔種種塵。會得萬殊歸一致，熙臺内外總是春。”（《中和集》卷五）該詩可視爲全真道老學的共同宗旨。關於全真道全三教之真、萬殊歸一致的老學思想，尚有兩點需要强調：首先是它的貫通性。全真道學者解《老》，往往是出於其修道立教理論的現實需要，他們既對儒學進行了深層次的綜合與融會，又藉禪宗手法闡發明心見性之道，以追求空靈超脱的精神境界，這樣的貫通顯示出全真道爲適應時代需要而在教義、教理上所作的探尋與變革。其次是堅持了道教本位。誠如熊鐵基先生所指出的：“王重陽之全三教之真，實際是融合三教之理，從思想理論上振興道教，全道教之真。”[①]老子之道，無所不包，儒道釋思想都可以與之相契，所以全真道老學能够會通三教思想，但其要點，則是“引儒釋之理證道”（李道純《三天易髓》），從而使本教教義獲得了新的突破。

---

① 熊鐵基：《試論王重陽的“全真”思想》，《世界宗教研究》2008 年第 2 期。

儒學如何進入全真教的思想世界

□李大華

摘要:王重陽立教之初,就極力提倡"三教合一",但其"三教合一"的實質是融貫三教而創立了一個"新道教"——全真教。提倡出家的全真教與儒家有很多不同的特徵,但王重陽繼承或保留了儒家的孝道觀念。既要出家,又要行孝,這顯然存在矛盾。爲了解決這一矛盾,全真教把世俗社會中子女對父母的忠孝落實到徒弟對師父的盡忠盡孝上,並把做到忠孝視爲自身修煉的前提,這樣便將儒家的尊君、親上、仁愛和道教的遺世獨立、遐遁隱居等基本價值融合了起來。

關鍵詞:全真教　儒學　忠孝

作者簡介:李大華,男,1956 年生,陝西紫陽人。武漢大學哲學博士,四川大學宗教與社會創新基地教授,深圳大學宗教文化研究所教授。主要從事中國哲學、宗教與文化研究,已出版《道教思想》、《生命存在與境界超越》、《隋唐道家與道教》(合著)、《文化藝術修養與行政能力》(合著)、《李道純學案》等著作。

南宋金元,是文化融合的時期,儒釋道都以自己的方式實現着三教的"合流",在中國歷史上,這次的"合流"很成功,這是一個特例。我們知道,在世界歷史上各個宗教實現"合流"多不成功,即便是同一根藤上結的"瓜",也彼此不認同。當然,這首先需要願望,其次還有個方法與途徑的問題。在宋元時期出現的三教合流,就在這兩個方面同時具備了條件。

可是,撇開外來的佛教不説,儒道兩家雖都是本土文化,却因思想傾嚮與社會主張的不同而分出兩道,一個主張入世間,一個主張出世間,一個强調個性犧牲,一個强調個性自由。所以,彼此難免對立。從思想傾嚮性來説,這種差別甚至大於道教與佛教。那麼,對於以道教爲本色的全真教來説,它是如何解決與儒教之間的關係的，這是本文打算討論的問題。①

一、爲何倡"三教平等"

重陽立教，號爲"全真"，其基本立場在於"三教平等"、"三教圓融"與"性命雙修"、"先性後命"，前者爲全三教之真，後者爲全性命之真。關於三教問題，重陽自己也説過不少話，如《重陽全真集》卷一：

儒門釋户道相通，三教從來一祖風。悟徹便令知出入，曉明應許覺寬洪。精神氣候誰能比，日月星辰自可同。達理識文清净得，晴空上面觀虛空。（《孫公問三教》）

這裏已暗示出儒釋道與精氣神的關係被看做全真教最基本的問題了。他又説：

心中端正莫生邪，三教搜來做一家。義理顯時何有異，妙玄通後更無加。般般物物俱休著，净净清清最好誇。亘劫真人重出現，這回復得跨雲霞。（《永學道人》）

又説：

雲朋霞友每相親，滑辣清光養氣神。滿坐談開三教語，一杯傳透四時春。如知自在亭中景，便是逍遥物外身。默默昏昏風作伴，冥冥窈窈月爲鄰。異香旋旋虛空過，翠霧層層上下伸。清静並無生愛念，醉來舞袖復尋真。（《詠酒》）

《重陽全真集》卷十：

害風故故謁華宗，三教唯公道話同。此際遇逢齊上下，中間會聚各西東。……（《贈王俊》）

---

① 這裏要討論的是全真祖師在建構全真教教理、教義的時候，如何把儒教與道教熔爲一爐的，並非説全真教形成後纔吸收儒教的思想。

盡知長與道爲鄰，搜得玄玄便結親。悟理莫忘三教語，全真修取四時春。養成元氣常充滿，結住靈神莫漏津。十九圓光如我願，敢邀相伴樂天真。（《贈道衆》）

《重陽全真集》卷十二：

三教幽玄深遠好，仍將妙理經營。麒麟先悟仲尼眈。青羊言尹喜，舍利唤春鶯。（《臨江仙·目貽》）

《重陽全真集》卷十三：

詞謹勸，見在好持修。浮名浮利何日了，勞神勞氣幾時休，塵世莫淹留。

須早悟，三教理玄幽。擺脱恩山袪愛海，得歸蓬島赴瀛洲，只在此心頭。（《望蓬萊·詠勸道友》）

詞意悟，就上好修修。意馬心猿都捉住，攀緣愛念一齊休，善事莫遲留。

三教好，妙理最深幽。擺脱浮生並世事，這回前路赴蓬洲，此個是歸頭。（《望蓬萊·詠勸道友》）

以上詩詞中所説到的三教問題，儘管以詩詞的形式表達有些玄奥，却也不難透出基本思想，那就是三教聖人所説的話不同，但只要悟得其義理，便知道其實是相同的。這相同的義理最終都要落實在身心的修煉上，换句話，身心的修煉在於體認三教的義理。

同樣的道理，在《金關玉鎖訣》中，就説得直白一些：

三教者，如鼎三足，身同歸一，無二無三。三教者，不離真道也。喻曰：似一根樹生三枝也。……太上爲祖，釋迦爲宗，夫子爲科牌。

關於《金關玉鎖訣》是否重陽所作，學術界有争議，但是，即便不是重陽所作，把它看做重陽後學者所作是没有問題的，至少可以看做是對重陽三教思想的追認。既是三足鼎立，又是一根藤上發出的三枝，那麽平等的關係就於此體現出來了。

重陽是如此説的，也是如此做的，當他在山東傳教的時候，把創辦的教團組織都以三教會來命名，如三教平等會、三教金蓮會、三教三光會、三教玉華會等等，而教人所習經典主要採用道教的《道德經》、《清静經》，佛教的《般若心經》，儒家的《孝經》，《全真祖教碑》記述道：

> 凡立會必以三教名之者，厥有旨哉。先生者，蓋子思、達磨之徒歟！足見其沖虛明妙，寂静圓融，不獨居一教也。①

可是，重陽爲什麽要宣導三教平等而不獨居一教呢？除了上面已經談到的重陽認定三教義理相同之外，還有别的原因嗎？這種情況可能單從理上説並不能完全解决問題，因爲這不能充分圓其説。一者，難道説三教各自自性不足，而需要相互補充嗎？二者，三教平等，意味着平等看待，但是重陽不能既是佛，又是道，還是儒，終極的理雖然可以相同，但採取的路不可能相同，也就是説，不能同時脚踩三條船，同時走三條路。南宋金元時期的文化融合趨勢可以部分説明問題，却不能充分説明問題，因爲社會潮流並不能要求宗教必須做出根本立場的改變。可能還是要從重陽自身的特殊經歷以及他所做的宗教創立方面去找答案。

重陽子王嚞本是一介儒生，有着强烈的功名進取意識。然而，生不逢時，在戰亂當中度過了青少年時期。"弱冠修進士舉業"的他，②還是想要在官試中尋求自己的立德立功之夢，當他滿懷信心地把自己作的詩賦呈遞給考官的時候，没想到竟然違逆了考官的心意而遭到排擠。在《全真教祖碑》、《金蓮正宗記》、《七真年譜》以及《甘水仙源録》中都没有説明王嚞在1131～1137年僞齊政權統治下參加過多少次的科舉考試，似乎只有那麽一次，實際可能不止那一次，結果却是一樣的。1138年過後，在金朝的統治下，二十七歲那一年，他參加了"武舉甲科"的考試，據説是獲得了録用。王嚞心想可以"大展拳脚"了，甚至把自己的名字和字號都改了（改名王世雄，字德威）。看來這種得意的心情没能持續多長時間，在金朝統治下，他不可能有機會施展自己的才華。不久，他便辭了官，回到了鄉里。回鄉之後的日子過得並不愜意，戰亂動蕩與金政權壓迫，使本來失意與落拓的他，更加充滿不安全感，使他感到活着就是苟活，這纔"慨然入道"。③ 也就是在四十八歲那一年，他休妻却子，到劉蔣村構築起别居。④ 其實，他入的是哪個"道"，並不清楚，是佛道還是道家的道？顯然，儒家的"道"不在那裏。應當説，當他在

---

① 陳垣編纂：《道家金石略》，北京：文物出版社，1988年，第452頁。

② 陳垣編纂：《道家金石略》，第451頁。

③ 陳垣編纂：《道家金石略》，第451頁。

④ 蜂屋邦夫先生的《金代道教研究》也説，在劉蔣村"築起别墅，謀作終焉之計"，過着遠離家庭的生活，"説不定王重陽的人格，本來就具有宗教性"。（北京：中國社會科學出版社，2007年）

甘河鎮和醴泉的那兩次神秘的際會成就了他,這個時候可以肯定地説,他入的是道教的道。[①]而當他經過在劉蔣村、南時村等地的修煉,以及逆於時俗的"害風"(狂人)和"活死人墓"的歷練之後,再一把火燒了自己構築的茅草庵,脱胎换骨似地"神仙"出現了,一個新的宗教産生了。

我們現在對重陽入道的過程作個分析。他在仕途上的失意,是在内憂外患的情形下形成的,如果説他對官場的絶望,也是夾雜了他對金朝統治的感覺。他只是依照儒生一貫的途徑,尋求效忠國家、也成就自己功名的路徑,然而,他却找不到效忠的對象,那個僞齊政權、女真的金朝是他該效忠的麽?也就是説,他所絶望的是金朝統治,不是儒家的"修齊治平"。所以,他没有把自己仕途的失意歸咎爲儒家所開出的那條人生之路,他只是意識到在那個環境下"此路不通"。儒家的價值觀依舊潛藏在他的内心世界,在他的言論當中也看不到像晚唐羅隱那樣的憤激之言,這便是他主張三教平等的根基。

除了上述原因之外,王重陽究竟對道教做了什麽?他是以道教爲本位融攝了佛教、儒家學説從而改變了道教,抑或利用儒家和佛家學説"改造了"道教,還是利用三教"創立了"新道教?在我看來,是第三種情形。第一,"融攝説"的前提是認定自身具足,只是需要某種程度的採獲、融攝與補益,使自身更圓融,這種情形相當於宋以後的儒釋道三家各自所採取的態度;第二,"改造説"是自身存在嚴重的缺陷,須經過改造纔能回歸正道,所謂"弊極則變",像寇謙之的"清整道教,除去三張僞法",或者像隋唐時期的外丹道教向内丹道教的轉變就是此例;[②]可是,王重陽所走的路完全有異於上述兩種情形。重陽雖則在甘河和醴泉兩次經仙人點化而悟道,可是畢竟他没有接受過系統的傳教訓練,也没有接受過一個教統,而是靠自悟,"一悟絶人",他的修煉也是自家體認,而不是衣鉢相傳。所以,他不存在用一個完全的道教系統去融攝儒佛,或者吸收儒佛以改造道教,他行的是一個創造立新之事。當然,他不是無立場的。重陽在《了了歌》中説道:

> 漢正陽兮爲的祖,唐純陽兮做師父,燕國海蟾兮是叔主,終南重陽兮弟子聚。爲弟子,便歸依,侍奉三師合聖機。動則四靈神彩結,静來萬道玉光

① 有關這一點,郭武《全真道祖王重陽傳》(香港:中華書局,2001 年)也持類似的觀點。

② 窪德忠先生在《金代新道教與佛教》一文中提出:"全真教所採取的三教調和的態度,並非以道教含攝儒佛二教,而是藉用儒佛三教,特别是'禪宗',或者説'附禪'而重新解釋道教教理,使作爲宗教的道教重生的進行方法。"(引自梁淑芳:《王重陽詩歌中的義理世界》,臺北:文津出版有限公司,2002 年,第 127 頁)

輝。(《重陽全真集》卷九)

這可能是全真弟子確認本學派宗脈來源於鍾離權、吕洞賓和劉海蟾的重要依據。但是,這個依據仍顯薄弱,因爲這完全也可以被看做重陽自己認定的宗派,而不是真實的傳授。與其説重陽接受了法衣的傳授,不如説那兩次的奇遇,使他從仙人那裏得到的是一個精魂、根性,這個精魂、根性賦予他以基本的價值和立場,在此基礎上行三教圓融之事。① 如此説來,三教平等,却不等於同時踩在三條船或者三條路上,而是三教中間有一個"祖風"相傳,也就是全真後學們認定的三教中間有一個"至道"存在,如《終南山重陽祖師仙迹記》中所敘述的:

孔老之教,並行乎中國,根源乎至道,際六合,無内外,極萬物,無洪纖,真理常全,無有欠餘,固不可以淺識窺測。②

顯然,那個"至道"不是佛道,也不是儒道,而是道家之道。既然是創立新教,那麽僅僅守持道教的傳統是無法實現的,如既要修心性、煉内丹,又要出家,還要行仁孝,這不是儒釋道當中的任何一家可以做到的,只有將三教的資源都拿來,將其圓融在"全真教"裏面,纔能够完成。全真祖師正是如此做的。

重陽立教訂下了三教圓融的原則,却不見得他都有機會充分實現它們,畢竟他開門户、傳教業的時間太短了,如在宗教政治理想方面,他就没有機會實踐,這些都留待他的徒弟們去完成。而弟子們也忠誠地秉持師傅的立教精神。我們看看他們是怎麽説的。長春説:

一陰一陽之謂道,太過不及俱失中。道貫三乘玄莫測,中包萬有體無窮。高人未悟猶占僻,下士能明便發蒙。儒釋道源三教祖,由來千聖古今同。(《磻溪集》卷一《師魯先生有宴息之所牓曰中室又從而索詩》)

推窮三教,誘化群生,皆令上合天爲。慕道修真,行住坐卧歸依。先須保身潔净,内常懷,愍物慈悲。挫剛鋭,乃初心作用,下手根基。(《磻溪集》卷五《神光燦》)

---

① 陳俊民先生《略論全真道的思想源流》一文認爲,"王嘉以'全真'名教,固然是要承《道德經》本旨,但絶不是要復老子之舊,而更重要的却是要創'三教圓融'之新。即在《道德經》的基礎上,融會三教'理性命之學',走'三教合一'的道路"。(《世界宗教研究》1983 年第 3 期)

② 陳垣編纂:《道家金石略》,第 460 頁。

劉處玄説：

道釋與儒門，真通法海。易妙陰陽外，自然解。金剛至理，頓覺無争泯愛。五千玄言奥，夷明大。(《仙樂集》卷四《感皇恩》)

真崇至道，與世顛倒。歸去淵明，先遊蓬島。趓了輪迴，仙鄉無惱。古今達士，因通三教。(《仙樂集》卷三《四言頌》)

過了天元，道緣難遇。三教無分，全真門户。無爲應爲，誘人開悟。清平功行，真非捨取。陰陽之外，先天之祖。(《仙樂集》卷三《四言頌》)

《無爲清静長生真人至真語録序》追述道：

以文章疏放，以翰墨嬉遊，著編籍演教法，遵釋氏重輕之戒，造玄皇衆妙之門，服宣父五常之行，緝田宅，發梨棗，申申如也。

譚處端説：

三教由來總一家，道禪清静不相差。仲尼百行通幽理，悟者人人跨彩霞。(《水雲集》卷上《三教》)

丘譚馬劉四子當中，唯獨丹陽馬鈺對此説得少，不過，這並不會影響重陽嫡傳弟子在三教關係問題上的一致態度，那就是取三教之精華，傳全真之教法。之所以重陽弟子們要説三教無内無外，無差無分，並非他們在三教之間就真的没有看出内外和分差，而是他們不願意這麽看待，他們寧願從差異當中看到相同的地方，並利用這些相同的地方構築起全真新教。

二、道儒之間

要説重陽爲何採用佛家容易理解，因爲道教與佛教都是宗教，都是主張出世間的，而且在修持方法上可以相互藉用的東西很多，如道教藉用佛教的心性修煉方法和遣除物象的方法，佛教藉用道教的内丹修持及其老莊思想等，如重陽所説：

釋道從來是一家,兩般形貌理無差。識心見性全真覺,知汞通鉛結善芽。(《重陽全真集》卷一《答戰公問先釋後道》)

但要把儒家也搜來做成一家,就有些困難,因爲彼此雖然都是本土文化,但彼此相互抵牾的地方並不少。前面我們説到了重陽的個人經歷可以説明部分的問題,却不能説明全部、甚至是主要的問題。那麽,重陽是如何解決這些問題的呢?或許單是重陽本身還不足以解決這些問題,他也要藉助道教的歷史資源。

儒道兩家,在同一個大文化系統内,却彼此存在着對立的傾嚮。我們在重陽創教的過程中所做的事和所説的話當中,可以看到自相矛盾的情形。重陽把《孝經》作爲儒家的主要資源,而《孝經》中主要强調的又是孝親與忠君的思想,所謂:"孝始於事親,中於事君,終於立身。""資於事父以事母而愛同,資於事父以事君而敬同。故母取其愛,而君取其敬,兼之者父也。故以孝事君則忠,以敬事長則順。忠順不失,以事其上,然後能保其禄位。""孝"是講與家庭的倫理關係,"忠"是講與國家的關係,忠孝合起來就是個人與社會的關係。而重陽既不是行孝,也没有盡忠。我們來看看他怎麽説的:

不得受人欽重,不得教人戲弄,不得意馬外遊,不得心猿内動。(《重陽全真集》卷九《四不得頌》)

富貴與身貧,肯把榮華只取仁。前定緣由今世用,心純,自是陰功福自臻。　　休更苦中辛,惡業休貪作善因。奉勸愚迷須醒悟,休嗔,萬事由天不由人。(《重陽全真集》卷十三《南鄉子·詠别道友》)

儒家主張立德立功,主張尊尊親親,主張"揚名於後世",主張"保其禄位",可是在重陽的言論中幾乎看不到類似的話,反倒是,他不斷地强調拋離世俗,超越功名利禄,連"欽重"也不得接受,也如馬鈺所强調的:"道人只要豁暢,不可存體面。"(《丹陽真人語録》)也許,重陽在世的時候並没有機會實踐他的社會政治理想,故而這方面的話説得極少。在個人與家庭關係方面,重陽倒是説了不少:

人人只會哭家親,誰肯能哀自己身。若把己身哀得慟,無生路上作閑人。(《重陽全真集》卷二《兄死作》)

簡聲頻,簡聲快,休妻别子斷恩愛。往昔親情總休怪,害風不把三光昧。

酆都鬼使已回頭,黑府除名無追對。口能言,心能行,蓬萊穩路是長生。(《重陽全真集》卷九《逍遥歌》)

重陽出家修行與入道,是與家庭關係實現了了斷的。起初,他可能是對世俗關係煩惱不堪,又反思自己的家親壽命越來越短,不甘心於他的祖父、伯父以及自己壽命依次"遞減"的現象,而離家出走以修行。在受了仙人點化之後,則完全以反世俗的方式行事,主張出不了家,便成不了仙。出家後便是與儒家的家庭關係格格不入了。或許,重陽自己的雙親已經過世,他没有了孝親的巨大責任,他可以考慮以某種方式了斷與家庭的關係。至於妻子兒女,在儒家觀念裏,只是"蓄養"的關係,並不是孝道所必須考慮的,這可能是重陽做出抉擇的一個原因。如此,他纔可以把妻子安頓好,把反正要嫁出去的女兒早早地送到親家,《全真教祖碑》記述:

自此棄妻子,攜幼女送姻家,曰:"他家人口,我與養大。"弗議婚禮,留之而去。①

然後,重陽獨自去了南時村,築"活死人墓",號"王害風"。這個舉動可以堪稱全真教史的一個歷史事件,它表明"道與俗反",原先人們熟知的那個王世雄死了,而王重陽誕生了,這個新誕生的王重陽不是尋常的人們可以了知的,他看起來與世人格格不入,甚至就是癲瘋。他説:

此是前生王害風,因何偏愛走西東。任你骷髏郊野外,逍遥一性月明中。(《重陽全真集》卷二《自畫骷髏》)

人人只要生,害風只要死。生則無著摸,死則有居止。(《重陽全真集》卷九《窈窈歌》)

潔己存心歸大善,常行惻隱之端。慈悲清静亦頻觀。希夷玄奥旨,三教共全完。　別子休妻爲上士,悉捐財色真餐。長全五臟得康年。功成兼行滿,真性入仙壇。(《重陽全真集》卷十二《臨江仙·道友問修行》)

王嚞心懷好道,害風意要離家。攀緣悉去似團砂,不怕妻兒咒罵。好對清風明月,寧論海角天涯。來來往往跨雲霞,此個逍遥無價。(《重陽全

① 陳垣編纂:《道家金石略》,第451頁。

真集》卷十三《西江月》)

其實,"生"在塵世中,却找不到自我,而"死"(對塵世的死,心如死灰)方能找到居所。這個"死",在宗教行爲上就是出家。我們可以想見重陽當時出家時所痛下的決斷,也準備好了接受所有人對他的咒駡,索性把自己先駡到底,以致别人也没有什麽再好駡的了。當他把逍遥與有家放在一起比較時,其實就是對出家逍遥自由的價值選擇。[①] 既然出家是宗教追求的基本方式,那麽他也拿這個來説服所有的徒弟。他對馬鈺説:

> 一别終南水竹村,家無兒女亦無孫,三千里外尋知友,引入長生不死門。(《重陽教化集》卷一《遺丹陽》)

對馬鈺的這首詩自然是在他多年後去山東寧海傳教的時候寫的,反映的却是當時自己出家時候的心情。他又對譚處端説:

> 譚仙入道,慧刀能舉。棄妻割愛,捨了男女。却要隨余,余應便許。羨公決裂,羨公顯露。我吐真誠,却有少訴。入道非難,亦非易做。苦中尋閑,閑中没苦。休覓嬰姹,莫搜龍虎。只要真清,要識真趣。絶盡人我,絶盡思慮。……(《重陽全真集》卷九《贈弟子頌》)

值得注意的是,重陽與馬鈺、譚處端、劉長生等人談到出家、斷絶塵緣的時候,多是針對妻子、兒女及榮華富貴,幾乎没有涉及與父母的關係。[②] 是有意回避這個問題,還是没有碰到這個問題?有一個可能:重陽自己的父母已經過世,馬鈺的父母可能也已經過世,而長春等人年齡尚幼,還没有到他們要承擔對父母盡孝道責任的時候便跟隨重陽出了家,至少他們不需要立即面對。[③] 但是不是就可

---

① [日]蜂屋邦夫:《金代道教研究》,北京:中國社會科學出版社,2007年,第181頁。

② 《長真子譚真人仙迹碑銘》記載了譚處端追隨重陽出家,其妻子到庵中要求譚真人回家的事情:"至大定丁亥歲仲秋,聞重陽真人度馬宜甫爲門生,公徑赴真人所,祈請棄俗服羽,執弟子禮。真人付之以頌,便宿於庵中。……於是公推心敬而事之,其妻嚴氏詣焉呼歸,公怒而黜之。"(《甘水仙源録》卷一,《道藏》第19册,第732頁)

③ 元代刻碑《萊州朱橋重建太微觀記》:"真人世居武官,未入道時,嘗於所止壁間見二頌,墨迹遒勁,然不類世俗□□□,其一末句云:武官□性真仙地,須有長生不死人。真人驚視,莫察其所由。未幾,重陽攜馬、譚、〔丘〕三人過之,因指壁間之語謂真人曰:題此詩者,汝知之乎?真人隨□遂棄家屬,懇求入道。今長生命名之意,蓋取於此。"(王宗昱:《金元全真教石刻新編》,北京:北京大學出版社,2005年,第22頁)此碑也未表明其"棄家屬"是否是離父母而去。

以不用面對了呢？這實際上不可能。進一步設問：是不是重陽没有意識到他的出家理論與儒家的孝道觀不相融洽呢？這個更不可能。從重陽與馬鈺的對話中，可以見到一些端倪：

> 丹陽又問：何者爲出家。祖師答曰：出家者萬緣不罣，自己靈明，乃是出家。……重陽真人云：出家若不降心，返接世緣，道德損矣。（《重陽真人授丹陽二十四訣》）

既然出家是萬緣不罣，不返接世緣，那麽與父母之間的關係是不是一種世緣？在這個問題上，可以説重陽是清楚的，或許他想把與父母的關係問題作一個例外處理，畢竟即便是出家人也並非不要倫理，道教的道德觀念雖然與儒家不同，却也還包含了一種尊師敬祖的要求。如此，我們便可明瞭重陽所宣導的孝道觀，是以出家修行爲前提的，其中隱含了對於父母的孝道，却不包含對妻子、兒女的責任。那麽被留在家裏的子女們又該如何盡孝道呢？可依照《孝經》的安排，"資於事父以事母而愛同"（儒家主張孝道首先體現在對父親的孝敬），也就是把對父親的孝轉接爲對母親的孝，這便解決了作爲父親的道人出家後遺留下的孝道的空白。仁義禮智信等儒家的基本價值也都是重陽所接受的，只是這些價值體現在修行過程中，却不意味着要履行各種各樣的社會關係，恰如重陽在《授丹陽二十四訣》中説的：

> 孔子曰："仁義禮智信。"若修行之人，仁者不棄，義者不汙，禮者不自高，智者不争，信者不妄言。

可是，既然重陽的出家論中保留了儒家的孝道觀念，那麽他的出家論便不可能是徹底的，出家人可以斬斷與名利榮禄的塵俗關係，却斬不斷親情關係，這在《重陽立教十五論》有所體現：

> 離凡世者，非身離也，言心地也。身如藕根，心似蓮花。根在泥而花在虚空矣。得道之人，身在凡而心在聖境矣。

事實上，也只有在這個基礎上來看待全真教的行爲，纔是可以理解的。①

---

① 我認爲，這段話從修道精神長存而非身體不死方面理解固然不錯，從儒道關係方面理解也很合理。

三、忠孝的落實

全真教的出家思想中既然包含了儒家的忠孝觀念，那麽如何落實這種觀念，就是全真弟子們必須考慮的問題。

首先祖宗的觀念始終都是全真教的基本觀念之一。只不過，這種觀念有時候會被看做是自己血脈相傳的宗族關係，更多的時候會看做是宗教法脈關係。重陽教化弟子的時候，是把所要追求的"道"稱爲祖宗的，其曰：

> 孝順先知金母，更無能、背爹尋父。朝朝供養排篕簹，便認得、自家宗祖。　呼兒女，騎龍虎，正好與神爲主。惺惺奉侍歸紫府，也管録、姓名仙簿。（《重陽全真集》卷十一《茶瓶兒》）

這首詞談論的當然是修丹煉養中所要體認的金丹——大道，但重陽以"宗祖"來比喻，也是頗有意味的。重陽本人也被後世稱爲"祖師"，忠孝觀便落實在師徒相傳的倫理關係中了。我們知道，重陽羽化之後，弟子們首次依照父母的禮儀，奉師傅靈柩，歸葬到了重陽的家鄉。然後，在師傅的墓地守孝三年。這種情況只在東方的宗教中存在，在基督教裏面並不存在教主與徒弟或者信衆之間的孝道觀，不存在徒弟、信衆要爲上帝、基督盡孝的問題，也没有把上帝、基督認爲是祖宗。而在全真教裏面，徒弟、信衆假如要入道，便首先要認祖歸宗，並在宗教傳續的譜系中求得排行與序次。

再來看看諸弟子是如何理解和實踐忠孝觀的。劉處玄在與門人的問答中記述：

> 復詢：親者何也？答曰：親者，人間所親者，名利親也，僞實親也；物外所親者，道德親也，真實親也。僞親者有名利，則有寵辱也；有僞實，則有惡人所妬也。真親者有道德，則清平也；有真實，則有善人所侵也。僞益於身，則損其真身也；真益其身，則損於僞也。經云：名與身孰親，身與貨孰多？道親則物疏也。（《無爲清静長生真人至真語録》）

也就是説，不是不要親，只是出家人要親的是道，而不是俗世。而"虚白道人韓士倩彦廣"在爲《語録》作序的時候，還是肯定了劉處玄"服宣父五常之行"的（《無爲清静長生真人至真語録序》）。再看長春。長春在《滿庭芳》一詞中表達了對歸葬他的父母親的鄉親的感謝，爲此他專門作了一個序，寫道：

余因求道，西留關中十五餘年，聞鄉中善士爲葬先考妣，不勝感激，遂成小詞寄謝云。

幼稚抛家，孤貧樂道，縱心物外飄蓬。故山墳壟，時節罷修崇。幸謝鄉豪併力，穿新壙、起塔重重。遺骸並，同區改葬，遷入大塋中。　人從關外至，皆言盛德，悉報微躬。耳聞言，心下感念無窮。自恨無由報德，彌加志、篤進玄功。深回向，虔心道友，各各少灾凶。（《磻溪集》卷五《滿庭芳》其三）

這篇詞應該説是長春真實情意的表達，説到内心，則無虚飾，説到感激，也無過譽，完全是自然流露。他感謝鄉里的人士將他的父母安葬，也對自己没能盡到一個兒子的孝心感到愧疚。但求道與盡孝道難以兩全，所以他覺得能够做的是默默地爲鄉里的人士祈福消灾。與重陽及七真中的其他人不同，長春有機會展現他對天下、國家及社會的責任，金朝皇帝邀請他入京，問以國家大事。在他七十多歲高齡時，應成吉思汗之詔，不遠萬里，過大雪山，在與成吉思汗的會談中，成吉思汗"問以長生藥，師但舉衛生之經以對。他日，又數論仁孝。皇帝以其實，嘉之"（《甘水仙源録》卷二《長春真人本行碑》）。

在長春羽化之後，長春弟子們又是如何盡孝道的呢？《甘水仙源録》卷九陳時可的《燕京白雲觀處順堂會葬記》記載了其中一段很有趣的過程。弟子尹志平與衆弟子商議，欲將師傅的仙骨從葆光移葬白雲，並起名白雲觀。在考慮如何募捐的時候，尹志平説道：

誠以孝思報德，何患乎不成？矧我父師遺德在人，四方門弟子疇不追慕，當自有贊成者，公等勿疑。縱復不然，盡常住物給其費，各操一瓢可也。

看來這件事辦得很順利，到了移葬的那天，其隆重超乎想象，弟子們"嚴敦匠之事，且嗷嗷然哭之"，表現得極其哀傷，四方來會的道俗之衆超過萬人，官方也出動了司衛以助其莊威。如此的厚葬，却也使人産生疑問，學道的人不都是老莊之徒嗎？而老莊都主張薄葬，現在這樣做，是否合乎老莊之意？這樣的詰問聽起來輕鬆，其實耐人思量。然而，陳時可的回答却很明確：

以長春子之懸解，其視生死如昨夢然，豈有望於是哉！但弟子戴師之恩，不得不爾。且所謂理事者，若知之乎？夫忘哀樂，外形骸，理也，方外之聖賢自處如此;至於送終追遠,事也,人間世之禮如此。若泥於理而蔽於事,得謂之圓乎? 吾書生也,試以吾孔孟之道語若。……孟子之書有曰:昔者孔子殁,三年之外,門人治任將歸,入揖於子貢,相嚮而哭,皆失聲而後歸。子貢反,築室於場,獨居三年然後歸,不忘孔子也。今也,遊長春之門者,既學其道矣,能不以墨者之薄葬其師,又將慎終追遠如子貢之徒,何害爲達哉!若以爲哭則害道也,若嘗笑乎? 曰然笑與哭,哀樂也,而笑獨不害乎!《中庸》曰:喜怒哀樂之未發,謂之中;發而皆中節,謂之和。中和者,天下之大本也;和也者,天下之達道也。苟哀樂中節,又何害於道乎!(《甘水仙源録》卷九《燕京白雲觀處順堂會葬記》)

這裏談到了理和事的不同,從理上説應該薄葬,可是從事上説,則要以"人間世之禮"來予以厚葬,這是慎終追遠的需要。所以,不可泥於薄葬之理。自然,陳時可是以居士身份來寫上述碑文的,但是應清和真人尹志平之邀纔寫的,看起來他是以儒者的身份來回答某人的詰難,其實未必不是長春弟子們的立場。

再來看看全真教的後生們又是如何看待忠和孝的。《鄠縣秦渡鎮重修志道觀碑》記載:

道之與儒,同此一理;儒之與道,同此一機。……然教之在天下,亦何常師之有,且祖師以全真名教者,豈非吾儒真實無妄之理乎! 其煉形修性,豈非大易窮神知化之妙乎!……及其長春宗師被詔北庭,而好生之德感動人主,轉不殺之機於一言之頃,於斯時也,又何異乎吾孟子告時君不嗜殺人者能一之之仁歟!……噫! 是道也,自常情觀之,神妙難測,由至人守之,不外乎一真之理。故全真之教雖遺世獨立,而尊君親上之心常存,雖遐遁隱居,而愛人利物之仁愈切,即無思無爲之誠,以顯其有感有應之理。在宗師既能神知來而智藏往,於門人又能繼其志而述其事,豈不有補於聖明之朝乎!(《甘水仙源録》卷九)

此碑爲元朝俞應卯應全真道士洞真于真人的請求而寫的。鄠縣秦渡鎮爲當年馬譚丘劉四子在歸葬了重陽仙骨之後,在此停留期間,各述志嚮,共表不負師傅之望、光大全真教的決心。碑文既記述祖師,又及四真,尤其是長春的傳教事迹,也表明全真道忠孝與出家修行的思想觀念,其中便將儒家的尊君、親上、仁愛和道教的遺世獨立、遐遁隱居等基本價值融合起來了。與其説這是全真祖師及馬劉丘譚的主張,不如説是全真後學所奉行的宗教價值觀。這種價值觀在以後的實踐中越來越顯明，元好問的《皇極道院碑》記載了虛白處士趙素的事迹，説他“已入全真道，而能以服膺儒教爲業，發源《語》、《孟》，漸於伊洛之學，方且探三聖書而問津焉”（《遺山集》卷三八）。以至於明清以後的全真道士以爲儒道本來就是一家，並没有意識到他們的祖師是花了大力氣來貫通這兩個在許多價值方面對立的學派。這在清代全真道中興大師王常月那裏表現得十分充分。他説道：

> 聖人要出世法，將世法煉心，爲人子則盡孝，爲人臣則盡忠。凡夫不但不知出世法，連世間法尚且不知，那得忠於君主，孝於父母。（《龍門心法》卷下）

> 祖師有云：欲修仙道，先修人道。人道不修，仙道遠矣。（《龍門心法》卷下）

而《清規玄妙全真參訪内集·清規榜》也明言：

> 道居象帝之先，萬殊一本；無爲純樸之後，三教同源。居塵出塵不易，在欲無欲實難。

不管出家還是不出家，都是人子、人臣，那麽盡孝、盡忠也就成了全真道士必盡的義務了。也就是説，清代以後的全真道士已經把出世間法與世間法圓融起來了。

可是，由此産生了另外一個問題：道教是否本身没有忠孝之道，而必須向儒家學習？如果這樣説，就不能解釋《太平經》以來的道教的倫理觀及净明道的孝道觀。《太平經》提出了“上孝子、上忠臣、上順弟子”的觀念，把忠、孝、順“君父師”作爲道教徒必須恪守的倫理原則。根源於晉代許遜的傳説、濫觴於唐代、成形於宋元時期的孝道派净明道，把孝道作爲宗教崇拜，表明道教中間有這麽一個以忠孝爲信仰的宗派，在全真教産生之前已經存在了。[①] 當然，即便忠孝這種宗教倫理出現在《太平經》裏面，也不能排除那個時候儒家思想的影響。可是，仔細分辨，也可看出兩點：第一，道教自身的内在需求；第二，它與儒家的不同。對於前者來説，道教的本體論是建立在宇宙論基礎上的，也就是作爲萬千現象宗本的

---

① 王卡著《道教經史論叢》認爲，“早期孝道派更是天師道中一支特别强調孝道的民間宗派”。（成都：巴蜀書社，2007 年，第 122 頁）

本體——道與萬物,其實是類似一個遞相“生”的結果。所以,人要法地,地要法天,天要法道,道與人就類似父母與子女的關係,子女理當遵守孝道。對於後者來説,道教是從天地次序推及到人倫次序,而儒家則是從人倫次序推及到天地次序。敦煌寫經《報恩成道經》中有這樣的表述:

萬物之類,人居其長,萬靈之中,大道最尊,仁孝尊道,故名孝道。道爲萬物父,亦爲萬物母。又曰:道生一,一生二,二生三,三生萬物。萬物得道則昌,失道則亡。精微柔弱,忍辱慈孝,進修中道,心無懈倦,以孝自牧,上抱元恩,玄父玄母二親大恩。二親大恩,故名行孝,行孝道也。

也就是説,人之所以要遵從孝道,其實是要忠實地接受人本來就被賦予的次序,這個孝既是對生身的父母,也是對傳道授業的師父,更是對天地之間無處不在的道。

自然,净明道的真正創立比全真道晚得多,可能受到全真道的某些影響,但它有着非常早的思想淵源,而且也有着鮮明的個性特徵。净明道是以忠孝觀而著名的,只是净明道的忠孝觀有其非常的意義。净明道主張爲人臣就要忠君,爲人子就要盡孝,可是,却有兩個君,一個是世俗政權的君王,一個是修煉中的心君;而孝既是對生身父母的孝敬,又是對自己修煉功效的認定。劉玉真在回答道徒的時候説:

又曰:忠者,忠於君也。心君爲萬神之主宰,一念欺心則不忠也。先生曰:人子事其親,自謂能竭其力者,未也。須是一念之孝能致父母心中印可,則天心亦印可矣。如此,方可謂之孝道格天。(《玉真劉先生語録》)

如此,忠孝就不只是對世俗社會的本分和責任,更是修煉自我的需要,没有了忠孝,就不能自我完成。看起來忠孝是自我修煉的前提,實際則是完成自我修煉的輔助手段。[1] 而且我們已經看到,心君未必就等同於世俗的君王。

---

① 有關這一點,郭武《净明忠孝全書研究》認爲,“《净明忠孝全書》中的忠孝除了作爲世俗社會的倫理規範外,還是一種用以修煉‘心性’,追求‘净明’的法門”。(北京:中國社會科學出版社,2005 年,第 251 頁)即忠孝只是爲了有助於修煉。

論全真道對佛教的藉鑒與吸收

□孫亦平

摘要：全真道作爲金元時期出現的新道派，其主要特色是以“真性本體論”爲理論基礎，以“性命雙修”爲主要修仙方法，從而使唐代以來道教仙學内部的不同傾嚮逐漸歸於由“性命雙修”而致“全真而仙”的内丹心性學。全真道之所以能從一個活動於一隅的小道團很快發展爲在中國道教史上佔有舉足輕重地位的大道派，至今依然有着生生活力，與它從創立之初就順應時代發展的需要，以儒佛道“三教合一”相號召，積極藉鑒、吸收佛教，尤其是禪宗的思想與方法有着密切關係。全真道援佛詮道，改變並調整了傳統道教追求肉體成仙的價值取嚮，轉爲致力於從人的本真的生命存在中去追求生命的超越，使道教的修行理論在質上産生了一個飛躍，由對形而下之術的探求轉向了對形而上之心性的修養，推動了道教内丹道的興盛和中國傳統心性哲學的發展。隨着近年來學術界對全真道研究的深入，大都注意到了全真道在提倡三教合一的基礎上形成的融合儒佛之傾嚮，但對全真道如何藉鑒、吸收佛教來充實、改革傳統道教，從而促進了道教思想理論與修行實踐的更新與發展，似還有待於進一步深入研究。本文擬以早期全真道爲例，從教義理論、内丹修煉和生活方式等不同的方面來探討全真道對佛教的藉鑒與吸收，以從一個側面來説明佛教對全真道的深刻影響。

關鍵詞：全真道　佛教　藉鑒與吸收

作者簡介：孫亦平，歷史學博士，南京大學哲學系、宗教學系教授，博士生導師。主要從事宗教學原理、中國道教和佛教研究，已出版《佛教高僧傳》、《杜光庭思想與唐宋道教的轉型》、《杜光庭評傳》、《道教的信仰與思想》、《道教文化概論》等著作。

全真道作爲金元時期出現的新道派，其主要特色是以“真性本體論”爲理論基礎，以“性命雙修”爲主要修仙方法，從而使唐代以來道教仙學内部的不同傾嚮逐漸歸於由“性命雙修”而致“全真而仙”的内丹心性學。全真道之所以能從一個活動於一隅的小道團很快發展爲在中國道教史上佔有舉足輕重地位的大道派，至今依然有着生生活力，與它從創立之初就順應時代發展的需要，以儒佛道"三教合一"相號召，積極藉鑒、吸收佛教，尤其是禪宗的思想與方法有着密切關係。全真道援佛詮道，改變並調整了傳統道教追求肉體成仙的價值取嚮，轉爲致力於從人的本真的生命存在中去追求生命的超越，使道教的修行理論在質上產生了一個飛躍，由對形而下之術的探求轉向了對形而上之心性的修養，推動了道教内丹道的興盛和中國傳統心性哲學的發展。隨着近年來學術界對全真道研究的深入，人們大都注意到了全真道在提倡三教合一的基礎上形成的融合儒佛之傾嚮，但對全真道如何藉鑒、吸收佛教來充實、改革傳統道教，從而促進了道教思想理論與修行實踐的更新與發展，似還缺乏系統全面的研究。本文以早期全真道爲例，力圖從教義理論、内丹修煉和生活方式等方面來研究全真道對佛教的藉鑒與吸收，由此來展示佛教對全真道的深刻影響，並求教於方家。

一、全真道援佛詮道的時代背景

王嚞在創立全真道之初，不僅以儒釋道"三教合一"相號召，認爲"儒門釋户道相通，三教從來一祖風"①，而且更宣導"釋道從來是一家，兩般形貌理無差"②，通過消彌佛道之間的差異，爲援佛入道清除了思想屏障，打開了方便之門。宗教文化的傳播與交流，有主動與被動之分，王嚞之所以能够主動藉鑒、吸收以關注人的生死問題爲特長的佛教思想與修道方法，這既與他個人在生命成長中所遇到的問題有關，也與當時特定的社會現實生活環境對道教發展的影響相聯。

宋遼金元時期，中國社會中民族矛盾與社會矛盾紛繁交織，引發了社會動亂、南北分裂。生機勃勃的女真人用鐵蹄毫不留情地踏滅了腐朽的北宋王朝。1127 年，宋高宗趙構做了皇帝，後定都臨安(今浙江杭州)，建立了偏安江南的小朝廷，史稱南宋。金人在統治了北方社會之後，還希望憑藉着身强馬壯，南下滅宋。而一些宋人則希望早日收復中原失地，統一中國。宋金交兵，生靈塗炭。社會的苦難是宗教傳播的温床。生活在戰爭動亂中的人，常有朝不保夕之感，從而對人的生命存在的意義與價值給予特别的關注。懦弱的南宋立國後不久，即與

① (金)王重陽:《重陽全真集》卷一，《道藏》第 25 册，北京:文物出版社、上海:上海書店、天津:天津古籍出版社，1988 年，第 693 頁。

② 《重陽全真集》卷一，《道藏》第 25 册，第 691 頁。

金人議和。在金人統治下的北方漢人,眼見復國無望,更需要藉宗教來撫慰自己備受創傷的心靈。如何使人短暫的生命過得有意義?如何有效地保全生命乃至延長生命?這成爲當時人們普遍關注的時代課題,也成爲全真道創立者王嚞創教的原始動機。

王嚞(1112～1170),號重陽子,原名中孚,字允卿,出身於陝西咸陽的豪門望族。據説他長相不凡,且才學超群,年輕時就精通儒家經史,曾希望通過科舉入仕做官,求得功名富貴,並輔佐君王,以實現拯世救俗的宏偉抱負。然而,事與願違,金人不重用漢人,王嚞奉事金朝多年,只當了一個收酒税的小官,鬱鬱不得志。同時,他生活在社會下層,深切體會到了金人對漢人的欺淩以及百姓生活的艱難。面對人生的困境和社會的不合理,王嚞常常思考生命的意義與價值等問題。在現實生活中,他感到心灰意懶,無能爲力,因而心情十分苦悶,迅速流逝的生命又常使他心理上産生一種莫名的恐懼感。有一段時間,他"豪氣衝天恣意情,朝朝日日長波醉"①,以沉醉於酒中來逃避現實,自我麻醉,表達了他對現實生活的無奈與厭倦。

正是帶着對社會現實的失望,帶着對人生無常和死亡的畏懼,王嚞本有心皈依佛教,但最終走向了以追求長生成仙爲信仰的道教,希望到道教中去尋找生存的意義。可他又不滿意傳統符籙道教。相傳,王嚞四十八歲時,在甘河鎮遇到兩位神仙,得到了内丹修煉的秘訣,並飲了神水。此後,他假託瘋病,抛妻離子,出家修道,"盡斷諸緣,同塵萬有,即養浩於劉蔣、南時等處者三年"②。自我修煉了一段時間以後,據説王嚞生理和心理上都發生了很大的變化,徹悟了人生的真諦,並萌發了向社會傳道的念頭。大定七年(1167),王嚞從陝西出發經潼關來到山東。山東既是儒家的發源地,也是佛教的流播地。在宋金之際,由於山東是兩個政權持續争戰的重要戰場,許多佛教寺院在戰火中化爲廢墟,而宋朝歷代皇帝的崇道活動又不斷地在山東地區展開,促進了山東道教的興盛發展。"至宋真宗末期,山東地區的道冠數量超過了北宋的都城東京開封,更遠遠在河北、河東、陝西等其他北方地區之上,已經成爲當之無愧的北方道教最爲繁榮的中心。"③尤其是宋徽宗的崇道活動,帶動了麻姑信仰在膠東半島地區的傳播,爲全真道在崑嵛山地區的興起創造了條件。

---

① 《重陽全真集》卷九,《道藏》第 25 册,第 739 頁。
② (元)李道謙:《甘水仙源録序》,《道藏》第 19 册,第 722 頁。
③ 仝晰綱等:《齊魯文化通史》宋元卷,北京:中華書局,2004 年,第 269 頁。

崑嵛山原名姑餘山、麻姑山，相傳麻姑從福建來膠東半島修道而在此得道成仙。據《玉虛觀記》碑記載："東牟之崑嵛，昔麻姑洞天也。諸山綿亘相屬，秀異峭拔，爲東方冠。山之足蹈於海者三，相距皆不滿百里，蓬萊、瀛洲、方丈，朝夕相望於晻靄間，蓋天地英靈自然之氣，獨鍾於此，故世多神仙異人焉。"①此碑現存於今乳山市東北尼姑頂玉虛觀遺址上，是研究宋金元時期全真道活動的重要實物資料。丘處機是登州棲霞人，在拜王嚞爲師之前，就曾在崑嵛山煙霞洞中修道。王嚞到達山東之後，馬上就來到崑嵛山。"訪山前大姓于氏，曰：'我生前修煉此山。山有煙霞洞，盍往登焉？'于氏以爲：'我世居此，未聞有洞。'相與登山求之，果見洞口，有'煙霞'字迹，大爲神異，建祠紀石焉。"②王嚞在此以詩詞歌曲等形式來隨機施教，化導衆人，聚衆講道，故崑嵛山也被視爲全真道的發祥地。"大定中，聚徒寧海州，立三教平等會，以《孝經》、《心經》、《老子》教人諷誦，而自名其教曰全真。"③王嚞倡"三教平等"，特别是吸收了大乘佛教的"苦己利人"思想，"其修持大略以識心見性，除情去欲，忍恥含垢，苦己利人爲之宗"④，並以"全真"爲旗號，吸收了一批弟子，從此獨具特色的全真道便登上了中國歷史的舞臺。

全真道構造了東華帝君→鍾離權→吕洞賓→劉海蟾→王嚞的傳承譜系，稱之爲"北五祖"。在王嚞門下，最著名的有七大弟子——馬鈺（號丹陽子，創遇仙派）、譚處端（號長真子，創南無派）、王處一（號玉陽子，創嵛山派）、劉處玄（號長生子，創隨山派）、郝大通（號廣寧子，創華山派）、丘處機（號長春子，創龍門派）、孫不二（馬鈺之妻，號清静散人，創清静派）。他們不僅留下了内容豐富的著作，而且各開全真一派，這就是著名的全真道"北七真人"。陳垣先生認爲，"全真之初興，不過'苟全性命於亂世，不求聞達於諸侯'之一隱修會而已。世以其非儒非釋，漫以道教目之，其實彼固名全真也，若必以爲道教，亦道教中之改革派耳"⑤。全真道作爲當時道教中的改革派，"其教名之曰全真，屏去妄幻，獨全其真者，神仙也"⑥，從而在内丹心性學的基礎上確立了"全真而仙"的宗教理想。

全真道十分强調王嚞創教的獨創性，以與其他的教派相分立。《甘水仙源録》卷二載《廣寧通玄太古真人郝宗師道行碑》中説："重陽真君，不階師友，一悟

① 陳垣編纂：《道家金石略》，北京：文物出版社，1988年，第441頁。

② （元）于欽：《齊乘》卷一《大崑嵛山》，參見白如祥輯校：《王重陽集》，濟南：齊魯書社，2005年，第367頁。

③ （清）永瑢、紀昀主編：《四庫全書總目》，海口：海南出版社，1999年，第761頁。

④ （元）徐琰：《廣寧通玄太古真人郝宗師道行碑》，《甘水仙源録》卷二，《道藏》第19册，第740頁。

⑤ 陳垣：《南宋初河北新道教考》，北京：中華書局，1962年，第2頁。

⑥ （金）金源璹：《全真教祖碑》，載陳垣編纂：《道家金石略》，第450頁。

絶人,殆若天授,起於終南,達於崑崙,招其同類而開導之,鍛煉之,創立一家之教曰全真。"卷一載《終南山神仙重陽真人全真教祖碑》中又説,王嚞在傳教時,常"勸人誦《般若心經》、《道德清静經》及《孝經》,云可以修證"。這表明,王嚞是在融合儒佛道三教文化的基礎上創立其一家之教的。那麽,他的獨創性表現在哪里呢?元代李鼎的《大元重修古樓觀宗聖宫記》中説:

> 金大定初,重陽祖師出焉,以道德性命之學,唱爲全真,洗百家之流弊,紹千載之絶學,天下靡然從之。①

從實際情况看,王嚞正是"以道德性命之學"作爲自己理論和實踐的基礎,一方面"洗百家之流弊",重新闡釋道教的宗教實踐與理想;另一方面,"紹千載之絶學",重揚中國文化中重視人的内在超越的傳統,尤其是藉鑒佛教對人的生死問題的看法,從心性論的角度探討了人的生命能否超越、如何超越等問題,力圖在傳統道教"肉體成仙"的理想與現實的矛盾中,爲實現道教得道成仙的理想開出一條新路。

雖然王嚞在去山東傳教後不久就病逝了,但他播下的"全真"種子因其弟子們的辛勤耕耘得以生根開花。再加上其弟子丘處機應召西行見成吉思汗,使全真道後來得到了元王朝的支持而得以迅速發展。全真道不僅在北方有衆多的信徒,而且在南方也不斷地擴大勢力,並對道教的其他教派也産生了影響。由於以内丹心性學爲特色的全真道勢力日盛,南方一些以修煉内丹爲特徵的小道派也乾脆打出全真道的大旗來,後來被稱之爲全真道南宗,這樣,全真道内部就有了所謂的南北宗之分。全真道北宗以王嚞爲祖師,而南宗則奉天台山張伯端爲祖師,並形成了這樣一個南宗的傳道系統:張伯端→石泰→薛道光→陳楠→白玉蟾②。北宋著名道士張伯端(984~1082)與王嚞一樣,本爲儒生,後來也是因爲人生問題而走入道教,但值得研究的問題是,張伯端對佛教禪宗的藉鑒與吸收與全真道北宗有着不同的理路,在性命雙修中更關注如何通過内丹修煉使生命長存。

張伯端的家鄉浙江天台是中國佛教創立最早的宗派天台宗的主要活動地,直到宋代,那裏的佛教依然盛行。天台宗雖然創建於陳隋之際,但如果追根溯源,其先驅者則是生活於南北朝時期的慧文和慧思。他們都是當時北方著名的禪師。慧思從慧文學"一心三觀"之禪法,後南下傳禪,有感於南方偏重義理而輕

---

① 陳垣編纂:《道家金石略》,第552頁。

② 也有人認爲,南宗的實際創始人是宋寧宗時的著名道士白玉蟾。

視禪修，乃倡止觀並重、定慧雙開，並身體力行。“晝談理義，夜便思擇。故所發言，無非致遠，便驗因定發慧，此旨不虛。南北禪宗，罕不承緒。”（《續高僧傳》卷十七《慧思傳》）由此可見，慧思乃是一個統一南北佛教不同學風的重要人物。同時，慧思又是一個深受中國道教和神仙家思想影響的僧人。他在《立誓願文》中曾表示“願諸聖賢佐助我，得好芝草及神丹”，甚至“誓願入山學神仙，得長命力求佛道”，從而將道教的重延命與佛教的重修心結合了起來。慧思的弟子很多，其中以實際創立天台宗的四祖智顗影響最大。智顗本人亦是禪師，特重“止觀法門”。他把“一心三觀”與“諸法實相”聯繫起來，構建了天台宗獨特的止觀並重、教禪兼備的思想學説，獨開中華禪學之一支。既講經論，又習禪定；既重禪悟，又重修道。這構成了天台宗的一大特色，其影響也遠遠超出了佛教文化圈。

青少年時期就受到天台佛教文化薰陶的張伯端並没有接受佛教信仰，而是像當時中國大多數士人一樣立身儒林。他“少業進士”，後爲府吏，進入仕途，生活安定。據《臨海縣志》記載，直到晚年，張伯端纔因嗜魚並疑其婢女竊魚，導致“婢自經死”，而心存愧念，遂有看破人生、隱遁山林之念頭。他曾賦詩云：“刀筆隨身四十年，是非非是萬千千。一家温飽千家怨，半世功名百世愆。紫授金章今已矣，芒鞋竹杖任悠然。有人問我蓬萊路，雲在青山月在天。”賦畢，“縱火將所署案卷悉焚之”，却因此而“按火燒文書律遣戍”，被遣往嶺南[①]。從此，仕途受阻。

張伯端大約在北宋治平年間（1064～1067）充軍嶺南。當時龍圖閣學士陸詵駐守桂林，讓張伯端置帳下，典機事，並隨之而行動。人生的坎坷，心中的愧疚，仕途的波折，不能不促使張伯端進一步思考人生的意義問題。這時，已步入老年的他感到“百歲光陰石火爍，一生身世水泡浮。只貪利禄求榮顯，不覺形容暗瘁枯”[②]，人生苦短，光陰似箭，即使仕途通達而獲得了榮華富貴，但物質享受畢竟是暫時的，人最終難免一死。怎樣纔能使生命更加有意義？人生的解脱之境究竟何在？對人生問題的思考成爲他轉向宗教的重要契機。

熙寧二年（1069），張伯端隨陸詵移居成都，遇異人授予金液還丹訣，“其言甚簡，其要不繁”，“校之仙經，若合符契”，乃改名“用成”，號“紫陽”，以示篤信道教。並於熙寧八年（1075）“罄所得成律詩九九八十一首，號曰《悟真篇》”。《悟真篇》雖然接續魏伯陽《周易參同契》的思路而來，“暢發金丹之妙，詳明内養之機。其修丹雖爲幽深之道，得魏公倡之於前，而張君和之於後，自可循流以達源，

① 《古今圖書集成》第51册，北京：中華書局，1986年，第62335頁。
② （宋）張伯端：《悟真篇》，《道藏》第2册，第915頁。

見標以知月。其前後諸家丹書,無出二公之右者"[1],但由於張伯端對佛教禪宗特別欣賞,《悟真篇》所闡發的内丹學又以"道禪合一"爲特色。另外,張伯端還專門作有《禪宗歌頌詩曲雜言》一卷,表達了他對人生的看法和對禪的境界之理悟。

張伯端生活在儒佛道三教相互交融的年代。在這樣的時代文化氛圍中,他爲了追尋理想的人生境界,學術興趣也曾發生過轉移變化。如果仔細研究張伯端一生的學術經歷,就可以找到一條由儒入道,由道入禪,以道爲本,道禪合一的發展綫索。[2] 這條綫索的終端之所以最終落實在"道禪合一"上,與他精通諸學,尤其是藉鑒佛教禪學來詮釋道教的内丹學,宣導"性命雙修"的做法是分不開的。張伯端雖然欣賞以"明心見性"爲特點的禪宗,依此所闡發的"達本明性之道",也在一定程度上革新了道教傳統的修道理論,但他最終並没有以佛爲本,也没有放棄或轉移得道成仙的思想目標,而是力圖藉鑒佛教來會通道教的修煉性命之説,特别是沿着剛剛興起的鍾吕金丹道的理路,倡"道禪合一"來革新傳統道教,使道教既能够在一定程度上適應現實之人對生命的關愛,又在理論與修道方法上有更新發展。這也是後來道教推崇張伯端,奉其爲"紫陽真人",並將南宗歸於全真道門下的重要原因。南北宗相合,使全真道形成了龐大的陣容,並皆以"性命雙修"爲特徵。

以今觀古,全真道對佛教的藉鑒與吸收其實就是一種文化自覺[3]。早期全真道士在自己的生活環境中已意識到傳統道教的長處與不足,在接觸到儒佛等其他文化因素之後,又自覺地進行自我反省,在文化比較之中,取他人之長,補自己之短,希望能够加强自身的能力,推進傳統道教的更新發展。

二、"緣起論"與"真性本體論"

全真道藉用佛教的"緣起論"建構起"真性本體論"。心性論是人對自身的認識,是研究人的本質的問題,因此,心性論既與人性論相關,又比人性論涉及的範圍更寬泛。全真道重視心性的清净,認爲修道就是要努力去除情欲而復歸於

---

① (宋)張伯端著,董德寧等注:《悟真篇三家注》,北京:華夏出版社,1989 年,第 4 頁。

② 孫亦平:《張伯端"道禪合一"思想述評》,《中國哲學史研究》2000 年第 1 期。

③ "文化自覺"是我國著名社會學家費孝通先生提出的觀點,它指生活在一定文化中的人對其文化有"自知之明",明白它的來歷、形成的過程,所具有的特色和它的發展的趨嚮,"自知之明"是爲了加强對文化轉型的自主能力,取得决定適應新環境、新時代文化選擇的自主地位。這是一種文化的自我覺醒、自我反省、自我創建。(請參見《費孝通九十新語》,重慶:重慶出版社,2005 年,第 315 ~ 316 頁)筆者認爲,從文化自覺的角度來研究早期全真道的創立也是一個值得重視的思路與方法。

“真性”,“做修持須搜索真清真静真心”[1],通過去染還净,復歸於生命本真,即本净的心性,從而實現生命的超越。

緣起論是佛教全部理論的基石,也是佛教各家各派展開其理論與實踐的根本依持。緣起,亦稱緣生,梵文 Pratityasamutpada 的意譯,意謂一切事物和現象都處在普遍的因果聯繫之中,都依一定的條件而生起。緣,指一切事物和現象所依賴的原因和條件;起,就是依條件而生起。《阿毗達磨俱舍論》卷九云:“種種緣和合已,令諸行法聚集生起,是緣起義。”[2]佛教緣起論强調的是一切事物和現象的生滅變化,都毫無例外地是因緣和合的結果,即都是各種因素在一定條件下的聚合,“緣合則起,緣散則離”,以此來説明因果關係的普遍性和絶對性,説明一切事物和現象都没有不變的自性,没有獨立自存的實體或主宰。佛教把緣起視爲世界的終極原理,認爲佛陀之所以成爲佛陀,就在於他證悟了緣起法的根本道理。因此,緣起論可以説是佛教教義的理論基石。隨着歷史的發展,佛教内部也出現了不同的學派,各派基於緣起論來展開自己的理論學説,同時又對緣起論作出了不同的發展,從而使佛教緣起論的内容日益豐富多彩。例如,原始佛教以“業感緣起”來解釋有情衆生的生死流轉現象及人生痛苦的原因,大乘空宗提出以“假有性空”爲内容的“八不緣起”,大乘有宗則依據“三界唯心”、“萬法唯識”提出“阿賴耶識緣起”,還有《勝鬘經》宣揚的“如來藏緣起”,《大乘起信論》宣導的“真如緣起”,華嚴宗更提出了“法界緣起”,等等,這些内容豐富的緣起論不斷地推進着佛教思想的發展。

全真道藉鑒了佛教的“緣起論”來看待萬物與人的生命源起:“胎生卵濕化生人,迷惑安知四假因,正是泥團爲土塊,聚爲身體散爲塵。”[3]並沿用佛教的“四生説”,把有生命之物分爲胎生、卵生、濕生和化生四類。全真道雖然强調人的生命是由肉體和精神等因緣和合而成,緣合則生,緣散則滅,但又認爲,生命的根本依持是人所固有的“真性”,可謂“從真性所生,爲人者”[4]。這種“真性”觀念與佛教的“真如”思想有某種相似之處。真如,在佛教中意爲真實不虚,常如其性。《大乘起信論》曾以心釋真如:“一切法從本以來,離言説相,離名字相,離心緣相,畢竟平等,無有變異,不可破壞,唯是一心,故名真如。”真如作爲如來藏、佛性的異名,雖安立於人心之上,但又具有絶對、永恒和不變之性。真如不變,不變隨緣。

---

① 《重陽全真集》卷五,《道藏》第 25 册,第 723 頁。
② 《大正藏》第 29 册,臺北:新文豐出版公司,1983 年,第 50 頁。
③ 《重陽全真集》卷二,《道藏》第 25 册,第 703 頁。
④ 《重陽真人金關玉鎖訣》,《道藏》第 25 册,第 799 頁。

佛性—如來藏系思想通過確立一個絶對永恒的"清净心"或"佛性"來説明世界萬法皆依此而緣起。這種緣起論作爲中國佛學的中心理論之一,爲全真道吸收來充實自己的"真性"觀念。

全真道從"真性"出發,强調精神的高尚與純潔,肉體的易逝與卑下:"有個逍遥自在人,昏昏默默獨知因,存神養浩全真性,骨體凡軀且渾塵。"①在全真道看來,肉身是幻,心性是真,以突出"真性"的絶對、永恒和不變,以强調如果修道者未明本性,猶如滯於幻形,那是不可能實現生命超越的。由此,全真道既走出了傳統道教道生萬物的範圍,也不再像魏晉神仙道教那樣宣導肉體長生,而是在唐代道教所宣揚的道性清净思想的基礎上,以"真性"思想爲理論基點,沿着鍾吕内丹道的思路,通過"性命雙修"的内丹道來追求"全真而仙"的宗教理想,從而對傳統道教的養生修命術作了新的理論詮釋。

全真道大力宣導的"真性"觀念,既是繼承了老莊道家的傳統,也與其藉鑒、吸取佛教的"真如"思想有關。

雖然《老子》和《莊子·内篇》都不提"性"字,但對事物的自然之性作了哲學式的探討。《老子》説:"知其雄,守其雌,爲天下谿。爲天下谿,常德不離,復歸於嬰兒。"(《老子》第二十八章)其所謂"常德",乃是指萬物生長的内在依據,即自然之性。這種自然之性隱含着兩個價值判斷:第一,"自然的"或"本然的"狀態,就是"好的";第二,保持事物的自然狀態或本來面目,不假人爲,與"僞"相對,就是"真的"。"真"與"好",這兩個價值判斷就成爲老子追求回歸自然之性的精神動力。

"真性"一詞最早由《莊子·外篇》提出:"馬,蹄可以踐霜雪,毛可以禦風寒,齕草飲水,翹足而陸,此馬之真性也。"(《莊子·馬蹄》)"真性"是指那種天然的自然之性。如馬之真性就是飢食渴飲,跑跳自如。"真"的反面是"僞",任何人爲之舉都是會損傷馬性的:"牛馬四足,是謂天;落馬首,穿牛鼻,是謂人。故曰:無以人滅天,無以故滅命,無以得殉名。謹守而勿失,是謂反其真。"(《莊子·秋水》)如果"真"就意味着"牛馬四足"的自然之性,那麽,"僞"則指人爲的做法,如"落馬首,穿牛鼻"。爲保持事物的自然之性,人應該守真順道,安性樂命。只有依真性而逍遥,人纔能達到"天地與我並生,而萬物與我爲一"之境界。

全真道在道家"真性"觀念的基礎上,又藉鑒佛教的"真如"思想,爲人從本真的生命存在中去實現人生的理想、通過修煉性命而追求生命的超越,建構起

---

① 《重陽全真集》卷二,《道藏》第25册,第701頁。

"真性本體論"。王嚞認爲,"真性"存在於人心之中,"乃不生不滅、無朽無壞之真靈"[1],因而也是修煉長生不死的根本。但現實之人的真性是常被愛欲擾亂遮蔽而不顯的。真性在人表現爲性和命,從生命的形成來看,"性因愛而生,命因欲而有。皆因愛欲而起逆順,生嫉妒,從此輪迴,綿綿不斷"[2],因而現實之人的性和命都是與愛欲結合在一起的,並因愛欲而迷失了自己的本性。

在全真道中,"真性"是一個内涵豐富而複雜的概念。在保留到今天的全真道經典中,"真性"一詞有着不同的表述,尤其是涉及心性本體、心性空無、心性體用、心性清净、心性顯没、心性修養、心性境界等問題時,從而在内丹心性學中佔有十分重要的位置,成爲理解全真道理論與實踐的一個關鍵詞。

就心性本體而言,全真道認爲,人之性就有兩種:其一爲無形無質的"真性",又稱"本來之性"、"常性",藉用佛教禪宗的詞語,指父母未生前、五行不到處的先天本然狀態,故具有無生無死的永恒性;其二爲有形有質的"氣性",指人後天所禀賦的金木水火土五種自然性分:"人禀五行之氣以生,故亦隨其性。木性多仁,火性多禮之類是也。此皆非吾之本真,須超出五行,始見吾之真性矣。"[3]"氣性"隨陰陽五行而變動不居,故非生命之本真。人若僅憑藉五行之氣性,就會有生有死。"真性"既與五行氣性相對,又存於五行氣性之中,是人生命中不可分割的一部分,也是人修煉而能够長生的根本依據:"是這真性不亂,萬緣不掛,不去不來,此是長生不死也。"[4]人通過修煉,超出五行氣性,始見真性之靈光顯現,纔能超越於生死。

就心性體用而言,全真道又將"真性"稱之爲真心、天心。《五篇靈文》曰:"天心者,妙圓之真心也,釋氏所謂妙明真心。心本妙明,無染無著,清净之體,稍有染著,即名之妄也。此心是太極之根,虚無之體,陰陽之祖,天地之心。故曰天心。"這個"真性"以"天心"的方式存在。"天心"貫穿於宇宙天地人之中,它既是宇宙萬物之本體,又是人先天具足之本性:"先天妙明真性本來清净,無始以來,一念垂珠至於今日,若不得後天具足之體招攝,則陰靈孤渺。後天具足之體若不得先天靈妙之元神,則不能變化通靈,豈能超凡入聖?"因此,天心不同於人的思慮妄想之心,是一種超越於一般精神活動的"元神":"元神者,乃不生不滅,無朽無壞之真靈,非思慮妄想之心。天心乃元神之主宰,元神乃天心之妙用。"人的肉

---

① 《五篇靈文》,《藏外道書》第 25 册,成都:巴蜀書社,1994 年,第 669 頁。
② 《丹陽真人語録》,《道藏》第 23 册,第 704 頁。
③ 《清和真人北遊語録》,《道藏》第 33 册,第 157 頁。
④ 《重陽真人授丹陽二十四訣》,《道藏》第 25 册,第 807 頁。

身若不以“真性”爲本,若不得“先天靈妙之元神”爲用,就不可超凡入聖。然而,“真性”既不是人的感性能够把握的,也不是理性所能理解的,只可通過“元神”纔能顯現出來,因此真性與元神之間形成了有無相應、顯微無間的體用關係:“以如如不動,妙圓天心爲主,以不壞不滅,靈妙元神爲用也。”①用“神”來説“性”談“心”是全真道内丹心性理論的一大特色。

就心性動静而言,“真性”又可稱爲“本心”,這也是藉鑒了佛教禪宗對心的看法。禪宗六祖惠能嘗言:“自識本心,自見本性。”“内外徹明,識自本心。若識本心,即本解脱。”(《壇經·般若品》)在全真道看來,“本心”是潛藏於人心中的先天稟賦,是寂然不動的,亦是人能返身觀照之心,故又稱“道心”、“照心”,這是人修行而能够得道成仙的根本依據。事物的運動和静止的關係,主要表現爲事物的變化與不變的關係。與“照心”相對的“妄心”,又稱“人心”、“塵心”、“欲心”,它時刻關注世俗利益,又經常表現爲“喜怒哀樂之心”、“名利情欲之心”等,因變動不居,故名“動心”。寂然不動的“照心”既寓於“妄心”之中,又與變動不居的“妄心”構成了一對辯證關係。李道純在《中和集》中説:“古云:常滅動心,不滅照心。一切不動之心,皆照心也;一切不止之心,皆妄心也。照心即道心也,妄心即人心也。道心惟微,謂微妙而難見也;人心惟危,謂危殆而不安也。雖人心亦有道心,雖道心亦有人心,係乎動静之間爾。惟允執厥中者,照心長存,妄心不動,危者安平,微者昭著。到此有妄之心復矣,無妄之道成矣。”②“妄心”不動,“照心”纔能常存。那麼,如何使人心超越世俗,返歸真性道心,就成爲全真道理論與實踐的重點。

就心性顯没而言,“真性”又指“無心”,是人心摒棄了一切雜念而進入的一種無思無慮的空靈境界。如《丹陽真人語録》言:“無心者,非同猫狗蠢然無心也,務存心於清净之域,而無邪心也。故俗人無清净之心,道人無塵垢之心。非所謂俱無心,而與木石猫狗一般也。”“無心”並非是説人没有意識思維活動,心靈呈一片空寂狀態,而是説人通過修煉,摒除一切雜念,時時存心於清净之域,使心保持在寂然不顯之狀態,故亦稱“冷淡心”、“清虚心”:“道人心,處無心,自在逍遥清净心,閑閑雲水心。利名心,縱貪心,日夜煎熬勞役心,何時休歇心。修行心,包容心,一片清虚冷淡心,閑閑無用心。滅嗔心,去貪心,寂寞清貧合聖心,無生顯

① 以上引文均見於《五篇靈文》,《藏外道書》第25册,第669~670頁。

② 《道藏》第4册,第483頁。

本心。"[1]這種"冷淡心"是指人心處於逍遥自在的狀態,與顯在的種種世俗之心相對。因此,唯有以清虚冷淡的心態向内心體悟"真性",纔能超越於種種世俗之心,獲長生之道。

就心性修煉而言,"真性"又可稱爲"真心",指心本來的狀態,又稱"清净心"、"本心"。"真心"是恒常而清净的,但又會被情欲和妄念所蒙蔽,從而對人的生命産生直接的影響。因此,"真心"作爲本真的生命狀態是"心本妙明,無染無著,清净之體"[2],又與"貪心"、"邪欲"、"名利心"、"勞役心"等相對,表現了一種超越世俗的精神。全真道經常將真心與貪心相互比照,以幫助人們去理解它的高尚,並以此來説明修道的必要性與可能性。

佛教緣起論的提出,既是釋迦牟尼反對婆羅門教宣揚的神創説和神意決定論的結果,也體現了佛教創教的根本宗旨——通過消除人生痛苦的原因以擺脱人生的痛苦,最終實現解脱。全真道接受了佛教緣起論,將復歸"真性"奉爲修道之最高境界,"本來真性唤神仙,爲愛幽棲遠市鄽,獨隱山堂妙最玄。樂恬然,欣即高歌困即眠。"[3]就心性境界而言,"真性"具有清虚、永恒和超越等特性,故全真道宣揚修道要遠離俗世,去除妄念的蒙蔽,達到"心不起雜念"、"諸塵不染著"[4]的内外清净。若能在日常生活中保持"平常心是道"的心態,那麽,生命的真源,亦即真性,也會自然呈現,這就叫"見性"。"只要無心無念,不著一切物,澄澄湛湛,内外無事,乃是見性。"[5]"見性"即可"常處如虚空,逍遥自在"[6],實現精神的超越。因此,王嚞説:"離凡世者,非身離也,言心地也。身如藕根,心似蓮花,根在泥而花在虚空矣。得道之人,身在凡而心在聖境矣。"[7]修道者若在心地上下功夫,向内求真,體認本有的"真性",便能於一念中了悟生死之真諦,解脱人生的煩惱痛苦,這與緣起論的精神旨趣就頗爲接近了。

三、"人生皆苦"與"全真而仙"

道教作爲中國土生土長的傳統宗教,從其創立之初,就把延長人的生命作爲

---

① 《水雲集》卷下,《道藏》第25册,第862頁。
② 《五篇靈文》,《藏外道書》第25册,第669頁。
③ 《草堂集》,《道藏》第25册,第485頁。
④ 《重陽真人授丹陽二十四訣》,《道藏》第25册,第807頁。
⑤ 《晉真人語録》,《道藏》第23册,第698頁。
⑥ 《水雲集》卷上,《道藏》第25册,第852頁。
⑦ 《重陽立教十五論》,《道藏》第32册,第154頁。

自己追求的目標。早期道教從老子道家的"深根固柢,長生久視之道"(《老子》第五十九章)出發,多主張以"保精神不離肉體"爲養生之要,希望通過修"德行"和務"方術"而實現對自然規律的超越,追求"自我"與"人生"都得以永恒的無憂無慮的神仙生活,由此而導致了魏晉時期肉體長生成仙說的盛行。煉丹家們精心煉製各種丹藥,希望能够創造出生命的奇迹——人服食了仙丹而長生不死,羽化成仙。然而,這僅是一種美好的理想。許多人服食丹藥後,不僅没有延長生命,反而中毒身亡。這些慘痛的教訓導致了人們對肉體成仙說的普遍懷疑,從而動摇了對道教的信仰。面對道教發展的困境,唐代時,在儒家心性論和佛教生命哲學的影響下,道教重玄學派和一些丹鼎派的道士們對得道成仙的宗教理想與實踐進行了重新闡釋。他們調整了對長生不死的看法,積極從人自身内部去發掘得道成仙的可能性,從而將修煉的重點從追求肉體長生逐漸轉移到人的心性上來,在人的内在"心性"的層面上將道與修道者統合爲一,這就爲全真道修正傳統的肉體成仙說而開出"真性"不朽說提供了思路。全真道正是在這樣的時代文化氛圍中,吸取了佛教"人生皆苦"的思想,提出了不同於傳統道教的生命觀和"全真而仙"的宗教理想。

苦,梵文作 Duhkhasatya,是佛教基本教義"四諦"之首,意爲世俗世間的一切,本性都是苦。廣義上,苦是對社會人生及其所依住的自然世間的根本價值判斷,《雜集論》卷六云:"苦諦云何?謂有情生及生所依處,即有情世間、器世間,如其次第若生,若生處,俱說名苦諦。"①而其重點則在强調人生一切皆苦,這是佛教解脱理論的根本出發點。因爲人生皆苦,所以纔有求取解脱的必要性。"佛教的創立雖然與當時的社會歷史有密切的關係,但其直接的動因却是釋迦牟尼對人生問題的思考。釋迦牟尼有感於現實人生的種種痛苦而致力於追求永超苦海的極樂。他在菩提樹下證悟的宇宙人生真諦就是用緣起論來分析生老病死等人生現象,說明人生無常,一切皆苦,揭示了人生痛苦的原因以及擺脱痛苦的途徑、方法和境界,强調了通過宗教實踐獲得人生解脱的重要性與迫切性。"②

在佛教看來,人世間充滿着痛苦,故稱之爲"娑婆",梵文作 sabā,意爲"堪忍"。"娑婆"既是衆生堪於忍受諸苦惱而不得出離的塵世,也是釋迦牟尼等佛菩薩以大智、大悲和大勇的精神,通過對"五蘊"、"十二因緣"等的分析來說明人生無常痛苦,傳播佛法,不懈地教化衆生,幫助衆生超脱苦海的場所。佛教認爲,人

---

① 《大正藏》第 31 册,第 719 頁。

② 洪修平:《中國佛教文化歷程》,南京:江蘇教育出版社,1995 年,第 9 頁。

來到這個世上，從出生到老死，時時刻刻都處在各種痛苦的煎熬之中。因此佛教所説的苦，種類繁多，有二苦（起自身心的"内苦"和來自外界灾禍的"外苦"）、三苦（感受苦事的"苦苦"、感受喜樂之事毀壞的"壞苦"、感受諸行無常的"行苦"）、四苦（生苦、老苦、病苦、死苦）、八苦、十八苦乃至一百多種苦等不同的説法，其中最通常的説法爲八苦。《中阿含經》卷七中説："云何苦聖諦？謂生苦、老苦、病苦、死苦、怨憎會苦、愛别離苦、所求不得苦、略五盛陰苦。"[①]前四苦生、老、病、死是每一個現實人生都必須經歷的生理之苦；後四苦則是指由人的心理和環境等諸因素所造成的痛苦。佛教視人生爲苦海，三界爲火宅。這種"人生皆苦"的思想既反映了一切"被壓迫生靈的嘆息"，也迎合了生活於宋金元動亂社會中人們的心理需要。

全真道對佛教的"人生皆苦"作了生動的詮釋。王嚞説："但人做，限百年，七旬難與。奪名争利强恁，徒勞辛苦。金飛玉走催逼，老死還被兒孫拖入土。余今省悟，捨攀緣愛念，一身無慮歸去。雲水長遊，清閑得遇，識汞知鉛，氣滿精牢神聚。金翁却期，黄婆匹配，能養嬰兒姹女。刀圭足數，又蓬萊客至，上仙留住。"[②]全真道從這種生命觀出發，來説明肉體的虚幻性："人間聲色衣食，人見以爲娱樂，此非真樂，本爲苦耳。世人以妄爲真，以苦爲樂，不亦悲哉！"[③]既然人生是苦，那還要追求肉體長生幹什麽？更何況肉體是由地、水、火、風四大和合而成的，"火風地水合爲肌，只是愚迷走骨屍"，"白爲骸骨紅爲肌，紅白妝成假合屍"[④]，因而肉體是有限的，長生也是不可能的："有始必有終，有生必有死，此自然之常理也。"[⑤]只有"真性" 纔是永恒不死的，"萬形至其百年則身死，其性不死也"[⑥]。既然"唯一靈是真，肉身四大是假相"[⑦]，那麽，全真道就摒棄傳統道教所宣導的肉體長生説，而引導人們看破肉體的虚幻及導致的人生痛苦，而致力於心性的修煉以追求超越生死的精神解脱。這種理論，顯然比以前道教所宣揚的粗俗的長生不死説在邏輯上更加精緻，在理論上更有説服力。

全真道一方面對佛教"人生皆苦"的思想作生動的詮釋，以讓人更清楚地認識自己當下生活的諸般痛苦，似對人生抱有一種消極悲觀看法："堪嗟浮世如何

① 《大正藏》第1册，第467頁。
② 《重陽全真集》卷三，《道藏》第25册，第710頁。
③ 《玄風慶會録》，《道藏》第3册，第388頁。
④ 《重陽教化集》卷二，《道藏》第25册，第782頁。
⑤ 《重陽全真集序》，《道藏》第25册，第689頁。
⑥ 《無爲清静長生真人至真語録》，《道藏》第23册，第709頁。
⑦ 《重陽真人金關玉鎖訣》，《道藏》第25册，第799頁。

度,酒色纏綿,財氣沉埋,人人都緣四般留住。因上上起榮華,節節生迷誤。總誇伶俐,惺惺各門,機關皆結貪妒。今古幾個便回頭,肯與神爲主。任從猿馬,每每調和無由,得知宗祖。唯轉轉入枯崖,越越投深土。大限直待臨頭,難免三塗苦。"[①]另一方面,又繼承了佛教"十二因緣"中把"無明"與"貪欲"視爲人生痛苦總根源的做法,提倡衆生於萬物不要起貪著之心,要人保持自然清净的本性,保持心情的平和與寧静的思想,不要被物欲所污染和蒙蔽,以解脱人生痛苦。

在全真道看來,肉身是幻,心性是真,"人能割愛去貪,守雌抱一,遊心於恬淡,合氣於虛無,亦可以高舉遠致"[②]。"如其未明本性,則猶滯於幻形"[③],那就不可能達到生命的超越。因此,"離凡世者,非身離也,言心地也。……欲永不死而離凡世者,大愚不達道理也。"[④]認爲人應該看破肉體的虛幻,追求生命的本真。這樣,全真道宣揚的"得道成仙"也就不再是傳統道教的肉體長生,而是超越生死,真性永存,精神解脱。丘處機在《邱祖語録》中説:"吾宗所以不言長生者,非不長生,超之也。此無上大道,非區區延年小術也。"馬鈺也説:"但能澄心遣欲,便是神仙。"[⑤]全真道追求超越生死的精神解脱,實際上是藉鑒了佛教人生皆苦的思想,將傳統道教對肉身的執著轉變爲對老莊道家超越精神的復歸——全真而仙。

全真道認爲,人若依據"心中真性"就可以通過自我的修煉而達到生命的超越,從而擺脱人生痛苦、改變人生命運。王嚞説:"心中真性修行主。鍛煉金丹,津液交流,澆淋無根,有苗瓊樹。常灌溉潤瑶枝,密葉黄鶯語。瑩靈聲韻明眸,正覷嬰兒,兑方騎虎。 堪訴。姹女跨青龍,四個同歸去。本元初得,静裏還輝,迴光使胎仙舞。應出上現崑崙,得復蓬萊處。我不妄想雲霞,鸞鶴天然與。"[⑥]王嚞從人的本真的生命存在中去追求生命的超越,確立了"全真而仙"的宗教理想,改變了傳統道教"神仙"的内涵。全真道强調人人皆可成仙,並用通俗的語言讓老百姓懂得,得道成仙並不困難,只要信奉全真道,通過性命雙修,煉氣煉神,使功行兩全,就可達到"神仙"的境界。這樣就爲争取更多的道徒打開了方便之門。從某種意義上説,王嚞如果還拘泥於過去那種"肉體不死" 纔可成仙的修行目

① 《重陽全真集》卷三,《道藏》第25册,第708頁。
② 《重陽全真集序》,《道藏》第25册,第690頁。
③ 《悟真篇序》,《道藏》第2册,第914頁。
④ 《重陽立教十五論》,《道藏》第32册,第154頁。
⑤ 《丹陽真人直言》,《道藏》第32册,第155頁。
⑥ 《重陽全真集》卷三,《道藏》第25册,第708頁。

標,他創立的新道派也就難以得到長足的發展了。

四、“識心見性”與“性命雙修”

全真道所提倡的“性命雙修”,是“識心見性”的性功與“煉精化氣”等命功的結合。“識心見性”本爲佛教禪宗的用語。惠能説:“不識本心,學法無益,識心見性,即悟大意。”(《壇經·般若品》)這裏的“識心”,主要有兩層意思:一是自識本心有佛,本心即佛,如惠能認爲“菩提般若之智,世人本自有之”;二是由瞭知自心本來清净、萬法盡在自心而自净其心,念念無著,還得本心。後世禪宗一般用“明心”來表示上述二義,也就是明瞭一切諸法皆從心生,皆自心出,似更爲貼切。這裏的“見性”亦有兩層意思:一是瞭悟、徹見之義,即自見自心真如本性,自見本性般若之知;二是顯現義,即通過净心、明心而使自心本性顯現出來。識心即能見性,見性即成佛道。① 因此,從根本上説,識心和見性是一回事。需要指出的是,這裏的“識”與“見”都不是一般意義上的知見,而是一種證悟,是佛教所特有的“現觀”、“親證”,它是不以任何語言概念或思維形式爲中介的直觀。在這種“識”與“見”中,没有識與被識,見與被見之區分,它是一種整體的圓融,是自心自性的自我觀照、自我顯現。惠能將“識心見性”作爲禪宗的一種内省修行方法,是要人以自心本有之“般若智慧”去覺悟“自心真性”,以頓悟即心即佛之理。全真道將禪宗的“識心見性”吸收過來,又結合儒家的“反身而誠”、“去情復性”等,以“識心見性全真覺,知汞通鉛結善芽”②對傳統道教的養生修命術作了新的詮釋。

全真道認爲現實的生命是依真性而伴隨愛欲而生,修道的過程就是去除愛欲返歸真性的過程,這就爲人從本真的生命存在中去實現人生理想,通過修道而追求生命的超越提供了本體論的依據,使回歸生命的本真以超越肉體的生死成爲可能,同時也使後天的努力,特别是性命雙修、神氣合煉的内丹術有了充分的意義。

由於愛欲遮蔽真性,真性又表現在性和命兩個方面,因而全真道爲了更好地勵志苦行,去除愛欲,並不言肉體不死,不尚符籙,不事黄白,而是在融合吸收儒家“復性”、佛家“明心見性”和傳統道教養生修命術的基礎上,沿着鍾吕金丹道

① 洪修平:《國學舉要·佛卷》,武漢:湖北教育出版社,2002年,第328~329頁。

② 《重陽全真集》卷一,《道藏》第25册,第691頁。

的思路,大力提倡“性命雙修”,認爲“修仙之道,性命之事”①,“人了達性命者,便是真修行之法也”②。由於“性者神也,命者氣也”③,“氣神相結,謂之神仙”④,因而性命雙修又必須神氣合煉。如馬鈺説“性命不由天,斡旋陰陽全在我”⑤,性命雙修、神氣合煉成爲全真道修道成仙的主要方法與途徑。

强調通過心性的修煉來獲得精神的超越或解脱,這本是儒佛道三教共同的特點。但儒佛比較偏重於修性,而全真道却認爲,對於要獲得生命超越的人來説,光在心性上下功夫,定心寂念,或存心養性,這還是不够的。因爲,“命無性不靈,性無命不立”⑥,對於每一個現實的活生生的人來説,性者,命之性也,命者,性之命也,性與命是相聯繫而存在的,是人之爲人所必不可少的。因此,“只修性,不修命,此是修行第一病”。反過來,傳統道教偏重於修命而迷失了自己的真性,這也是不行的,“達命宗,迷祖性,恰似鑒容無寶鏡”,即使“壽同天地”,也仍不過是“一愚夫”而已⑦。

據此,全真道强調性命雙修,要求通過對身心兩大要素的修煉,固體强精健智,在精神與肉體的完滿結合中尋求生命的超越。全真道宣導的性命雙修,不僅是一種理論,更是一種具體的修身實踐。由於全真道視生命爲一個由身心、神氣有機結合的系統,“性者是元神,命者是元氣,名曰性命也”⑧,“性命者,神氣之根源也”⑨,性命與神氣往往是聯繫在一起的:“精血者,是肉身之根本;真氣者,是性命之根本。故曰有血者能生真氣也。真氣壯實者自然長久聚精血成形也。”⑩因此,在實際修行中,性命雙修往往是通過神氣合煉來進行的:

> 神氣是性命,性命是龍虎,龍虎是鉛汞,鉛汞是水火,水火是嬰姹,嬰姹是陰陽,真陰真陽即是神氣。種種異名,皆不用著,只是神氣二字。⑪

這裏的龍虎、鉛汞、水火、陰陽等,都是道教喻性命、神氣的術語,用以説明性

---

① 《重陽全真集》卷十,《道藏》第25册,第747頁。
② 《重陽真人金關玉鎖訣》,《道藏》第25册,第799頁。
③ 《重陽立教十五論》,《道藏》第32册,第154頁。
④ 《重陽全真集》卷十,《道藏》第25册,第747頁。
⑤ 《洞玄金玉集》,《道藏》第25册,第154頁。
⑥ 《五篇靈文》,《藏外道書》第25册,第670頁。
⑦ 吕洞賓:《敲爻歌》,《藏外道書》第6册,成都:巴蜀書社,1992年,第180頁。
⑧ 《重陽真人授丹陽二十四訣》,《道藏》第25册,第807頁。
⑨ 《五篇靈文》,《藏外道書》第25册,第670頁。
⑩ 《重陽真人金關玉鎖訣》,《道藏》第25册,第799頁。
⑪ 《丹陽真人直言》,《道藏》第32册,第155頁。

命雙修、神氣合煉的重要性。由於性命、神氣不相離,故性功與命功不可分,兩者相輔相成,缺一不可,否則,修仙難成。只有性命雙修、氣神相結,纔能反歸真性,全真而仙。這樣,性命雙修、神氣合煉以去欲明心、保全真性的"全真"也就成了神仙的代名詞。而在性命雙修中,北宗更重修性,如《邱祖語録》中所謂的"三分命功,七分性學",就成爲早期全真道北宗的重要特色。雖然南北宗在性命修煉的步驟上有着不同的看法,北宗主張先修性後修命,南宗則主張先修命後修性,但它們基於心性論而建立起來的修行目標與方法則都融合吸收了儒佛道的思想内容,從而形成了一種不同於傳統道教的特色,對道教的發展産生了深刻的影響。

全真道北宗認爲,"諸賢先求明心,心本是道,道即是心,心外無道,道外無心也"①。心性作爲本真的生命狀態是恒常而清净的,"心本妙明,無染無著,清净之體"②,但常住妙明的心性會被情欲和妄念所蒙蔽,從而對人的生命産生直接的影響。修道就是要"十二時中,念念清静,不被一切虚幻舊愛境界朦朧真源,常處如虚空,逍遥自在"③。一旦去除妄念的蒙蔽,達到"心不起雜念"、"諸塵不染著"④的内外清静,生命的真源,即真性,就會自然呈現,這就叫"見性"。"只要無心無念,不著一切物,澄澄湛湛,内外無事,乃是見性。"⑤見性即可實現精神的超越。因此,王嚞説:"離凡世者,非身離也,言心地也。身如藕根,心似蓮花,根在泥而花在虚空矣。得道之人,身在凡而心在聖境矣。"⑥但由於全真道將真性視爲人身中的金丹,煉丹須以肉體爲鼎器,"本來真性唤金丹,四假爲爐煉作團"⑦,因而在追求生命超越的過程中,煉精煉氣的"保命修行"也是必要的,這樣,全真道就把復歸於真性的觀念貫徹到了性命雙修的實踐中。

在如何安排性命關係上,王嚞認爲,性命的關係如同神氣的關係,兩者雖然相互依存,渾然一體,但是"主者是性,賓者是命"。因此,修煉者要從修性開始,先除情去欲,做禪宗式的"打坐"功夫,於一切時中使自己心地清静,摒除貪欲雜念,不爲世俗的事務所動心,從而頓悟自心即爲道心。在識心見性的基礎上,然後再推動精氣的運轉,依次而煉精化氣,煉氣化神,煉神還虚,從而返本歸根,達

① 《重陽真人授丹陽二十四訣》,《道藏》第25册,第808頁。
② 《五篇靈文》,《藏外道書》第25册,第669頁。
③ 《水雲集》卷上,《道藏》第25册,第852頁。
④ 《重陽真人授丹陽二十四訣》,《道藏》第25册,第807頁。
⑤ 《晉真人語録》,《道藏》第23册,第698頁。
⑥ 《重陽立教十五論》,《道藏》第32册,第154頁。
⑦ 《重陽全真集》卷二,《道藏》第25册,第701頁。

到與道同體,得道而成仙。

以張伯端爲代表的南宗則認爲性命雙修應當走先命後性的理路。修煉者應從鍾吕金丹道的傳統丹法出發,由修煉精氣入手,循着煉精化氣,煉氣化神,煉神還虚,逐漸前進。但在具體説明這個過程時,南宗吸收了許多禪宗的東西,大談識心見性,力圖通過聚氣凝神的氣功命術,達到"心中無心,念中無念,純清絶點,當之純陽"①的虚静空靈之狀態。南宗自稱這種方法爲"以命取勝",即以先修命後修性爲特徵。南宗既强調了命功在修身養性中的基礎性作用,又將精神的超越作爲修道的最高境界,從而與全真道北宗所主張的先修性後修命的修道方法有了顯著的區别。

張伯端在《悟真篇》中對禪宗識心見性、頓悟成佛的修道方法與理想境界也十分推崇,他曾聲稱"僕得達磨、六祖最上一乘之妙旨,可因一言而悟萬法也"②,並藉佛教禪學來闡發道教的内丹修性之旨。但他在寫完《悟真篇》後,覺得還有所不足,因爲"其中惟談養命固形之術,而於本源真覺之性有所未究",於是,他"遂玩佛書及《傳燈録》,至於祖師有擊竹而悟者,乃形於歌頌詩曲雜言三十二首",並將這三十二首詩歌附於《悟真篇》卷末,認爲"庶幾達本明性之道,盡於此矣",希望他的同道們"覽之則見末而悟本,捨妄以從真"③。這個原名爲《禪宗歌頌詩曲雜言》,也就是今天《道藏》中的《紫陽真人悟真篇拾遺》一卷。這一卷詩歌集特别反映了張伯端對禪宗"識心見性"思想的藉鑒與吸收。

據現有資料看,張伯端似特别欣賞雲門宗的雪竇重顯禪師(980～1052)的禪學。據《佛祖統記》中説,張伯端"嘗遍參禪門,大有省發。後讀雪竇《祖英集》,頓明心地,作歌偈以申其旨。且言獨修金丹而不悟佛理者,即同楞嚴十仙,散入諸趣之報"④。雲門宗是形成於五代時期的禪宗南宗五家禪中的一派,其創始人是石頭希遷門下天皇道悟的四世法孫文偃(864～949),因其住在韶州雲門山而得名。雲門宗以强調山水自然,即事而真,一切現成,無心解脱爲特色,形成了"孤危聳峻,人難湊泊"的宗風。雲門宗不僅以棒喝接引學人,而且還常以非常簡短的片言隻語來應答,例如以"雲門三句"來啓發學人開悟,一時影響很大。到北宋時,文偃的三世法孫雪竇重顯禪師先在四川成都行禪,後於明州雪竇山資聖寺(今浙江奉化)弘道三十一年,他的《頌古百則》不僅成爲當時禪僧的必讀之書,

---

① 白玉蟾:《謝張紫陽書》,《道藏》第4册,第625頁。
② 《悟真篇後序》,《道藏》第2册,第968頁。
③ 《悟真篇》,《道藏》第2册,第915頁。
④ 《佛祖統記》卷四十五,《大正藏》第49册,第417頁。

而且受到許多好禪愛道的教外人士歡迎,從而使雲門宗在北宋盛極一時。《佛祖歷代通載》稱"遷明之雪竇,宗風大振,天下龍蟠鳳逸,衲子爭集,號雲門中興"。以至於張伯端也在《讀雪竇禪師〈祖英集〉》中親切地稱雪竇爲"吾師",盛讚"吾師道高言語暢,留在世間爲榜樣"①。

在張伯端生活的時代,道教的内丹修煉術已開始流行,其方法多達十幾種,但大同小異,都以性命二字爲根本宗旨,性指神,命指精氣。因而如何通過修煉精氣神而達到性命雙修的功效,也成爲張伯端所着力思考的問題。張伯端對修丹功效問題的思考是建立在比較儒佛道三教的生命觀之異同的基礎上的。他正是吸取了禪宗的"頓悟圓通"等思想來發展道教内丹術的。他在《悟真篇序》中説:

> 釋氏以空寂爲宗,若頓悟圓通,則直超彼岸,如有習漏未盡,則尚徇於有生;老氏以煉養爲真,若得其要樞,則立躋聖位,如其未明本性,則猶滯於幻形;其次,《周易》有窮理盡性至命之辭,《魯語》有毋意、必、固、我之説,此又仲尼極臻乎性命之奥也。

他以一種理性的態度,分析了三教性命學説各自的特點與相互的差異,然後特别指出:"教雖分三,道乃歸一,奈何後世黄緇之流,各自專門,互相非是,致使三家宗要迷没邪歧,不能混一而同歸矣。"②在張伯端看來,儒佛道三教在性命修煉上雖各有特點,但其根本宗旨是一致的,而人們偏執於一方,相互攻擊,致使三家宗要迷没邪歧。於是,他超越狹隘的門户之見,在圓融三教的基礎上,提出了"三關"修道術:"先以神仙命脈誘其修煉,次以諸佛妙用廣其神通,終以真如覺性遣其幻妄,而歸於究竟空寂之本源矣。"③張伯端首先以道教的養命固形之術爲"初關",在"命功"有成之後,又引入佛教的神通妙用爲"中關",强調還應進一步修煉"性功",最後以佛教禪宗的"空寂之本源"作爲修道的"上關",從而將三教圓融最終落實在"道禪合一"的性命雙修之上。張伯端强調,只有通過這樣的"三關"修煉,纔能使"神氣精者,與天地同其根,與萬物同其體"④,達到一種永恒之境。這種永恒之境既基於道教的養性固命之術,又體現了佛教禪宗的超越精神。

---

① 《道藏》第2册,第1031頁。

② 《悟真篇序》,《道藏》第2册,第914頁。

③ 《紫陽真人悟真篇拾遺》,《道藏》第2册,第1030頁。

④ 《金丹四百字》,《道藏》第24册,第161頁。

張伯端的"三關"修道術既是其内丹學的核心,也充分體現了其"道禪合一"的思想特色。受禪宗心性論的影響,張伯端所宣揚的性命雙修是以道教的肉體修煉爲基,以南宗禪的"識心見性"爲旨,形成了先命後性的漸修頓悟的修道進路。這種修道進路的形成與張伯端從"達本明性"的角度對精氣神三者的關係進行分析以及對心神、性命的詮釋是分不開的。

張伯端認爲,在精氣神三者中,"神者,精氣之主",神又以心爲載體,"心者,神之舍也",神在精氣神三者中起着主導作用。"神爲重,金丹之道始終以神而用精氣也。"然而,佔主導地位的神本身又有先天之元神和後天之欲神之分:"夫神者,有元神焉,有欲神焉。元神者,乃先天以來一點靈光也;欲神者,氣禀之性也。元神者,乃先天之性也,形而後有氣質之性。善反之,則天地之性存焉。"①神的這種區别,爲修道的路徑應以精神上回歸人的先天之元神爲目標提供了理論依據。②

這種精神回歸的思路無疑受到了佛教禪宗的深刻影響。張伯端所説的"元神"實際上就是禪宗所説的"本心"。正如六祖惠能所説的,"自識本心,自見本性"(敦煌本《壇經》第 15 節),即可於一念之中起真正的般若觀照而頓悟成佛。這樣,"本心"、"元神"不僅是存在於人體之中,而且具有超越人體束縛而獲得一種絶對的精神自由的特徵。張伯端正是以"心"爲本來構建自己的理論,他認爲,"欲體夫至道,莫若明夫本心。故心者,道之體也;道者,心之用也。人能察心觀性,則圓明之體自現,無爲之用自成,不假施功,頓超彼岸"。只要明心見性,一刹那間,妄念俱滅,就可頓超彼岸,達到解脱之境。正是基於此,張伯端提出"見性之法,即上之所謂無爲妙覺之道"③,藉用禪宗"明心見性"的頓悟之法來説明道教内丹修煉法的"無爲妙覺之道"。

張伯端在接受禪宗心性論注重從人的精神上尋求超越之境的同時,並没有放棄道教追求生命長存的理想,而是力圖在先命後性的修道次第上,將道禪有機地融合起來,以達到"以命取性"的效果。這是他在分析了佛教禪宗心性論與傳統道教修仙之學的優劣之後作出的一種理論創新。張伯端認爲,道與禪的最高

---

① 《玉清金笥青華秘文金寶内煉丹訣》卷上,《道藏》第 4 册,第 364 頁。

② 值得注意的是,張伯端所説的"形而後有氣質之性。善反之,則天地之性存焉",對後來宋明理學家張載的思想産生了深刻的影響。張載在《正蒙·誠明》中第一次提出以"天地之性"和"氣質之性"並用來規定人性的善惡,成爲宋明理學的重要思想,可能是受張伯端影響的結果。

③ 《悟真篇後序》,《道藏》第 2 册,第 968 頁。

境界是相通的,"見了真空空不空,圓明何處不圓通,根塵心法都無物,妙用方知與佛同"①,但這種最高境界的體現則有所不同。佛教禪宗摒棄肉體,注重的是人的精神如何超越肉體的束縛而獲得解脱,而傳統道教則將肉體不死作爲解決人生問題的基點,這是道禪的差别之所在。張伯端站在道教的立場上認爲道優於禪,因爲道教注重性命雙修。據《歷世真仙體道通鑑》卷四十九《張用成傳》記載,張伯端功法高强,曾與一名"修戒定慧,自以爲得最上乘禪旨"的禪師鬥法。由於張伯端既注重性功,又注重命功,故功法略勝一籌。這其中可能有道教自我誇張的成分,但這也從一個側面説明張伯端已認識到佛教"欲速見功,不復修命,直修性宗"所帶來的局限性,若命之不存,性將焉存?

張伯端從性命雙修出發,認爲佛教禪宗只修性而不修命,執著於精神的超越是片面的,他順應唐末五代時興起的鍾呂金丹道之内煉性命的理路,將"精氣神"作爲"不老藥"、"真種子"。他認爲,人的生命是由精神與肉體,即性與命相合而成的,因而"我金丹大道,性命兼修,是故聚則成形,散則成氣"。在《悟真篇》中,張伯端運用了大量的外丹術語:鉛汞、龍虎、三黄、四神、黄芽、白雪等來解説内丹修煉之道,特别是"勸君窮取生身處,返本還源是藥王",强調人要通過修煉自身體内固有的精氣神,以達到"群陰剥盡丹成熟,跳出樊籠壽萬年"。但他又進一步指出,傳統道教的"學道之人不通性理,獨修金丹。如此,既性命之道未修,則運心不普,物我難齊,又焉能究竟圓通,回超三界?"光修命而不修性,僅執著於肉體的長生難以達到超越之境。

據此,張伯端在引禪宗的"識心見性"時,提出了先命後性的漸修頓悟法,將道禪融而爲一。這不僅使他的性命雙修具有了濃重的禪化色彩,而且也使他所説的成仙之境已不再是傳統道教的肉體飛昇,而是"以命取性",偏重於在精神上達到"無爲妙覺之道"。這種以"道禪合一"爲理論特色的性命雙修,進一步促進了道教由傾嚮於服食丹藥的外丹修煉而過渡到内煉精氣神的内丹修煉,特别是爲人們從心性上尋求超越之道開闢了新思路。

雖然出於對性與命在修仙中作用的不同認識,全真道内部出現了不同的流派,有主張先修性後修命的北宗,有主張先修命後修性的南宗,有主張個體獨自清静修行的清修派,有主張男女雙修、陰陽配合的陰陽派,還有以"守中"爲主要特點的中派。如元代李道純所著《中和集》在會通儒佛道三教心性思想的基礎上,又將内丹修煉的要旨概括爲"中和"、"虚静"四字,認爲"中"就是"玄關",守

① 《紫陽真人悟真篇拾遺》,《道藏》第2册,第1030頁。

玄關纔能致中和,致中和纔能帶來身静心虚,因此,將守中作爲丹法的第一要義,由是而在内丹道中形成了自成體系的中派。直到明清時期,内丹心性學依然在持續發展,出現了以陸西星爲代表的東派,以李西月爲代表的西派和以伍守陽、柳華陽爲代表的伍柳派等。雖然衆多流派相互競争,但都以“性命雙修”爲實際可操作的方法來引導人們關注每一個個體生命的存在。

五、“本性清净”與“清净無爲”

全真道以不生不滅的“真性”作爲成仙的主體,藉鑒佛教禪宗的“本性清净”的思想,將心性的修養凸現出來,强調“修行之士,必先明心見性”①,認爲只有向内體悟自己的本心,使妄念不生,纔能得道成仙。“心生則種種法生,心滅則種種法滅。一念不生,則脱生死。”②心性修煉的根本就是要斷絶世俗的種種欲望,以“保全性命之真”③。全真道一方面受惠能南宗禪“於念念中,自見本性清净”④思想的影響,强調道就存在於事事物物之中,修煉者要於日常生活中去體悟事事物物之中存在的道。既然“行住坐卧皆是道”,那麽,日常生活也就是體道悟道的過程,這種修行觀其實就是惠能主張的自净其心⑤、隨緣任運精神的體現。但另一方面,在全真道看來,世欲很多,但主要是酒色財氣,而酒色財氣又常常是與人的家庭生活聯繫在一起的。“一切男女,從無始已來,爲有種種恩愛貪欲,不出輪迴。世界一切胎卵濕化,種種性相,皆因愛欲而生性命。性因愛而生,命因欲而有。皆因愛欲,而起逆順、生嫉妒,從此輪迴綿綿不斷。”爲擺脱輪迴的痛苦,就應當出家清净修行,以割斷世俗的恩愛貪欲。

爲了割斷世俗的牽累,以清净修行,全真道一改傳統道教的在家修行方式,模仿佛教而提倡離家居觀的修行,要求修道者不娶妻生子,不吃葷腥,不飲酒,不殺生,不偷盗,過禁欲主義的生活,認爲“凡人出家,絶名棄利、忘情去欲則心虚,心虚則氣住,氣住則神清,神清則德合道矣”⑥。從此出發,全真道宣導“清净無爲”修行觀。王嚞在傳教之初,就對“清净”十分重視。他説:“諸公如要修行,飢來吃飯,睡來合眼,也莫打坐,也莫學道,只要塵冗事屏除,只要心中清净兩個字,

---

① (元)牛道淳:《析疑指迷論》,《道藏》第4册,第949頁。

② 《水雲集》卷上,《道藏》第25册,第852頁。

③ 《重陽教化集序》,《道藏》第25册,第770頁。

④ 宗寶本:《壇經·坐禪品第五》,石峻等編:《中國佛教思想資料選編》第二卷第四册,北京:中華書局,1983年,第45頁。

⑤ 惠能説:“迷人念佛生彼,悟者自净其心。”(敦煌本《壇經》第35節)

⑥ 《重陽真人授丹陽二十四訣》,《道藏》第25册,第808頁。

其餘都不是修行。”[1]這裏,王嚞採用了禪宗話語“飢來吃飯,睡來合眼”,只要“本性清净”就是修行。馬鈺在王嚞之後掌教十多年,積極宣導“清净無爲”,推動了全真道的發展與壯大。

馬鈺(1123～1183)原名從義,字宜甫,入道後更名爲鈺,字玄寶,號丹陽子,山東寧海(今山東牟平)人。出身於世家大族,爲當地有名的富豪,人稱“馬半州”。馬鈺雖富甲一方,却輕財好施,喜愛讀書以探求人生意義。大定七年(1167),王嚞從家鄉陝西出發經潼關來到山東半島,以詩詞歌曲等形式隨機施化。馬鈺初見王嚞,見其頗有“仙風道骨”,乃問之:“何爲道?”王嚞答曰:“五行不到處,父母未生前。”馬鈺聽聞這句頗有禪意的話,即有所悟,乃在自家南園建全真庵讓王嚞居住。王嚞住在馬鈺家時,用“分梨十化”等方法來開導馬鈺及其妻子孫不二看破紅塵,出家修道[2]。馬鈺遂明性命禍福生死之機,曉天地陰陽奇偶之數,最終拋棄了萬貫家産,皈依全真道,斷酒色財氣、攀緣愛念,清净修行,其妻孫不二也隨之出家。在《重陽真人授丹陽二十四訣》中,王嚞特別告訴馬鈺,清净功夫有内外兩個方面:“内清净者,心不起雜念;外清净者,諸塵不染著。”只有做到内外清净,纔能如處虚空之中,悟本來之真性,得入真道而成仙。

王嚞臨死前,將全真秘訣傳與馬鈺,並讓其掌管教門。馬鈺先在關中終南山地區傳道,十年之間,歷盡艱辛,矢志弘道,將全真道的離塵去欲的清净精神發揚光大,吸引了衆多社會人士皈依,全真道在當地得到了迅速發展,以致金朝當局下令加以禁制[3]。於是,馬鈺於大定二十一年(1181)“以關中教事付丘長春爲主張焉,仙杖東歸”[4]。

《道藏》中收有馬鈺著述《洞玄金玉集》、《丹陽神光燦》、《漸悟集》、《丹陽真人語録》等,以及記載王嚞引導馬鈺入道的道書《重陽教化集》、《重陽分梨十化集》、《重陽真人授丹陽二十四訣》等。這些道書大都以“清净”爲主題[5],表現出援佛詮道的致思向度,其中《丹陽真人語録》是馬鈺弟子王頤中(生卒不詳)所編集的馬鈺回山東後傳道言論的記録或摘録[6],共有五十多條,以一種生動活潑的

---

① 《重陽全真集》卷十,《道藏》第25册,第747頁。

② 《重陽分梨十化集》卷二,《道藏》第25册。

③ 金世宗先於大定十八年(1178)下令“禁民間无得創興寺觀”,後於大定二十一年(1181)下詔禁止道士遊方,並“遣發道人各還本鄉”。(參見《金史》卷七《世宗紀》、《金蓮正宗記》卷三《丹陽馬真人》)

④ 《甘水仙源録》卷一,《道藏》第19册,第730頁。

⑤ 雖然在馬鈺的著作中,“清静”一詞也有使用,但據筆者統計,“清净”一詞的使用頻率更高一些。

⑥ 據《丹陽真人語録》記載,王頤中是在大定癸卯(1183)三月間在山東牟平范明叔庵拜馬鈺爲師,不久馬鈺就仙化了。

問答形式,比較本原地記録了馬鈺對全真道教義與修行實踐的陳述,尤其反映出馬鈺回到山東後,仍以“清净無爲”相號召:“學道專一,則人人可以爲仙。不同世俗之進取有黜落也。儒則博而寡要,道則簡而易行,但清净無爲,最上乘法也。”①馬鈺將“清净無爲”奉爲修行的“最上乘法”,並以此來整頓全真教風,表現出了他援佛詮道以推動全真道發展的重要特點。

據《丹陽真人語録》記載,馬鈺從關中回到山東後,將佛教的“絶嗜欲,斷葷酒”等戒條作爲清净修行的重要内容。“馬師在登郡時,會衆百餘人,白師曰:‘弟子等,各各沐浴静居,及戒斷葷酒,已七日矣。願隨清會祈福,以消來業。’師曰:‘善公等清净七日,尚言有福。馬風門人,個個終身清净,絶嗜欲,斷葷酒,福且多矣。’會衆皆禮拜,嘆曰:‘清净之教,實不可思議。’自是,三州之人,比屋受教,漸及十方,聞風信嚮,大教重興,自師而始。”馬鈺正是站在道教的立場上,援佛詮道,以“清净無爲”相號召,在短短的時間裏,使全真道在山東又興盛了起來。

馬鈺對“清净無爲”的重視及詮釋,都與其藉鑒和吸收佛教來詮釋老莊思想有關。在道家傳統中,一般比較强調“清静”②,無論是《老子》,還是《莊子》,都將自然清静無爲作爲“道”的本性,並將“道”視爲宇宙之本源、萬物之本根和爲人處事之準則。漢代以來的道教則進一步發揮了“道”的超越性與内在性,將之作爲人修道而能够得道成仙的根本依據。南北朝到隋唐,道教又開始大量吸收佛教來發展自身。馬鈺就是站在道教的立場上,援引了佛教的去除染欲、保持本性清净的思想,將老莊道家所講的“清静”詮釋爲“清净”,並以此來規定道的本性。他説:“夫道但清净無爲,逍遥自在,不染不著,此十二字若能咬嚼得破,便做個徹底道人。”在他看來,道的根本特徵就是“清净無爲”,修行就是要去除染欲,復歸於人本有的清净真性。

馬鈺對“清净”十分重視。據初步統計,短短五千多字的《丹陽真人語録》就用了十五次“清净”,只有一處用了“清静”:“清静之道,人能辨之,則盡善盡美矣。故經云:‘人能常清净(經的原文應爲“静”——引者注),天地悉皆歸。’”如果聯繫文中所引的《常清静經》就可見,《語録》中將《常清静經》中的“清静”又寫成了“清净”,這是記録者偶爾的筆誤,還是與馬鈺及其弟子比較傾嚮於使用“清

① 《丹陽真人語録》,載《道藏》第23册,第701~706頁。以下凡引自《語録》就不再注出處了。

② 在先秦和兩漢的典籍中,也有“清净”一詞,但主要表示不受外物干擾、不煩擾,如《後漢書》卷二十九《鮑昱傳》:“政化仁愛,境内清净。”而不像佛教那樣從染與净的角度來解説清净。

净"一詞有關呢?

從詞源學上看,"清静"與"清净"在内涵上存在着差異。"静"的本義是安定不煩。"清静"一詞來源於《老子》,《老子》中有"我無爲而民自化,我好静而民自正"(《老子》第五十七章)、"清静可以爲天下正"(《老子》第四十五章)等説法,並將"清静"與"無爲"相聯繫,强調清静無爲之道是治國與理身的最佳方法。"清静"是從動静的角度來詮釋道的本性。動静是道家的一對重要哲學範疇,動起於静,又復歸於静,故《老子》曰:"夫物云云,各復歸其根,歸根曰静,是謂復命。"(《老子》第十六章)萬物變化無常最終能復歸於虚静之根,那麽,人通過修道也可以使自己的生命復歸於與道相冥之境。道家對歸根復命的論述,爲道教的修道提供了理論依據。早期五斗米道的道書《老子想爾注》中就明確提出:"道常無欲樂清静,故令天地常止。""人法天地,故不得燥處,常以清静爲務。"人若效法天地,做到清静無爲,"則道自來居"。這反映了早期道教對《老子》的詮釋向度:一是將清静視爲道的本性,二是將清静視爲人修道的進路。

"净"的本義爲潔净,後引申爲不受外物干擾的心地潔净。佛教就用"清净"來形容遠離惡行煩惱的狀態:"離一切惡行煩惱垢,故名爲清净。"[①]魏晉南北朝時期,隨着外來佛教傳入中土並興盛發展,道教的心性論受佛教的影響而發展出了日益理論化的道性論。唐代時,"清净"一詞也越來越多地在道書中被運用,例如,唐玄宗在《道德經義疏》中就提出:"法性清净,是曰重玄。"這裏,既藉用佛教名詞"法性"[②]來指稱"道性",又運用了重玄學的方法來詮釋道性。後來,唐末五代時道教思想家杜光庭在《道德真經廣聖義》中,又對"法性清净"作了進一步的發揮,認爲"法性"即爲道性,通過"返性歸元"即可契合本來清净的道性,從而爲個體生命的超越提供了理論依據。杜光庭特别用"清净"一詞來説明道本有的特徵,並將"清净"與"染欲"對立起來,强調用遣之又遣的重玄方法去除染欲、修復其性是"復歸元本"的主要進路。[③]

道性的"清静"是從動與静的角度上説的,而"清净"則是從净與染的角度上

---

① 《阿毗達磨俱舍論》卷十六,《大正藏》第29册,第84頁。

② 法性本爲佛教名詞,與實相、真如、佛性、涅槃等概念具有同等性質,"佛性、法性、真如、實際等,並是佛性之異名"(吉藏《大乘玄論》卷三,《大正藏》第45册,第41頁)。着重事物恒常不變的本質、本體。唐玄宗藉用佛教的"法性"是來指稱"於諸法中體了真性"(《道德真經廣聖義》卷二十三,《道藏》第14册,第420頁),又稱"正性"、"道性"。

③ 孫亦平:《杜光庭思想與唐宋道教的轉型》,南京:南京大學出版社,2003年,第216頁。

説的,以净染詮釋道性在很大程度上受到了佛教的影響[①]。佛教將净染與心相聯繫,將去除煩惱客塵的污染,保持自性清净之心作爲修道的重要方法,這種“修道即爲修心”的觀點也爲馬鈺所繼承。

馬鈺認爲,全真道的修道功夫是從去除染欲、抛却對塵世名利的追求、保持心地“清净”開始,可謂“不得無明暫起,逍遥物外閑居。常清常净是功夫,相稱全真門户。”[②]這裏,馬鈺還特别引用了佛教的“無明”來説明人不能清净的原因,强調《莊子》所説的“逍遥物外”的境界,應當以“常清常净”爲功夫。馬鈺曾教導徒衆説:“道以無心爲體,忘言爲用,以柔弱爲本,以清净爲基。若施於人,必節飲食,絶思慮,静坐以調息,安寢以養氣。心不馳則性定,形不勞則精全,神不擾則丹結。然後滅情於虚,寧神於極,可謂不出户庭,而妙道得矣。”馬鈺將道家的無心、忘言、柔弱等思想運用到全真道心性修養之中,又援佛詮道,將“清净”爲修道之基貫徹到全真道以“性命雙修”爲進路的内丹修煉之中。

在馬鈺提倡的性命雙修中,“性”被視爲是人的精神、意識,是人先天具有的一種清净、純而不雜的本性,它是既真又善的,稱爲“真性”;“命”是指由精氣神有機而成的軀體、形體,既是人的生命存在的物質基礎,也是一種人們無法擺脱的先天規定性。簡言之,性就是神,命就是氣。性命和合,人得以生;性命離異,人得以死。“道無形名,是神氣之祖也;元氣降化,神明自生。煉神合道,乃是修真。”既然人的生命是以性命和合的形式而存在,那麽,在修命的同時,還要修煉性功。在《丹陽真人語録》中,馬鈺宣導内丹修煉“清净”,不僅要“清其心源”,還要“净其氣海”:

> 清净者,清爲清其心源,净爲净其氣海。心源清,則外物不能撓,故情定而神明生焉;氣海净,則邪欲不能干,故精全而腹實矣。是以澄心如澄水,養氣如養兒。氣秀則神靈,神靈則氣變,乃清净所致也;若行有心有爲之功,則有盡之術法也;若行無心無爲之理,乃無盡之清虚也。

---

① 净,指遠離煩惱,清净之義;染,指煩惱污穢之義,故又稱不净。佛教常用净染來説明心性問題,如大乘佛教基本上採用了“心性本净”的看法,但各派對此的解釋有很大的不同。空宗主張用“性空”來解説“心的本净”,有宗以“真如”體性清净來説“心的本净”。而佛性—如來藏系的思想,則把“心”與法性、佛性、解脱等聯繫在一起,作出了新的發揮。這樣,早期佛教“假説”爲業報與解脱主體的清净心經過與虚構的絶對精神實體佛性—如來藏合而爲一,也就具有了精神實體的意義,從而把心抬高到了宇宙人生之本體的地位。就人生而言,它是“真我”;就萬法而言,它是真如、法性;就解脱而言,它又是菩提、法身。這種思想在中國佛學中有進一步的展開(參見洪修平:《禪宗思想的形成與發展》(修訂本)第一章第三節,南京:江蘇古籍出版社,2000年)。

② 《漸悟集》卷上,《道藏》第25册,第462頁。

心源、氣海作爲本真的生命狀態是恒常而清净的,但又會被世俗的情欲和妄念所蒙蔽,從而對人的生命成長産生直接的影響。修道就是要去除妄念的蒙蔽,做到心不起雜念、外不染世塵的内外清净,若能如此,纔能體悟到人本有的"真性"。從這種清净心性論出發,馬鈺强調,只有將"清净"貫徹到頤神養氣之中,再静坐調息,使呼吸綿綿細長,道氣貫通於心性,神氣相合而成仙。

這樣,馬鈺主張的"性命雙修"就是以清净之心來頤神養氣:"道人要妙不過養氣。夫人汩没於利名,往往消耗其氣,學道者别無他事,只在至清至净,頤神養氣而已。心液下降,腎氣上昇,至於脾,念絶想,神自靈,丹自結,仙自做。"①這種以"清净"爲基,通過煉精化氣,煉氣化神,煉神還虚的内丹修煉,從人的本真生命存在中去追求生命的超越,從而與那些追求肉體成仙的傳統道教有了根本區别,同時也表現出與傳統道教有着不同旨趣的修行觀。

全真道北宗在創立之初,就一改傳統道教的在家修行方式,模仿佛教而提倡離家居觀的修行,要求修道者斷酒肉、戒葷腥、不娶妻,通過禁欲苦行,以保全真性。馬鈺經常教導徒衆:

> 酒爲亂性之漿,肉爲斷命之物,直須不吃爲上。酒肉犯之猶可恕,若犯於色,則罪不容於誅矣。何故?蓋色者,甚於狼虎,敗人美行,損人善事,亡精滅神,至於殞軀,故爲道人之大孽也。

《語録》中還記載了一些馬鈺以身作則、禁欲苦行的例子:"師父冬夏披一布,懶衣食,粗取足。隆冬雪寒,庵中無火,兼時用冷水,其神氣和暢,殊無寒意。如此十年,非腹中有道氣,則不能枝梧矣。"馬鈺在出家修道之前過着相當優裕的生活,他自言:"我嘗在俗中時,秤肉鬥酒,今已戒之十數年矣。若食酒肉,亦做神仙,只是較遲了些。若心不懷道,又嗜酒貪羶,徒羨口腹,罪報難逃,終爲下鬼之類也。"馬鈺出家以後,奉行佛教五戒,實踐清净修道:"道人不厭貧,貧乃養生之本。飢則餐一鉢粥,睡來鋪一束草,襤襤褸褸,以度朝夕,正是道人活計。故知清净一事,豪貴人不能得。學道人,行住坐卧,不得少頃心不在道。行則措足於坦途,住則凝情於太虚,坐則匀鼻端之息,睡則抱臍下之珠。久而調息,無有間斷,而終日如愚,方是端的功夫。"馬鈺從行住坐卧心不離道出發,把老莊所宣導的

① 《真仙直指語録》卷上,《道藏》第32册,第432頁。

"寡欲"發展爲"禁欲",並以"清净"作爲修道之基:"薄滋味所以養氣,去嗔怒所以養性,處污辱低下所以養德,守一清净恬澹所以養道。名不著於簿籍,心不繫於勢利,此所以脱人之殼,與天爲徒也。"通過養氣、養性、養德、養道這樣全方位的清净修行,從而超脱生死輪迴之苦。"清净無爲"不僅成爲馬鈺所創全真道遇仙派的重要標誌,也促進了全真道修行方法的更新發展。

但值得注意的是,同樣是受禪宗的影響,南宗則認爲修道者不必太注重修煉形式。這樣,種種外在的戒規,繁瑣的讀經研道,定時的齋戒拜神活動,以及出家禁欲修行等,在南宗看來似乎都成爲多餘,"須知大隱居廛市,何必深山守静孤"①。南宗認爲修道者與其遠離社會,到深山老林中去獨修,還不如就隱居於廛市之中,不避世俗之事,不拘一格地自由自在地生活,飢來吃飯困來睡。"有志之士若能精勤修煉,初無貴賤之别,在朝不妨爲治平天下之事,在市不失爲士家工商之業。"②即使是居於朝廷之上,做治國平天下之事,只要一心嚮道,精勤修煉,照樣可以獲得解脱。受此影響,南宗宣導在世俗社會中"大隱混俗"、"和光同塵",將日常生活作爲修煉的道場。像"修行混俗且和光,圓即圓兮方即方"③的話語與惠能南宗禪所張揚的"飢來吃飯,困來即眠"的精神何其相似,而"心中無心,念中無念"則如惠能南宗禪"於念而不念"、"自在解脱"的翻版。正是受這種禪宗"自净其心"精神的影響,南宗人的生活方式比較世俗化。除了南五祖白玉蟾之外,其他的祖師都不是職業道士。他們的生活方式與北宗宣導出家修煉以擺脱家庭的牽累,認爲如此纔能超凡脱俗,構成了鮮明的區别,而這種區别是否與他們接受了禪宗南北宗的不同影響有關?

神秀北宗雖然和惠能南宗都繼承了弘忍東山法門"修心"的傳統,但由於對"心"的理解不同,而導致了在"修心"方法上的差異。"神秀禪所謂的心,是指人們本覺的真心,即肯定有一個清净心體的存在,並認爲有妄念情欲時刻會污染它。而惠能禪所謂的心則主要是指人們當下現實的每一念心。惠能認爲,心時刻處於流動變化之中,無妄念即是真,無妄情即是自然,因此,不存在一個可以觀、可以修、可以拂拭的清净心。有心可修與無心可修構成了神秀北宗禪與惠能南宗禪的根本差異。由此出發,在如何修心上,神秀主張離念去情,有證有修,通過觀心看净、時時勤拂拭的漸修而頓悟清净心。惠能則主張無念息情,無證無

① 《悟真篇》,《道藏》第2册,第924頁。
② 夏元鼎:《悟真篇講義》卷六,《道藏》第3册,第57頁。
③ 《悟真篇》,《道藏》第2册,第953頁。

修，强调真心與妄心都不離人們當下的一念之心，起心修證就是妄心有爲，反而失却了清净本然之心。”①神秀北宗禪更多地保有傳統禪法的特點，而惠能南宗禪則更易於與日常生活相結合，惠能南宗日後得到更廣泛的流傳，與其禪法特點也是有一定關係的。

由於禪宗有南北宗之分，北宗禪主張漸修，不久即衰落；南宗禪强調頓悟，在中唐以後逐漸興盛，發展爲禪宗主流，並衍化出“五家七宗”諸派。禪宗各派雖都主張用禪定來概括佛教的全部修習，但由於所奉禪法不同而又各具特點。因此，在研究全真道如何藉鑒與吸收佛教禪宗時，還需要作一些具體細緻的分析。

例如，全真道北宗一方面用禪宗的本性清净、清净解脱的思想來改造道家的“清静無爲”，將“清净無爲”視爲全真道修行的根本，從“净心”出發追求精神的超越，似乎具有神秀北宗禪之風範。但另一方面，馬鈺又受惠能南宗禪主張的自心清净、依持本有清净之心即可覺悟成佛的思想影響，將“清净無爲”作爲修道之本。“凡學道之人，切須法天之道，斡旋己身中造化。十二時中，常清常净，不起纖毫塵念，則方是修行。日就月將，無有間斷，決做神仙。”强調只有向内體悟自己本有的清净本心，使妄念不生，纔能了悟本有的“真性”，故“欲净其土，當净其心，若心清净，輪迴自息”。如何做到自心清净呢？馬鈺説：“無爲者，不思不慮也，愛欲嗔怒積蓄利害其間。雖有爲而常無爲，雖涉事而常無事。何況專一清心净意，養氣全神，飄遊於逍遥之地，入於無何有之鄉。”馬鈺將“無爲”視爲人對世間的“愛欲嗔怒”的“不思不慮”，是一種去除了内心一切執著、欲念之後，所呈現的“妄念不生”的“無心”狀態。他雖用道家名詞“無心”來加以概括，其中却閃現出惠能禪宗所宣導的“但行直心，於一切法，無有執著”（敦煌本《壇經》第 14 節）的思想。但同時馬鈺也指出，修道者的無心“非同猫狗蠢然無心也，務存心於清净之域，而無邪心也。故俗人無清净之心，道人無塵垢之心。非所謂俱無心，而與木石猫狗一般也。”這種無心是無邪心、無塵垢之心，是心存於清净之域的狀態。只有當物欲盡净，心性空寂，清净妙明之真性纔能自然顯露，故曰：“若雲遊住坐，亦澄心遣欲，無掛無礙，不染不著，真清真静，逍遥自在，如同一日存思於道，如飢思飯，如渴思漿，稍覺偏頗，即當改正。依此修行，決做神仙矣。”②

與禪宗有所不同的是，馬鈺在强調“心無爲”時，還主張“身無爲”，保持了道教關注身體的傳統。有人問馬鈺：“‘何由得氣不散？’師曰：‘身無爲。’又曰：‘何

---

① 洪修平、孫亦平：《惠能評傳》，南京：南京大學出版社，2002 年，第 132 頁。
② 《丹陽真人直言》，《道藏》第 32 册，第 155 頁。

由得神不昧?'師曰:'心無事。'又曰:'身心如是可住庵否?'師曰:'既處置得下,便好休歇去。'"人即使生活於世俗世界中,只有做到身無爲、心無事,纔可不爲世俗的名利聲色等欲念所動,無論置身何處,都可常處清凈之域中。後來全真道南北兩宗合流,全真道北宗以"清凈無爲"爲指導的修行觀成爲主流思想而一直延續了下來。

全真道通過對佛教的緣起論、人生觀和修行觀等的藉鑒與吸收,雖然使自己的教義理論、修行方法和生活方式等出現了一些新變化,但最終並沒有放棄道教的信仰與價值,藉鑒與吸收都是爲了更好地適應社會與人生的需要來發展自己,這也是全真道能够從一個活動於一隅的小道團,很快傳播到全國,發展爲在中國道教史上佔有舉足輕重地位的大道派的重要原因吧。

相互尊重，相互融合，共同發展

——全真道和正一道互動關係初探

□陳耀庭

摘要:道教區分爲正一和全真等二派是隨着時代發展道門内部出現差異的必然結果。二派在生存中相互競爭、相互排斥,或者相互學習、相互融合都是必然趨勢。全真吸收和改造正一的科儀項目,正一吸收和改造全真的内養方法,全真和正一等二派的人員相互流動,這些都是有據可查的歷史事實。道教史的經驗證明,宗派的存在,必然使宗派間出現競爭態勢。二派如能以道教的整體爲重,那麽,競爭可以促進二派在愛國愛教、服務社會方面做更多的事情,可以促進二派在科儀革新、規戒改革、聯繫信衆方面創造更多的經驗,彼此學習。但是,如果二派彼此爲了爭奪信仰市場,爭奪一派一廟觀的局部利益,出現互相壓制、惡意中傷、挖牆脚等情況,那麽,勢必會在局部造成不利道教整體發展的後果。處理正一和全真二派關係,必須保持相互尊重,相互學習,相互支持,相互融合。不然,道教整體發展受到影響,吃虧的只能是道教二派自己。

關鍵詞:全真派　正一派　王重陽　張宇初　廣成儀制

作者簡介:陳耀庭,男,1939 年生,上海人。原上海社會科學院宗教研究所研究員,2001 年退休。現爲新加坡道教學院學術顧問、上海城隍廟學術顧問、四川大學"985 工程"講座教授、澳大利亞悉尼大學中國研究中心名譽研究員。

全真道和正一道之間的互動關係研究,就是研究全真道和正一道之間的關係。從宗教史來看,世界上有悠久歷史的宗教幾乎都存在不同的宗派,天主教、基督教、佛教、伊斯蘭教都是如此。因此,教内有派,各派有競爭、有矛盾,甚至有你死我活的衝突,也都是常見的現象。

對於全真道和正一道之間的互動關係的課題研究可以從歷時和共時兩個方面來研究。

所謂共時研究,就是研究某個歷史時期中全真道和正一道之間相同和相異的地方,研究它們之間的關係,它們同時存在的客觀依據,它們各自的發展走嚮。由於道教是一個複雜的實體,包含許多内容,因此共時研究還可以從某一個方面進行,例如,在齋醮法術方面,在修煉養生方面的互動關係等等。

所謂歷時研究,應該要研究不同歷史時期全真道和正一道之間的關係,在全真道產生時期同正一道的關係,後來全真道逐漸發展時同正一道之間的關係,以及目前全真道和正一道之間的互動關係,等等。同樣,歷時研究也可以從道教實體的某個内容展開,例如從齋醮法術方面或者從修煉養生方面等。

根據以上我對於宗派互動關係的理解,那麽,全真道和正一道之間的互動關係的研究,就不是一年半載能够完成,或者就不是寫一萬、二萬字可以説清楚的了。

中國有一句老話:“物以類聚,人以群分。”人類社會裏,人總是根據不同的標準區分爲一個個群體,這個群體可以就是派别。宗教作爲一個由無數信徒組成的社會實體,自然也可以區分爲不同的群體,也就是宗派。因此,教内有宗,宗内有派,派内有分支或者分系,支系下面還可能區分不同的道觀和師長的不同支系。這些都是必然產生的,不以人的意志爲轉移。道教歷史上出現太平道、正一盟威之道、正一道、全真道以及神霄派、清微派、東華派、天心派等等道派,這在道教史上是十分正常的,不足爲奇的。各派之間發生互動,此消彼長,甚至融合,也是必然的。一部道教史就是一部道教的宗派史,或者道教各宗派的互動史。研究這個問題的現實意義就在於要回顧歷史的經驗教訓,促進當代的全真派和正一派相互尊重,相互融合,共同發展,共同爲當代的道教信徒服務,兩派一起來承擔繼承道家文化遺產和弘揚道教優良傳統的歷史責任。

根據目前對全真派和正一派互動關係的研究現狀,本論文只能對金元以後的中國道教史上兩派關係的部分史實作些説明。

一、從明清時期二件道教史實説起

明代第四十三代天師張宇初(1359～1410)在永樂四年(1406)前後撰寫了《道門十規》。在《道門十規》中,張宇初針對“近代以來,玄綱日墜,道化莫敷,實喪名存,領衰裘委”的情況,提出了從十個方面整頓道教的意見。這些意見既是針對正一派的,也是針對全真派的。

當時,張宇初已經過了四十四歲。張宇初奉命總領天下道教事,也就是總領明代道教各派的事務，包括正一派和全真派。應該説，當時的張宇初在教理思想方面，在道法道術方面，或者在領導道教事務方面，都已經相當成熟了。

《道門十規》提出了十規，其中第三規是“坐圜守静”。“坐圜”是全真修煉的常用詞語。圜，原來的意思是周圍密封的圍牆，後來引申爲監獄。因此，坐圜從字面上就可以理解爲隔絶世俗一切事務的閉關修煉。坐圜只能是出家的全真派修煉的内容和形式，儘管正一派中也有出家道士，但正一派並不要求道士坐圜。可是，張宇初在《道門十規》中將它列爲全真和正一道士都應該遵守的規戒。張宇初批評了正一派道士只習科儀不修煉的説法，指出：“孰知學道之本，非性命二事而何？雖科教之設，亦惟性命之學而已。若夫修己利人，濟幽度顯，非明性命根基，曷得功行全備？”這段話的意思是，學道的根本就是修煉性命，齋醮科儀也是性命之學。正一派道士要修煉自己、幫助信衆、濟度亡魂、超度昇仙，如果不明白性命之學的根本，怎麽可能使得自己有幫助信衆的道法道術，怎麽可能使得自己既有功德又有德行呢？這説明，張宇初已經大膽地將全真内修的功法和正一齋醮的道法結合在一起了。

《道門十規》的第七規是“雲水參訪”，“雲水參訪”就是雲遊。全真道士出家住庵，以廟爲家，因此，有雲遊訪道求師的傳統。正一道派都是子孫廟制度，正一派道士即使是出家的，也不外出雲遊，只是跟着本廟的師父。因此，第七規説“雲遊”規戒，主要是針對出家的全真派道士説的。但是，張宇初作爲當時掌管道門的領袖還是將“雲水參訪”列爲道教兩派道士都應該遵守的規戒，指出：“出家之人，上離父母之親，下棄祖宗之嗣，志在出世離塵，必當以超脱幻化，了悟生死爲心。”

在《道門十規》中，張宇初尊稱全真派創教人説：“重陽王祖師遇鍾吕之傳，始立全真之教。”説到全真派：“五祖則太上、東華、鍾、吕、海蟾也，七真則丘、劉、譚、馬、郝、孫、王也，其下綿延，暨王、苗、祈、完之輩。殆今學之者衆，皆以真功實行爲本。”這兩段話，不論是態度，還是語氣，對於全真祖師都充滿尊重的意思。在説到全真南宗的時候，還尊稱白玉蟾爲“白祖師”。

在這樣同樣尊重全真派和正一派的思想和態度指導下，張宇初總領天下道教，並没有發生突出的兩派相互傾軋、相互排擠、相互侵吞之類的史實。

另一件史實是民國初年，1912 年 7 月 16 日，從北京、上海、瀋陽、西安、淮安、武漢和千山、閭山、武當山各大全真道觀來的住持，在北京白雲觀聯合發起成立了中華民國道教會。會議發表了《宣言書》。《宣言書》批評了“以符籙爲道者，是道賊也；以服食爲道者，是道魔也；以煉養爲道者，是道障也。更有深林寂壑，痼癖煙霞，蓬萊方丈，謬託神仙，理亂不知，黜陟不聞，於物與民胞毫無繫念，自爲計則得矣，如蒼生何如，世界何尤？其甚者硜硜自守，頑石難移”。參加會議的全真派領袖們，將道教信仰的內容和形式徹底批判乾净了，也把所有道教的神職人員都列入了“道賊”、“道魔”、“道障”，而且將躲在深山修煉的道士更是稱爲“頑石”。可以認爲，這裏説到的“以符籙爲道者，是道賊也”，正是針對正一派而言的，而其他“道魔”、“道障”和“頑石”，則指全真派道士。這些領袖自稱組織了“中華民國道教會”，可是把自己的組織成員駡得一錢不值，把他們自己的群衆基礎，包括自己的全真道衆，都排斥得乾乾净净。這樣的組織怎麼能够發揮道教組織的作用，帶領道教面對動蕩的政治局面，維護道教自身的利益？

中華民國道教會《宣言書》在對於時局的認識上，在對於道教内容和形式的認識上，都存在很多問題。其中一個重要的問題，就是這些全真派領袖既不懂得依靠自己組織的成員，也不懂得協調組織内各宗派的關係，相互尊重，相互幫助，共同度過難關。同樣的是，在上海成立的“中華民國道教總會以及中華民國道教總會江西本部駐滬總機關部”，他們的“發起詞”儘管没有批評全真道派的詞語，但是其參加會議的成員也没有上海和周圍地區的全真道士代表，因此這個“中華民國道教總會”事實上只是正一派的地區組織。在南北兩個道教會的錯誤思想觀念的率領下，民國時期的中國道教始終是分裂的，無組織的，艱難的，不論南北都處在自生自滅的悲慘境地之中。

二、在齋醮科儀中全真、正一的互動

（一）全真派祖師吸收正一科儀形成規模的全真科儀

首先，在全真派在山東創立以前，山東一直有正一盟威之道，也就是天師道在活動。山東道教的歷史可以追溯到東漢時期太平道創立時期。一般認爲，《太平經》的前身就是《太平清領書》，史稱《太平清領書》就是琅邪人宫崇從琅邪人于吉那裏得到的。琅邪，即琅玡，是秦代就開始設置的郡名，其位置在今山東諸城一帶。太平道被鎮壓以後，正一盟威之道在山東仍然流傳。東晉時期正一道的孫恩，祖籍也是琅玡人。王羲之的家族也在琅玡，聚居在今山東即墨一帶。葛洪祖籍也在琅玡，只是後來遷居於今江蘇句容。隋唐時期，山東地區的道教也很興盛，出現過許多道教歷史上的高道。像泰山道士徐洪客、徂徠山道士王希夷、閭丘方遠的師祖東嶽道士徐鈞，等等。北宋時期，山東也有一些著名道士，例如，泰山道士秦辨、棣州（今山東惠民一帶）道士劉楝以及甄棲真、張元化、劉卞功，等等。正一盟威之道在山東傳承至少有一千年以上的歷史。可以想見,山東地區的正一道無論在景點、宫觀、科儀、法術等各個方面都有悠久的歷史,並且具有相當的規模。

其次,王重陽祖師隻身一人從陝西進入山東地區傳播全真教義和教法,是在金大定七年(1167)。當時山東地區已經有新宗教派别"太一教"和"大道教"的影響,但是,還没有這些新宗派的活動。從王重陽祖師進入山東,到他率領四名弟子離開山東回到陝西,其間只有二年又八個月的時間。在短短不到三年的時間裏,王重陽收了七個弟子,在各地建立了各種聯繫信徒的組織,如三教金蓮會、三教三光會、三教玉華會等等,同時,還要開闢一些傳教的基地宫觀和修煉洞府。其創教工作無疑是十分繁忙的。

關於全真祖師創立的這一系列"會",有人以爲這是一種群衆性的修煉團體。我們從《重陽全真集》卷十的《玉花會疏》、《金蓮會詩》、《金蓮社開明疏》和《玉花社疏》可以看到,王重陽要求"諸公得認真性。不曉真源,盡學傍門小術,此是作福養身之法,並不干修仙之道。性命之事,稍爲失錯,轉乖人道。諸公如要真修行,飢來吃飯,睡來合眼,也莫打坐,也莫學道,只要塵冗事屏除,只要心中清净兩個字,其餘都不是修行。"[①]王重陽説到的這些會社的修行同我們理解的修煉團體有很大的差别,因爲王重陽並不提倡學習道教義理,也不提倡學習内修功法,只是要求屏除雜事,心中清净。這是一種面向普通民衆的全真修道方便法門,與學習義理需要一定的文化基礎以及學習内修需要充裕的時間和生活保障等完全不同。作爲一種群衆性修道團體,參加會的信衆每月要交納四文錢,如同早期道教的正一盟威之道一樣,入道的要交納五斗米,作爲建立義倉之用。四文錢的"會費"也是早期全真道派活動經費的來源之一。

在《玉花社疏》裏,王重陽還説到"諸公各懷聰慧,每日齋場中細細省悟,庶幾不流落於他門"。這裏的"齋場",當然可以理解爲信徒溝通、會商、交流的場所,但是也可以理解爲早期全真道祭拜神靈和修持自身的場所。在王重陽的詩文中,我們可以看到他並不重視齋醮科儀和道法道術。他的《寧海乞化書紙旗上》詩稱:"害風人間有何憑,術法俱無總不能。每日作爲只此是,上頭吃飯下頭登。"[②]"登"在北方方言裏指的是上茅坑的意思。王重陽用這樣通俗不雅的語言

---

① (金)王重陽:《重陽全真集》卷十,《道藏》第25册,北京:文物出版社、上海:上海書店、天津:天津古籍出版社,1988年,第747頁。

② 《重陽全真集》卷二,《道藏》第25册,第705頁。

作詩,就是爲了造成語言的異迹,引起看的人重視,達到弘道傳道的效果。不過詩歌也明確表示了他與普通的道教信徒不同,並不精通或者也不關心齋醮科儀和道法道術。王重陽還有詩《知縣邀余拜亡靈余不從》稱:"師僧鼓鈸讚亡靈,唯有王風獨自醒。若是骷髏從拜禮,不從拜禮没骷形。"[①]這首詩表示他並不讚同原來山東地區流行的祭拜禮儀,認爲"讚亡靈"和"從拜禮"都是没有"醒"的表現。真正"醒"了的人是不隨祭拜之流的。不過,王重陽並非不信仰道教神仙以及道教的科儀齋醮,他在詞《踏莎行·詠燒香》和詩《仲正宅》之一中,有句稱"金花院裹得逍遥,玉皇几畔常參侍","昨宵夢請八神仙,便付鸞衣降玉編"。[②] 他在《滿庭芳·吕先生作醮,託請涇陽道友》和藏頭詩《終南劉蔣姚二官設醮》中,有句稱"今朝闡醮,就中别有清歡","察得功圓行滿,還應是,齊在雲端。修真事,兹宵並喜,一一盡乘鸞","□下修成大醮儀。□俗喜逢真吉善,□今雖有最慈悲。□懷道德洪禧助,□拔先宗勝廣施。□謝聖賢多擁護,□人名姓已天知。"[③]這些句子裹説到的玉皇、神仙都是道教原有的名詞。其中透露出來的醮事,也都是道教原有的齋醮科儀的名稱和程式。王重陽在《臨江仙·道友問修行》中更加明確地使用了"太一混元真法籙,清心精鋭行持"[④]的詞語,這裹的太一混元法籙無疑是太一道的活動内容。儘管我們不能準確地描繪和敘述王重陽主持的齋醮科儀的名目和程式,但是,在從終南到山東傳教的過程中,王重陽儘管不重視但是並没有否定道教原有的齋醮科儀,這恐怕也是事實。

(二)王玉陽和丘處機的齋醮科儀中吸收正一道原有的齋醮科儀名目和程式

在王重陽的七名弟子中,做齋醮科儀最多的大約是王處一和丘處機。

王處一(1142~1217),號玉陽子,山東寧海(今山東煙臺市牟平區)人。據《歷世真仙體道通鑑續編》卷三,王處一在七歲的時候,曾經突然"氣絶仆地,移時方蘇",後來碰到一位老人對他説:"子異日揚名帝闕,爲道教宗主。遂摩頂令去。又嘗聞空中人問云:汝識我否?對曰:未識也。曰:我玄庭宫主也。"《金蓮正宗記》説當時王處一是十四歲。《甘水仙源録》收録姚燧寫的《玉陽體玄廣度真人王宗師道行碑銘》説,其後王處一就"敝服赤脚,狂歌市中。人謂或病失心,或識爲無疾,將收斂冠巾妻之,不可,遂與母皆爲老氏法",一直隱居在文登牛仙山庵居。直到二十七歲,金世宗大定八年(1168)二月,王處一拜王重陽爲師,並且跟

① 《重陽全真集》卷二,《道藏》第25册,第701頁。
② 《重陽全真集》卷二,《道藏》第25册,第731、743頁。
③ 《重陽全真集》卷十一、卷二,《道藏》第25册,第749、699頁。
④ 《重陽全真集》卷十二,《道藏》第25册,第757頁。

隨王重陽一起到崑嵛山煙霞洞，同時，王處一的母親也拜了王重陽爲師。九年春天，王處一辭别王重陽仍然回到文登南一百里的鐵查(槎)山。這就是説，王處一跟隨王重陽的時間大約只有一年。後來，王處一“居雲光洞九年”，以致王重陽率徒回陝西，以及處理王重陽羽化安葬等大事，王處一都未曾參加其中。金世宗由於聞其名，在大定二十七年(1187)召赴闕，問以衛生爲治。當時王處一已經四十六歲。接着就連續被召主持皇家齋醮事。其中有：

金大定二十八年(1188)，金世宗召王處一赴闕主持萬春節醮事，並爲其建修真觀，賜金書篆額。

金泰和三年(1203)，金章宗又令其於亳州太清宫内兩次主持普天大醮，度道士千餘人。王處一曾有詩記其盛事，“無作無爲出洞天，普天法道薦良緣。東方雲海玉陽子，特授皇恩第五宣”。①

根據王處一《雲光集》的詩歌，人們可以發現，王處一在七十五歲羽化以前的三四十年裏，主持各種規模的齋醮科儀無數次。有爲皇室的，爲京官的，爲本州的，爲山前的，爲普通百姓的，等等。據統計，《雲光集》收録的詩詞中，在詩題中明確同齋醮科儀有關的詩詞就達到三十九首以上。在這些詩詞中，如同宋代一些科儀總集那樣，稱齋醮科儀爲“威儀”、“法事”、“修齋設教”、“施經作醮”，其中説到由王處一行的“普天大醮”二處，“黄籙大醮”一處，“黄籙醮”十六處，“醮”七處，“齋”三處，“三元醮”一處，“上元醮”一處。由此，我們可以明顯地感覺到王處一行齋醮科儀的頻繁程度。對於這些科儀，我們還看不到經文和記載，但是，從詩歌中，我們知道這些科儀奉請的神靈有“三清”、“玉帝”、“虚皇”以及“護法神君威力大。流鈴擲火，掃塵千里，摒盡諸魔害”。從詩歌還可以知道，王處一在行儀中要“拜跪”、“焚香”、“步虚”和“雲步”，還要手持“手爐”、“焚化經紙”，其儀式程式包括有“降聖”、“朝真”、“禮虚皇”、“禮十方”、“供獻諸天”，以達到“消灾拔苦”、“普濟沉魂”、“普救存亡”等“濟度”“九幽離苦”的目的。主持科儀的稱爲“主醮”，科儀結束稱爲“圓壇”。② 所有這些有關齋醮科儀的詞語，都是原來正一派科儀常用的詞語。我們有理由認爲，至少以王處一爲代表的早期全真派的科儀是沿用了原來正一派的科儀，即原來的“老氏法”。王重陽還來不及編創出新的全真派科儀，或者説即使有所改動可能也不會太大。

《道藏》中有記載王處一異迹的《體玄真人顯異録》。在《體玄真人顯異録》

① (金)王處一:《雲光集》卷二,《道藏》第25册,第669頁。
② 《雲光集》卷一至卷四,《道藏》第25册,第651～688頁。

中，有“精邪去宅”故事，説到平州昌黎縣“前縣尉賦性剛劣，素不信善，忽淹重疾，俯仰踰年”，加上鬼魂纏身，遂成羸弱，不復起也。王處一到該縣高真觀以後，家人扶着病人來觀求救。王處一“爲咒水一瓶，書符一道，教其用度。禮謝而歸，依命貼符於堂中，即時鬼怪現形，至甚醜惡，家人皆見，用水灑之，乃驚走，入一坑中，復於坑中灑之，遂逼出大小六鬼，擔抱提攜而去，再趁而灑之，離宅漸遠，以至形影消滅矣。從此宅静人安。”①王處一在這個異迹中，使用了咒語和符書，這些顯然是王處一皈依全真派以前學習的“老氏法”的内容，也就是正一派的法術。此外，《體玄真人顯異録》中的“太上雲端”敘述王處一舉行黄籙大醮四晝夜，感動太上老君顯形於醮壇上方。“鸞鶴集壇”敘述王處一舉行下元黄籙大醮，鸞鶴二次飛翔於壇上方。“冤魂乞救”敘述一位冤魂在醮壇復活，乞求王處一救助。“雨龍忽起”敘述王處一設壇禱雨，有黑龍施霖，遠近霑足，苗稼滋榮，成一方之大稔。這些故事令人想起杜光庭的《道教靈驗記》，其齋壇異迹以及法術靈驗實在同正一派的記載毫無區别。

王處一的時代，在江南一帶道教科儀無論在内容上或是演儀形式上都有很大的發展和變化，我們從王處一有限的詩詞材料中還看不出他已經受到南宋道教各種派别科儀的影響，例如，他的詩詞没有南宋時期流行的濟度科儀，即煉度的痕迹。王處一詩詞中説到拔度幽魂的神靈還是東獄而不是酆都閻王。以上這些説明，王處一的科儀决不可能是王重陽在短短一年中能够傳授給他的，而只能是繼承了山東當地原有的正一派的科儀。這一點，從科儀傳承的一般規律來看，恐怕是不會有異議的。

丘處機（1148～1227），字通密，號長春子，登州棲霞（今山東棲霞市）人。金世宗大定六年（1166）在崑崳山出家入道，次年聞王重陽道化之名就到寧海全真庵拜王重陽爲師，並以掌文翰等侍師。王重陽羽化以後，曾守孝三年，後入磻溪穴居六年，在龍門潛修七年。金明昌元年（1190）丘處機回到山東。在貞祐二年（1214），因爲招安山東義軍楊安兒成功，獲得朝廷重視。興定四年（1220），丘處機接受元太祖成吉思汗的詔請，從山東萊州（今山東萊州市）出發，途經萬里，歷時二年，在西域大雪山面謁成吉思汗，“每言欲一天下者，必在乎不嗜殺人。及問爲治之方，則對以敬天愛民爲本。”（《元史·丘處機傳》）由於丘處機所言稱旨，因此，成吉思汗尊丘處機爲“神仙”，並命其居於燕京太極觀（後改名長春觀，即今白雲觀）。由於丘處機及其弟子的努力，全真派迅速傳遍長江以北的地區，成爲

---

① （金）王處一：《體玄真人顯異録》，《道藏》第11册，第11頁。

與傳承千年的正一派並駕齊驅的道教宗派。

丘處機有詩詞集《磻溪集》六卷傳世。在《磻溪集》中與齋醮科儀有關的詩詞至少有十八首，例如，七言律詩《赴蓬萊狄氏醮踏曉登山》、《赴濰州北海醮》、《昌陽黄籙醮》，《步虚詞》二首，古調《登州修真觀建黄籙醮》，《醉蓬萊·九月十八日西虢劉氏醮》等等。在這些詩詞中，丘處機有"醮"字八處，"齋醮"連用二處，"法事"一處，"金科"一處，"修齋設醮"、"修齋念善"各一處，"黄籙"、"黄籙醮"共六處，"萬春節醮"一處，"朝真醮"、"下元醮"各一處。在這些齋醮科儀中，丘處機禮請的神靈有"三清"、"玉帝"、"太虚"、"虚皇"、"星官"、"地司"等。丘處機詩詞中的科儀壇場，被稱爲"壇"、"瑶壇"，佈置有"神燈"、"華燈"、"絳節霓旌"、"鐘磬"、"玉磬"、"香煙"、"供養"等。道士在壇場上"牒奏三天主"、"禮誦經懺"、"步虚"、念"赤書玉字"、書"白簡真符"等。從丘處機的詩詞中，人們可以知道道士參與這些齋醮都是被邀請的。這些醮會都有"醮主承嘉會"，由醮主發動和組織。參加醮會的普通信衆被稱爲"醮衆"、"醮衆信"等。醮會結束的時候，都要設醮宴和齋會。丘處機曾經爲金朝朝廷主持過"萬春節醮"，萬春節就是今天的春節，萬春節醮指的就是迎接新春的醮會。其他如黄籙醮、朝真醮和下元醮等都是原來正一派就有的科儀齋醮名目。其科儀壇場的佈置也同原來正一派就有的壇場佈置一樣。如果我們以丘處機寫到的科儀内容和王處一的相比較，可以發現王處一受到正一派法術的影響似乎比丘處機的要多得多，這恐怕同丘處機的學道環境有關。丘處機跟隨王重陽學道的時候，一直處理各種事務，王重陽羽化以後，又一直連續生活在陝西終南山地區達到十來年，丘處機在《磻溪集》卷二的七言絶句中有一首的引言稱："關中土民純質，向善者甚衆，道門尚七，釋氏轉八，每至年交，各大集其衆，午後於聖前禮誦經懺，謂之禮正，至一月終方畢。"[①]這裏既反映了丘處機注意民俗，也説明他主持的宗教活動必然會受到關中原有的正一派科儀的影響。因此，丘處機受到原來的正一派科儀的影響可能和一直在山東學道傳道的王處一不盡相同。丘處機的科儀更多的可能是以禮誦經懺、言詞祈禱爲主，也就是繼承了唐五代杜光庭的科儀傳統，而並不像南宋時期正一派科儀那樣將法術融會進科儀之中。

（三）清末全真科儀總集《廣成儀制》的規模和特色

清代末年由成都二仙庵刊行的《廣成儀制》，是現存的唯一一部全真齋醮科儀的總集。這部總集是以單個科儀爲單册陸續刊佈問世的，從宣統三年（1911）

① 《道藏》第25册，第816頁。

起在成都二仙庵陸續刷印出版，其刻板至今仍保存於成都青羊宮旁邊的二仙庵裏。據已經出版的《廣成儀制》單册，我們可以知道《廣成儀制》並没有結集。因此，現存的《廣成儀制》是刊本和抄本並存的，有的抄本還收藏在青城山天師洞。目前收集到的《廣成儀制》科儀經本大約有二百七十餘種，由雲峰羽客陳仲達校輯。

縱觀《廣成儀制》的全貌，人們可以發現，一般的説法，即以爲全真道派重内養修煉而不精於科儀符籙，這樣的看法是不全面的。從《廣成儀制》看，清代末年全真派的科儀内容覆蓋了社會生活的各個方面，像三元大會、九皇醮會、斗醮、元辰醮，宫觀中例行的祈福、度亡法事，民間舉行的各種祈禳類的和瘟、謝火等太平醮儀等等一應俱全。

在清代末年全真派的科儀中，並不排斥正一派科儀的經文和演習方法，而是吸收了許多正一派科儀的成分，並且根據全真派自身的特點作了許多修改，其中，最爲明顯的就是《青玄濟煉鐵罐施食全集》。濟煉科儀是正一派在南宋時期新創的科儀，或稱濟煉，或稱煉度。全真祖師王處一和丘處機，在他們有關科儀的詩詞中還看不出有舉行濟煉科儀的痕迹，可是《廣成儀制》中就有了《青玄濟煉鐵罐施食全集》，道門簡稱爲"鐵罐煉"。鐵罐，原來是鐵製的罐的意思，用罐的形象就是指有一定的體積，而中間又是空的，可以存放東西。在這裏，鐵罐是比喻。王重陽有《鐵罐歌》稱：

> 鐵罐歌，鐵罐歌，一從打造按金科。腹内空虚成妙果，這般消息孰知麽。
> 鐵罐成，鐵罐成，頻添玉液滿盈盈。火鍛煉時抛雪浪，水澄清處賀昇平。
> 鐵罐擕，鐵罐擕，響聲敲動振愚迷。若要響聲人會得，不分南北與東西。
> 鐵罐新，鐵罐新，内光外耀自相親。添鼎須憑津液水，調和全藉氣精神。
> 鐵罐寬，鐵罐寬，氣騰騰處雪漫漫。方遣虎龍蟠繞定，便將鉛汞裏頭安。
> 鐵罐深，鐵罐深，凡塵俗垢不能侵。作用焚燒木上火，行持煎煮水中金。
> 鐵罐光，鐵罐光，三光照耀瑞中祥。每到用時能造化，欲將歇處便清涼。
> 鐵罐燒，鐵罐燒，昨宵今日與來朝。按節安爐全藉地，依時養就玉芝苗。
> 鐵罐能，鐵罐能，能中兀兀與騰騰。杳杳冥冥風作友，昏昏默默月爲朋。
> 鐵罐堅，鐵罐堅，虚心大肚貯幽玄。内外煉成金玉體，一衝直上大羅天。①

① 《重陽全真集》卷九，《道藏》第25册，第738～739頁。

王重陽在詩歌中用“鐵罐”來比喻人的軀體。“鐵罐成”指的是人體的育成；“鐵罐新”指的是人體的修煉；“鐵罐光”指的是人體修煉成功後“用時能造化”，“歇處便清涼”；“鐵罐堅”指的是人體修煉的結果，“内外煉成金玉體，一衝直上大羅天”。因此，“青玄濟煉鐵罐施食”這一科儀名稱就是以太乙救苦天尊爲主神濟煉施食於亡故幽魂的意思。這一科儀的内容同正一派的濟煉科儀一樣，都是演儀的法師和道士以自身的元陽煉化亡故陰魂，使得陰魂得到超度，昇登仙界。只是在正一派的科儀中高功法師要用符書、咒語並且修煉自己，以自身元陽度化幽魂，包含有許多内煉的内容，而全真的鐵罐煉則主要是依靠念誦和祈禱來度化亡魂的科儀形式。

正一派從唐五代時期就有了燃燈破獄類科儀。唐五代杜光庭在《太上黄籙齋儀》中稱：“凡修齋行道，以燒香燃燈最爲急務。香者，傳心達信，上感真靈；燈者，破暗燭幽，下開泉夜。所以科云：燒香燃燈，上明諸天福堂，下照長夜地獄。苦魂滯魄，乘此光明，方得解脱。”①正是在燃燈神學意義的基礎上，唐五代的正一道科儀中出現了“燈儀”。清末全真派科儀中也有了燃燈破獄的科儀，《廣成儀制》中就有了《破暗燃燈全集》。據香港前輩全真道長回憶，香港全真道的破獄科儀某些演習程式同正一派破獄科儀是完全一樣的。

此外，在《廣成儀制》中還有一些頗具地方特色的科儀。這些説明清代末年的全真派能够按照當時當地民衆生活的特點，在當時四川民衆的祭祀習俗的基礎上新創了一些科儀，包括科儀經文和演習程式。例如《楊泗正朝全集》就是祭祀四川民衆供奉的長江神楊泗將軍的科儀。《川主正朝全集》就是祭祀“蜀中福主，川内鎮神”的科儀，祈願“錫福於守牧之地，降祥於車轄之前”。②

據任宗權道長的研究和介紹，《廣成儀制》的編纂人原是一名道教居士。這位居士從四川正一派道士中收集經本。後來這位居士住進了全真道觀青羊宫，其收集的經本也放置在全真道觀成都青羊宫中。青羊宫的道士經常參考這些收集來的經本，並用之於全真道場之中。後來，又在二仙庵以《廣成儀制》爲名陸續刊刻，於是，世人遂以爲《廣成儀制》是全真道的科儀。從這個過程可知，《廣成儀制》的各種科儀經本原是四川正一道使用的科儀經本，並已爲全真派道士使用。這一介紹是任宗權道長田野調查和研究的結果，目前還缺乏文獻的旁證，難以作

① 《道藏》第9册，第367頁。

② 《藏外道書》第15册，成都：巴蜀書社，1992年，第293頁。

爲立論的依據。如果這個過程是真實而確鑿的話，那麼由此可知，清代末年全真道和正一道在科儀領域裏的融合可以説已經達到難分你我的程度了。

以上我們從科儀的領域裏探討了全真道和正一道派之間的互動。科儀是道教主要的宗教活動，這些活動體現了道教溝通人神關係的神學思想，是道教作爲宗教信仰組織的主要特徵。這些活動也是道教的神職人員和一般信衆關係溝通的主要橋樑。而科儀活動既需要有深厚的文化土壤積澱，也需要有民間信仰習俗的基礎。科儀能够成立既要有神職人員的創造，也要有一般信衆的接受。因此，科儀的發展和變化是一個漫長的過程。在這個過程中，正一道和全真道相互融合、相互推動是必然的、正常的。

三、全真和正一道派間人員流動，推動道教的規範和發展

全真派在發展過程中，必然會傳入正一派傳播的地區。這就必然在局部地區造成信仰競爭的局面。這一競爭的實質是兩派爭奪信徒數量和供養利益的分配。局部地區出現的全真和正一的競爭儘管是在道教内部的宗派之争，但是，有時候不同宗派的廟觀和人員競爭的矛盾也是很激烈的。在這些競爭中，傳入較早的宗派自然處在優勢的地位，後傳入的宗派相對處於弱勢。不過，這也不是絶對的。如果原已存在的宗派固步自封，缺乏活力，後傳入的宗派能够貼近信徒的生活和需要，傳道人員又具有犧牲精神，全心全意爲信徒服務，並且獲得較强的經濟支撑，那麽，後傳入的宗派也可能在局部地區取代原已存在的宗派而佔據主導地位。反之，如果原有宗派仍然具有活力，並得到當地信衆的支持，後傳入的宗派及其人員可能最後被融合進原先存在的宗派之中。這樣的情況在中國道教史乃至中外宗教史上都是看得到的，並且至今還在發生着。

全真派是一個新道派，原來並没有道觀，而道觀既是祭祀神仙的地方，也是道派活動的據點。因此，全真派的發展必然要建設自己的道觀，並以此爲基地實現其神學理想。全真祖師丘處機在面謁成吉思汗以後，回返燕京途中，在蓋里泊曾經對弟子們説："今大兵之後，人民塗炭，居無室行無食者，皆是也。立觀度人，時不可失。此修行之先務，人人當銘諸心。"①要立觀，只有兩種辦法，一種是新建全真道觀，一種是佔有舊的其他道派的道觀或者佛教寺廟。

上海地區最早的全真道觀是長春道院，據《松江府志》，該觀建於元大德十年

---

① 《道藏》第19册，第809頁。

(1306),大約在明代初年還有活動,清代光緒年間長春道院已經傾圮。這個道觀是浙江錢塘人鄭道真遠遊至松江,見到松江還没有全真道觀,得到松江本地人的支持,收了弟子以後,買地創建的,這就是新建的全真道觀。後來由於缺乏繼承人,上海地區的全真道觀中斷了傳承。不過,由此我相信,全真道觀多數是新建的,特别是在正一道派的力量比較强的地區。

另一類當然就是佔有舊的其他道派的道觀或者佛教寺廟。湖北的武當山,據王光德和楊立志的《武當道教史略》研究,東漢以前就有隱修之士,東漢道教創立以後武當山就有道士。唐代及五代的孫思邈、陶友安、吕洞賓和陳摶等都曾經在武當山修煉。直到元至元十二年(1275),全真派汪真常進入武當山,率領徒衆六人,修復五龍觀,興建殿宇,改名五龍宫,使得全真派在武當山站住了脚跟。其後,全真道士鄧志明任武當山紫霄宫三洞講師。全真道派逐漸全面進入武當山各宫觀。四川的青城山原來也是唐五代高道杜光庭經管的。大約在明末和清代,由武當山來的全真派道士也逐漸進入青城山各宫觀,使得青城山變成了全真派道士管理的名山。這些名山的變化,究其原因,恐怕同社會發生急劇變化,正一派傳承的中斷以及全真龍門派在元代得到朝廷支持以及清代初年獲得中興有關。這些名山的道觀不管由什麽道派管理,總還是道教宫觀,維繫的是中華傳統文化的支柱,因此,都是值得欣慰的。設想一下,如果在這些名山中,由於正一派傳承的中斷,導致宫觀廢頽,變成一堆瓦礫,只留下斷牆殘垣,那就是難以彌補的損失了。

除了全真和正一派在道觀相互移用以外,兩派還有人員相互走動的問題。

根據《金蓋心燈》的《龍門正宗流傳支派圖》記載,全真龍門派第七代"沈太和宗師,晚年駐茅山"。全真龍門派第八代"孫玉陽宗師,嘗居茅山乾元觀"。孫玉陽宗師的徒弟是龍門派第九代"閻曉峰宗師,繼守茅山乾元觀",閻曉峰的弟子没有再繼承全真龍門派,因此《金蓋心燈》稱"其所傳後人,改皈茅山法派,不列傳。"[①]乾元觀是茅山的著名道觀,在茅山鬱崗峰的南麓,今金壇市境内,緊靠句容市,和茅山的印宫和頂宫僅一山之隔。秦代時有李明真人在這裏修道煉丹。唐代天寶年間因爲李玄静居住在此而敕建"棲真堂"。宋代被賜名"集虚庵",後又敕名"乾元觀"。乾元觀歷來是茅山上清派的宫觀。上清派有悠久的歷史,在茅山和江南地區有深厚的群衆基礎。上清派的道士也出家獨身茹素,因此全真龍門派道士入駐生活上没有衝突。儘管龍門派三代祖師曾經入駐乾元觀,但是,他

① (清)閔一得:《金蓋心燈》,《藏外道書》第31册,成都:巴蜀書社,1994年,第168頁。

們的弟子仍然皈依茅山派，而没有使全真龍門派在乾元觀扎下根來。

根據《金蓋心燈》的《龍門正宗流傳支派圖》記載，清代著名道士鐵竹道人施道淵(？～1678)也是全真派道士。"鐵竹道人，姓施，名亮生，號鐵竹道人。嘗受初真戒、中極戒於王崑陽律師，復精於法，改皈正一真人府派，啓穹窿山一派。原譜載之，兹仍其舊，不列傳。"①

這裏説到的王崑陽律師就是北京白雲觀方丈王常月。史載王常月在清世祖順治十三年(1656)被封爲國師，三次奉旨在白雲觀主講經論，開壇傳戒，收授道徒千餘人，後來又至南京隱仙庵，在江浙一帶傳戒收徒。施道淵是在北京受戒還是在南京受戒，目前還缺乏材料認定，但是，他曾經受全真初真戒和中極戒這一點是没有疑問的。一般認爲，受過全真戒的自然是全真道士。《金蓋心燈》就認定他原來是全真道士，後來纔改皈龍虎山正一派。不過，施道淵自幼出家於蘇州朝真觀，應該屬於正一派中出家茹素的道士，就像傳説中的華彦鈞的父親是無錫雷尊殿出家茹素的正一道士一樣。另外，以全真受戒的慣例，如果正一派授籙暫時中斷，正一派道士也可以參加全真派受戒，得到道士身份的認定。所以，施道淵同樣可以以正一派道士身份受全真初真戒和中極戒。不過，既然《金蓋心燈》認定他是全真道士，我們也就沿用此説吧。

在施道淵的學道過程中，根據記載曾經有異人張信符授以丹訣，這就是説曾經有人教授他内丹修煉的功法。另外，施道淵又在十九歲的時候，拜龍虎山徐演真爲師，受授五雷法，能驅役鬼神，爲民祈禱。因此，施道淵又精於正一派，特别是神霄派的雷法。所以，從施道淵的學道過程，我們可以認爲他的一身綜合了全真和正一兩派的修煉之術和道法道術。

也正因爲如此，施道淵在移居穹窿山以後，創立了自己的穹窿山法脈。這個穹窿山法脈同全真派不同，也同龍虎山的正一派不同。但是，從他訂立的字派、執事、清規以及各種法務活動來看，同兩派又有密切的關係。

根據北京白雲觀的《諸真宗派總簿》，全真龍門派的字輩源流是："道德通玄静，真常守天清，一陽來復本，合教永圓明。至理宗誠信，崇高嗣法興，世景榮惟懋，希微衍自寧。住修正仁義，超昇雲會登，大妙中黄貴，聖體全用功。虚空乾坤秀，金木姓相逢，山海龍虎交，蓮開現寶新。行滿丹書詔，月盈祥先生，萬古續仙號，三界都是親。"

---

① 《金蓋心燈》，《藏外道書》第31册，第168頁。

而龍虎山正一派的字輩源流是:“守道明仁德,全真復太和,志誠宣玉典,忠正演金科。沖漢通玄蘊,高宏鼎大羅,三山揚妙法,四海湧洪波。”①

但是,施道淵創立穹窿山上真觀法脈的時候,另外訂立了自己的字輩源流:“道守得元真,神全體自靈,三山垂救度,四海盡飛昇。”②這個字譜,後十個字明顯有龍虎山字輩的痕迹,但是前十個字却可以認爲有全真内修思想的影響,追求的是“真”、“全”。

其次,在民國三十二年的《重印穹窿山志》中收有穹窿山上真觀執事名稱共三十三項,以這個執事名稱同北京白雲觀六十五項執事名稱相比較,人們也不難看到穹窿山的宫觀管理也仿效着北京白雲觀的管理模式。其中兩廟觀執事名稱全同的有都管、書記、司鐘、巡照、值庫等。還有一些是稍有差異的,例如,白雲觀和穹窿山的,知客和知賓,知隨和司隨,知翰和主翰,值藏和司藏,茶房和司茶,飯頭和司飯,火頭和司火,水頭和司水,園頭和司圃,等等。另外有些不同執事,是因爲上真觀處於修復中,所以有一些關於工程的執事,例如督工、營辦等,加上上真觀處在山上,還有擔力的執事。而北京白雲觀由於是龍門祖庭,事務繁雜,因此也有一些特殊的執事承擔各種管理工作,例如迎賓、巡寮、夜巡、面頭、值牲、湯藥、塔院等等。③

第三,《重印穹窿山志》卷三中刊有《赤文天律》和《太上赤文天律》(民間)等二種。《赤文天律》是對於法官道士的行爲規範,共計七十二條。例如:“法官道士不受職籙、要稱仙職者,徒七年,永世貧苦,身歿受栲”,“法官及道士、居士,六戊日燒香、進章、上表、關申天曹者,滅身,知而故犯者殃及九祖”,“法官道士,列銜差錯及冒稱官位者,減壽一紀”。④

《太上赤文天律》(民間)是對於道士和信徒的行爲規範,共計二十二條。例如:“諸生民不别尊卑,邪淫亂倫者,受霹靂碎屍、萬劫不原、永入無間獄報”,“生民恃勢,損壞宫觀,毁經罵道,侵克良民者,減壽滅身,殃延九祖”,“生民病苦,求覓符水而不至誠者,徒三年”。早期道教中的正一盟威之道就有老君想爾戒九條,其後又衍生出老君二十七戒、老君説一百八十戒等戒律。明代永樂年間四十三代天師張宇初撰有《道門十規》,從源流、經籙、齋法、道法、住持等十個方面闡述了道教的戒律思想。但是,從明代永樂以後到清代初年,道門規戒缺乏整頓。

---

① [日]小柳司氣太:《白雲觀志》卷三,《藏外道書》第20册,成都:巴蜀書社,1992年,第575、578頁。

② (清)仰蘅:《重印玄妙觀志》卷十二,《藏外道書》第20册,第511頁。

③ [日]小柳司氣太:《白雲觀志》,《藏外道書》第20册,第570頁。

④ 《穹窿山志》,《藏外道書》第33册,成都:巴蜀書社,1994年,第465~466頁。

全真龍門中興之祖王常月開壇傳戒,正是從抓住道門規戒入手中興龍門的。施道淵創立穹窿山法派也正是從訂立《赤文天律》入手的。從清代正一派只有穹窿山在訂立規戒這一事實出發,我們自然可以認爲施道淵受到全真龍門派王常月傳戒的影響,更何況施道淵曾經參加過王常月的傳戒活動,接受過全真初真戒和中極戒。

閔小艮的《古書隱樓藏書》中的《清規玄妙全真參訪集》收集有《長春邱真人清規榜》、《長春邱真人執事榜》、《清規榜》、《執事榜》等九種。這些清規戒律都是清代全真道士和信徒的行爲規範。比較一下這些全真清規和穹窿山的《赤文天律》,人們自然可以發現穹窿山的規戒,因爲稱爲"天律"所以其懲罰往往同天堂和地獄有關,例如,"減壽一紀"就是由主壽算的南斗來減去受罰人的天年,"永入無間獄報"就是指身歿以後墮入地獄。而全真清規的懲罰往往同道士現實生活有關,例如,"凡常住赤體露卧,不穿小衣,不紮褲管者,跪香","凡妒忌賢良,欺謾後學,驕傲自誇者,逐出",等等。①

改革開放以來,隨着中國道教的恢復和振興,全真道士的數量在增加,正一派道士的數量也在增加。全真派和正一派之間人員的流動,也仍然不以人的意志爲轉移地在繼續着。而且有時候有的地方似乎速度還很快,人數也有不少。這種流動從一個方面反映了當前全真派和正一派某些傳統制度不能適應當今的社會生活,全真和正一派在規戒上有逐漸趨同的趨勢。有一些全真派道士也像有些佛教徒那樣在走"酒肉穿腸過,佛在心中留"的道路。其中有的吃魚吃肉,有的還建立了家庭,而有的在南方正一派道觀裏已經扎根的全真道士乾脆改換門庭,皈依於正一派,並且當上了住持,或是擔任協會的領導職務。有的全真派道士因爲堅持成家而被逐出全真派,爲了繼續留在道門就不得不改皈依於正一派,在本地區的弘道工作中繼續發揮重要作用,使得原來的全真派道士不得不刮目相看。所有這些出現的流動都來源於原來的全真規戒同當代全真教徒的社會生活出現了矛盾。此外,有一些正一派道士仍然留戀過去無組織、不守規戒的散漫狀態,給道教的社會形象帶來不好的影響。

客觀地看待這些問題,解決這些問題的出路,恐怕只有三個:

一個是重新解釋全真道"出世住庵"的規戒,使某些違反原來全真規戒的道士的行爲合法化。其結果就是那些道士還是留在全真道派之内,而全真道派的某些規戒也無形中作了調整或者重新解釋。

---

① (清)閔一得:《古書隱樓藏書》,《藏外道書》第10册,成都:巴蜀書社,1992年,第612~613頁。

另一個就是將某些違反原來的全真規戒的道士驅逐出全真道,堅持原來的全真規戒。而這些被逐出全真道派的道士如果還想繼續留在道教内,就只能改皈正一派。

再就是對那些留戀無組織、不守規戒的正一派散居道士,不予以承認合法道士的身份,停止其神職的行爲。

據我的觀察,從目前中國内地二派道士流嚮來看,恐怕是使那些"酒肉穿腸過,佛在心中留"的全真道士繼續留在全真道内的呼聲更高一點,而散居道士的組織化過程恐怕還相當漫長。

四、結語

1. 任何宗教在它發展的歷史進程中,由於地域差異或者信仰思想和行爲的變化,必然會出現不同的宗派。這是一個不以人的意志爲轉移的客觀規律,中國的道教也不例外。古人説"十里不同道",就是揭示了道門集體存在差異、出現宗派的必然。

2. 全真派和正一派之間的關係,同道教的信仰内容和形式會與時俱進一樣,關係的内容和形式也會與時俱進地發生變化。根據道教史的經驗和教訓,處理二派的關係,必須保持相互尊重,相互學習,相互支持,相互融合。不然,會使得道教的整體發展受到影響,吃虧的只能是道教二派自己。我們道教的發展已經吃虧幾十年、上百年了,再也吃虧不起了。好在中國内地已經有了一個跨宗派的中國道教協會,只要這個協會能够保持"一碗水端平"的態度,那麽二派出現整體衝突的局面大概不大可能。

3. 不同宗派的存在,必然使得二派之間會出現一些競争的態勢。只要二派能够以道教的整體爲重,加强團結,那麽,這種競争對於道教的發展應該説是有利的,因爲可以促進二派在愛國愛教、服務社會方面做更多的事情,可以促進二派在科儀革新、規戒改革、聯繫信衆方面創造更多的經驗,彼此學習。但是,如果二派彼此爲了争奪信仰市場,爲了争奪一派一廟觀的局部利益,出現互相壓制、惡意中傷、挖牆脚等情況,那麽,二派的關係勢必會在局部造成不利道教整體發展的後果。這樣的情況,這些年來還是時有發生的,不得不引起大家的關注。

廣東道教歷史要述

——以正一派、全真教及吕祖道壇爲中心，兼論三者之間的互動關係

□黎志添

摘要：本論文基於歷史文獻及田野考察兩方面的資料，嘗試描述和分析現存廣東道教的三個主要地方道教傳統的歷史發展及現況。通過對廣東地區全真派道觀、正一派道壇及吕祖道院的研究，本論文目的是要指出近現代廣東道教的歷史發展過程，一方面是以道觀的形式和祭祀儀式的活動來傳播道教信仰，其中以羅浮山及廣州兩地的全真教龍門派的道觀爲代表；但另一方面，作爲一個清楚的中國宗教事實，道教在中國地方社會上又是通過火居道士爲民衆提供豐富的生命和習俗禮儀，而保持和延續其根深蒂固的宗教功能的。至於全真教與正一派是否出現交流和互相影響的問題，我們在考察澳門吴慶雲道院的正一派科儀時，發現兩者存有接觸、交流和吸收的情況，在廣東道教歷史上，這種互動却是不常見的。

關鍵詞：廣東道教　廣東全真派　正一火居道士　吕祖道院　香港及澳門道教

作者簡介：黎志添，香港中文大學宗教系榮譽文學士、神道學學士，美國芝加哥大學哲學碩士及哲學博士。現任香港中文大學文化及宗教研究系主任、教授，研究院宗教研究學部主任、道教文化研究中心主任。目前主要研究領域包括：六朝道教史、天師道正一法文經、道教煉度科儀、廣東道教史、香港正一及全真道教科儀。已發表道教學術研究論文數十篇，成果刊載於 *T' oung Pao*，*The China Quarterly*，*Asia Major 3rd series*，*Numen* 以及"中央研究院"《歷史語言研究所集刊》、"中央研究院"《近代史研究所集刊》、《中國文化研究所學報》、《臺灣宗教研究》等著名中國研究期刊。

一、前言

本論文基於歷史文獻及田野考察兩方面的資料，嘗試描述和分析現存廣東道教三個主要地方道教傳統的歷史發展及現況。全真教龍門派自清初傳入廣東境内，在羅浮山、惠州和廣州先後出現以全真教龍門派爲宗的道觀。[①] 除了十方叢林制度的全真道觀之外，從十九世紀後半期以來，廣東的全真教信仰又與供奉吕祖的扶鸞道壇相互影響，因此形成了廣東吕祖道堂傳統的特色。以香港吕祖道堂爲例，香港道堂盛行奉祀全真教創教五祖之一的吕純陽祖師(一般信衆尊稱其爲“吕祖”)。[②] 香港道教聯合會現共有九十多間道堂會員，根據它於1999年所作的道堂會員訪問記録，在五十八間受訪道堂中，便有二十四間以吕祖作爲其主壇供奉之神祇。它們大多是在二十世紀四十年代，從廣東珠江三角洲地區的祖堂分支而傳入香港。香港道堂的科儀經本又大多是接承廣東地區的道教科儀傳統而來的，直到現在，還保存着自1949年以後遭受各種形式的政治運動破壞的廣州三元宫、西樵雲泉仙館及茶山慶雲洞的道教科儀。[③]

與全真龍門派的宫觀發展有别，廣東地區的正一派傳統主要是以在當地進行儀式活動的火居道士爲主。長久以來，正一派火居道士一直持守俗世夥居生活、行業性質及世代相傳的特色。他們過着俗世的家庭婚姻生活，當遇有喜慶節日或喪葬時，纔應主人家之雇請，穿上道袍前去做法事儀式。關於地方上火居道士的傳承及其道壇的資料和研究，一直以來是非常缺乏的。官方及地方歷史文獻並没有火居道士的記録，因此，爲學者研究地方道教的歷史狀況，造成了種種困難，甚至出現偏差和錯誤之處。本論文又以香港新界陳九道壇和澳門吴慶雲道院作爲具體個案，研究了地方火居道士及其道壇的現況及其所代表的廣東地方正一派道壇的發展情況。

---

① 關於清初全真教龍門派傳入廣東的歷史經過，參黎志添：《廣東地方道教研究——道觀、道士及科儀》第三章，香港：中文大學出版社，2007年，第57～109頁。

② 據元代道教仙傳《純陽帝君神化妙通記》，《道藏》第5册(北京：文物出版社、上海：上海書店、天津：天津古籍出版社，1988年)第705頁的記載，吕洞賓是一個晚唐的道士。他本名吕巖，字洞賓，成爲道士以後道號“純陽”。南宋以後，吕洞賓被視爲内丹道術的大師及全真教創教五祖之一，因而得名“吕純陽祖師”。另見《歷世真仙體道通鑑》，《道藏》第23册，第691頁。

③ 參黎志添、游子安、吴真：《香港道堂科儀歷史與傳承》，香港：中華書局，2007年，第32～36、60～64頁。

筆者通過與正一派火居道士的長期交往、深入的訪談、科儀經本的搜集和研究，一方面整理出吴慶雲道院的歷史傳承，並進一步較爲全面地把握澳門正一派火居道士的歷史變遷；另一方面，又從道教科儀的研究角度，分析出一些具代表性的澳門火居道士在自身正一派科儀的傳統之外，因爲偶然的歷史機遇，却又能兼習到以廣州三元宫爲代表的廣東全真教龍門派的宫觀科儀。1949年以後，三元宫等廣東全真教宫觀的科儀傳統遭受各種形式的政治運動的破壞，與此相反，正如吴慶雲道院第四代傳人吴炳鋕所稱，現時澳門道教（火居道士）却仍然“完整地保留了昔日廣東正一派和全真派科儀道場音樂”[①]。並且，吴錦文道長通過從火居道士到信善系吕祖道壇弟子和經懺師的宗教身份之改變，把清代廣東全真宫觀科儀再傳至澳門和香港信善系道壇的弟子，讓這寶貴的地方道教科儀傳統得以留存下來，並得到發展。[②] 然而，就廣東地區正一派火居道士的道壇歷史變遷之觀察，我們所得到的結論是，隨着香港新界和澳門漁業的不斷萎縮，以及城市化的進一步擴大，火居道士爲漁民提供傳統的道教儀式服務之機會只能不斷減少。結果，香港和澳門正一派火居道士的儀式活動只有越來越集中在殯儀館裏的日趨簡化的白事超度儀式。[③]

本論文通過對廣東地區全真派道觀、正一派道壇及吕祖道院的研究，目的是要指出近現代廣東道教的歷史發展過程，一方面是以道觀的形式和祭祀儀式的活動來傳播道教信仰，其中以羅浮山及廣州兩地的全真教龍門派的道觀爲代表；但另一方面，作爲一個清楚的中國宗教事實，道教在中國地方社會上又是通過火居道士爲民衆提供豐富的生命和習俗禮儀，而保持和延續其根深蒂固的宗教功能。至於全真教與正一派是否出現交流和互相影響的問題，我們在考察澳門吴慶雲道院的正一派科儀時，發現兩者存有接觸、交流和吸收的情況，在廣東道教歷史上，這種互動却是不常見的。

二、概論：中國道教的歷史變遷

東漢末，三張天師道在巴蜀漢中地區宣稱太上老君授張道陵“正一盟威之

① 澳門道教協會：《澳門非物質文化遺産項目申請書——澳門道教科儀音樂》，2009年，第21頁。
② 吴炳鋕：《澳門的道教科儀》，《中國道教》2004年第5期。
③ 參黎志添：《廣東地方道教研究——道觀、道士及科儀》，第209~222頁。

道”,創立制度化的道教教團、教制和儀軌。① 早期天師道已建立了一個具有階層結構的教區組織,即天師“二十四治”的體系。② 施舟人(Kristofer Schipper)用拉丁字 ecclesia(意思是指“教會”或“教區”)來描述天師“治”的組織性質。漢中天師道治既具備宗教教團的特徵,又是天師張魯統治王國的政權組織。張魯通過天師道治將道民組織起來,納入教權和政權合一的王國管理中。③

漢中的天師道教團於建安二十年(215)初歸降曹操,被遷移至北方鄴城及關中地區。此後的整個中古時代,早期天師道教團創制的儀軌、章符、戒律與道經,就一直在中原地區的世家大族、統治階層乃至各州縣地區傳播和發展。④ 這是中古世紀中國宗教史的重要發展。進入唐代(618 ~ 907),道教在李氏統治者的國家化道教政策推動下,進一步融合六朝以來的各個道派,尤其是以進階式的授籙制度更廣泛地整合不同的道派傳統。⑤ 有唐一代,各地道教宮觀興建頗衆。高宗永淳二年(683)下詔令天下諸州置道士觀,上州三所,中州二所,下州一所,每觀道士七人,每年依道法齋醮。開元中,玄宗發使搜訪道經,加以校勘,纂修成藏,

---

① 《三天内解經》卷上,《道藏》第 28 册, 第 414 頁:“漢安元年壬午歲五月一日,老君於蜀郡渠亭山石室中,與道士張道陵將詣崑崙大治新出太上。太上謂:世人不畏真正,而畏邪鬼, 因自號爲‘新出老君’。即拜張爲太玄都正一平氣三天之師,付張正一明威之道,新出老君之制。”

② 關於“二十四治”的研究,參 Franciscus Verellen, “The Twenty-four Dioceses and Zhang Daoling: Spatial Organization in Early Heavenly Master Taoism”, in Phyllis Granoff and Koichi Shinohara eds. , *Sacred Place and Sacred Biography* (Vancouver: UBC Press, 2003), 15 - 67。此文的中譯本見傅飛嵐著、吕鵬志譯:《二十四治和早期天師道的空間與科儀結構》,《法國漢學》第 7 輯(北京:中華書局,2002 年),第 212 ~ 253 頁。

③ 《三國志 · 張魯傳》卷八(北京:中華書局,1959 年),第 263 頁云:“張魯,字公祺,沛國豐人也。祖父陵,客蜀,學道鵠鳴山中,造作道書以惑百姓,從受道者出五斗米,故世號米賊。陵死,子衡行其道。衡死,魯復行之。……魯遂據漢中,以鬼道教民,自號‘師君’。其來學道者,初皆名‘鬼卒’。受本道已信,號‘祭酒’。各領部衆,多者爲治頭大祭酒。皆教以誠信不欺詐,有病自首其過,大都與黄巾相似。諸祭酒皆作義舍,如今之亭傳。又置義米肉,縣於義舍,行路者量腹取足,若過多,鬼道輒病之。犯法者,三原,然後乃行刑。不置長吏,皆以祭酒爲治,民夷便樂之。”另參 Kristofer Schipper, “Taoism: The Story of the Way”, in *Taoism and the Arts of China*, ed. Stephen Little (Chicago: The Art Institution of Chicago in association with University of California Press, 2000), 42。

④ 三世紀張魯教團從巴蜀漢中被曹魏遷至北方後的傳播經過,參唐長孺:《魏晉期間北方天師道的傳播》,收入氏著:《魏晉南北朝史論拾遺》(北京:中華書局,1983 年),第218 ~ 232 頁;陳寅恪:《天師道與濱海地域之關係》,收入《陳寅恪史學論文選集》(上海:上海古籍出版社,1992 年),第 150 ~ 189 頁(原刊“中央研究院”《歷史語言研究所集刊》3.4(1932), 第 439 ~ 466 頁);陳國符:《南北朝天師道考長編》,收入氏著:《道藏源流考》下册(北京:中華書局,1963 年),第 308 ~ 369 頁;Howard L. Goodman, “Celestial-Master Taoism and the founding of the Ts'ao-Wei Dynasty: The Li Fu Document”, *Asia Major* 3rd *series* 7 (1994): 5 - 33。

⑤ 對於唐代道教的授籙制度的研究,參 Kristofer Schipper, “Taoist Ordination Ranks in Tunhuang Manuscripts”, in Gert Naundorf, Karl-Heinz Pohl, Hans-Hermann Schmidt eds. , *Religion und Philosophie in Ostasien: Festschrift für Hans Steininger* (KÖ. nigshausen: Neumann, 1985), 127 - 148;[日]小林正美:《唐代の道教と天師道》,東京:知泉書館,2003 年,第 14 ~ 28 頁。

目曰《三洞瓊綱》,凡三千七百四十四卷。① 唐代道教的國家化,士大夫道士階層的出現,地方道觀廣泛建立,以及道藏經的系統搜集、入藏、傳寫和流佈等等因素,都促使道教在唐代社會得到廣泛深入的發展,並持續地影響着後世中國人的宗教面貌和精神文明。

早期天師道治的組織一直存續至十世紀的唐代末年,之後逐漸向近現代的地方廟宇體系轉變。雖然這種趨向廟宇組織形式的轉變成因仍有待研究,施舟人則認爲這一轉變促使道教完全融入中國地方社會文化,並稱之爲“道教的民間化”(popularization of Taoism)。② 然而,許多現代漢學家却把道教民間化轉變趨勢錯誤地解釋爲道教向着“巫術性的世界觀”的轉變,或是代表老子道家哲學的衰微。③

北宋大中祥符二年(1009)十月,真宗詔全國諸路府、州、軍、縣擇官地、給官錢和出工匠建道觀,並賜“天慶”爲額,以奉道教三清尊神及玉皇上帝。④ 此時,北宋有州郡三百二十、縣一千五百五十,意味着全國天慶觀不下千所。⑤

北宋初期,由於長江流域商業城市的興起,漸漸造就了一個中國商人階層以及商人行會。這些新興的商人階層以地方道觀爲中心組織了以崇拜和祭祀地方神明爲目的的“香會”組織。北宋初期,各地天慶観已與商人行會以及民間自發性的香火組織相結合,形成具有組織規模的由道觀廟宇與商業行會連結成一起的地方網絡。結果,由真宗詔令天下建天慶觀而出現了由官方製造和認可的在全國州郡縣都建立起來的一個屬於道教與地方經濟結合的全國性廟宇組織。⑥ 依附天慶観的“香會”可以是不同的,並且也可以是多元性質的崇拜組織。例如

---

① 《三洞瓊綱》總卷數目不一致,有稱總三千七百四十四卷或五千七百卷,見陳國符:《道藏源流考》上册,第114頁。

② Kristofer Schipper, “Sources of Modern Popular Worship in the Taoist Canon: A Critical Appraisal”, in Hanxue yanjiu zhongxin (漢學研究中心) ed. *Minjian xinyang yu Zhongguo wenhua guoji yantaohui lunwenji* (民間信仰與中國文化國際研討會論文集) (Taipei: Hanxue yanjiu zhongxin, 1994), 17 – 21. 此文的中譯本見施舟人:《〈道藏〉中的民間信仰資料》,收入氏著:《中國文化基因庫》,北京:北京大學出版社,2002年,第84 ~ 100頁。

③ H. G. Greel, *What is Taoism*? (Chicago: University of Chicago Press, 1970), 11.

④ (清)畢沅編著:《續資治通鑑》卷二十八,北京:中華書局,1957年,第632頁;《宋會要・禮五》“大中祥符二年十月”條,收入《續修四庫全書》第775册,上海:上海古籍出版社,1995年,第512頁。

⑤ 任繼愈主編:《中國道教史》(增訂本)下册,北京:中國社會科學出版社,2001年,第546頁。

⑥ Kristofer Schipper, “Taoism: The Story of the Way”, 48 – 49. 除了天慶觀以外,在宋代具全國性規模的道觀網絡還有東嶽廟。對北京東嶽廟的研究,參 Kristofer Schipper, “Note sur l' histoire de Dongyue miao de Pékin”, in Jean-Pieere Diény ed., *Hommage á Kwong Hing-foon. Etdues d' histoire culturelle de la chine* (Paris: Collége de France, Insitute de hautes études chinoises, 1995), 255 – 269 及 Susan Naquin, *Peking: Temples and City Life, 1400 – 1900* (Berkeley: University of California Press, 2000), 232 – 236。

有屬於不同行業的香會,屬於不同節期和神祇崇拜的進香會,以及爲了維持或重修道觀殿堂而成立的服務性善會、義會、勝會等各種信徒組織。[①]

除了建造全國性的天慶觀,北宋初年,各個地方城市(尤其以鎮爲中心)都廣泛地修建了由官方支持的東嶽廟。同樣,在這種地方廟宇的基礎上,每個城鎮都建造了城隍廟。[②] 在城隍廟的體系之下,還有土地公及其他的神祠體系。[③] 這些在地方上最具民衆性的廟宇神祠都是由當地信衆組織建造的。他們負責組織、主持地方神明誕期等慶祝活動,而道士則負責以道教儀式爲主的祈禳儀式。這些地方道觀和廟宇在中國地方社會廣泛存在,並使得中國民衆的神聖與世俗的活動有機地結合在一起。一方面,這些神明的誕期慶祝活動包括了爲社群祈福禳灾的道教醮儀,另一方面,廟會期間又常出現由各地方信衆組織聯繫和推動的社會經濟活動。[④] 然而,正如施舟人所言,在這些廟宇内的世俗性活動並没有改變其同時所具有的道教性質,因爲這些廟宇都是由道士打理的。這些主持地方廟宇和相關儀式的道士大多屬於天師道(唐以後稱"正一派")的儀式傳統。[⑤]

簡而言之,北宋以降,中國道教民間化的結果,是遠離了漢末六朝以來舊有的由祭酒道士及道民信徒共同組成的天師道治教團組織,却出現了更具地方性的道觀和祭祀地方神明的廟宇組織。正如施舟人所言,我們當然更不應忽略上述所描述的道教往民間化的發展也同時使得中國地方的廟宇活動更趨"道教化"。[⑥]

作爲對道教教團組織衰微的一個回應,金元時期,王重陽(1112～1170)建立

---

① 關於"會"和"香會"的名稱定義及其與其他會名之間的關係,參袁冰凌:《北京東嶽廟香會》,收入《法國漢學》第7輯(2002),第398～405頁。

② 關於宋代地方廟宇祭祀及城隍廟興起的研究,參松本浩一:《中國村落における祠廟とその變遷》,《社會文化史學》31(1993),第27～43頁;早田充宏:《城隍神信仰の變遷について》,《東洋の思想と宗教》5(1988),第39～56頁;水越知:《宋代社會と祠廟信仰の展開——地域としての祠廟の出現——》,《東洋史研究》60.4(2002),第1～38頁;David Johnson, "The City God Cults of T'ang and Sung China", *Harvard Journal of Asiatic Studies* 45 (1985): 363－457。

③ Kristofer Schipper, "Taoism: The Story of the Way", 49.

④ 關於在清末皇權社會晚期的地方社會廟宇所提供的社會整合性功能,參 Barend J. ter Haar, "Local Society and the Organization of Cults in Early Modern China: A Preliminary Study", *Studies in Central and East Asian Religion* 8 (1995): 1－43。

⑤ Kristofer Schipper, "Taoism: The Story of the Way", 50.

⑥ Kristofer Schipper, "Sources of Modern Popular worship in the Taoist Canon: A Critical Appraisal"指出:道教在吸取地方神明祭祀的過程中通過"科層化的策略"(strategy of bureaucratization)把中國民間宗教中衆多受奉祀的死靈鬼神納入其道教神譜當中,並且把它們編排到一些較低的階級位置。這樣的結果是使原來不屬於道教的民間宗教信仰轉變成爲隸屬於道教完整信仰框架中的一部分。例如三茅真君、温元帥、媽祖、臨水夫人等便是這種道教化的例子。

了一個出家修行的道教組織,他將這個教團命名爲"全真"。[①] 全真教將自己視做一個獨立的宗派,它模仿佛教的僧侶制度,漸漸形成了一個出家道士的叢林團體,所有全真道士都生活在道觀裏。金元時期,全真道觀在燕京、河北、山西、山東諸地急驟擴展,僅以分佈於山西的全真道觀爲例,其總數約在三百座以上。[②] 全真教的典型特徵就是秉持嚴格禁欲的宗教生活,以及依靠内丹道術修煉作爲個人救贖的主要途徑和精神生活。[③] 正如元好問在《紫微觀記》中這樣評價全真教:"貞元、正隆以來,又有全真家之教。咸陽人王中孚倡之,譚馬丘劉諸人和之。本於淵静之説,而無黄冠禳禬之妄,參以禪定之習,而無頭陀縛律之苦。"[④]全真教在元代由於得到了皇權和貴族的信任與支持而取得了壯大昌盛。元皇慶二年(1313)山西芮城真常宫中刊立的一通碑記《真常宫記》記録了那時全真教徒的雀躍心情:"自長春真君應詔以來,玄化既行,而教風益著,其華宫壯觀,巨容儼像,而星羅夷夏。其奉真敬道之始,無間王侯商販,以今視昔,則相去萬萬也。嘻,道教其盛乎!"[⑤]正如陳垣所言:"人民信服全真之事,隨處可見。即其推進之遠,傳佈之速,已足驚人。"[⑥]

正一派也於明代處於另一個發展歷史的上昇期。[⑦] 第四十二代天師張正常在洪武元年(1368)就被授予"正一教主嗣漢四十二代天師護國闡祖通誠崇道宏德大真人"之號,並領天下道教事。[⑧] 明太祖朱元璋曾對"正一"和"全真"於中國社會的貢獻價值,作了如下的判斷:

> 道有正一,有全真。全真務以修真養性,獨爲自己而已。正一專以超

---

① 陳兵:《金元全真道》,收入任繼愈主編:《中國道教史》(增訂本)下册,第661~730頁。

② 楊曉國:《金元時期全真教在山西活動探索》,《晉陽學刊》2004年第4期。另參王宗昱:《金元時期北京地區全真教活動》,2003年北京大學會議報告;王宗昱:《全真教和地方宗教之關係》,收入 Florian C. Reiter ed., *Purposes, Means and Convictions in Daoism* (Wiesbaden: Harrassowitz Verlag, 2007), 231-250。

③ 關於現代全真道士的出家生活研究,參 Yoshioka Yoshitoyo, "Taoist Monastic Life", in Holmes Welch and Anna Seidel eds., *Facets of Taoism* (New Haven and London: Yale University Press, 1979), 229-252.

④ 陳垣編纂:《道家金石略》,北京:文物出版社,1988年,第475頁。

⑤ 陳垣編纂:《道家金石略》,第735~736頁。

⑥ 陳垣:《南宋初河北新道教考》,北京:中華書局,1962年,第474頁。

⑦ 關於明清時期的正一派,參細谷良夫:《乾隆朝の正一教——正一真人の降格事件をめぐって》,秋月觀暎編:《道教と宗教文化》,東京:平河出版社,1987年,第571~578頁;Vincent Goossaert, "Counting the Monks: The 1736-1739 Census of the Chinese Clergy", *Late Imperial China* 21, no. 2(2000): 40-85。

⑧ 卿希泰主編:《中國道教史》(修訂本)第三卷,成都:四川人民出版社,1996年,第388頁。

脫，特爲孝子慈親之設，益人倫，厚風俗，其功大矣哉。[1]

由此可以這樣歸納，“正一”和“全真”兩個教派就成爲明代以後最具代表性的道教傳統。藉用施舟人的話，兩個教派“非常完美地相互補充” [2]。全真教通過其嚴格的戒律清規和内丹道術的修習，保持和完善了道教中較高層次的神秘主義；而正一派則支撑着地方社群的廟宇組織，並爲地方民衆提供儀式專家及道教儀式服務。

根據清初全真教龍門派“中興”之説，[3]自清初，在龍門派第七代律師[4]北京白雲觀住持王常月（號崑陽，？~1680）的帶領下，[5]全真教以龍門正宗之名在全國大行其道。此次全真教“中興”的原因，與其在清初順治（1644 ~ 1661）及康熙（1662 ~ 1722）兩朝得到清室的支持和信任有密切的關係。在該數十年間，龍門派取得官方的認可，以致能够南下向江南道觀道士公開傳戒。[6] 結果，龍門派弟子的數量一時大增，他們紛紛出任各地道觀住持，並逐漸在全國各大區域，形成屬於“龍門正宗”的全真教道觀網絡，彼此各有聯繫。[7] 由於全真教龍門派掌控了全國道觀道士受戒的儀式，它差不多完全代表了由清代至今的全真道士最常見的傳承譜系。[8] 若論清代道教的發展，龍門派幾乎可成爲唯一的代表。陳銘珪（陳教友，1824 ~ 1881）撰《長春道教源流》（1879）評曰：“世稱龍門、臨濟半天下，

---

① （明）朱元璋：《大明玄教立成齋醮儀》，《道藏》第 9 册，第 1 頁。

② Kristofer Schipper，“Taoism：The Story of the Way”，52.

③ 對於王常月與龍門派中興之説，參陳兵：《清代全真龍門派的中興》，《世界宗教研究》1988 年第 2 期。

④ 根據清閔一得：《金蓋心燈 · 龍門正宗流傳支派圖》，《藏外道書》第 31 册，成都：巴蜀書社，1994 年，第 166 頁，龍門派系譜自第四代周大拙（約卒於 1450）後，分爲律師和宗師二岔。

⑤ 關於王常月的傳記資料，見清閔一得：《金蓋心燈》之《王崑陽律師傳》，《藏外道書》第 31 册，第 183 ~ 184 頁，及清完顔崇實：《崑陽王真人道行碑》，收入［日］小柳司氣太：《白雲觀志》，《中國道觀志叢刊》第 1 册，南京：江蘇古籍出版社，2000 年，第 198 ~ 199 頁。

⑥ 關於王常月到北京白雲觀傳戒的歷史，最近尹志華重新提出考證，他指出最早記載此事的是收録在《道藏輯要》中署名王常月本人撰於順治十三年（1656）的《初真戒律序》，但由於《道藏輯要》成書或編纂於嘉慶年間，因此，《初真戒律序》的作者是否爲王常月，無從證實。見尹志華：《清代北京白雲觀住持（方丈）、監院傳承考》，發表於“道教與中國文化及社會的關係國際學術研討會”，香港中文大學，2009 年 11 月 26 日。

⑦ 根據 Vincent Goossaert，“The Quanzhen Clergy，1700 – 1950”，in *Religion and Chinese Society*，vol. 1，699 – 771，清代全真教龍門派道觀的地域網絡可劃分爲四大區域：一、北方河北、山東和遼寧一區，二、江南上海、寧波、常州、杭州一區，三、西南西安、成都、漢陽、武昌一區，四、廣東羅浮山、惠州府、廣州府一區。

⑧ 清初順治十三年（1656）以後，王常月以北京白雲觀而自居爲正宗龍門派的繼承者，並根據丘處機（1148 ~ 1227）所立龍門派詩確立龍門派師徒的傳承系統。丘處機所立的二十字龍門派詩爲：“道德通玄静，真常守太清，一陽來復本，合教永圓明。”

謂釋之臨濟宗,道之龍門派也。"①

至於正一派在清代的境況,概而言之,它進入了衰落時期。清政府對正一天師的地位大抵是抑制、貶降多於支持。清乾隆元年至三年(1736~1738),清政府重新調查登記全國地方道士,把道士分爲三種類别:1. 出家全真道士,2. 清微靈寶道士,3. 在家火居道士;並重新建立限由官方道録司頒發度牒(或部照)的制度。② 清政府登記道士的目的,主要是要抑制江西龍虎山正一天師府在傳統中國宗教上的影響力。尤其是在乾隆四年(1739)以後,清政府禁止了龍虎山天師府擁有爲各地方正一道士開壇傳度及給發度牒和執照的許可權。③ 相反,大部分所謂火居的正一派道士都必須先獲得所在地方道會司頒發執照,然後纔可以合法地在地方上供應齋醮法事。除了將天師府的影響勢力只限制在龍虎山,禁止天師正一真人或其法官到其他省區傳度授籙之外,乾隆十二年(1747)又下令將正一真人的品秩由二品降爲五品,並停止朝覲筵宴。④ 道光元年(1821)更直截了當地詔令第五十五代天師張鈺,"停其朝覲,著不准來京"⑤。

雖然清代正一天師的地位和遭遇大抵是受抑、貶降,但是正一派道教長久以來民間化的結果,仍使得地方上的正一派火居道士及其法事儀式在清皇朝統治結束以前,依然與中國地方的民衆社會保持着非常緊密的關係。基本的事實是,正一派支撑着地方社群及廟宇的儀式活動,並延續宋代以來的爲地方民衆提供儀式專家的傳統。⑥ 從以下施舟人對清末北京城裏道教情況的描繪,我們不得不驚訝於道教與中國民衆生活之間所建立的已有上千年之久的緊密關係——"清末北京城有六十多座道觀和大大小小五百多座道教的神廟,所謂的祈安大醮、超

---

① (清)陳銘珪:《長春道教源流》卷六,《藏外道書》第31册,第113頁。

② 清朝乾隆初年的道士登記,決定只發道牒給出家的全真道士,在家的正一火居道士就另給予與度牒性質不同的部照,二種合稱牒照。參 Vincent Goossaert, "Counting the Monks: The 1736 – 1739 Census of the Chinese Clergy", 48。

③ (清)劉錦藻:《清朝續文獻通考》卷八十九(杭州:浙江古籍出版社,2000年,第8493頁)云:"(乾隆)四年(1739),奏議:嗣後真人差委法員往各省開壇傳度,一經發覺,將法員治罪,該真人一併議處。"另參細谷良夫:《乾隆朝の正一教——正一真人の降格事件をめぐって》;Vincent Goossaert, "Bureaucratic Charisma among the Taoists: The Zhang Heavenly Master Institution and Court Taoists in Late Qing China", *Asia Major* 3rd *series* 17, no. 2 (2004): 121 – 159.

④ (清)俞正燮《癸巳存稿》卷十三《張天師舊事》(臺北:臺灣商務印書館,1968年,第379~380頁)云:"乾隆十二年,改二品爲五品。停朝覲筵宴,收繳銀印。"另見(清)劉錦藻:《清朝續文獻通考》卷八十九,第8493頁;卿希泰主編:《中國道教史》(修訂本)第四卷,第9~12頁。

⑤ 施舟人:《道教在近代中國的變遷》,《中國文化基因庫》,第149頁。

⑥ Kristofer Schipper, "Taoism: The Story of the Way", 52;王見川:《張天師之研究:以龍虎山一系爲考察中心》,臺灣中正大學歷史研究所博士論文,2003年,第74~80頁。

度齋會以及各類保護神的祭典、遊行和酬神演戲,是隨處可見的常景。這種情形在中國的城市與鄉村同樣普遍。”[①]此外,根據陳蓮笙道長(1917～2008)的回憶,從1840年後至1949年,正一派道觀在上海地區就有十七所;至於以承接經懺爲職業的在家式的正一派道院、道房約有一百一十七處之多。陳道長稱:“抗日勝利後,更甚。正是路路見道堂,條條有道房。”[②]

同樣,正一派道教在民間社會具有深固基礎的事實亦體現在林立於廣東鄉縣大街小巷的正一派道館中。乾隆三十九年(1774)任果等纂修的《番禺縣志》稱:“粵無巫,以火居道士充之,所居門首,懸牌著其姓稱道館,街陌鄉市道館最多。小兒寒暑灾,即呼道士禳之,順星送祟刺刺不休。亦周禮遺意,但其所語神鬼不經耳。”[③]民國十五年(1926)《民國日報》載:“〔喃巫〕在大街小巷遍懸着‘正一某道館’的招牌,他自稱是‘道館’,只有喃巫一人,却和‘道觀’有别。”[④]民國二十二年(1933)五月廣州市社會局及公安局對全市各區“卜筮星相巫覡堪輿”等行業進行完整的登記,並製作了一份非常詳盡的有關上述行業資料的“廣州市卜筮星相巫覡堪輿調查表”。[⑤] 根據“調查表”,在民國二十二年,廣州市共有二百七十六間正一派道館。這些散處在廣東市鎮鄉閭之間商業性質的道館正好清楚地説明了正一派道教在中國地方社會裏已有很深的基礎。遇人家喜慶嫁娶、節日,或喪葬、禳鬼、治病,廣東人俗稱“喃嘸先生”或“喃嘸佬”的職業道士,就應請在道館裏或前往人家住處,做各種功德法事,例如讚星、脱褐、禮斗、旺土、禳灾、打齋、做旬七等。

三、廣東道教的歷史源起

除了一些秦漢時期的神仙人物傳説,例如安期生、馬鳴生、陰長生等之外,東

---

① 施舟人:《道教在近代中國的變遷》,《中國文化基因庫》,第147頁。

② 陳蓮笙:《上海近代道教的變遷》,收入《陳蓮笙文集》下册,上海:上海辭書出版社,2009年,第269～277頁。

③ (清)任果、常德主修:《番禺縣志》卷十七,乾隆三十九年(1774)刻本,收入故宫博物院編:《故宫珍本叢刊》第168册,海口:海南出版社,2001年,第393頁。另見(清)李福泰主修,史澄等編纂:《番禺縣志》卷七,同治十年(1871)刻本,《中國方志叢書》第48號,臺北:成文出版社,1967年版,第46頁。

④ 廣州市宗教志編纂委員會編:《廣州宗教志資料彙編》第2册《道教》,廣州:廣東人民出版社,1992年,第66頁。

⑤ 除了廣州市公安局保有的一份“廣州市卜筮星相巫覡堪輿調查表”原稿記録外,可另參《廣州市卜筮星相巫覡堪輿統計表》,收於周康燮主編:《廣東風俗綴録》,香港:崇文書店,1972年,第87～91頁(原載於《民俗周刊》第82期)。

晉葛洪(283～343)南隱羅浮山的事迹經常被視做廣東道教歷史的具體開始。[①] 根據《抱樸子外篇・自敘篇》,在306年,由於獲得襄陽城太守嵇含的賞識和推薦,年輕的葛洪答允了出任刺史之職的嵇含的邀請,與之同赴廣州,並受委爲嵇含的參知軍事。後來嵇含被殺,葛洪只能滯留於廣州。[②]《自敘篇》中,葛洪並未自敘第一次羈留廣州時乃是隱於羅浮山,但是東晉袁宏撰《羅浮記》則記云:"洪還留廣州,乃憩於此山。"[③]至於葛洪第二次南來廣州的時間,則根據唐房玄齡等撰《晉書・葛洪傳》記東晉咸和(326～334)初年,葛洪爲煉丹而南下,"至廣州,刺史鄧嶽留不聽去,洪乃止羅浮山煉丹。……在山積年,優遊閑養,著述不輟。"[④] 唐宋以後關於葛洪對道教在羅浮山的傳播和發展具有重大影響的傳說,多依據葛洪一生兩度南來廣州、憩於羅浮山的事迹而生發開去。以北宋政和五年(1115)霍暐的"創四庵説"最具代表性,其《沖虛觀記》云:"晉葛稚川……遂登羅浮創都虛、孤青、白鶴、酥醪,東西南北四庵,爲往來偃息之地。"[⑤]宋人提出葛洪在羅浮山創有四庵之説,在霍暐《沖虛觀記》之外,也見之於宋皇祐年間郭之美《羅浮山記》。[⑥] 然而,若把宋人傳説與東晉袁宏《羅浮記》和唐初《晉書・葛洪傳》比較,則可知葛洪創四庵之説並未載於唐代或唐前的典籍。東晉《羅浮記》和《晉書》僅稱"洪還留廣州,乃憩於此山"及"在山積年,優遊閑養,著述不輟"而已。

廣東道觀在唐代已見創建,例如廣州元妙觀與惠州元妙觀前身均爲唐時開元觀,羅浮山在唐代亦已有道觀都虛觀(北宋改稱沖虛觀)。據《舊唐書・禮儀志》卷二十四記載,開元二十六年(738),玄宗詔每州以"開元"爲額,建開元觀與

---

① 例如胡守爲:《嶺南古史》,廣州:廣東人民出版社,1999年,第318～330頁。

② (唐)房玄齡等:《晉書》卷八十九《嵇含傳》,北京:中華書局,1974年,第2302頁。

③ 王明:《抱樸子内篇校釋》,北京:中華書局,1985年,第375～376頁。東晉袁宏撰《羅浮記》已失佚,現存北宋樂史《太平寰宇記》卷一百六十《羅浮山》引袁宏《羅浮記》。另參王承文:《葛洪晚年隱居羅浮山事迹釋證——以袁宏〈羅浮記〉爲中心》,《道家文化研究》第21輯,北京:生活・讀書・新知三聯書店,2006年,第158～184頁;王承文:《葛洪早年南隱羅浮考論》,《中山大學學報》1994年第2期。

④ 《晉書》卷七十二《葛洪傳》,第1911～1912頁。袁宏《羅浮記》與《晉書》所載略有差異,《晉書》作了進一步的潤色。《羅浮記》云:"以年老,欲煉丹自衛。聞交趾出丹砂,乃求句漏縣,於是選焉。遂將子姪俱行。至廣州,刺史鄧嶽以丹砂可致,請留之,洪遂復入山煉神丹。於此積年。"

⑤ (宋)霍暐《沖虛觀記》,收入(明)陳璉:《羅浮山志》卷十一,第25～27頁。

⑥ (清)宋廣業編撰:《羅浮山志會編》卷三,《四庫全書存目叢書》史部第240册,臺南:莊嚴文化事業有限公司,1996年,第566頁引宋郭之美《羅浮山記》云:"晉咸和中,葛洪至此以煉丹,從觀者衆,乃於此置四庵。南曰都虛,又曰玄虛,又改名沖虛。"又據黄慈博:《廣東宋元明經槧本紀略》,收入王國維等:《閩蜀浙粵刻書叢考》,北京:北京圖書館出版社,2003年,第355頁云:"郭之美《羅浮山記》一卷,皇祐間刻本。"

開元寺。[1] 宋真宗大中祥符二年，各州的開元觀改賜名爲天慶觀。根據明正統七年(1442)《重修玄妙觀記》碑，惠州元妙觀“初建於唐天寶七年(748)，舊號朝元，後改開元，至後唐毁”；至宋代咸平初復修；又至“宋真宗大中祥符九年(1016)，賜額改名爲天慶觀”。[2]《重修玄妙觀記》又記云：“元真(貞)二年，改復玄玅。”[3]由於清人避康熙名“玄燁”諱之故，清代把“玄”字改爲“元”字，康熙二十七年(1688)《惠州府志》已完全改稱今名元妙觀。[4]

惠州元妙古觀雖幸存至今，但在二十世紀亦曾經歷了花果凋零的境況。惠州道教協會撰有一通《惠州元妙古觀簡介》碑，刻立於元妙觀内，碑云：“民國二十二年(1933)鄧龍光師駐惠州時，其參謀長陳文，强將觀内神像砸毁。一九三八年惠州淪陷，日寇將三清大殿、玉皇樓等一炬焚燒，剩下偏殿殘屋數間，道觀凋零。”“文化大革命”對惠州元妙古觀的破壞尤巨，至 1980 年代初，“現文物已蕩然，觀址亦改作倉庫及辦公地方”。[5] 1980 年代以後，在重新恢復尊重宗教信仰自由的政策下，正如許多以前遭受破壞的道觀亦得以復修並重新開放一樣，惠州元妙觀亦“召回幸存道人，重修殿宇，恢復正常宗教活動”。[6]

同爲廣東古道觀的羅浮山沖虚觀也建於唐代。明黄佐《羅浮山志》(1557)引《山記》(即宋郭之美《羅浮山記》)云：

> 沖虚觀即都虚觀故址。晋咸和中，葛洪至此以煉丹，從觀者衆，乃於此置四庵。山南曰都虚，又曰玄虚，又改名沖虚。洪没，唐天寶初，置守祠十家[7]，仍度道士二人……元祐二年賜額[8]，内有葛洪祠……嘉靖初徙博羅縣道

---

① (後晋)劉昫等：《舊唐書·禮儀志》卷二十四，北京：中華書局，1975 年，第 926 頁。

② (宋)李燾：《續資治通鑑長編》卷七十二(上海：上海古籍出版社，1986 年，第 635 頁)及(清)徐松輯：《宋會要輯稿》第 11 册《禮》五“天慶觀”條(北京：中華書局，1957 年，第 474 頁)皆稱“大中祥符二年十月，真宗詔全國諸路、州、府、軍、監、關、縣擇官地、給官錢和出工匠建道觀，並賜‘天慶’爲額，以奉道教三清尊神及玉皇上帝”。

③ (明)周岐後：《重修玄妙觀記》，收入(清)吴騫：《惠陽山水紀勝》卷三，《四庫全書存目叢書》史部第 241 册，第 159 ~ 160 頁。

④ (清)吕應奎、俞九成修，黄挺華、衛金章纂修：康熙《惠州府志》(康熙二十七年(1688)刻本，香港：香港中文大學圖書館顯微資料 mic/f137)卷十七稱：“觀曰元妙，在城内縣治東，舊名天慶。”

⑤ 譚力浠、朱生燦編著：《惠州史稿》，惠州：惠州市文化局，1982 年，第 258 頁。

⑥ 見惠州道教協會：《惠州元妙古觀簡介》碑。

⑦ “所謂‘守祠十家’是指依附於道觀的百姓，又稱觀户。唐政府特將其州縣税户割隸羅浮山道觀，永供灑掃。”見王承文：《唐五代羅浮山道教宫觀考》，第 222 頁，收入黎志添編：《香港及華南道教研究》，香港：中華書局，2005 年，第 211 ~ 231 頁。

⑧ (明)黄佐：《羅浮山志》(1557)省略賜額“曰沖虚”三字，而崇禎《博羅縣志》(1631)卷二，第 18 頁則云：“元祐二年賜額曰沖虚。”

會司於此。[①]

北宋元祐二年(1087)"賜額沖虚",意味着羅浮山都虚觀於北宋元祐二年纔改稱沖虚觀。[②] 明嘉靖初年,沖虚觀更成爲博羅縣道會司[③]駐在的道觀。[④] 明末年間,沖虚觀至少在正德和崇禎時期兩度重修。崇禎《博羅縣志》(1631)云:"正德十四年(1519)觀圮,道士陳玄佑詣闕疏請,奉旨行廣東嶺東道重修……天啓間(1621~1627)觀圮。鄉薦紳募修,未就。崇禎□年士民具呈,巡按御史吴尚默捐贖鍰五十緡爲倡,今方經始。"[⑤]有關沖虚觀在明代幾次重修的碑文現已失佚,至今未有發現。唯一僅存的數據,是一口沖虚觀内的鐵鐘,鐘上附有《銘文》,上記鐵鐘乃於明成化二十年(1484)二月,由住持道士曾孟祚等所建造。[⑥]

陳伯陶《羅浮補志述略》概括了明末年間沖虚觀的歷史:"自永樂至隆〔慶〕萬〔曆〕間,觀爲最盛。〔天〕啓〔崇〕禎時,漸圮。韓日纘、袁崇焕先後募修。明末群盜嘯聚山下,焚掠靡遺,觀被毁,惟中殿存。"[⑦]入清以後,沖虚觀仍是"荒凉零落"。據吕應奎《重修羅浮沖虚觀碑記》,沖虚觀在清代的第一次重修始於康熙二十六年(1687)冬,並於二十七年(1688)仲夏落成。

沖虚觀的建築規模歷代多有記述。明嘉靖時,《羅浮山志》稱:沖虚觀中有澄虚閣,"在沖虚廊上";[⑧]此外,左旁有諸仙祠,祀吕洞賓,右旁則有葛仙祠,而觀前則有玉簡亭。[⑨] 康熙二十七年重修之後,沖虚觀的建築規模仍沿用過去舊有的格

---

① (明)黄佐:《羅浮山志》(1557)卷五,第4頁。另見(明)陳璉:《羅浮山志》卷三,第11頁。

② (明)楊載鳴編次、楊宗甫纂輯:嘉靖《惠州府志》(1556)卷十四,第18頁云:"沖虚〔觀〕,在羅浮山。晉咸和間,葛洪在此山煉丹,始置四庵。山南曰都虚,後又名玄虚。唐天寶初,置守祠十家,仍度道士二人。宋元祐二年賜額沖虚。"另見(明)蘇元起修,韓日纘纂:崇禎《博羅縣志》(1631)卷二,第18頁稱:南庵初曰"都虚,又曰玄虚",到元祐二年"賜額曰沖虚"。此外,關於唐代羅浮山都虚觀的歷史研究,參王承文《唐五代羅浮山道教宫觀考》一文。

③ 明洪武十五年(1382),太祖置道録司爲道教統治機關,以掌天下道教。至於在地方上各級的道教管理機構,各府設道紀司,州設道正司,縣設道會司。諸司全設在道觀内。參《明太祖實録》卷一百四十四,臺北:"中央研究院"歷史語言研究所,1962~1968年,第2262頁"洪武十五年四月辛巳"一條。

④ (明)楊載鳴編次、楊宗甫纂輯:嘉靖《惠州府志》(1556)卷六,第8頁;(明)郭棐纂修:萬曆《廣東通志》(1602)卷六十七,第18頁,日本内閣文庫藏,收入《四庫全書存目叢書》,第197~198册。

⑤ (明)蘇元起修,韓日纘纂:崇禎《博羅縣志》(1631)卷二,第18頁。

⑥ 明成化二十年《沖虚觀大鐵鐘銘文》,收入譚棣華、曹騰騑、冼劍民編:《廣東碑刻集》,廣州:廣東高等教育出版社,2001年,第812頁。

⑦ 陳伯陶:《羅浮補志述略》,收入陳璉撰,陳伯陶補:《羅浮山志補》第4册,民國九年(1920)增刻本,香港:香港中文大學崇基圖書館藏,第8頁。

⑧ 筆者未知澄虚閣是否就是三清殿,而陳伯陶《羅浮補志述略》第8頁則稱"觀中舊爲金闕寥陽殿"。

⑨ (明)黄佐:《羅浮山志》(1557)卷五,第7~13頁。

局，主要包括澄虛閣、諸仙祠、葛仙祠及玉簡亭。據康熙五十六年(1717)宋業廣的《羅浮山志會編》及雍正元年(1723)吴騫的《羅浮紀勝》所記，沖虛觀仍保持着這組建築格局。

直至明末，沖虛觀在道派歸屬上仍不是全真教道觀。《羅浮山志會編》和《羅浮紀勝》關於"沖虛觀"的資料中，都記錄了一位自稱爲李無無道人的言語，稱"羅浮乃靈寶法壇，他教道人豈可住持"。[①] 這反映出康熙中葉，沖虛觀從舊傳統過渡到新傳統的易轉。據筆者的考證，自康熙三十七年至三十九年(1698～1700)間，先有全真教龍門派道士杜陽棟開始住持沖虛觀，繼後在康熙四十五年(1706)曾一貫當上羅浮山五觀總住持並駐沖虛觀，[②]從此，沖虛觀便一直成爲廣東全真教龍門派道觀的中心代表，以正宗龍門派自居傳授道牒，而受度的道士亦一直依承正宗龍門派詩而代代相傳。根據《廣東年鑑》(1942)，"散在各縣地方之道觀亦甚多，其組織皆仿羅浮山諸觀，蓋亦以羅浮山爲其所宗"。[③]

四、廣東正一派道壇

1. 廣東正一派道士

在明代，道教雖曰分有正一和全真兩大教派，但是清初順治以前未見全真教在廣東傳播之記載。[④] 明朝洪武五年(1372)，太祖加授四十二代天師正一大真人張正常兼掌天下道教事。[⑤] 因此可這樣説，在明代或以前，廣東道觀道士和在家道士皆屬正一派的傳統。目前未有專論研究明代廣東地方道教與江西龍虎山正一真人府在給道士授籙及發放道牒等管理事項上的往來關係，但若根據明代道教的管理制度，廣東道觀道士和在家道士又必然隸屬於府縣的地方道官機構，即(府)道紀司和(縣)道會司的管理之下。雖然正一真人和諸道官都受禮部的統轄，但是中央道録司和地方諸道官的任免、陞遷等都常由正一真人推薦。換言之，正一真人府在禮部統轄之下，又協同道録司諸道官處理全國的道教事務。[⑥]

---

① (清)宋廣業編：《羅浮山志會編》卷三，《四庫全書存目叢書》史部第240册，第466頁。

② 黎志添：《近代廣東羅浮山全真教道觀考》，《中國文化研究所學報》2007年第47期。

③ 廣東省政府廣東年鑑編纂委員會編：《廣東年鑑》(1942)，第167頁。

④ 參黎志添：《廣東地方道教研究——道觀、道士及科儀》，第61～67頁。

⑤ 石田憲司：《明代道教史上の全真と正一》，收入酒井忠夫編：《臺灣の宗教と中國文化》，東京：風響社，1992年，第145～195頁。

⑥ 趙亮：《明代道教管理制度》，《世界宗教研究》1990年第3期。

據此,有理由相信,這種龍虎山正一真人府統攝全國道觀的關係同樣作用於明代廣東道觀和道士之間,因此構成他們與正一派傳統的關係。

例如,明成化《廣州志》(1473)卷二十四記廣州玄妙觀云:"洪武十五年開設道紀司,乃設道官,正曰都紀□□副都紀,以理道教。"①同書卷十四《國朝官制》記廣州府道教管理機構的道紀司,設有"都紀一員、副都紀一員、掌書二名"共四人。② 嘉靖《廣州志》(1527)卷二十五云:"道紀司在玄妙觀。"③《大明會典》記載:"凡内外道官,專一檢束天下道士,違者從本司懲治。"④《明太祖實録》明言:"道紀司掌本府道教。"⑤這樣,可知廣州玄妙觀於廣東道教的重要性地位,其擁有管理廣州府(包括南海、番禺二縣)各道觀和衆道士的職責和權力,特別是掌管了度牒的發放及約束道士恪守道規。⑥ 由於清代廣州城區西屬南海縣,東屬番禺縣,⑦南海縣道會司乃設於廣州城西的元妙觀。民國二十五年(1936)廣州正一道士代表鄧榮新呈予廣州市公安局和社會局的正狀紙,稱:"民等正一道士在清季時代,亦經明認爲純正道士,向來均有藩臺巡撫劄諭,南〔海〕番〔禺〕兩縣委任道紀司及道會司以爲管轄。"⑧據此,清代廣州府設有道紀司和道會司,附於廣州元妙觀内,成爲廣州府的道教管理機構。

一般稱在家的正一派道士爲火居道士。清沈自南《藝林彙考·稱號篇》卷十二云:"今道士之有室家者,名爲火居道士。"⑨這些職業性火居道士與全真派道士的主要分别,是他們不依附宫觀修道,不會簪冠、易服、束髮,平時穿俗裝,住在家中,遇有喜慶節日或喪葬時,應主人家之請,穿上道袍前去做法事。火居道士承接功德法事所得酬勞用於自己贍養家屬,不會納入任何宫觀。根據高萬桑的調

---

① (明)吴中、王文鳳纂修:成化《廣州志》卷二十四,第1056頁。另見《明太祖實録》"洪武十四年四月辛巳"條。

② (明)吴中、王文鳳纂修:成化《廣州志》卷二十四,第1003頁。

③ (明)嘉靖六年(1527)黄佐纂修:《廣州志·公署四》卷二十五(殘存卷四至七、十二至十七、二十二至四十八),嘉靖六年刻本,廣東省中山圖書館藏抄本。

④ (明)李東陽等:《大明會典》卷二百二十六,揚州:江蘇廣陵古籍刻印社,1989年,第2980頁;趙亮:《明代道教管理制度》,第50頁。

⑤ 《明太祖實録》卷一百四十四,第2262頁。

⑥ (明)吴中、王文鳳纂修:成化《廣州志》卷二十四,第1003～1005頁記載有廣州府道紀司,其餘各縣均設道會司,置道會一員,但只有南海縣與番禺縣不設道會司,因此此兩縣之道觀應隸屬於廣州府道紀司管轄。

⑦ (清)趙爾巽等:《清史稿》卷七十二,北京:中華書局,1977年,第2270頁;陳代光:《廣州城市發展史》,廣州:暨南大學出版社,1996年,第50頁。

⑧ 見廣州市檔案館,全宗號第10,目録號第4,案卷號728,第82～84頁。

⑨ (清)沈自南:《藝林彙考·稱號篇》卷十二,臺灣"中央圖書館"藏本,臺北:臺灣學生書局,1971年,第369頁。

查,乾隆二年(1737)及三年(1738)的兩份清廷黄册記録了廣東府屬下火居道士的人數有七百八十七名。當然,我們有理由相信在此官方數目之外,還有許多並未獲得頒給度牒或部照的非全真派的火居道士。[①]

根據乾隆舊本《番禺縣志》,鄉鎮火居道士經營的道館在廣東地區廣泛流行,即所謂"街陌鄉市道館最多"。[②] 爲招攬生意,他們在其道館門外懸掛以"其姓稱道館"的招牌。自清以來,這種私人性質的道館一直在廣東地區營業至民國初年。清同治十年(1871)史澄等再纂修《番禺縣志》時所引載的乾隆舊本稱:"粵無巫,以火居道士充之,所居門首,懸牌著其姓稱道館,街陌鄉市道館最多。小兒寒暑灾,即呼道士禳之,順星送祟刺刺不休。亦周禮遺意,但其所語神鬼不經耳。"[③]根據《廣東年鑑》(1942),民國時期,仍有很多商業性道館散處在廣東市鎮鄉閭之間。[④] 遇人家喜慶嫁娶、節日,或喪葬、禳鬼、治病,俗稱"喃嘸先生"或"喃嘸佬"的職業道士,就應請在道館裏或前往人家住處,做各種功德法事,例如讚星、脱禍、禮斗、旺土、禳灾、打齋、做旬七等。[⑤] 民國十五年,《民國日報》記載:"〔喃巫〕在大街小巷遍懸着'正一某道館'的招牌,他自稱是'道館',只有喃巫一人,却和'道觀'有别。"[⑥]

2. 廣東正一派道壇例一:香港新界陳九道壇

據清嘉慶二十四年(1819)舒懋官主修,王崇熙總纂的《新安縣志》(二十四卷),嘉慶年間,新安縣有三鄉、七都、八百五十七所村莊。[⑦] 地處現今新界、大嶼山、香港島、九龍半島和深圳市等地區的村莊共有四百八十九所,屬巡檢官富司管轄。[⑧] 當時,隸屬現今新界地區的土地面積,已佔新安縣的五分之二。[⑨]

新界龍躍頭鄧氏爲新界東部首屈一指的名族,並且鄧氏祠堂是新界地區最

---

① Vincent Goossaert, "Counting the Monks: The 1736 - 1739 Census of the Chinese Clergy", 60 - 61.

② (清)史澄等纂:《番禺縣志》卷六,《中國方志叢書》第48號,第46頁。

③ (清)史澄等纂:《番禺縣志》卷六,《中國方志叢書》第48號,第46頁。另外,此處稱"粵無巫"意思不明。

④ 廣東省政府廣東年鑑編纂委員會編:《廣東年鑑》(1942),第167頁。

⑤ 關於在廣東鄉鎮市地區的火居道士被俗稱爲"喃嘸佬"的起源,至今學者仍未能清楚考證出來。就"喃嘸"字音而言,它與佛教浄土宗專念"南無阿彌陀佛"的"南無"("無"音 mó)近似。就引申的字義來説,它好像在表示道士喃誦念經時低語的情態。

⑥ 廣州市宗教志編纂委員會編:《廣州宗教志資料彙編》第2册《道教》,第66頁。

⑦ 鄉治方面,清朝廷於各地分鄉、都圖、里。

⑧ (清)王崇熙總纂:《新安縣志》上册,《中國方志叢書》第170號,臺北:成文出版社,1964年,第92~111頁;另參蕭國鈞、蕭國健:《寶安歷史研究論集》,香港:顯朝書室,1988年,第17頁。

⑨ 蕭國健:《二十世紀之前香港新界地區之社會發展》,收入香港城市大學中國文化中心編:《嶺南歷史與社會》,香港:香港城市大學出版社,2003年,第71頁。

古老的一座宗祠。[①] 鄧氏原籍東莞縣,自六世祖松嶺公以後,自錦田遷往龍躍頭,這時是元代的中後期。[②] 與龍躍頭鄧氏同屬東莞縣鄧氏遠祖的新界鄧氏村落,還有錦田、大埔頭、厦村、屏山等新界大姓宗族。[③] 萬曆元年(1573)開始,明朝政府從東莞縣東南土地分置了新安縣,但是,東莞和新安兩縣在宗族淵源和風俗傳統方面仍然保持相當密切的聯繫。[④] 例如,新界建醮科儀中的《普施煉幽金科》,在"香花請"的儀文部分就提及"香花請廣州府城隍主者,新安、東莞縣城隍主者"。從這一科儀例證,我們可以推論現存新界地區所見的建醮科儀傳統,應與明清以來廣東府東莞及新安兩縣地區的正一派傳統有着深遠和密切的歷史淵源關係。

直到現在,我們還没有找到清楚的書寫記録可以證明在明代時期,新界的宗族村落已經舉行周期性的建醮活動。這與中國地方鄉醮的歷史資料不足有關。根據蔡志祥找到的資料,十九世紀中葉,香港的西方傳教士已經開始以批評異教的態度提及在新界鄉村定期舉行的鄉醮活動。[⑤] 此外,田仲一成的調查報告也提及有錦田鄉村的鄧氏宗族成員向他宣稱,他們的村落在康熙二十四年(1685)就已經舉行十年一届的太平清醮了。[⑥] 雖然這些只屬口述傳承的資料,不能確證真假,但是正如田仲一成的見解,錦田鄧氏在清中葉已經是新界最大、最强的地主宗族,因此那時已確立周期性的太平清醮習俗並非没有可能的事。[⑦] 除了錦田鄧氏的口述傳統,厦村鄧氏宗族在 1974 年《厦村鄉約甲寅年建醮特刊》稱:"本鄉約十年一届建醮,係遵照祖先遺訓、鄉例按時舉行,已有二百多年悠久歷史。"[⑧]

新界地區的鄉醮一向是雇請正一派喃嘸道士團來主持祭禱神明的儀式。關於新界地區正一派道士的歷史和傳承的研究一直是非常缺乏的,並且這方面的

---

① 田仲一成:《中國の宗族と演劇》,東京:東京大學出版社,1985 年,第 610 頁。

② 田仲一成:《中國の宗族と演劇》,第 610 ~ 615 頁。

③ (清)王崇熙總纂:《新安縣志》,第 91 頁。

④ 例如田仲一成《中國の宗族と演劇》第 139 ~ 140 頁記有一例子,即在康熙二十四年(1685),錦田鄧文蔚中進士,他晚年致力於擴大整個東莞鄧氏家族的勢力,於東莞縣城内爲散居於全縣各地的鄧氏建造了鄧氏大宗祠"都慶堂"。

⑤ Choi Chi-cheung, "Studies of Hong Kong Jiao Festivals", 42, n. 31 提及在基督教崇真會所有的 Basel Mission Archives, doct. A1 - 6, No. 51 (1869), doct. A1 - 7, No. 51 (1870) 及 *Der Evangelische Heidenbote* (July 1867) 都有西方傳教士的新界鄉醮記載。

⑥ 田仲一成:《中國鄉村祭祀研究——地方劇の環境》,東京:東京大學東洋文化研究所,1989 年,第 918 頁;Choi Chi-cheung, "Studies of Hong Kong Jiao Festivals", 42, n. 30。

⑦ 田仲一成:《中國鄉村祭祀研究——地方劇の環境》,第 918 頁。

⑧ 厦村鄉約甲寅年建醮委員會編:《厦村鄉約甲寅年建醮特刊》(1974),第 6 頁。

研究更常是人類學和歷史學的學者在鄉醮研究中最爲忽略的領域。[①] 香港道教學者徐佩明曾於1980年初就新界道士林培及其祖父輩之間的道教傳承系統作過一些簡略的報告。[②]

我們知道直到1980年代中期,火居道士林培(1900~1988?)仍然是一位在新界地區内最具知名度的正一派道士。[③] 根據田仲一成的記録資料,例如在1981年11月林村鄉約五日六夜的太平清醮,1985年11月錦田村五日六夜太平清醮,以及1986年11月屯子圍三日四夜的太平清醮等,林培仍然擔當許多鄉村醮儀中主科和高功的科職。[④] 林培於1988年去世。[⑤] 在上述三次建醮儀的"款榜"中,林培署稱自己爲"正一奉行主科事",[⑥]道號真玄。而在"人緣榜"中,林培稱自己的科職屬"太上三伍都功修真經籙,神霄玉府清微演教仙官,掌判雷霆三界便宜主科事,臣林真玄承誥"。[⑦] 根據清初以來龍虎山天師府道士授籙的法規——《天壇玉格》,受籙道士初受品籙之職爲"太上三伍都功經籙",以後由此法籙陞授《正一盟威經籙》,加授《上清五雷經籙》,加陞《上清三洞五雷經籙》,以及最高晉陞爲《上清大洞經籙》。[⑧] 除經籙品秩外,道士還有受天官品秩,例如有"太平輔教演法仙官"或"玉堂輔教宏化仙官"等。再者,受籙道士還有補充天宫玉府之職任,例如"神霄玉府九天採訪使、掌決五雷便宜行事"。[⑨] 根據上述天師府奏授經籙職任之品秩,林培署稱自己籙位職任爲"太上三伍都功修真經籙,神霄玉府清

---

① 例如田仲一成在其三部新界鄉村建醮祭祀和演劇的研究著作中,就非常缺乏探討道士團的具體背景資料,唯一例外的是在《中國鄉村祭祀研究——地方劇の環境》,第1017~1018頁。

② Bartholomew Tsui, "Taoist Ritual Books of the New Territories", 136-137 and Bartholomew Tsui, *Taoist Tradition and Change: The Story of the Complete Perfection Sect in Hong Kong* (Hong Kong: Christian Study Centre on Chinese Religion and Culture, 1991), 76-77.

③ Chan Wing-Hoi, "The Dangs of Kam Tin and Their Jiu Festival", *Journal of the Hong Kong Branch of the Royal Asiatic Society* 29 (1989), 提及林培於1965年錦田村的太平清醮擔當醮儀的高功。

④ 蔡志祥:《從喃嘸師傅到道壇經生:香港的打醮和社區關係的演變》,第368頁稱:"1980年代香港新界的單村或單姓主導的村落如粉嶺彭氏、泰坑文氏、龍躍頭和錦田鄧氏,以及一些重要的村落聯盟如厦村鄧氏、蓮花地、吉澳等等鄉約的打醮,皆是以林培爲高功執行儀式。"

⑤ 蔡志祥以爲林培是於1987年去世的,見《從喃嘸師傅到道壇經生:香港的打醮和社區關係的演變》,第368頁。

⑥ 田仲一成:《中國の宗族と演劇》,第424頁及《中國鄉村祭祀研究——地方劇の環境》,第879、958頁。

⑦ 田仲一成:《中國の宗族と演劇》,第421頁及《中國鄉村祭祀研究——地方劇の環境》,第877、956頁。

⑧ 興發:《正一授籙常識》,第36~37頁。

⑨ 根據現時龍虎山天師府授給正一道士的職牒,其中的内容是説明某弟子得受"△△△經籙,△△△仙官之職,△△△補充、擔任△△△部門某某事爲任"。見張金濤編:《中國龍虎山天師道》,南昌:江西人民出版社,2000年,第171頁。

微演教仙官,掌判雷霆三界便宜主科事",當中應分别指經籙、天官及職任,即:(1)"太上三伍都功經籙",(2)"清微演教仙官",(3)"神霄玉府□□□(缺)掌判雷霆三界便宜行事"。

對照龍虎山天師府的奏授籙職之法品,林培的科儀傳承無疑應屬龍虎山正一派道士系。林培先祖五代都是正一派道士。① 不過,若根據林培的道號"真玄"來説,其與清順治十五年(1658)以來流傳的《天壇玉格》及其所載的"三山滴血字派"五十字輩分並没有關係。相反,新界火居道士的道號是依據"道德玄心静"爲其根本字派。因此,新界火居道士的道號並不是依承龍虎山受籙弟子的道號。② 事實上,自乾隆四年(1739)以後,清朝政府已經詔禁正一真人張天師及龍虎山法官往各地方開壇傳度,若法官自行考選道士、受籙傳度,將論罪處置。③ 因此,在清乾隆時期以後,龍虎山天師府的授籙制度與中國鄉村地區的正一派道士之間的關係已漸趨鬆脱。④ 依此考證,林培及其數代以上的道士新世系應只是一般在鄉村行業的正一派火居道士。雖然我們已不能確證林壬寶的行儀事迹,但是由林壬寶傳承到林培一代,林氏家族一直是新安縣祖系相傳的正一派道士世家,其家族成員在十八世紀末以來已是在新界北部鄉村地區非常活躍的著名道士。⑤ 據徐佩明所知,由於與林培同輩的粉嶺圍本村道士彭炳(道號玄輝)的叔祖彭天德亦是師承於林培的祖父林達朝,因此可推論説,林氏家族的道教科儀傳統便一直成爲新界鄉醮儀式的範本。

林培於 1988 年去世,往後再没有林氏後人繼承火居道士行業。在整個 1990 年代新界鄉村地區的建醮活動中,遷移自寶安縣沙井鎮的火居道士陳九是最有聲望的高功道士。清嘉慶《新安縣志》記載有新增的沙井墟市。⑥ 陳九(1924 ~ 1999)道號興道,來自沙井鎮的火居道士世系家族,於 1979 年從沙井鎮遷移至新

① Bartholomew Tsui, *Taoist Tradition and Change*: *The Story of the Complete Perfection Sect in Hong Kong*, 76 – 77 and Bartholomew Tsui, "Taoist Ritual Books of the New Territories", 136.

② 根據龍虎山"三山滴血字派"五十字輩分,第 63 代天師張恩溥(1904 ~ 1969)授籙與弟子的道號爲"鼎"字輩,順序對上的輩分爲"沖漢通玄藴,高宏鼎大羅"。

③ (清)劉錦藻:《清朝續文獻通考》卷八十九,第 8493 頁云:"(乾隆)四年(1739),奏議:嗣後真人差委法員往各省開壇傳度,一經發覺,將法員治罪,該真人一併議處。"另參細谷良夫:《乾隆朝の正一教——正一真人の降格事件をめぐって》。

④ (清)劉錦藻:《清朝續文獻通考》卷八十九,第 8493 頁。參 Vincent Goossaert, "Counting the Monks: The 1736 – 1739 Census of the Chinese Clergy", 53 – 55;施舟人:《道教在近代中國的變遷》,第 147 頁。

⑤ Bartholomew Tsui, *Taoist Tradition and Change*: *The Story of the Complete Perfection Sect in Hong Kong*, 77.

⑥ (清)王崇熙總纂:《新安縣志》上册,第 86 頁。

界元朗,當時陳九還未到六十歲。[①] 陳九遷移至新界以後很快便能與林培等新界本地舊有的道士在建醮科儀方面取得良好的合作。至少到了 1985 年,陳九在新界鄉村道士團中所受到的敬重和取得的地位已經是與林培、張海、林財等道士旗鼓相當了。根據陳九第四子陳鈞的憶述,在 1981 年林村鄉約太平清醮中,林培擔當主科,其他還有張海、林財、梁安等道士的參與。1980 年代,陳九和林培一起合作的建醮科儀包括:1984 年厦村五日六夜太平清醮,1985 年錦田村五日六夜太平清醮及 1986 年屯子圍三日四夜太平清醮。[②] 在上述的建醮儀中,林培一直擔當主科之職,而陳九則主要主持分燈、打武、迎聖及禮斗等科儀項目。[③]

陳九承傳了一個在其本鄉至少已有五代深厚歷史的正一派道士傳統。陳九家族世系的道號亦是依據"道德玄心静"字派的。傳至陳九屬"道"字輩,因此他的道號爲"興道"。根據字輩排列,在陳九家系中,在他以前至少已有五代的先祖是道士了。陳九便是第六代的傳人。陳氏祖輩在沙井鎮很早已立有道壇,稱"廣生堂",並在其本鄉一直是最著名的正一派道壇。但是在 1949 年以後,廣生堂便被迫結束,而陳九再不能從事先祖輩傳流下來的道教儀式的職業。

從 1980 年代末開始,尤其在林培去世之後,陳九已經在多次新界大姓宗族村落的建醮儀式中取得主科和高功的職位,儼然成爲繼林培之後的新界鄉村道教科儀傳統的道士代表。陳九有四個兒子,其中三位亦在 1980 年初分别從沙井鎮遷到新界元朗定居,加入鄉村道士的行業,共同建立新界元朗"陳九道壇"。很快,陳九道壇在新界村落地區建立了良好的聲譽。根據陳九第四子的記述,在整個 1980 年代,由陳九負責作主科的新界鄉村太平清醮有:1986 年的沙田田心村及吉澳村,1987 年的元崗村,1988 年的横州村,1989 年的塔門村和大網仔村等。尤其難得的是,西貢大網仔村是以六十年一個甲子作爲舉行太平清醮的周期的。至於在 1990 年代,由陳九道壇負責太平清醮儀式的新界鄉村,依次有 1990 年泰坑村和林約村,1994 年厦村,1995 年泰坑村,1996 年田心村和吉澳村等。1999 年 1 月陳九病逝後,道壇便由其第四子陳鈞接手繼承。陳鈞道號泓德,成爲沙井鎮陳氏廣生堂第七代的傳人。在 1999 年塔門村,2000 年和 2005 年泰坑村及 2001 年高流灣村的太平清醮中,陳鈞已擔當起主科及高功之職,成爲現時新界鄉村中最有名的火居道士之一。

---

① 這是根據陳九的兒子給與筆者的資料。

② 田仲一成:《中國鄉村祭祀研究——地方劇の環境》,第 957 ~ 958、885、911 頁。

③ 這是根據陳九的兒子給與筆者的資料。

據上述的資料,陳九道壇對過去二十年新界鄉村建醮的道教科儀傳統發揮了頗大的影響力。由於陳九及其衆子具備深厚的道士世家傳承,因此是屬於少有的道壇道士在新界鄉村地區仍然能够保存比較完整和嚴謹的道教醮儀做法。

3. 廣東正一派道壇例二:澳門吴慶雲道院①

從十九世紀清中葉以來,澳門地區的正一派火居道士就一直爲當地民衆提供各種屬於道教科儀傳統的功德法事。根據澳門業内火居道士的説法,在二十世紀八十年代以前,在澳門由火居道士開設的三大正一派道壇包括:陳静修道院、吴慶雲道院和陳同福道院。又據現存澳門廟宇的碑刻資料,類似在清代廣東地區流行的火居道館,早於清中葉咸豐年間(1851~1861)在澳門境内已經存在。例如現存的鑲嵌於今澳門沙梨頭麻子街土地廟右旁獨立的醫靈廟内右牆的一通"沙梨頭新建醫靈大帝寶殿刊碑",立於咸豐九年(1859)十二月吉日,碑文記録了捐簽芳名,其中有"羅道館"的芳名。②

澳門原屬香山縣,因此澳門正一派道士應屬於香山縣火居道士的傳統。例如,根據現存保留的在光緒年間由周耀池道院周貫一(道號昇真)道長手抄的各類科儀文檢中,有一份周貫一爲追薦其父常禧公而撰寫的"追祝六秩開一冥壽榜文",内裏提及其先祖來自香山縣,云:"先考孤懸香邑(周附加注,稱:生於香山),籍溯開平。稽先世則派衍,汝南(周注:周姓)學道(周注:入道),君則禮隆拜北,厠身於藥竈丹爐之地,求真於仙風道骨之中。"③此外,周昇真又提及自己是"子承父業",云:"天道何知,仙壽僅過大衍(周注:父死時年五十三),蓼莪傷兮,荒塚隔,幸風流未墜(周注:子承父業),遺經猶得真傳(周注:仍入道家)。"

由於周昇真、陳謁崇和吴謁元等清末時期澳門正一派火居道士的道號,已經是沿用着以"三千功行滿,飛昇謁玉京"爲根本的字派,因此,這又可以推斷此字派在清中葉至民國初年已經爲澳門火居道士所採用和流傳。不過,若我們翻閲在《諸真宗派總簿》(1926年北京白雲觀藏手抄本)裏記録的道派宗派系譜,却未見有"三千功行滿,飛昇謁玉京"的字派,接近的只有混元派的"朝謁上玉京",重陽派的"一旦功成滿,飛昇大羅天",或華山派的"咸登謁玉京"等。④ 此外,澳門正一派火居道士採用的字派又與龍虎山張天師正一派的三山滴血字派不同,二

① 見黎志添:《澳門吴慶雲道院的歷史變遷——十九世紀以來澳門正一派火居道士研究》,收入吴炳鋕、王忠人編:《澳門道教科儀音樂》,澳門:澳門道教協會,2009年,第467~488頁。

② 譚世寶:《金石銘刻的澳門史》,廣州:廣東人民出版社,2006年,第285頁。

③ 見周貫一編:《幽壘通誠》,吴慶雲道院藏抄本。

④ 李養正:《新編北京白雲觀志》,北京:宗教文化出版社,2003年,第436、438、455頁。

者之間没有關聯。後者的字派爲:“守道明仁德,全真復太和,志誠宣玉典,忠正演金科。沖漢通玄蘊,高宏鼎大羅,三山揚妙法,四海湧洪波。”故此,我們以爲來自廣東香山縣的澳門正一派道士與江西龍虎山天師府在傳承上並没有直接的淵源。

吴慶雲道院是由吴致和創立的。吴致和,字國錦,道號謁元,出生於同治八年(1869)九月初六,後於民國十六年(1927)八月二十二日羽化,享年五十八歲。原籍順德縣黄連堡黄麻湧(現爲勒流鎮江義村)。吴致和在家鄉出生,清末光緒年間,從順德遷往澳門。根據1887年的統計,澳門的國人人口有一萬餘人,但到了1910年,由於内地政治動蕩不定,居民從内地遷來的人數持續增長,國人總人口達71021人。① 因此,吴致和應是在這段時期遷居澳門避亂。

根據其孫吴天燊所述,吴致和以前的吴氏先祖輩並不是火居道士。約於十八歲的時候,吴致和纔開始在澳門從事火居道士的行業,但其師無可考。根據吴致和的道號“謁元”來判斷,“謁”字輩乃是順着澳門正一派道士普遍沿用的字派來決定的,因此可以説,吴致和之師傅的字輩便應屬“昇”字輩。

初時吴致和居住於澳門半島新埗頭街,接近半島之内港碼頭;並約於二十歲(光緒十五年,1889)時,在新埗頭街創立其住家式的喃嘸道院,稱“吴慶雲道院”,承接道教吉凶法事的儀式。但是,吴天燊也不明白爲何吴謁元創立的道壇會選取“慶雲”之名。

後來,當其七子吴錦文出生之前,即光緒二十九年(1903),吴致和(時年三十四歲)就把吴道院從新埗頭街搬遷至毗鄰的趙家巷10號地下。在趙家巷的吴道院是一所兩層舊樓式的住宅。據吴天燊説:吴道院在新埗頭街時的法事生意並不太理想,原因是喃嘸道館很多,行業間的競争很大。或許,這是吴謁元把吴道院從新埗頭街搬至趙家巷的原因。

吴致和擅長喃唱、打鼓、吹蕭笛、打揚琴及書法。現時慶雲吴道院仍然保留了一些由吴致和手抄的科儀本,例如《混元發奏科》(手抄於光緒二十六年,1900)、《破獄科》(手抄於宣統三年,1911)、《太上洞玄靈寶十王赦罪寶懺》(缺手抄年份)、《關燈解結散花科》(缺手抄年份)和《玄門煉度》(手抄於民國二年,1913)。

吴致和之七子吴錦文出生於光緒二十九年(1903)二月十二日,後於1972年陽曆6月2日羽化,終年六十九歲。由於吴錦文是在趙家巷出世的,因此,可以

① 黄鴻釗:《澳門簡史》,香港:三聯書店,1999年,第10~11頁。

肯定的是,吴慶雲道院至遲於 1903 年從新埗頭街搬至趙家巷 10 號。吴致和於 1927 年過世,時年吴錦文二十四歲,繼承父業,經營吴慶雲道院。

澳門是理想的漁港,海岸水静灣圓,便於漁船停泊。因此,吴慶雲道院的法事生意主要亦是爲漁民做吉祥道場,做開光禮斗等法事。例如漁民們每遇新春開航,歲晚返航,或新船入夥,或喜慶嫁娶等,都會雇請正一派火居道士上船做道場,以酬謝神恩。根據吴天燊的回憶,其父吴錦文時代,他們主要爲漁民在船上做禮斗、開光、釋褐嫁娶等吉祥法事。漁民通常不會雇請他們做超度的齋儀,因爲漁民會介意爲超度死人做的法事是不吉祥的,因此那些做凶事的道士便很少會被雇請做吉祥道場。吴天燊説,當時在船上做一壇吉祥法事是由五名道士和一位醮師負責的,儀式時間大約是從早上九時開始至翌日早上五時完結,當時每位火居道士的工錢是不以所要負責的儀式部分而有差别的,一律收取葡幣八元。以開光禮斗科儀爲例,儀式的節次如下:

打八仙賀壽及開壇鑼鼓→開壇(啓壇,請師)→請兵將/開光菩薩→解洗→禮斗→晚飯→解願→打八音鑼鼓(粤劇排場)→收邪→打武→施大幽(先天濟煉或玉山煉度)→賀神→遊九洲→打鑼鼓回樓

除了承接漁民的吉祥道場之外,吴錦文也會爲陸上居民做度亡法事,包括承接十念和旬齋的法事。十念科儀與香港喃嘸道士爲剛去世的亡者所做倒頭經的目的相近,都是使亡者在死後渺渺冥界之中,明白自己已歿,下及到了陰間。[①] 所謂十念科儀,是指由十個科儀節次組成的度亡科儀。1950 年代,澳門火居道士做十念科儀是由下午七時至翌日早上六時。十念科儀的節次程式是:[②]

開啓/發奏科→詣靈(開位科)→度亡科→給牒科→巡繞科→解結科→散花/散果科→小幽科→囑從科→度仙橋科

此外,澳門境内遍佈大大小小的中國民間神祇廟宇。[③] 廟宇亦多在祝賀神誕活動的日子雇請火居道士做醮事儀式。據吴天燊説,其父吴錦文在繼承吴慶雲

---

① 現時,由於主家的要求,香港殯儀館的度亡法事多稱"打倒頭齋",即把打倒頭經和三旬齋結合起來,參黎志添:《廣東地方道教研究——道觀、道士及科儀》,第 209 ~ 222 頁。

② 吴炳鋕:《澳門的道教科儀》,第 29 ~ 30 頁。

③ 澳門現存四十三間供奉中國神祇的廟宇,如五間媽祖廟、兩間哪吒廟、三間土地廟、三婆廟、康公真君廟、譚公廟、關帝廟、包公廟、華光廟、吕祖仙院、先鋒廟、女媧廟、醫靈廟、魯班廟、大王廟、南山廟等。參陳偉恒、李鋭奮、譚志勝等:《澳門廟宇》上下册,澳門特别行政區民政總署文化康樂部,2002 年。

道院之後,亦多承接廟醮法事,例如三街會館的關帝醮、康公醮、哪吒醮等廟會法事。作爲澳門火居道士與地方廟宇神誕節慶的緊密關係之例證,周貫一手抄的醮儀文檢——《岡陵獻頌》就記録有許多由火居道士主持的各類爲澳門衆多廟宇舉行慶祝神誕儀式的榜文,包括有慶祝龍王寶誕、天師寶誕、重陽王帝君寶誕、福禄壽三星寶誕、華光寶誕、龍母寶誕、城隍寶誕、東嶽寶誕、洪山三聖公寶誕、金花夫人寶誕、禾穀夫人寶誕、關帝寶誕、觀音寶誕、玄天上帝寶誕 、玄壇寶誕、康公真君寶誕、七姐賨業誕及天后寶誕等賀誕榜文。

從1930年代起,由於吴錦文在正一派道教科儀及音樂上的出色造詣,逐漸在火居道士行業間享有受尊敬的地位,而吴慶雲道院亦發展成爲澳門三大正一派道館之一。抗日戰爭爆發後,由於要逃避動蕩和戰亂,許多内地人紛紛遷居澳門(由於葡萄牙是二次世界大戰的中立國,因此澳門始終未被日本佔領),遂使澳門人口增長很快。1939年,澳門人口總數增至245197人,而中國人口有239803人。① 在這種歷史處境中,澳門正一派火居道院得到了很大的發展機會。據吴天燊説,在這段時期,除了吴慶雲道院之外,澳門的火居道士道館還有陳静修、陳同福、周耀池、徐亮、陳添、盧竈、何威、麥華福、麥麗昌、何九、林開、林星、林標、林威、周志明、陳浩欣、李根、鄧雲開、許添、范成、謝寶、梁昌、羅成就、余森、黄西、鄧坤次及何蘇等共二十八間喃嘸道館,而從事火居道士行業的人數亦約有六十多人。②

吴錦文之獨子吴天燊於1929年1月20日出生。在其十八歲(1947)時,吴慶雲道院遷至現址沙井天巷16號地下。1960年代以後,吴天燊接手主理了吴慶雲道院,當時法事生意仍然很好,吴慶雲道院每月受雇承接漁民的各種吉祥道場有十多壇,以四月爲最旺。另外,最初爲陸上居民做旬齋度亡法事並不多,及後澳門鏡湖殯儀館遷至現址之後,受雇做度亡道場纔流行起來。相反,爲澳門民間神祇廟宇舉辦的神誕醮會,則在1960年中期以後逐漸息沉。據吴天燊之子,現任澳門道教協會會長的吴炳鋕解釋,這一轉變與澳門社會受着二十世紀六十年代内地發生"文化大革命"並打壓宗教活動的負面影響相關。不過,在1970年代以前,吴慶雲道院及其他澳門火居道士仍然多以承接漁民吉祥法事爲主。我們可以以吴炳鋕回憶他孩童時代上漁船做法事的親身經驗作爲旁證。他這樣寫

---

① 黄鴻釗:《澳門簡史》,第10頁及鄭天祥、黄就順、張桂霞、鄧漢增:《澳門人口》,澳門:澳門基金會出版,1994年,第24~27頁。

② 澳門道教協會:《澳門非物質文化遺産項目申請書——澳門道教科儀音樂》,2009年,第17頁。

道:"本人幼時經常隨祖父及父親到船上觀看做道場,當時在澳門半島沿下環街至沙梨頭海面一帶,每逢農曆二月、四月、五月、八月、十月、冬至前後及歲晚,是漁民舉行嫁娶及酬神的日期,鑼鼓聲響在海面此起彼落,好不熱鬧。"①

從1970年代後期,由於澳門社會不斷從舊時漁港的面貌改變過來,這亦改變了吴慶雲道院和澳門正一派道士的行業生態。作爲業内的聲音,吴炳鋕對這段澳門正一派道教歷史的變遷作出如下撮要:

> 上世紀六十年代後,澳門由小漁港漸漸轉型成爲博彩旅遊城市,漁船由千艘縮減至百多艘,而且持續萎縮,漁港風光已不復再見。此外,上世紀九十年代,澳門殯儀經紀的衍生及殯儀行業一條龍的出現,導致火居道院不可向事主直接承接法事,同時,白事儀式因隨時代發展亦日趨簡化,法事已不復以往的興旺。澳門正一派火居道院經受漁業萎縮及殯葬業壟斷的雙重打擊下,法事數目不斷減少。老的道長羽化後,其後人多不繼承祖業,另覓他業爲生。道士人數逐漸下降。目前,澳門正一派火居道院僅餘下吴慶雲、陳同福、梁昌、鄧雲開、劉霖及明祥道院,而火居道士僅餘約20人,醮師約8人。②

至今,雖然吴慶雲道院仍一直保留下來,並與吴天燊構成共同體,但是,它已没法一如既往地以火居道院的形式繼續經營下去。一方面,客觀上澳門漁民的吉事道場已萎縮,另一方面,吴天燊年事已老,已很少承接法事儀式,而吴慶雲道院的後人亦不願意往殯儀館火居道士的方嚮發展,純粹以依靠殯儀法事的生意爲生。吴天燊之獨子吴炳鋕並没有選擇以火居道士的行業作爲其全職謀生之工作。1981年,他畢業於香港浸會書院(後轉名爲浸會大學)化學系,現時任職於澳門政府某部門,賺得糊口。雖然吴炳鋕不選擇繼承祖業當火居道士,但有感於以吴慶雲道院爲代表的澳門道教科儀、音樂和曲譜會從此失傳,加上他有志在澳門以新的形式弘揚道教文化,因此,於2001年他與信善二分壇壇主鄭揚立、大三巴哪吒廟理事長葉達等人,向澳門特别行政區政府立案成立澳門道教協會,由吴本人擔任會長一職至今。這種轉嚮可以説預示了有一百二十年歷史的澳門吴慶雲道院在未來的發展方嚮。

---

① 戴定澄:《口傳心授,五代相承的澳門吴氏道樂》,《中國道教》2009年第7期。

② 澳門道教協會:《澳門非物質文化遺產項目申請書——澳門道教科儀音樂》,2009年,第22頁。

五、廣東全真教道觀

關於全真教何時傳入廣東境内的問題，陳銘珪和陳伯陶父子皆言是清初康熙中葉以後纔開始的。陳銘珪稱“全真教之居羅浮，實自山山師始”，而陳伯陶則補充説：“道之盛，始杜陽棟、曾一貫，龍門派也。”①二説雖近似，但後者又略有補充，並成爲歷來學界判斷廣東全真教龍門派歷史由來的主要依據。

就廣東羅浮山全真教道觀的歷史而言，康熙二十七年至三十九年（1688～1700）間乃是羅浮山道觀開始轉變成爲全真教道觀之始，此乃近代廣東道教史的一大影響深遠的轉易。陳銘珪《浮山志》云：“惟羅浮本南宗道宇，自明以前北宗全真無居此山。”②羅浮山自唐、宋以來，宫觀壇宇興盛，是國家投龍、醮祭的主要勝地，名列道教洞天福地體系的第七大洞天，盛行葛洪之祠祀，又是南宋以後陳楠、白玉蟾等内丹派南宗的傳播中心。③ 康熙五十六年（1717），宋廣業《羅浮山志會編》在編撰“沖虚觀”一條之後，附載了題爲李無無道人所撰的反對“他教道人”住持羅浮山道觀的文章，云：

> 太上本教清微，漢天師立教正一，葛祖立教靈寶，許祖立教净明。今清微奉行不善，皆火居道士，正一天師自有後人，靈寶寥寥，净明無幾。元初丘處機長春子立全真教。羅浮乃靈寶法壇，他教道人豈可住持？如今江右龍虎山乃天師子孫住持，他教焉能住持也？李無無道人識。④

李無無道人之稱羅浮山道觀本屬“靈寶法壇”，這不應只從奉祀葛玄和葛洪的道統源流來理解。南宋時期，正一、上清、靈寶三派構成南方道教三大重視符籙、齋醮、祭煉的道派，各以龍虎山、茅山、閣皂山（江西）爲其本山。⑤ 元成宗大德八年（1304）敕封第三十八代天師張與材（1316卒）作“正一教主”，授張與材管領江南諸路道教，由正一教主主領“三山符籙”。⑥ 明洪武五年（1372）御製敕誥，命正一道第四十二代天師張正常（1335～1377）“掌天下道教事”，成爲統領天下道

---

① （清）陳銘珪輯：《浮山志》，《藏外道書》第32册，成都：巴蜀書社，1994年，第592頁。
② （清）陳銘珪輯：《浮山志》，《藏外道書》第32册，第592頁。
③ 參王承文：《唐五代羅浮山道教宫觀考》，第211～231頁。
④ （清）宋廣業編：《羅浮山志會編》卷三，《四庫全書存目叢書》史部第240册，第466頁。
⑤ 卿希泰主編：《中國道教史》（修訂本）第三卷，第105、112～114頁。
⑥ （明）宋濂：《元史·釋老傳》卷二百○二，北京：中華書局，1976年，第4526～4527頁。

教的教主。[①] 因此之故,清康熙時,李無無道人之稱羅浮山道觀本屬"靈寶法壇",亦可以從羅浮山道觀自元明以來與正一派所建立的關係來理解。從此道派的歷史關係而言,李無無道人認爲"他教道人豈可住持",也就是表明了反對丘祖的弟子(全真教道士)來當羅浮山道觀住持的意思。

筆者在《廣東地方道教研究》一書中,曾以康熙二十五年(1686)陶敬《募修沖虛觀疏》及二十七年(1688)潘耒《遊羅浮記》爲例,證明了康熙二十七年前沖虛觀還未改爲全真教的道觀。[②] 及至康熙五十六年(1717)宋廣業編撰的《羅浮山志會編》纔記録了幾條屬於全真教道士在羅浮山活動的資料。[③]

康熙三十九年(1700)十一月,陳阿平與梁佩蘭(1630～1705)曾經同遊羅浮山。吕永光《梁佩蘭年譜簡編》云:

> 清康熙三十九年庚辰(1700)……初冬,發舟東江赴錢以豈遊羅浮山之約。十一月,遊羅浮山,陳阿平作導遊,盤桓吟詠約十日。其後,爲陳阿平遊羅浮詩作序。[④]

梁佩蘭《陳獻孟遊羅浮詩序》亦收入《陳獻孟遺詩》裏。[⑤] 梁佩蘭於康熙三十九年十一月赴羅浮山時,不僅有一詩贈予沖虛觀道士張雲先,[⑥]更另有一詩贈予其時沖虛觀住持杜鎮陵(龍門派名"陽棟"),詩題曰《贈杜鎮陵煉師》:

> 先生得道者,虛空見清曠。天門開蘇林,星辰落方丈。庚申夜常守,子午陽常壯。心凝水火交,骨屹山嶽狀。丹鉛煉時日,藥物珍秘藏。爲我論養生,引義入元暢。領略在無言,寒梅滿壇放。[⑦]

---

① 《漢天師世家》卷三,《道藏》第34册,第834頁。卿希泰主編:《中國道教史》(修訂本)第三卷,第435～436頁。

② 黎志添:《廣東地方道教研究》,第61～65頁。

③ 例如《羅浮山志會編》卷八載楊應琚《忘機石序》,云:"遊羅山之二日,酥醪院道士善智謂余曰:去院八里許,有一境佳絶,盍往觀焉。……同遊者吴子建中,道士柯善智,慧輪、修緣二長老。"

④ 吕永光:《梁佩蘭年譜簡編》,收入梁佩蘭撰、吕永光校點補輯:《六瑩堂集》,廣州:中山大學出版社,1992年,第480頁。

⑤ 《叢書集成續編》第174册,第671頁。

⑥ (清)梁佩蘭:《沖虛觀贈張道士》:"濛濛太古雲,留我世上客。紅泉映玉沙,朱草絡幽石。道人煮香飯,相餉至日夕。明月下西峰,樵歸斷行迹。"收入《六瑩堂二集》卷二,《四庫全書存目叢書》集部第255册,第264頁。

⑦ (清)梁佩蘭:《贈杜鎮陵煉師》,收入《六瑩堂二集》卷二,《四庫全書存目叢書》集部第255册,第264頁。

此詩收録在梁佩蘭《六瑩堂二集》,並於康熙四十四年(1705)刻板印行,是年三月梁佩蘭病卒。[①] 根據《六瑩堂二集》的印行年份,《贈杜鎮陵煉師》屬梁佩蘭於康熙三十九年遊羅浮山後之作,這應無誤。不論是梁佩蘭與陳阿平的羅浮山之行,還是由梁佩蘭贈沖虛觀道士的詩文,都十分清楚地證實,在康熙三十九年時,沖虛觀已由全真教道士出掌住持。

陳伯陶《羅浮補志述略》曾稱"戊寅(康熙三十七年,1698),龍門派道士杜陽棟來爲(沖虛觀)住持"。[②] 此説與上文論證相合,並可視爲全真教龍門派道士進駐羅浮山道觀之始。稍後,又有龍門派道士曾一貫來到羅浮山。據傳杜陽棟是於康熙二十九年(1690)來到羅浮山,而曾一貫則約於康熙四十四年或稍前到來,他又於康熙四十四年在羅浮山創建紫霞道場,及後在康熙五十五年(1716)被地方大吏委任爲羅浮山五觀(沖虛、黄龍、白鶴、九天、酥醪)總住持。[③]

康熙至乾隆初僅六十多載,全真教龍門派在廣東地區迅速發展,很快已儼然成爲廣東道觀與道士新的主流。清中葉以後迄光緒年間(1875~1908),全真教龍門派在廣東境内的發展情況却又如陳銘珪所稱,其時"今粤東羅浮及會城諸道觀,詢其派又皆全真也"。[④] 廣東省各地道觀以羅浮山全真教龍門派爲宗的情況,亦延續至民國時期。例如《廣東年鑑》(1942)稱:"散在各縣地方之道觀亦甚多,其組織皆仿羅浮山諸觀,蓋亦以羅浮山爲其所宗。"[⑤]不僅如此,廣東地方道觀多宣稱"全真演教、龍門正宗",同樣現今香港大多數的道觀和道壇亦多自居爲"龍門正宗",並宣稱其道派的傳承正是從廣東全真道教正統的身份而來的。[⑥]

1. 全真教道觀例一:廣州三元宫及其全真教科儀

廣州府三元宫在粤秀山西南麓(現址在解放北路清泉街)。[⑦] 廣州三元宫的創立時期並不十分清楚,諸説之中,三元宫創立於明代之説亦有兩種:一説是於

---

① (清)梁佩蘭撰、吕永光校點補輯:《六瑩堂集》,第28、482頁。

② 陳伯陶:《羅浮補志述略》,第8、25頁。

③ (清)陳銘珪:《長春道教源流》卷七,《藏外道書》第31册,第137~138頁;陳銘珪輯:《浮山志》,《藏外道書》第32册,第592頁。

④ (清)陳銘珪:《長春道教源流》卷七,《藏外道書》第31册,第137頁。

⑤ 廣東省政府廣東年鑑編纂委員會編:《廣東年鑑》(1942),第167頁。

⑥ 見Lai, Chi-tim, "Hong Kong Daoism: A Study of Daoist Altars and Lü Dongbin Cults." *Social Compass* 50 (2003): 459-470。另參游子安等編:《道風百年:香港道教與道觀》,香港:利民出版社,2002年。

⑦ 廣州市文化局、廣州市地方志辦公室及廣州市文物考古研究所編:《廣州文物志》,廣州:廣州出版社,2000年,第190頁。[日]蜂屋邦夫編著:《中國の道教——その活動と道觀の現狀》,東京:汲古書院,1995年,第569頁稱三元宫地址爲"廣州市應元路11號"。

萬曆及崇禎年間,由舊有的越岡院①改名爲三元宮,此説最早出於乾隆六年(1741)魏綰重修,陳張翼彙纂的乾隆《南海縣志》及乾隆二十四年(1759)張嗣衍主修,沈廷芳總纂的乾隆《廣州府志》,兩者皆云:"三元宫在粤秀山,東晉南海太守鮑靚建,名越岡院。萬曆及崇正(禎)重修,改名三元宫。順治間修復。康熙四十五年(1706),左翼鎮重修,名斗姥宫。"②乾隆五十年(1785)南海蕭雲漢撰《重修斗姥殿碑記》云:"粤秀山三元宫,古越岡院也。六朝已有之。至明萬曆而更其名。"③至於另一支持三元宫創於明代之説,則見於近人引自的所謂"明末屈大均手抄本",云:

> (明崇禎十六年,1643),因當時有欽天監從北方來廣東,對羊城紳士耆老説:"天上三臺列宿,應運照臨穗垣,正照越崗院,應在越崗院中加建一座三元殿,以應上天垂賜。"祥瑞之吉兆,極利五羊城,紳耆與群衆,一致贊成,擴建越崗院,改名三元宫。④

對於第一説,我們翻查明朝所有廣東地方志,都不見廣州府有"三元宫"的觀名,不僅不見於明嘉靖或以前的各種地方史志,即使在萬曆三十年(1602)郭棐所纂修的《廣東通志》及萬曆三十七年(1609)劉廷元修,王學曾等纂的《南海縣志》,於"寺觀"條下都不見有三元宫之名出現。⑤ 此外,清康熙十二年(1673)汪永瑞所修的《新修廣州府志》及康熙三十六年(1697)金光祖所纂修的《廣東通

---

① 越岡院乃建於越井岡之上。見(清)仇巨川輯:《羊城古鈔》(嘉慶十一年,1806)卷八,第5~11頁,《崔煒傳》,香港中文大學崇基學院圖書館藏,以及(清)任果、常德主修:乾隆《番禺縣志》(乾隆三十九年,1774)卷五,收入故宫博物院編:《故宫珍本叢刊》第168册,第53頁,"鮑姑井"記有鮑姑遺越井岡艾予崔煒一事。

② (清)魏綰重修,陳張翼彙纂:乾隆《南海縣志》(乾隆六年〔1741〕刻本)卷十三,第15頁,廣東省中山圖書館歷史文獻部藏本及香港中文大學圖書館顯微資料 mic/f69;(清)張嗣衍主修,沈廷芳總纂:乾隆《廣州府志》(乾隆二十四年,1759)卷十七,第42~43頁,廣東省中山圖書館藏本及香港中文大學圖書館顯微資料 mic/f56。

③ (清)鄭榮等主修,桂坫等纂:宣統《南海縣志》(宣統二年,1910)卷十三,收入《中國方志叢書》第181號,臺北:成文出版社,1974年,第1312頁。

④ 廣州市宗教志編纂委員會編:《廣州宗教志資料彙編》第2册《道教》,第12~13頁。另參龍加林、劉向明:《三元宫史話》,《羊城古今》1991年第4期,第52~53頁。

⑤ (明)郭棐纂修:萬曆《廣東通志》(1602)卷六十七,第639~640頁;(明)劉廷元修,王學曾等纂:萬曆《南海縣志》(萬曆三十七年〔1609〕刻本,殘存卷一至四、十一至十二)卷十三,廣東省中山圖書館歷史文獻部藏。

志》,均没有收載廣州三元宫。[1] 至於第二説之引自"明末屈大均手抄本",由於不能查證其來源,故只可視做是出於近人的傳説而已。

入清以後,最早提及三元宫的有關史料,乃見之於順治十三年(1656)《修建三元殿記》碑。此碑由廣東欽差巡撫李棲鳳在平南王尚可喜及靖南王耿繼茂攻下廣州城之後(順治七年,1650)所建,[2]碑云李棲鳳乃於廣州"城北觀音山之陽,集建太上三元寶殿……皈奉三元大帝",並刻立《修建三元殿記》碑。[3] 乾隆三十九年(1774)任果、常德主修的《番禺縣志》亦謂:"三元殿,在粤秀山右。順治十三年建,巡撫李棲鳳記。"[4]同時,另有尚可喜所鑄的大鐵鐘一口,懸於鐘樓。[5]《修建三元殿記》碑於宣統二年(1910)仍存於觀音山三元宫。光緒樊封(昆吾,1789~1876)所撰的《南海百詠續編》亦有提及此事,謂:"三元宫,在越井岡,即唐之悟性寺故址,久廢。順治十二(三?)年,平南王建爲道院。榕棉深鎖,人稱福地。"[6]從上述兩條資料,可知在順治十三年間,李棲鳳於廣州城北觀音山(粤秀山)越井岡修建有一座道院,稱"三元殿"。然而,《修建三元殿記》碑並未有提及三元宫之名。

對於清初廣州府三元宫之觀名的具體歷史由來,我們以爲越岡院應在清初時期改名爲三元宫,而非於明朝萬曆之時易名。而後者之説,應是在乾隆時期纔逐漸形成的,例如在乾隆以前諸廣東地方史志中,最早只在乾隆《南海縣志》及乾隆《廣州府志》纔清楚見録有三元宫的觀名。例如乾隆《番禺縣志》就在卷四《山水志》提及在粤秀山有三元宫。

關於三元宫建立其屬於全真教龍門派規制的歷史來源問題,歷來以杜陽棟作爲三元宫第一任住持的説法最爲普遍,此傳説並爲現存三元宫道衆所公認及宣揚。最早聯繫杜陽棟和三元宫歷史的,是陳伯陶《羅浮補志述略》,其云:"(杜陽棟)修廣州之三元宫。年七十六,於三元宫内坐化。"[7]對於此説,陳伯陶並没有提出歷史資料來源的證據。近來,又有學者在陳伯陶説法之上再作增補,例如

---

① (清)金光祖纂修:康熙《廣東通志》(康熙三十六年〔1697〕刻本)卷二十五,第4~5頁,廣東省中山圖書館藏,列舉廣州府道觀有元妙觀、五仙觀及碧虚觀。

② (清)趙爾巽等:《清史稿·列傳》卷二百三十四,第9411頁記:順治七年,靖南王耿繼茂、平南王尚可喜兩藩將士圍廣州城合十月而攻下。

③ (清)鄭榮等主修,桂坫等纂:宣統《南海縣志》(1910)卷十三,第1245~1247頁。

④ (清)任果、常德主修:乾隆《番禺縣志》(1774)卷五,第69頁。

⑤ 謝宗暉:《廣州市三元宫》,《中國道教》1988年第4期,記平南王之鐵鐘於"文革"期間被毁。

⑥ (清)樊封:《南海百詠續編》卷二,光緒丁亥(1887)刊本,香港中文大學新亞書院藏,第24~25頁。

⑦ 陳伯陶:《羅浮補志述略》,第23頁。

《廣東宗教志》(1996)便稱“三元宮由此成爲全真道十方叢林,杜(陽棟)也被尊稱爲開山祖師。”①此等有關杜陽棟的傳説,都不容易令人確信。② 清代廣州三元宮與杜陽棟及全真教龍門派的歷史淵源關係,仍有待考證。

有關清代三元宮住持屬於全真教龍門派弟子傳人的資料,現存最早及較可信的資料可見於乾隆四十五年(1780)刻立的《鮑姑祠記》碑。碑文記述此碑是“乾隆四十五年歲次庚子孟夏之吉越岡院住持道衲郁教寧敬述”。③ 又據乾隆五十年(1785)蕭雲漢所撰的《重修斗姥殿碑記》,碑文屢屢提及前住持教寧和當時的住持永受,例如:“永受受教於教寧”,以及“教寧未退老之前,則力助其事,教寧羽化後,(永受)遂獨肩其任”。④ 從上述二碑,可知在乾隆四十五年,三元宮先有住持郁教寧,及至乾隆五十年另有繼任住持黎永受。現存三元宮存有一棟木,刻有“大清乾隆五拾壹年歲次丙午季冬吉旦全真住持道人黎永受募化重建立”。⑤根據全真教龍門派派詩,郁教寧和黎永受的字輩便是龍門派第十七及十八代的傳人。

乾隆五十年的《重修斗姥殿碑記》還保留了三元宮——此座廣州府全真教龍門派十方道觀——在當時的一些具體情況,資料十分珍貴。其一是三元宮觀内的建築群:“山門内,前結殿以奉三官大帝。此觀所由名歟? 歷東西包臺拾級而登則斗姥殿在焉,老君、五祖兩殿左右夾輔。”⑥除此等殿宇,觀内還有北極殿、鮑姑祠、五祖洞、禮拜亭、齋堂、祖堂及惜字亭等。五祖殿及五祖洞應是指奉祀全真五祖而置的殿宇,即王玄甫、鍾離權、吕洞賓、劉海蟾和王重陽。⑦ 其二是三元宮道士在觀内實踐全真修煉之道,碑云:“夫道與釋分途,其潛修净土一而已。面壁觀心釋之教也;煉氣歸神,

---

① 廣州市宗教志編纂委員會編:《廣州宗教志》,廣州:廣東人民出版社,1996年,第96頁。另參龍加林、劉向明:《三元宮史話》。

② 後人對杜陽棟與三元宮的傳説附會,更錯誤地稱,杜陽棟是受平南王尚可喜和巡撫李棲鳳之請求,於康熙三十九年來穗求雨,適降甘霖,乃敦請杜陽棟爲三元宮住持,由尚可喜等發起集資修建三元宮。見謝宗暉:《廣州市三元宮》及龍加林、劉向明:《三元宮史話》。

③ (清)鄭榮等主修,桂坫等纂:宣統《南海縣志》(1910)卷十三,第1307頁。

④ (清)鄭榮等主修,桂坫等纂:宣統《南海縣志》(1910)卷十三,第1313~1314頁。

⑤ [日]蜂屋邦夫編著:《中國の道教——その活動と道觀の現狀》,第571頁。

⑥ (清)鄭榮等主修,桂坫等纂:宣統《南海縣志》(1910),第1314頁。

⑦ (元)李道謙:《甘水仙源録》卷一,《道藏》第19册,第722頁記載,至元六年(1269),元世祖應全真掌教大宗師張志敬的請求,降詔褒贈全真教五祖七真以尊號,五祖的封號是:“東華教主可贈東華紫府少陽帝君,正陽鍾離真人可贈正陽開悟傳道真君,純陽吕真人可贈純陽演正警化真君,海蟾劉真人可贈海蟾明悟宏道真君,重陽王真人可贈重陽全真開化真君。”

道之要也。”[①]其中“煉氣歸神,道之要也”一語,當是指全真教清修内煉丹功之法。因此之故,《重修斗姥殿碑記》證明三元宫成爲了全真教清修内煉之地,而道士也實踐了全真教修煉内丹之道。其三是三元宫觀内的道士情況,云:“一介道人,絶無權勢,院中數十人,朝夕仰給,已苦支撑。”從此語可知,當時三元宫作爲全真十方叢林,共有道衆數十人。

道光十七年(1837),三元宫有住持黄明治,他是龍門派第二十代的傳人。黄明治在其刻立的《重修三元宫碑記》裏,自署謂“全真龍門正派住持道人”。[②]道光十七年的重修建築範圍,包括“將頭門、齋堂、香亭、三官殿、靈官殿、雨仙殿、觀音殿、祖堂、新客廳、山舫各處或加以補葺,或始事經營”。[③]根據1953年廣州市宗教處檔案所藏的《三元宫、純陽觀、修元精舍史料》,新中國成立前三元宫的建築還保存有:“當門靈官殿一座、天井兩旁左邊□堂、右邊齋堂,而入三元殿,左邊鮑姑殿、右邊祖堂,吕祖殿一座,太上殿一座,後樓玉皇殿一座,另有客堂一間,上下厨房兩間。”[④]上述的建築格局,應仍然保留着光緒元年(1875)重修的格局甚或是同治七年(1868)重修的格局,[⑤]並且與在1981年經“文革”破壞後收復回來,而保留至現在的殿宇建築格局大致相同。[⑥]

清初以來,直至現在,在三元宫内一直没有中斷的主要道教傳統,便是全真教龍門派的清修煉養傳統。自乾隆四十五年來,在三元宫的全真教龍門派住持之傳承,可知有:〔乾隆〕郁教寧、〔乾隆〕黎永受、〔道光〕黄明治、〔同治〕黄宗性、〔光緒〕鍾明振、〔光緒〕梁宗琪[⑦]。

作爲一座清代時期廣州府著名的全真派十方叢林道觀,自乾隆年間以來,三

---

① (清)鄭榮等主修,桂坫等纂:宣統《南海縣志》(1910),第1314頁。

② (清)鄭榮等主修,桂坫等纂:宣統《南海縣志》(1910),第1355~1356頁。

③ (清)鄭榮等主修,桂坫等纂:宣統《南海縣志》(1910),第1355頁。

④ 廣州市宗教志編纂委員會編:《廣州宗教志資料彙編》第2册《道教》,第14頁。

⑤ [日]蜂屋邦夫編著:《中國の道教——その活動と道觀の現狀》,第572頁及第574頁記録現存三元宫内的靈官殿仍有一棟木,上刻有“大清光緒元年歲次乙亥仲春吉旦全真住持道人鍾明振募化重修”及在三元殿裏有一棟木,上刻有“大清同治七年戊辰仲冬全真住持道人黄宗性募化重修吉旦”。(清)梁鼎芬等主修:《番禺縣續志》卷四十一,第583頁云:“三元宫在粤秀山東麓。國朝順治十三年重修,有廣東巡撫李棲鳳碑記。咸豐七年,兵燹毁圮。十一年,住持黄佩青募修,同治九年落成。”又據廣州市文化局、廣州市地方志辦公室及廣州市文物考古研究所編:《廣州文物志》,第191頁:“(三元宫)石門額上刻‘三元宫’,旁鑲石刻對聯‘三元古觀,百粤名山’,爲清同治二年(1863)重修時翰林院庶吉士游顯廷所書。”

⑥ [日]蜂屋邦夫編著:《中國の道教——その活動と道觀の現狀》,第571頁。

⑦ 廣州市宗教志編纂委員會編:《廣州宗教志資料彙編》第2册《道教》,第15頁記云:“原屬三元宫的六百多畝田地未捐出前,三元宫完全是作爲道士清修之地,靠收田租足可維持道士們的生活,根本不敞開宫門接待香客,只有當梁宗琪在光緒年間將本宫全部田地捐出後,斷了三元宫道士之生活來源,唯有敞開宫門,靠香油錢維持生計,直至今日。”

元宮已經建立了深厚的道教科儀基礎。根據《馬禮遜藏書書目》(*Catalogue of the Morrison Collection of Chinese Books*, 1998)的記録,首位來華的西方基督新教傳教士馬禮遜(Robert Morrison, 1782~1834)曾於1807至1823年間在廣州居留,期間曾大量搜集和購買當時由不同刻書坊刊刻出來的書籍。其搜集的九十多部道教經籍中,有六種是三元宮於乾隆七年(1742)至嘉慶十六年(1811)之間刊刻出來的道教科儀經本,包括:①

(1)《元始天尊説三官消灾滅罪懺》三卷,清乾隆七年(1742)王舜章刻本,三元宮藏板。

(2)《太上玄靈北斗本命延生真經》一卷,清乾隆三十七年(1772)郁教寧刻本,三元宮藏板。

(3)《玉皇宥罪錫福寶懺》一卷,清乾隆五十九年(1794)楊圓炯刻本,三元宮藏板。

(4)《高上玉皇本行集經》三卷,清嘉慶三年(1798)黄嘉祥刻本,三元宮藏板。

(5)《玉清天雷上相純陽孚佑帝君度世證真心懺》三卷,清嘉慶三年(1798)莊仲方刻本,三元宮藏板。

(6)《九天應元雷聲普化天尊玉樞寶經》一卷,清嘉慶十六年(1811)心簡齋祥刻本,三元宮藏板。

此外,由廣州三元宮道士造作的斛食煉度科儀本《濟煉全科》,則經過南海、香港和澳門等地區的道堂自二十世紀初以來的吸收、發展和傳播,這部施食煉度科儀又成爲現時在廣東、香港、澳門等地區最有代表性的道教施食煉度幽科儀。同治元年(1862)版《濟煉全科》末頁有記"同治元年歲次壬戌孟冬月立,住持黄宗性募化敬刊,羊城粤秀山三元宮藏"。香港雲泉仙館和澳門吴慶雲道院均藏有同治元年三元宮《濟煉全科》的木印版。②

2.1980年後,廣州市三元宮的恢復及廣東道觀"全真教化"的發展趨勢

1978年十一届三中全會以後,中國政府落實宗教信仰自由政策,各地原有被破壞或被佔用的道教宮觀逐漸恢復,經重修後對外開放。在廣東省,幾處歷史最悠久的道教宮觀,例如廣州市三元宮、博羅縣羅浮山沖虚觀、惠州

---

① Andrew C. West ed., *Catalogue of the Morrison Collection of Chinese Books*(London: University of London, School of Oriental and African Studies, 1998), 207-210.

② 關於清代廣州三元宮《濟煉全科》(又稱《先天斛食濟煉幽科》)的文獻考究,見黎志添:《〈先天斛食濟煉幽科〉考:一部廣東道教科儀本的文本源流研究》,《中國文化研究所學報》2010年第51期。

市元妙觀、南雄市洞真古觀以及陸豐市紫竹觀等,都在 1980 年代中以前恢復對外開放。以廣州市三元宮爲例,如上文所述,自清代初年以來,這座廣州市著名的道觀就一直建立在全真教龍門派十方叢林的制度之上。1982 年,三元宮大殿及部分活動場所交回道士管理,重修籌備小組即時成立,同年 7 月 1 日,三元宮對外開放。

過去數年,筆者與廣東省宗教研究所合作,已經調查過二十八所廣東省道教宮觀,其中有二十一所道觀是在 1988 年以後纔進行申請,並經政府宗教事務部門批准及向廣東省道教協會登記後,對外開放。① 現時廣東省道教協會的宮觀登記有六十二所,而事實上,大部分宮觀都是從 1990 年代以後纔申請並經批准登記後,正式成爲合法開放的宗教活動場所。

廣東省政府是於 1988 年 5 月 1 日開始施行《廣東省宗教活動場所行政管理規定》(以下簡稱《規定》)。《規定》第四條界定了宗教活動場所"是指佛教的寺庵,道教的宫觀,伊斯蘭教的清真寺,天主教、基督教的教堂"。《規定》第八條稱:"新建寺觀教堂須經省人民政府宗教事務部門批准。"就合法開放的宗教活動場所的管理而言,第九條稱:"經批准開放的宗教活動場所,應在愛國宗教組織的指導下,建立由宗教職業人員和宗教徒代表參加的管理機構,實行民主管理。"第十七條界定宗教職業人員,稱:"宗教職業人員是指天主教的主教、神甫、修女,基督教的牧師、傳道,佛教的和尚、尼姑,道教的道士、道姑,伊斯蘭教的阿訇,以及經縣以上愛國宗教組織認可並報人民政府主管宗教事務部門備案的其他以宗教爲職業的人員。"

在調查中,我們發現有些經批准對外開放的道教宫觀是由地方(民間)廟宇轉化而來的新道觀。由於《規定》界定了宗教活動場所是指佛教的寺庵,道教的宫觀,伊斯蘭教的清真寺,天主教、基督教的教堂等,因此,1990 年代以後開放的道教活動場所,無論是原有重修的宫觀或是由地方廟宇轉化而來的道觀,都須要先證明自己擁有"道教"傳統的身份,以及保證由道士或道姑的宗教職業人員來管理。取得這些合法證明之後,這些宫觀纔擁有正統的道教身份,以致能够被地方政府批准成爲正當的宗教開放場所。爲取得合法宗教活動場所的認證,我們發現多數新的道教活動場所選擇靠近於全真教龍門派的傳統之上。

---

① 香港中文大學道教文化研究中心與廣東省宗教研究所合作,於 2007 年開展"廣東道觀歷史文化調查研究計劃",相關調查報告,已分别刊於《香港中文大學道教文化研究中心通訊》第六、七、十、十一及第十四期。

地方廟宇“道教化”和“全真化”的目的是要建立具備正式道教宫觀的自身宗教身份,以致可以被官方批准,對外開放,進行正常的宗教活動。所謂地方廟宇“道教化”和“全真化”,我們認爲包括了以下四點特徵:(1)地方廟宇在原有廟宇的建築格局之上,增建供奉道教神祇的殿堂建築,例如最明顯的是增建三清殿、玉皇殿、斗姥殿和吕祖殿等;(2)聘請具備正統地位的全真教或武當山的高功道士前來擔當廟宇的住持和主持科儀法事的高功法師;(3)原有廟宇住持和信衆通過師承全真龍門派道士爲師,遂歸入龍門派,以致取得道士的正規宗教職業人員身份;(4)廟宇採用來自北京白雲觀的道教科儀和經書,例如超度儀式的經書採用白雲觀的《薩祖鐵罐施食焰口全集》。總結而言,我們的調查結果是發現1980年代以後,廣東道觀取得相當快的發展的原因,一方面歸因於部分原有被毁和被佔用的全真教宫觀得以重新恢復和開放,另一方面是出現衆多新的“全真”道觀。

以下,筆者列舉四所廣東揭陽市的全真教道觀,作爲個案例子,説明上述所言的於1980年代以後,在廣東地區出現的新的“全真”道觀。它們包括:娘宫觀、天道觀、華陽觀和龍藏洞赤松觀。

A. 娘宫觀(揭陽)

娘宫觀位於揭陽市榕城區東門直街,於1994年登記爲開放道教場所,是揭陽市最早獲得政府批准開放的道教宫觀。根據清代康熙《潮州府志》(1683)記載,這座廟宇原爲揭陽市榕城區東門直街的觀音古廟,俗稱“娘宫”。清乾隆十五年(1750)與同治十三年(1874)兩次重修。“文化大革命”期間,廟宇設施遭破壞。1983年重修,建慈航樓,内設觀音閣、藏經閣。1993年,建成有三清殿、(炎黄)五帝殿等。現存娘宫觀是東中西三棟的建築格局。正殿仍是供奉慈悲觀音,主座兩旁有金童玉女。不過,娘宫觀的主要殿堂建築是在西面的慈航樓,共有五層:一樓設置有天地君親師及本觀道侣及各家祖神位,二樓供奉玉皇大帝、南辰北斗星君及三清道祖等神像,三樓供奉斗姥元君、六十甲子元辰太歲,四樓建有學道閣,五樓設有藏經閣。

現時娘宫觀的住持是邢鳳川,1983年,由他發起修復娘宫觀。1996年至1998年期間,北京白雲觀高功道士康信祈在揭陽市活動。(注:康信祈曾於1993年北京白雲觀羅天大醮中擔任高功法師之科職。後於1996至1998年被邀請前往揭陽市龍藏洞任住持。現轉聘於新加坡三清宫任高功法師,在當地傳授全真龍門派科儀。)邢鳳川於是拜康信祈爲師,獲得全真龍門派道號,即“崇發”。據邢鳳川説,目前娘宫觀有皈依入道弟子四十九人,他們的道號全爲龍門派“崇”字輩。經懺科儀方面,娘宫觀現有高功道士五名,二男三女,並採用潮州韻和地方樂器施演白雲觀科儀道曲。我們到訪的當天晚上(2007 年 5 月 5 日),娘宫觀特別爲研究隊伍安排了一場潮州韻道樂的演出。

B. 天道觀(揭陽)

天道觀位於揭陽市漁湖區西寨村,是 1994 年 4 月由王信清(1913 ~ 2005)開始籌劃建起的。1995 年 10 月,天道觀被揭陽市公佈爲合法道教活動場所。現存前後兩進的宫觀建築分别落成於 1995 年 7 月和 2000 年 9 月,建築面積合共1320 平方米。前廳奉王靈官(2003 年開光),中廳正殿奉玉皇(2003 年開光)、三清(2001 年開光)和太乙救苦天尊(2005 年開光),後殿正中奉瑶池金母(2003 年開光),左側小中廳擺放王信清的靈位。王信清,俗字鑾清,原在家修道,是齋姑,建有齋堂,收養衆多俗家弟子,大多是女性弟子。後在弟子們的倡議下,王信清於 1994 年創立天道觀。天道觀提供的刊物數據稱:“王信清在 1994 年 8 月皈依於中國道教協會會長黄誠寶門下,並獲‘信’字輩道號。”當然,這個説法是錯誤的。1992 年至 1998 年中國道教協會第五屆理事會會長爲傅元天道長。並且,翻查與中國道教協會有關係的理事道士名單,亦未見有黄誠寶。①(注:據我們調查位於榕城區仙橋高湖巖紫峰山麓下的華陽觀時所知,住持張信光在陸豐玉清宫入道,字輩來自於浙江蒼南縣燕窠洞黄誠寶道長。)不過,我們可以推斷天道觀取得道教合法活動場所的地位之原因,如同娘宫觀一樣,也是通過向規範的道教傳統靠近,然後獲得全真龍門派道觀的身份。

天道觀前身是一所齋堂。1994 年前,王信清是一位本村有名的齋姑,西寨村村民視其有通靈法術,但她本身與傳統道觀没有任何淵源關係。自 1994 年起,天道觀修建的殿堂建築就依道觀的格局來建設,例如主殿堂供奉三清、玉皇、太乙救苦天尊與王靈官等道教神祇。不過,王信清在後殿正中仍供奉其齋教的主神祇瑶池金母。據現任陳錠輝住持説,康信祈曾經被聘爲駐觀的高功法師。現時觀中有十來位弟子的道號爲康信祈所傳,皆爲“崇”字輩。目前天道觀没有自己的駐觀高功,但有經師班十八人,以坤道爲主,相信是由康信祈培訓出來的。據訪談所知,現有兩名坤道到娘宫觀學習法事科儀。由天道觀提供給我們所見到的經懺科書,包括:《諸真朝科經》、《太上三官寶經》、《太上北斗真經》、《玉皇宥罪錫福寶懺》、《全真齋醮道場科儀》、《薩祖鐵罐施食焰口全集》等。這些經書都是來自北京白雲觀的全真教傳統。現時每逢道教節日法會(三月三和九月九),天道觀皆請普寧長駐三山國王宫的孔信運道長前來擔任高功法師。在 2005

① 李養正:《當代中國道教》,北京:中國社會科學出版社,1993 年,第 73 頁。

年元月王信清羽化後,天道觀由王信清俗家的仲、季二孫子陳錠輝、陳悦輝和長、幼二孫媳陳舜英、黄惜卿等四人輪值管理。現由陳錠輝擔任住持。根據我們的調研所見,現存天道觀的科儀宗教活動雖然有着全真龍門派的成分,但是,在西寨村,天道觀仍然以鄉村廟宇的身份進行活動。信衆來自西寨村的鄉民,據説有一千多名弟子,但皆無龍門派字輩的道號。

C. 華陽觀(揭陽)

華陽觀位於揭陽市榕城區仙橋高湖巖紫峰山麓,原名"重化巖",信奉大峰祖師,是本地小廟。在揭陽市,地方信仰以大峰祖師的香火最爲興旺。紫峰山上原來建有朝陽洞、雲蓮寺、重化巖、雨花庵,均無存遺址。現任住持張信光(坤道)在陸豐玉清宫入道,拜浙江蒼南縣燕窠洞黄誠寶道長爲師,字輩來自於黄誠寶所傳。張信光畢業於 1995 ~ 1996 年度北京道教學院坤道班。1997 年,張信光接受揭陽市榕城區北關管理北極古廟的黄姓族人之邀請,駐廟任住持,並開始在揭陽市發展她的道教事業。1998 年,張信光被邀至紫峰山麓啓建另一所道觀。華陽觀之名,爲張信光 2000 年夢境中拜太上老祖所賜。2000 年建殿堂,供奉三清、南辰和北斗星君及大峰祖師。2004 年,揭陽市政府再次批地,張信光籌得 150 萬,建起規模更宏大的玉皇殿,主座側配祀西王母和東王公。玉皇殿於 2006 年 12 月開光。據張信光的構想,華陽觀還會進一步籌建觀音殿、北帝殿和王靈官殿。

2007 年時,華陽觀内有常住坤道八名,是張信光的弟子,道號全爲龍門派"崇"字輩。高功法師有張信光及其姐姐張信陽。此外,張信光在觀内還收養了十來個女孤兒,待日後長大,相信會成爲華陽觀另一批坤道弟子。由於張信光正式師承龍門派,又於北京白雲觀道教學院坤道班畢業,因此華陽觀的科儀施演,與揭陽市另兩處的娘宫觀和天道觀有不同之處。華陽觀純粹以普通話和全真十方韻來施演儀式。相反,娘宫觀强調以潮州韻和地方樂器演奏北京白雲觀道曲,而天道觀則用普通話夾雜潮汕話施演來自北京白雲觀的科儀經書。張信光和她的衆弟子曾經於 1999 年及 2003 年組團參加廣東省道教協會在花都圓玄道觀舉辦的萬緣法會。

D. 龍藏洞赤松觀(揭陽)

龍藏洞赤松觀位於揭陽市惠來縣華田鎮癸峰龍藏洞,原爲清修的草庵,祀惠來縣當地的神明宋禪祖師(姓宋,字超月,道號乙鏡,世稱宋真人)及宋所奉之師李道明道人(鐵拐李)。此外,龍藏洞又建有黄大仙廟。據傳:"乾隆年間,宋真人與轉化爲黄野人的黄大仙(初平)結爲道友,共遊潮州九邑至龍藏洞。"但黄大仙廟不知創建於何年。(注:現任住持林崇銀稱黄大仙廟創建於清順治二年

〔1645〕，此說當疑。）龍藏洞信徒本屬民間善社成員，拜宋禪祖師，並以宋超月所奉之師李道明之“明”和宋超月之“月”，自稱爲“明月生”。1993 年，成立“明月善居理事會”，八大總理全權決策管理。明月居士林分佈於亞洲、美洲、澳洲等地，信徒數量衆多。現在龍藏洞信徒以到廣州經商的潮陽人最爲活躍。年時節日在汕頭設有免費接送信徒前來上香的專車。廣州信徒常常驅車前來。

1994 年，宋禪祖師諸多信衆自籌資金 300 餘萬元，復修龍藏洞古廟，重建黄大仙廟，命名“龍藏洞赤松觀黄大仙廟”，後殿建起乙鏡真人宫，故稱爲“一洞藏二觀”。1996 年農曆八月二十三日，舉行黄大仙誕辰暨龍藏洞管理委員會成立活動，並呈報政府，經揭陽市宗教局審核，惠來縣宗教局批准，登記爲正常宗教活動場所，對外開放。除了建有黄大仙殿，龍藏洞赤松觀還有乙鏡真人宫，建設規模宏偉。並規劃將於後山建沖虚觀，供奉三清和太上道祖。

龍藏洞赤松觀於 1996 年獲得政府批准爲道教活動場所的原因，相[illegible]與北京白雲觀道士康信祈被邀請前來擔任龍藏洞住持有很大關係。自康信祈到來任住持，龍藏洞赤松觀就自然獲取屬於全真龍門派宫觀的身份。現任住持林崇銀（1970 出生）先是跟隨本地七十多歲的林鳳英在自家堂修道。林鳳英是明月善社成員，經常往來香港。林崇銀 1996 年皈依康信祈。1998 年，康信祈離開龍藏洞後，林崇銀出任龍藏洞第二代住持。2007 年調研時，龍藏洞赤松觀有另一位高功道士李立（道號崇達），湖北荆州人，他曾於 2003 至 2005 年在北京道教學院大專班進修。除了林崇銀和李崇達之外，觀内另有十來位道士，有一位曾到湖南衡山坤道班學習。道教科儀方面，林崇銀稱是以北京韻和本地潮汕韻合成來施演的。可以推斷，京韻主要由康信祈傳授。不過，我們的調研發現，龍藏洞赤松觀道士對推動以本地潮汕韻爲主的全真教經懺科儀作出了很積極的努力。例如，他們於 2001 年整理編印了《中國道教全真玉皇朝科（潮汕韻）》（廣東省惠來縣癸峰龍藏洞赤松觀編印）及 2002 年出版《中國道教全真薩祖鐵罐焰口（潮汕韻）》（上、下卷）（黄大仙出版社）。《中國道教全真玉皇朝科（潮汕韻）》的“前言”稱：“龍藏洞管委會五年多來廣招賢士，抓緊潮汕道樂的調查、整理、編纂和經師隊伍的組建，道韻樂隊人才的培養工作，立志弘揚潮汕道教音樂文化，創立中國道教全真道宋真人門派潮汕地方韻。”

六、廣東吕祖道堂

清皇權統治中葉至晚期，除了正一道和全真教的歷史發展之外，中國各地紛紛湧現在宗教組織結構上有别於上述兩個主流道派的民間道教團體。在此浪潮中,廣東全境也出現了許多新興的民間道教教團,其中包括以吕祖信仰爲基礎的扶乩道壇。[①] 從其内部歷史的境遇來看,我們不應將十九世紀後半期流行於廣東地區的吕祖道堂視做是出自於與全真教相互融合的外在結果。在民間,對吕祖道堂與全真教龍門派之間直接建立組織性的互動關係的概括也不是十分準確的。相反,現存大多數供奉吕祖的香港道堂和宫觀之肇源,是不能與清代中葉以後廣東(尤其是珠三角地區)蓬勃興起的大規模吕祖信仰和扶鸞降乩活動割裂的。

南宋以後,傳説是唐代道士的吕洞賓被視做内丹道術的大師及全真教創教五祖之一。元世祖至元六年(1269)敕封全真教五祖爲真君,吕洞賓被尊爲"純陽演正警化真君",武宗至大三年(1310)加封爲帝君,尊稱"純陽演正警化孚佑帝君"。[②] 後世道教信衆因此尊稱吕洞賓爲"孚佑帝君"或"吕純陽祖師"。全真教將吕洞賓視做一位道教内丹存思術的祖師而崇奉,故稱"吕祖"。民間崇拜的吕洞賓則是一位驅魔治病的神明,明清民間新興宗教宣揚的末世論中,吕祖更是救助蒼生逃出末劫的救世主。

據志賀市子的研究,1848 至 1947 年間,珠江三角洲的二十九個道壇中,有二十一個是崇奉吕祖爲主神的,它們大多是由地方上的商人或文人創建的。[③]

隨着清末皇權統治的式微,傳統價值觀被顛覆,社會秩序空前混亂,吕祖信仰給予處於變動中的民衆以救世的希望,吕祖道堂因而在地方層面上得到了更大的普及。[④] 與清中葉時期的由文人主導的模式不同(例如西樵山雲泉仙館),普及化的吕祖道堂的弟子包括地方商人、學堂教員、店員及農民等地方社會各個階層。吕祖道堂的"道侣"成員通過扶鸞降乩(簡稱"扶乩")的方法定期與神明世界往來溝通。在神明和乩盤面前,道侣啓稟日常生活、身體疾病或者精神生活上

---

① 道教與先天大道的直接歷史聯繫問題仍然是有争議的。關於這一宗派的歷史,參 Marjorie Topley, "The Great Way of Former Heaven: A Group of Chinese Secret Religious Sects", *Bulletin of the School of Oriental and African Studies* 26 (1963): 362 – 392。

② 見《純陽帝君神化妙通記序》,《道藏》第 5 册,第 704 頁。

③ 志賀市子:《近代中國のシヤーマニズムと道教——香港の道壇と扶乩信仰》,東京:勉誠出版,1999 年,第 172 頁。二十一個以吕祖爲主神的廣東道壇有:雲泉仙館、長春仙館、小蓬仙館、翠雲洞(仙館)、桃源仙院、慶雲洞、與善堂、存真仙館、玉泉仙館、白雲仙館、廣業仙壇、金蘭觀、信善堂、求心社、贊化社廣濟善堂、至寶臺、覺善精舍、闡本源堂、吕苑道堂、仁誠草堂、宏道精舍。

④ 關於晚清時期扶鸞信仰與吕洞賓信仰的傳佈之間的聯繫,參 David K. Jordan and Daniel L. Overmyer, *The Flying Phoenix: Aspects of Chinese Sectarianism in Taiwan* (Princeton: Princeton University Press, 1986)。

的需求、難題和困擾,並尋求神明啓示的解決途徑。降乩的神明出現得最頻繁的便是吕祖,他的神像總是被供奉在内壇中央的奉祀區域。

作爲本壇的乩仙,吕祖被當做"祖師"崇拜,而所有這些道教團體的成員則各以"弟子"自居,互稱師兄、師姐。他們都勤勉地學習從吕祖降壇而得到的乩文啓示。這些乩文常常被編撰爲善書刊行傳佈,目的是回應當時顯見的中國傳統價值淪喪的社會趨勢。作爲一個自願入教式的宗教團體,大多數吕祖道堂都由約一百或兩百個信仰吕純陽扶乩神迹的道侶組成。在吕祖道堂皈依的弟子即使並不是十分清楚傳統道教的歷史和教義,也會篤信吕祖的驅邪療疾和預示的神力。

民國時期廣東吕祖道堂多數具有"善社"形式,1942 年出版的《廣東年鑑》(1942),對此有頗爲具體的描述:

> 廣東道教團體之形式,除道觀外,其較大組織尚有所謂"善社",此種"善社"採取宗教形式爲結合,而揭櫫行善救世諸目的。多崇拜太上老君、吕祖(吕純陽)、關羽、孫悟空諸神。其社員多屬中流男女,或富賈巨賈,互以修身行善爲約則,採納儒家修養精神,如提倡孝弟忠信,禮義廉耻以爲社員規約綱領;言忠信,行篤敬,懲忿窒欲,遷善改過爲修身大綱;孝友睦婣,任恤尊賢,仁民愛物爲敦倫之本;以戒淫,戒意惡,戒口過,戒曠功,戒廢字等爲戒律。其組織一仿羅浮山道觀,入道者則受道名,輩數非常分明。每逢祭祀典禮晉香,排列由尊及卑次序整然。此外更廣行善事,刊印善書,名目甚多,如修橋整路,入德之門,虛靈寶筏,普濟金玉良言,不可勝録。流傳於民間甚廣,而影響社會人情亦至巨。①

這裏指出,當時廣東善社多崇拜太上老君、吕祖、關羽,又模仿道教宫觀的組織形式,社員受道名、輩分排行非常分明;同時却又强調儒家修身精神,以廣行善事、刊印善書等作爲宗教實踐的主題。

1. 1949 年前由廣東南遷的香港吕祖道堂

民國初期,一些晚清遺老因不肯接受民國政權而避居香港,其中有曾任羅浮山酥醪觀觀主的"九龍真逸"陳伯陶、翰林院宿儒賴際熙、張學華、黄佛頤等。他們常束髮作道髻,自稱傳承羅浮山龍門派道脈。② 這些文人在崇道活動上比較注

① 廣東省政府廣東年鑑編纂委員會編:《廣東年鑑》(1942),第 167 頁。

② 關於羅浮山酥醪觀與陳伯陶及其家族的關係,參黎志添:《廣東地方道教研究——道觀、道士及科儀》,第 84 ~ 93 頁。

重個人修煉，只限於交友小圈子，並未創立專爲個人修煉而設的道院，因此我們認爲不能以他們爲香港制度化道教的正式發端。

民國成立後，廣東被軍閥割據着，連年混戰，"貧者感生計之困難，富者苦兵匪之蹂躪，自不得不爲避地圖存之計，而以香港爲宣泄之尾閭"。殖民地香港成爲廣東人避難的安全港灣，當時廣東每次動亂，都會引發逃港潮。如1911年11月，廣東民軍起義，合省震動，富户人家紛紛遷逃香港。這些逃難的民衆也帶來了他們的道教信仰，並在香港設立了廣東吕祖道堂的分支機搆，以供平日崇拜之用。

十九世紀末，香港已成爲東方最大的轉口港。華南商民赴港設棧經營、擴展業務的情況大爲增加，省港之間的經濟、文化交流十分活躍。作爲廣東吕祖道堂主要支持力量的商人紛紛到香港開設商行分號之餘，自然也帶來了他們的信仰。國民政府掌權廣東之後，持着"改革風俗，破除迷信"的現代科學旗幟推行反宗教迷信運動，加上廣東社會動蕩不安，傳統文化受到衝擊，一些廣東吕祖道堂的信衆紛紛南遷，在港設壇，延續他們的信仰活動。1920至1930年代，廣東道侶南遷來港建立的吕祖道堂還有抱道堂、蓬瀛仙館、玉壺仙洞及通善壇。

1913年春，廣州芳村黄大仙祠被廣東員警廳没收充公。1915年，廣東西樵黄大仙祠普慶壇負責人之一藥商梁仁庵將黄大仙的畫像帶來香港，先後在中環、灣仔藥店設壇，並於1921年在九龍竹園村設立赤松仙館，及後以"普宜壇"爲道門立壇之號，並成立嗇色園作爲管理機構。今天的慣稱"赤松黄仙祠"，是1925年纔出現的。抗戰時期，又有一批廣州吕祖道堂的道侶避難香港，在香港設立分壇。其中影響較大的是雲泉仙館，其1848年建於廣東南海縣西樵山的祖堂是十九世紀中葉以後廣東境内較早崇拜吕祖的道教團體。雲泉仙館以文人爲主導，以扶乩方式爲主要崇拜手段，在民國時期的廣東名聲遠揚，早在1920年代就成爲旅遊名勝。1938年廣東淪陷，日軍以西樵山爲軍事重鎮，雲泉仙館道侶因此流離四散，往香港及澳門避難。幾年間因交通阻塞，仙館道衆未能返回南海西樵山祖館賀誕參拜吕祖。1944年，吴禮和、陳鑒坡、高廉、陸本良等核心道侶遵奉吕祖仙師乩示，於香港德輔道西創立雲泉仙館分館。

從廣東遷移至香港的吕祖道堂，秉承廣東祖堂的善社特色，刊印善書，勸世道化。其中1921年成立的抱道堂，是長期印送善書的佼佼者。[①] 當時這些善書流通於粵港澳三地之間，成爲三地文化交流的一大景觀。1940年代出版的《吕祖

① 關於廣東吕祖道壇的善堂性質研究，參游子安：《善與人同——明清以來的慈善與教化》，北京：中華書局，2005年。

仙師覺世彙編》,書後“請經處”列出南海與澳門雲泉仙館、香港雲泉分館、香港蓬瀛仙館、通善壇、廣州白雲仙館、南海慶雲洞等九處地方,由此可見在粤港澳三地宗教人士的密切往來。

在1930至1940年代由廣東遷移到香港成立的吕祖道堂中,可以比較明確地看到全真教龍門派背景的是1929年創立的蓬瀛仙館。當時龍門派道侣何近愚、陳鷺楷與廣州三元宫住持麥星階同遊香港,見粉嶺“崇山迭翠,環繞萬松”,因商議在該處建立私人修道院。廣州三元宫當時爲嶺南全真龍門派的十方叢林,在省内歷史悠久,影響頗巨。麥星階等人回到廣州後,約同道侣,湊齊巨資,又動員道侣的親戚出讓粉嶺雙魚洞山麓的地盤,開始建設爲道侣個人静修而設的道院,取名“蓬瀛仙館”。

2. 1949至1960年代:降乩立壇

1949年,隨着中國政權的轉變,許多宗教團體因爲時局變化而南遷香港。由於香港特殊的政治環境,英國殖民地政府一直推行政教分離、宗教自由的政策,這樣自由開放的環境,能兼融不同宗教傳統和派别,中國的地方宗教社團遂得以在香港生根茁壯。

在1950年代香港紛紛創立吕祖道堂的浪潮中,有一位關鍵人物——何啓忠(1916~1968)不可不提。據《寶松抱鶴記》之《玄真掌教何大宗師啓忠道長行略》,何啓忠從小習乩,1926年入讀廣州國民大學附屬中學,十五歲在家鄉的乩壇廣業仙壇入道,1935年成爲該壇的乩手。1940年代,何啓忠曾研習道教於羅浮山沖虚觀,爲全真龍門正派嫡嗣,1944年獲得粤秀山應元宫(亦屬龍門派)頒發的度牒,以及中華道教總會廣州分會所發的會員證書。1942年何啓忠承吕祖乩示,於廣州恩寧路設壇,名曰“至寶臺”,“以供奉純陽吕祖師,宏揚道教,博施濟衆爲主旨”。1945年春廣州大旱,吕祖乩示八卦戒壇求禱雨澤,大驗,於是至寶臺名聲大振。至1949年,至寶臺道衆會員有二千餘人之多,同年創辦《至寶月刊》,弘揚道學,勸化人心。①

1949年冬何啓忠移居香港後,憑藉廣州至寶臺時期積纍下來的人脈資源,分别協助創立青松仙觀、靈雯仙觀、太玄精舍及雲鶴山房等多間香港道堂。1949年12月,在他的號召之下,曾爲廣州至寶臺道侣的陸吟舫、葉至和、盧寶經、易寶雲、陳臺鏡等,暨同門十八人聯手創立青松仙觀,宣稱承接了吕純陽祖師的乩旨,故將至寶臺從廣州遷壇至香港。該乩旨云:“吕師特諭:‘南下設壇,繼行普度。’”

---

① 何啓忠編撰:《寶松抱鶴記》,香港:雲鶴山房,1962年,第225~249頁。

至於立壇命名爲“青松觀”,亦是源於玉皇大天尊的鸞示(中有“十二月十八公”之句)及吕祖賜示“青松觀釋義”。[①]

青松觀的創建模式説明了1950年代香港吕祖道堂仍保持着由廣東吕祖道堂沿襲而來的傳統,即遵循來自吕純陽祖師降乩的神旨方式。何啓忠創立的另一道堂“雲鶴山房”,在1959年創壇時也有相似背景。據《寶松抱鶴記》之《雲林鶴迹》,何啓忠當時擔任抱道堂侍鸞乩手,苦於缺乏足够資金購置新的壇址,恰逢招尊四(1866~1930,廣州與善堂及香港抱道堂的創始人)的女婿“梁若芙先生夫婦來壇,遵承吕純陽祖師之命,租受太白臺十五號四樓全層,以妥仙靈,而福百世”。雖説雲鶴山房的乩手何啓忠出自龍門派二十四傳,但其創壇經過,實與全真教十方叢林傳統没有明顯的關聯。[②] 雲鶴山房創壇並不依龍門派詩傳承弟子,而是根據扶乩所得,另立新的派詩,云:“雲霞五色靄玄都,鶴舞鸞翔太極圖。山海千年綿道脈,房櫳日永住蓬壺。”

3. 香港道堂的發展與從商道侶的關係

大多數香港道堂的道侶認爲,來自羅浮山及廣州的全真教龍門派是吕祖道堂勃興於廣東的主要組織力量。志賀市子在關於十九世紀後期直至二十世紀早期的廣東吕祖道壇的歷史研究中却指出,從商者在廣東吕祖道堂的創建與發展過程中其實起到了更爲關鍵的作用。例如在廣州地區的藥材商人與崇奉吕洞賓治病療疾的信仰群體之間有着緊密的聯繫。

我們可以將招尊四和與善堂的例子作爲其後於香港創壇的許多道教組織的歷史根源與社會特徵的解釋典範。

創建於1903年的廣州“與善堂”吕祖道堂,它的創建者招尊四原來是另一個吕祖道堂惠行善院的道徒。1902年,廣州爆發了一場鼠疫,蔓延廣速,群醫束手。當時行商的招尊四從吕純陽祖師的降示得到了一張乩方,患者“藥三服而核消”。此方屢試無不應驗,於是敬信者與日俱增。由此,招尊四與善友就創建以供奉吕純陽和漢鍾離祖師爲主神的道壇,即是位於廣州城西横沙鄉的亦鶴樓和與善堂。這個吕祖道壇因施藥濟貧而聲名日顯。1921年夏,招尊四的弟子招奮良和陳精述移居香港,依據吕祖之乩命在上環大馬路四樓創立了以廣州與善堂爲祖堂的香港“抱道堂”。抱道堂秉承廣州祖堂的組織特色,在供奉吕祖、扶乩治病之外,

---

① 侯寶垣:《觀史沿革概要》,青松觀編:《九龍青松仙觀擴遷新址暨成立廿五周年紀念特刊》(1974),第14頁。

② 關於抱道堂在香港的一百年發展,參游子安等編:《道風百年》,香港:利文出版社,2002年,第110~113頁。

以印送相關的善書爲其宗旨。招奮良本人擁有香港一家大藥房——誠德堂，1922年，抱道堂出版吕祖經典《孚佑帝君覺世經》，書後附誠德堂的廣告，毫不諱言誠德堂的主人是招奮良，並對誠德堂出産藥品的療效大加渲染。①

早在明代，吕祖便是中醫師及藥材商人的保佑神和祖師。因此廣州與善堂與香港抱道堂的創立人身爲藥商，却可以創立以製造宣稱從吕祖處所得處方的藥品而著稱的道壇。由上述與善堂與抱道堂的例子可以看到，民國時期的藥商與中醫師們，將他們的信仰、技術、資金融入到吕祖道堂活動之中，從而促進了吕祖信仰的發展。

不僅僅是藥商，我們從青松觀和雲鶴山房等香港道堂的歷史也看到，整個商人階層事實上承擔了創立道堂的大部分組織與籌備資金工作。1953年，香港圓玄學院由至寶臺道侣、百貨業商人陸吟舫，宏道精社道侣謝顯通，同善社地方事務所先覺祠的領袖、米業商人趙聿修，同善社信徒、醫師吕重德及營辦建築公司的楊永康等紳商捐資建成。由這些成員組成可見，倡議創建圓玄學院的有先天道同善社的信徒，也有部分是吕祖道堂道侣，然而從社會身份上考慮，他們都屬於香港紳商階層。

青松觀和圓玄學院創辦人之一的陸吟舫（1897～1960），是香港著名的百貨業商人，曾任孔聖堂董事、東華三院總理、保良局總理等。陸氏原是1930年代香港抱道堂的信徒，曾在抗戰時期前往廣州，支持何啓忠的至寶臺慈善會；1950年代又領導青松觀長期在何文田區設贈醫贈藥站，後來又出資支持圓玄學院的創立。因而香港吕祖道堂的流行，不完全是全真教道士推展道教的成果，我們更應注意到一些以扶乩爲中心的吕祖弟子（尤其是商人信徒）的功勞。

4. 香港吕祖道堂的修行特色

從道堂組織制度上考察，在民間盛行的吕祖道堂與北方全真教龍門派之間直接建立組織性聯繫的概括，也不是十分準確的。全真教龍門派的傳統特徵是嚴格的傳戒儀式、派詩字輩的傳承、出家的修行戒律生活及内丹存思的修煉等。②比較而言，香港供奉吕祖的道堂不僅與傳統出家修行的北方全真教傳承譜系缺乏歷史上的直接關係，而且他們還保持了部分吕祖道堂在廣東地區創壇時的面貌和結構。這些特徵包括吕祖道堂的組織形式、在家的自願皈依者的道侣制度、

---

① 何啓忠編撰：《寶松抱鶴記》，第385頁。

② 關於全真教出家宫觀的進一步的研究，參 Yoshitoyo Yoshioka，"Taoist Monastic Life" and Vincent Goossaert，"The Quanzhen Clergy, 1700－1950"，in John Lagerwey ed.，*Religion and Chinese Society*，vol. 2 (Hong Kong：Chinese University Press and Ecole francaise d' Extreme-Orient, 2004)，699－772。

集中扶乩的活動以及善書的編撰與出版等。與香港吕祖道堂共同分享這些特徵的是先天道道堂、民間善社等民間宗教團體,而不是傳統的全真教龍門派道觀。

香港吕祖道堂與廣東吕祖道堂一脈相承,在很大程度上繼承了廣東祖堂的宗教實踐特色,1950 年代以後,又適應香港本地實際,發展出富於香港特色的道堂修行制度。

A. 儒道釋三教合一

明清以降,三教合一愈演愈烈,道觀中供奉儒家孔子、釋家佛陀之像者,比比皆是。現時内地道教宫觀中供奉的神靈大多是道教神譜的主要神祇,香港的道教宫觀却多保持明清以來三教合一之餘風,神殿在祭拜太上老君、吕祖等道教神靈之外,有些同時也供奉釋迦牟尼、孔子和觀音(道教稱"慈航道人")等神祇。如嗇色園黄大仙祠、松蔭園佛道社、飛雁洞佛道社等供奉吕祖、濟佛、釋迦牟尼佛、藥師如來、觀音或華陀等仙佛,佛道同參。圓玄學院,院名就含三教合一之義。院内建有三教大殿,一殿之内,並列供奉太上道德天尊、大成至聖先師和釋迦牟尼的神像。

中國宗教的神靈崇拜向來就不是如西方一神主義式的宗教信仰,對信衆來説,求神拜佛的關鍵在於求得保佑,只要神靈擁有"靈驗"的法力,仙佛皆可成爲奉祀的對象。到道堂參拜的香港民衆也多數佛道同參,不加分辨,如求籤既可求觀音,也可求關帝;扶乩既可請吕祖,也可請齊天大聖、文殊菩薩諸仙佛。

在宗教實踐方面,香港吕祖道堂也多有佛道同修的例子。《雲林鶴迹》記載雲鶴山房在 1958 年創立之初即已明確:"雲鶴山房則據全真龍門武當法派,集丹鼎符籙,一爐共冶,融匯儒釋道三教要旨,而爲新宗研究焉。"[①]也就是説,雲鶴山房以道家全真派爲修煉法門,但在宗教信仰上是秉持三教合一的宗旨。《吕純陽祖師訓示法》又藉吕祖的乩示指出:"參禪堂佛,論理崇儒,威儀以道家爲宗,慈善以孔孟爲法,此雲鶴山房之功課也。進吾教者,其努力之。"三教歸一的特點在早期抱道堂的神誕也可見一二。每年除了慶祝吕祖誕,抱道堂四月初八也慶祝佛祖誕,不僅如此,有些道堂在平常所做的經懺也採用佛教的大悲懺。[②]

有些香港道堂名爲"佛道社"、"精舍"或"佛堂",顯見佛道兼融的特色,如行德佛道社和飛雁洞佛道社。由於部分香港道堂實行佛道相融,因此道堂可以比

① 何啓忠編撰:《寶松抱鶴記》,第 387 頁。

② 關於香港道堂科儀的歷史研究,參黎志添、游子安、吴真:《香港道堂科儀歷史與傳承》,第 40 ~ 94 頁。

較順利地由創立之時的道教性質轉爲佛堂。如大嶼山的鹿湖精舍（原爲純陽仙院）和觀音寺（原名蓬瀛古洞）、西貢佛光寺、荃灣的香海慈航（原爲吕祖道場，現仍存吕祖飛真應化壇）、沙田般若精舍（原名普靈洞）和明論佛堂（原名明論別墅，爲吕祖道堂）。除了人事變遷因素外，香港道堂佛釋道三教同參的信仰特質，當是這些道堂可以轉奉三寶的前提條件。另外，也有一些佛寺改建成道堂，如沙田的紫霞園道堂，得到鄰近的禪悦林讓出的一塊土地，於是擴建成紫霞臺。1979 年，道堂信善紫闕玄觀得到相鄰的佛寺香光苑讓地，經多方籌措，興建了沙田信善玄宫。

B. 以乩治壇

扶乩是道教及民間宗教一種降神或通達神明的方法，仙佛通過乩手以文字向信衆傳達信息，以達到神人相通的目的。[①] 早在東晉時期的道教上清經系所進行的寫經活動中，就經常降神寫出字、書。神明臨至，乩筆自動在沙盤上降示，由侍乩者記録下來，這就是乩示。中國宋代社會盛行各種扶乩術，沈括、蘇軾等著名文人亦常參與扶乩活動。

扶乩又叫扶鸞、飛鸞，大概是喻意神仙駕鳳乘鸞，從天而降。香港嗇色園内建有飛鸞臺，作爲黄大仙休憩静室，亦是該園道侣扶乩問事之所。

明清時期，吕祖信仰活動的特色之一就是扶乩，吕祖經常降於乩壇，信衆將其乩示編輯成書。清代最早編集並刊行成書的吕祖道書是於乾隆八年（1743）編彙成書、在乾隆十年（1745）刊行流通的《吕祖全書》，共三十二卷，由湖北江夏（今屬武漢市）吕祖道壇涵三宫弟子劉體恕（號無我子）、劉蔭誠、劉允誠及黄誠恕等編彙並付梓刊行。三十二卷本《吕祖全書》在 1745 年刊行之後影響很大，在不同地區和時期的吕祖道壇都有重刊本，至今仍被香港道堂奉爲經典。

香港道堂多保存廣東吕祖道堂的信仰活動特色，採用扶乩以降神示的形式。1949 年之後，内地道教則將扶乩視爲封建迷信的一種，《中國道教協會關於道教宫觀管理辦法》第八條（4）指明“宫觀内不得搞跳神、趕鬼、看相算命、測字卜卦、看風水、求籤索符和扶乩等封建迷信”。現在内地道教的科儀着重於傳統的念誦、唱讚等，絲毫不涉扶乩。扶乩却是香港道堂的主要活動之一，特别是二十世紀上半葉，對道堂的命名和早期發展起了指導作用，即所謂“以乩治壇”。

1921 年嗇色園的創辦人得到黄大仙的乩示，選定並規劃竹園村現址。當時蒙玉帝乩賜“普宜壇”三字，以爲道門立壇之號，並蒙文昌帝君乩書“嗇色園”三字，又蒙吕祖乩書“赤松黄仙祠”匾額。嗇色園現仍有乩書寫成的文字，見於大

① 參許地山：《扶箕迷信的研究》，北京：商務印書館，1999 年。

殿、飛鸞臺及照壁。

1950年,廣州宏道精舍在開乩述外修篇時,吕祖降乩,開示“須至香港開壇”。曲江覺善道壇與廣州宏道精舍的弟子王明韻、謝顯通、林光慶和杜光聖等人奉乩來港闡道,覓地建圓玄學院。奉壇鸞指示,新壇命名爲“九天册立圓玄至道特級天壇”,爲稱謂方便起見,簡稱爲“圓玄學院”。學院之立名宗旨,皆奉乩示之命而行。又依照濟公先師的乩示,謝顯通等人覓得荃灣一處佳地,及後得到趙聿修、楊永康、陸吟舫、黄錫祺和吕重德等商人資助,向政府申請用地,於1953年正式建成圓玄學院。①

由於王明韻、謝顯通等創立者原來都是廣州乩壇的乩手,而趙聿修幾位商人又是先天道分支——同善社的信徒,故圓玄學院初期以乩立壇。謝顯通於1953至1961年在圓玄學院擔任乩手,其時圓玄學院殿堂内神像擺設的位置、部分建築物的建設(如八德碑石)等事務,都以扶乩決定。謝顯通後來離開圓玄學院,另創玉清别館等道壇,也保持以乩治壇的特點。吕祖與太上道祖於1953至1980年代接續在香港圓玄學院、玉清别館降壇,爲道侣詳説内外交修之法,成《外修篇》凡二十一章,《内修篇》凡二十章,直至謝顯通歸真時仍未闡述完成。1970年圓玄學院、1983年玉清别館分别刊佈此乩書,謝顯通在重印序言指此書“揭儒佛之精粹,與大道混凝而爲一”。

1950年代廣州至寶臺何啓忠來港創立青松觀、雲鶴山房時,多以扶乩確定道堂名字和發展綱領。1960年青松觀遷址青山麒麟圍,在得到吕祖“乃香火廣大之洞天福地”的乩示之後,方纔展開遷觀工作。蓬瀛仙館後山明臺於1967年落成,仍存癸酉(1933)吕祖降筆“道德惟馨”匾額,明臺内四周上角壁間,仍可見有吕祖乩詩四首。1972年萬德至善社奉吕祖乩鸞指引,於大埔梧桐寨依山而建萬德苑。

香港道堂經常將仙聖鸞示和降示的經書編印重刊,從而擴大了道堂扶乩宗教活動的影響。單篇較著名而流傳至今的乩文,要屬《諸葛武侯乩文》(篇名爲受降示者後來加上的)。

時至今日,香港尚有不少道觀,如雲鶴山房、紫檜觀、青松觀、金蘭觀、抱道堂、省善真堂、德教紫靖閣、萬德至善社、信善玄宫、元清閣、飛雁洞佛道社等,仍

---

① 圓玄學院雖提倡三教合一的宗旨,並與先天道同善社有密切的歷史關係,但是也具備吕祖仙壇扶乩的傳統。例如,據1971年當時任圓玄學院主席的趙聿修撰《圓玄學院三教大殿宗師關於主供神位之商榷》云:“原奉壇鸞指示,命爲‘九天册立圓玄至道特級天壇’,爲普通稱謂方便起見,簡稱‘圓玄學院’。其立名宗旨,悉皆奉吕祖先師之命而行。”此文收入《圓玄學院三教大殿落成特刊》(1971),第2頁。

保持着定期開乩的習慣,並歡迎善信問事。由於近年鸞生難求及人事原因,有一些道堂因此停開乩筆。1970 年代之後,亦有一些道觀調整發展路嚮,不再仰賴扶乩指示治理,改由理事會開會決定。嗇色園、圓玄學院、蓬瀛仙館、玉壺仙洞於 1970 年代以來已不再開乩。

C. 非出家制的道侶修行

現時,大多數香港道堂和道士雖皆宣稱道派屬於全真教龍門派,但香港道堂的道士並沒有完全遵循傳統全真龍門派所嚴格强調的出家修行制度和十方常住的戒律制度,而是承繼了廣東吕祖道堂以自願皈依者爲基礎的組織架構。道侶在確定皈依之後,仍可繼續正常的世俗生活,無需如全真教道士那樣過暮鼓晨鐘的出家清修生活。

早期香港道堂多不向壇外人士開放。擺放在道堂中心位置的神明崇拜和供奉器物,通常是只爲壇内弟子而設的。新加入的成員往往要通過舊有成員的推薦並且在簪冠的入教儀式上得到一個道號,由此,他們進入一個與吕純陽祖師有關的師承體系中。香港全真道堂遵循一套以全真教爲名的入道儀式:道侶入道,由道堂爲其舉行"簪冠授牒"——由館長代祖師親將道冠戴於新皈依者頂上(謂之"簪冠"),同時雙手將道牒(即入道證書)授與皈依者。入道者在儀式中向吕祖拜領,宣佈成爲道堂的正式弟子。

香港全真教道堂如青松觀、蓬瀛仙館等雖然按照龍門派規矩,度牒中設有法師、傳經師(傳授科儀經典)等制度,但據大多數吕祖道堂弟子的説法,他們不拜人師,相反,每一個入教成員都是吕祖師的弟子。有時這些道堂乃根據乩文的内容來判斷是否要接納新的成員。道堂弟子的職責,包括參與經懺班學習、服務道堂及參與慈善工作。

香港道堂的弟子秉着自願原則,除每年按章繳納小額的年費之外,額外捐助悉隨己意,並没有額定捐助的規定。這些道侶部分爲全職受薪的道堂工作人員,大部分是義務兼職爲道堂服務。道堂中能念誦經懺科本、敷演科儀的道侶,稱做"經生"。他們多居家,有自己從事的職業,也生育子女,唯道堂舉辦儀式時方應召赴會做法事。經生赴會的目的並非爲了謀生,因爲他們在宫觀外尚各有其業,而且當時赴會做法事的酬勞也非常微薄。因此經生所做法事一是爲所屬宫觀的發展和福祉而貢獻力量,二則爲信衆祈福禳灾、除咎解厄,以此爲自己的修道積纍"功德"。

正如龍門派道士和十方常住道衆必須遵守清規戒律一樣,香港道堂逢誕節法事,每月的初一、十五,道堂道侶均須齋戒,法會(如清明法會、中元法會、全真法會)期間更是腥葷免進,善信也基本遵循這樣的齋戒規則。此外,道侶需要以壇規戒律規範自身的修行,如信善系壇堂弟子奉行吕祖降乩而寫成的《山門規條》,包括"六出之條"、"信二禁規"、"信八戒律"等。

從宗教團體注册會員數目而言,實際上,許多信奉吕祖的道壇組織的規模至今仍是小的。通常一個道堂團體平時只有數十個經常入壇的弟子,他們的集體活動主要是扶乩、神誕及法會,其中包括禮斗求福、拜懺、中元法會及度亡超幽儀式等。①

D. 慈善團體

以往學者研究指出,除了成員的個人道德義務之外,廣東吕祖道堂的行事方式與慈善社團組織是一致的。在十九世紀末至二十世紀初,處於以社會及道德改良爲目的的善會運動的歷史情境中,吕祖道堂與其他社會善堂組織一樣,參與爲窮人分派免費藥品,提供糧食、棺木及喪葬服務,出版善書,以及推動群衆性的掃盲講座等慈善活動。②

以青松觀的前身——廣州道教至寶臺慈善會爲例,1946 年該會成立章程明確説"本會以結合慈善團體共謀公益事業心爲主旨"。至寶臺在戰亂頻仍的廣州社會以慈善爲立壇根本,救濟貧苦,贈醫施藥,購置義塚爲道教先友墳場,又倡辦至寶臺義校及託兒所等福利機構。

延續廣東吕祖道堂的善社特色,在疫症頻生、民生困頓的 1930 年代,抱道堂、嗇色園、省躬草堂、通善壇等吕祖道堂積極參與施藥施衣賑灾等慈善活動。1941 年香港淪陷,饑民遍野,1943 年通善壇義賣饘粥,惠及灾民;雲泉仙館則義賣飯粥,賑濟饑寒。

香港道堂的慈善團體特色不僅源於其歷史來源,更由於其創辦者不少來自國内善堂,而道堂的主要支持者又大部分是商人兼慈善家。如青松觀和圓玄學院創辦人之一的陸吟舫,領導青松觀長期在何文田區設贈醫贈藥站,對慈善事業皆悉力以赴。

---

① 黎志添、游子安、吴真:《香港道堂科儀歷史與傳承》,第 95 ~ 144 頁對香港道堂科儀法事有詳細介紹。

② "善會"是明清時代的貴族與富商的組織。他們致力於各種慈善事業,最常見的有爲窮人提供免費藥材、棺木及喪葬,開辦託兒所及宣傳出版善書等。就此問題的研究,請參 J. H. Smith, "Benevolent Societies: The Reshaping of Charity During the Late Ming and Early Ch'ing", *Journal of Asian Studies* 46, no. 2 (1987), 309 - 337; Leung K. C., "Organized Medicine in the Lower Yangzi Region", *Late Imperial China* 8 (1987), 134 - 166。

七、廣東全真教科儀與吕祖道堂及正一派道士的歷史互動

1. 香港吕祖道堂的全真教科儀

香港道堂的科儀經本大多是接承廣東地區的道教科儀傳統而來的。最早期的一些科儀經本,如《吕祖無極寶懺》、《關聖帝君保安懺》(又稱《武聖保安法懺》)、《正陽仁風寶懺》、《散花科》、《攝召科》及《先天斛食濟煉幽科》等,都是在二十世紀中葉以前,伴隨來自廣東南海、西樵、廣州等不同地區的道堂道侶而傳入香港的。①

1945 年二次世界大戰前後,由於避亂,廣州三元宫把一批科儀經本及法器存放於香港蓬瀛仙館。從二十世紀六十年代開始,香港道堂便開始刊行了一批以廣州三元宫同治元年(1862)至二年(1863)的藏板爲刻本的科儀經本。例如蓬瀛仙館於 1963 年刊印的《高上玉皇錫福寶懺》、《元始天尊説三官消灾滅罪懺》、《太上慈悲道場三元滅罪水懺》及《東嶽往生證真法懺》等懺本都是來自三元宫的藏板。這些由三元宫流傳下來的古舊科儀懺本,反映了傳統道教科儀的面貌,並多收入明代《正統道藏》中,部分更可上溯至唐、宋時期的道教科儀,在道教科儀傳統中有着重要的地位及悠久的歷史。通過不斷的傳抄及重刊,這些傳統科儀經本現在已成爲香港道堂經懺科儀的要典。

對於香港道堂科儀傳統的來歷研究,有些研究學者認爲它是源自全真派科儀傳統。② 我們以爲這種見解過於簡單化。它的問題産生在忽略了香港道堂科儀在其歷史淵源上所存在的多元性和複雜性。現時流行一種論述習慣地把現今香港道堂所使用的科儀經書都説成是從廣州三元宫請來的,而三元宫既是全真龍門派十方叢林宫觀,所以由它傳來的科儀傳統必屬全真科儀。例如,在一系列的《青松觀藏科儀經書注》之《前言》便是這樣提出:

> 青松觀所藏並實際使用的科儀經書,内容十分豐富,種類也極爲繁多。大凡道教科儀常用的齋、醮、懺一應俱全。這些經書,由已故觀長侯寶垣道長於二十世紀五、六十年代從廣州三元宫請來,一直沿用至今。三元宫所藏,又與羅浮山酥醪觀同得北京白雲觀全真龍門祖庭之傳,所以其儀式屬於全真派一系。只是

---

① 黎志添、游子安、吴真:《香港道堂科儀歷史與傳承》,第 146 頁。

② 例如 Bartholomew Tsui, *Taoist Tradition and Change: The Story of the Complete Perfection Sect in Hong Kong* (Hong Kong: Christian Study Centre on Chinese Religion and Culture, 1991), 157。

到了香港之後,爲適應當地民情和社會環境,在長年纍月的演習中又作了若干變通。由於青松觀認真地請來並運用全真科儀,顯出了全真道教的標誌、特色,所以香港其他屬於全真的大宫觀,也採用了這些科儀,因此在某種意義上説,這些經書已成了香港許多大宫觀科儀的共同範式。①

對於香港道堂科儀與全真派的關係問題,以及香港道堂實際使用的科儀經書與廣州三元宫的歷史淵源問題,我們認爲可以從這些科儀經本的歷史考證和現存所藏的版本資料找到答案。

據我們目前找到的爲香港道堂經常使用的科儀經本的原藏刻板證據,直接由三元宫藏板而來的科本經書有在蓬瀛仙館所藏的《高上玉皇宥罪錫福寶懺》、《東嶽謝罪往生普福證真法懺》、《元始天尊説三官消灾滅罪懺》、《太上慈悲道場三元滅罪水懺》、《先天斛食濟煉幽科》。蓬瀛仙館所藏的《高上玉皇宥罪錫福寶懺》刻有"廣東廣州府番禺縣伍流光堂李氏偕孫福如東海曾孫壽比南山敬梓於羊城粤秀山三元宫虔造施送同治元年(1862)孟春吉旦",②雲泉仙館亦藏有同治元年(1862)三元宫木印舊板的《玉皇宥罪錫福寶懺》。蓬瀛仙館和雲泉仙館均藏有《東嶽謝罪往生普福證真法懺》三元宫藏板,刻有"同治二年(1863)季夏立信紳馬仲清仝緣司徒氏捐資重刊板藏於粤秀山三元宫觀内"。雲泉仙館藏有同治元年(1862)三元宫舊版的《元始天尊説三官消灾滅罪懺》。蓬瀛仙館於壬申年(1992)重印該館癸卯年(1963)的舊版,並在末頁附云:"癸卯年(1963)吉旦,陳誠欽、趙國卿、周榮發、姚璞瑛同敬奉,粉嶺蓬瀛仙館珍藏。"青松觀於1974年重刊的《先天斛食濟煉幽科》(原名《濟煉全科》,刻有"同治元年(1862)羊城粤秀山三元宫藏板")。不過,《先天斛食濟煉幽科》也不是首先直接由廣州三元宫移傳過來的;最早有《濟煉全科》的手抄本是在二十世紀四十年代經茶山慶雲洞道長傳入香港通善壇,並由鄭希甫把它授予麥幸,後來經麥幸又再傳至雲泉仙館弟子羅恩錫、吴耀東和嗇色園弟子梁本澤、潘可賢等。就是從這條傳承脈絡展開了自二十世紀四十年代以來並直到今天在香港道堂廣泛流行演習的稱爲"放大三清"

---

① 香港青松觀於2005年開始編著了一系列《青松觀藏科儀經書注》(香港:青松出版社),現已出版了《太上玄門早課》(2005)、《太上玄門晚課》(2005)、《關燈散花儀》(2005)、《玄門破獄儀》(2005)、《攝召真科》(2007)、《吕祖無極寶懺》(2008)、《太乙濟度錫福寶懺》(2009)。每本青松觀科儀書注本的起首頁都刊載同一篇的《前言》,説明青松觀藏科儀經書乃屬全真科儀。

② 根據侯寶垣《玉皇宥罪錫福寶懺及本行集經重刊跋》,青松觀丙辰年(1976)重刊之《玉皇宥罪錫福寶懺》並不是從同治元年三元宫藏板而來的,而是從光緒二年(1876)武林雲道堂蓼花仙館之刻本而來的。

的幽科法事傳統。①

與三元宫藏本没有直接淵源關係的懺本有:《太上玄天北極法主蕩魔天尊寶懺》、《文昌帝君救劫集福寶懺》、《太上三清三寶至尊報德酬恩法懺》、《慈航靈感度世寶懺》和《太上坤元后土寶懺》,它們是雲泉仙館於1983年至1993年間别開一徑,直接從清嘉慶《重刊道藏輯要》所收録的《懺法大觀》選取及重刊出來的。②

《吕祖無極寶懺》是香港道堂科儀中最流行的一部科儀懺本,③並且亦只是在廣東地區吕祖道壇之間傳播的懺科。此懺科全名爲《九天大羅玉都師相吕聖真君無極寶懺》。據筆者對《吕祖無極寶懺》成書來源的考證,而得出結論:西樵山白雲洞雲泉仙館道侣在參考和引用乾隆十年(1745)三十二卷本和乾隆四十年(1775)六十四卷本的《吕祖全書》及嘉慶《道藏輯要》的吕祖寶懺等道書文獻之後,於光緒十九年(1893)編纂了西樵本《吕祖無極寶懺》。④ 現今在香港道堂常見的版本爲辛丑年(1961)版,由香港雲泉仙館根據光緒癸巳年(1893)廣東西樵山白雲洞雲泉仙館的舊刻版而翻印,之後在1970年和1979年分别有再版和三版的刊行。這非常明顯地證明《吕祖無極寶懺》不是直接由三元宫傳入香港道堂的。青松觀、蓬瀛仙館、圓玄學院等多所香港道觀皆有根據雲泉仙館版本而重印的《吕祖無極寶懺》,作爲在經懺法會中入壇行儀的科本或結緣善書之用。

此外,《太乙濟度錫福寶懺》、《正陽仁風寶懺》、《武聖保安法懺》等都是目前未能確實考證其出處的懺本,不過,我們已知《武聖保安法懺》最早的版本是1923年嗇色園普宜壇之藏板,而蓬瀛仙館有一部癸未年(1943)版,封面有"粉嶺蓬瀛仙館《武帝寶懺》弟子陸宗廣敬奉"字樣。此外嗇色園有《正陽仁風寶懺》1943年刊本。大概,這幾部晚出的懺本出自早期香港道堂之作。

從上述有關香港道堂常用經懺科本的考證,我們可以確立以下的結論:一部分香港道堂懺科經本是直接承傳自廣州三元宫全真教的科儀傳統,但亦有部分經懺科本是從西樵山白雲洞雲泉仙館和南海茶山慶雲洞傳入的。此外,還有由香港雲泉仙館從清嘉慶《重刊道藏輯要》中選取並重刊的五部懺本或可能與清代全真教龍門派的禮懺傳統有關,但不見得是從廣州三元宫藏板而來的。因此,通過上述的版本考證,可説明香港道堂科儀經本的來源是多元的,不應簡單地作單

① 黎志添、游子安、吴真:《香港道堂科儀歷史與傳承》,第46頁。

② 黎志添、游子安、吴真:《香港道堂科儀歷史與傳承》,第35、158頁。

③ 黎志添、游子安、吴真:《香港道堂科儀歷史與傳承》,第29、154頁。

④ 見黎志添:《〈吕祖無極寶懺〉成書考》,《香港中文大學道教文化研究中心通訊》2009年12月第15、16期合刊,第1~4頁。

一來源論説。

2. 廣東全真教科儀在澳門正一派火居道院中流傳

澳門正一派火居道士與廣東全真教龍門派道士接觸並在科儀上受影響的事情應是發生在大約清光緒年間。現存可靠的證據是澳門周耀池道院道士周昇真與羅浮山沖虚觀道士至玄道人梁叔雅的友好相交。根據龍門派字派,至玄道人屬第二十一代弟子。① 吴慶雲道院現收藏一部光緒二十年(1894)《玉山煉度科》的刻板,裏面附有至玄道人所撰的序。序裏提及"昇真周道長因傳其書而問序於余"。序後,至玄道人題識云:"光緒二十歲次閼逢敦牂四月吉日後學羅浮沖虚觀至玄道人梁叔雅識。"現存吴慶雲道院更藏有四種不同《玉山煉度科》(或稱《玉山净供》)的版本,分别是出於鳳城鏡湖道院(1893)、鐵城逸德堂藏板(1827)、粤東南邑鰲合真堂藏板(1880)和周耀池道院(1894)。根據這些版本來源,玉山薩祖鐵罐幽科之出處與廣東全真教道觀無關,反而是傳承自順德、香山等地區正一派道士使用的幽科。不過,從火居道士周昇真邀請全真教至玄道人梁叔雅撰序來説,二人在道教科儀上曾有密切的交往。此外,在周貫一手抄的四部齋醮科儀文檢裏,常常記録有由"梁叔雅老師"所撰的榜文和對聯。還有另一例證説明周、梁交往不淺,那是八幅現由香港信善玄宫收藏的八仙神像畫,畫裏題識云:"光緒二十六年冬月中澣後學周昇真謹識梁叔雅書傳。"②

澳門火居道士直接與廣州三元宫道士同場演習科儀法事的場合,至少可追溯至1923年及1933年澳門鏡湖醫院因風灾和遷義莊而分别啓建的萬緣法會。根據《澳門鏡湖醫院慈善會會史》(2001),1923年8月23日本院會議議案:"本澳此次陡遭風灾,陸海居民死亡甚衆……似宜啓建萬緣勝會,延請僧道來院作以超度幽魂。"此外,1933年鏡湖醫院遷義莊蓮花山下(即提督馬路,現時球場對面)舉行開幕典禮,同時追悼救國陣亡將士並設萬緣附薦大會。這次普度亡魂,分設六個壇。③

吴天燊和李七(道號玉成)等澳門火居道士同樣指出,羅浮山沖虚觀和廣州三元宫的道士都曾應鏡湖醫院的邀請,到澳門設壇,參加1923年和1933年兩次

---

① 根據日本小柳司氣太《白雲觀志》卷三《諸真宗派總簿》,《藏外道書》第20册,成都:巴蜀書社,1992年,第575頁,龍門派派詩前四十字是:"道德通玄静,真常守天清,一陽來復本,合教永圓明。至理宗誠信,崇高嗣法興,世景榮惟懋,希微衍自寧。"

② 吴天燊和梁信祥(香港信善三壇弟子)都分别指出,香港信善玄宫收藏的八幅八仙神像畫是由澳門陳静修道院陳蘇道長賣予信善玄宫的,這件事是由吴天燊做轉介者。

③ 《澳門鏡湖醫院慈善會會史》(澳門:澳門鏡湖醫院慈善會出版,2001年),第60、71~72頁,另參吴炳鋕:《澳門的道教科儀》,第30頁。

萬緣法會。兩位資深的火居道士並提及當年吴致和和吴錦文等澳門火居道士已經從萬緣法會的交流機會認同和學習了一些以三元宫爲代表的廣東全真龍門派宫觀的科儀。[①] 例如現時在澳門以吴慶雲道院爲首的一些火居道士仍然熟習《先天斛食濟煉幽科》、《玉皇宥罪錫福寶懺》、《太上玄門早堂功課經》、《太上玄門晚堂功課經》等由三元宫傳入的懺科、幽科和早晚課等科儀。更難得的是,雖然在中國内地的道教宫觀如三元宫,經過了1949年以後的政治運動,大多數古舊的科儀經本已幾近燒毁,但是,吴慶雲道院仍然保存有一些甚有文獻和研究價值的從清代三元宫而來的木刻板科儀經本,包括:

(1)《元始天尊説三官消灾滅罪懺》,同治元年(1862)羊城粤秀山三元宫藏板。

(2)《東嶽謝罪往生普福證真法懺》,同治二年(1863)季夏立,信紳馬仲清仝緣司徒氏捐資重刊,板藏於粤秀山三元宫觀内。

(3)《高上玉皇宥罪錫福寶懺》,廣東廣州府番禺縣伍流光堂李氏偕孫福如東海曾孫壽比南山敬梓於羊城粤秀山三元宫,虔造施送,同治元年(1862)孟春吉旦。

(4)《太上慈悲九幽拔罪懺》,乾隆十一年(1746)仲夏蒲月,信紳陳時泰發心敬刊,道人黄明會募。[②]

(5)《太上玄門早堂功課經》,同治四年(1865)五羊城嶺南福地三元宫藏板。

(6)《太上玄門晚堂功課經》,同治四年歲次乙丑孟秋穀旦重刊。

(7)《濟煉全科》(《先天斛食濟煉幽科》),同治元年(1862) 羊城粤秀山三元宫藏板。

1958年,以吕祖降乩立壇的澳門信善二分壇[③]的弟子,如黄藻善、何嘉佑等,出於學習道家懺科儀的迫切需要,以及獲得吕祖降鸞的指引,因而求請在澳門道教科儀界早已享譽盛名的吴錦文道長,到信善二分壇教導壇内弟子經懺科儀。吴錦文答應他們的邀請,並且願意接受壇規(即是導師職務必須由吕祖"委出,不得人爲"的規定),皈依吕祖爲師,賜道號永傳(以下爲行文統一,仍稱吴錦文),成爲信善二分壇的弟子,再授壇内弟子經懺科儀,並獲委任"經生司"一職。

1960年代以後,澳門信善二分壇道侣,如梁藻智、何永濟、霍嘉仁、霍聯真等遷往香港發展,信善三分壇(1960)、六合聖室(1963)、信善紫闕玄觀(1972)等信

---

① 吴天燊及李七的口述歷史訪談,2002年11月5日,地點:澳門。

② 此處提及"道人黄明會",乃屬於龍門派字派的道士。

③ 澳門信善二分壇是於1946年由廣州信善堂梁藻智等從廣州轉到澳門營生,而與劉揭能等澳門善信共同創立的。參黎志添、游子安、吴真:《香港道堂科儀歷史與傳承》,第75~76頁。

善系道壇先後在香港創立,吳錦文亦受邀經常前往香港信善系道壇教授道家經懺科儀,並擔任信善系經懺總導師一職。當時受教於吳錦文的信善系弟子有信善二分壇的梁永圓、羅永勵、羅展盧、吳秀筠,信善三分壇的梁信祥、何智樑,以及六合聖室的弟子霍聯真、馮智誠、何智全、何智範等。後來,吳錦文的這些經懺科儀弟子再以他們所學的道家經懺教導信善系其他壇堂的弟子。1968 年,信善二分壇、信善三分壇和六合聖室的道侶在吳錦文的領導下,積極參加了香港道教聯合會自 1967 年成立後的第一個聯合香港多間道堂在荃灣圓玄學院舉行的啓建七晝連宵萬緣法會。[①] 總結來説,吳錦文自 1958 年起,直至 1972 年羽化,在這十多年時間裏,他爲建立澳門和香港信善系道壇的道家經懺傳統作出了很大的貢獻;並且,由於是傳自澳門道教的科儀傳統,這使得香港信善系道壇的科儀和音樂獨樹一幟,與其他大部分香港道堂的懺腔唱法不同。

吳錦文傳授予信善系道壇的道家經懺和唱腔並不是澳門正一派火居道士行業性的科儀,例如十念、旬齋的度亡科儀,或爲漁民所做的開光禮斗酬恩的吉祥道場,而是另外一部分由廣州三元宮道士於十九世紀末至二十世紀初傳入澳門道壇的廣東全真教科儀傳統。我們曾訪談曾經擔任香港信善三分壇壇主的梁信祥。他於 1960 年開始學習經懺,並師承於吳錦文。梁信祥説:"吳永傳傳授予信善壇的道家科儀主要有《先天斛食濟煉幽科》、《散花科》、《吕祖無極寶懺》、《玉皇宥罪錫福寶懺》、《太上洞玄靈寶十王赦罪寶懺》、《金光水幽全科》等。"[②]除了《金光水幽全科》之外,[③]吳慶雲道院所藏的上述大部分科儀經本都是在清末自廣州三元宮傳入澳門的科儀本。

從上述現存吳慶雲道院所收藏的同治初年三元宮重刊的科儀經本來看,澳門火居道士接觸和吸收廣東全真教宮觀科儀之傳統應是出現在清末至民國初年之間。這種正一派火居道士兼習全真教宮觀科儀的例子在廣東地區是少見的。並且,通過吳錦文道長從火居道士到吕祖道壇弟子和經懺師的宗教身份之改變,他把清代廣東全真宮觀科儀再傳至澳門和香港信善系道壇的弟子,讓這寶貴的地方道教科儀傳統得以留存下來,並得到發展。不過具體而言,澳門正一派火居道士吸收全真教宮觀科儀的主要範圍只是在懺科、幽科和早晚功課經等三方面而已。至於一直以來喃嘸火居道士受雇所做的吉、凶道場法事,如讚星、開光、禮

---

① 黎志添、游子安、吳真:《香港道堂科儀歷史與傳承》,第 105 頁。

② 記録自梁信祥口述訪問,2006 年 12 月 19 日,地點:信善三分壇,深水埗大南街 319 號 9 樓。

③ 吳慶雲道院現藏的《大成金光水幽全科》是出於"光緒十九年(1893)次癸巳仲冬旦順德養閑子躍衢氏校訂",並爲"鳳城(順德)鏡湖道院敬鐫"。

斗、釋褐、旺土、十念、旬齋等正一派和靈寶科的科儀傳統,仍然没有改變,屬於他們儀式行業的主要内容和特色,並成爲澳門正一派火居道士的傳統。

八、結語

千百年來在中國土生土長的道教,遭遇近代中國的國家現代化(西化),必然發生緊張和衝突。根據我們對廣州市原屬正一派的道觀和喃嘸道士的歷史考察,民國初年,廣州市政府就取消了傳統中國政府架構中有官方性質的地方道教管理機構,使得存在一千多年的廣州元妙古觀不僅失去它作爲管理廣州城内正一道士的官方地位,並且因爲它過去是國家管理機構道紀司的所在處,這種"官方地位"使得廣州元妙觀在民國初年廣州城市的新建設中,迅速地被"當局認爲公産,收歸市有"。[①] 影響更深的是,民國初年,五百多名廣州市正一派喃嘸道士由於再也無法得到由廣州元妙觀道紀司發給的執照,以致失去他們在傳統官方道教制度庇護下合法經營的地位。在廣州元妙觀被收歸市有及遭拆平以後,廣州喃嘸道士"散處四方"。民國十八年(1929),更大的打擊來臨了,喃嘸道士成爲國民政府竭力推行"改革風俗、破除迷信"運動、積極取締和鏟除各種中國傳統民間信仰、活動及組織的一個重點對象。[②] 至於全國正一道士和正一道館的完全終斷應該是在1949年中國内地政治轉變以後出現的。例如在廣州市,"中華人民共和國成立後規定不准搞占卜算命、符水治病等活動,齋醮法事不得在非宗教活動場所進行,正一派道士由於没有固定的道觀,逐漸失去存在的基礎。1956年前後,各自獨立、分散活動的正一道館陸續關閉,正一道士紛紛轉向社會就業。至此,廣州道教只有全真派在傳播。"[③]

1978年十一屆三中全會以後,中國政府落實宗教信仰自由政策,各地原有被破壞或被佔用的道教宫觀逐漸恢復,及重修後對外開放。宫觀道士和散居道士(火居道士)可以"合法地"和"公開地"主持道教齋醮儀式。[④] 年老的道長可以重

---

① 見廣州市檔案館,全宗號第10,目録號第4,案卷號728,第82~84頁。

② 黎志添:《民國時期廣州市"喃嘸道館"的歷史考究》,"中央研究院"《近代史研究所集刊》2002年第37期。

③ 潘志賢、楊洪校:《廣州道教仙迹勾沉》,《中國道教》2000年第57期。另參廣州宗教志編纂委員會編:《廣州宗教志》,第106頁。

④ 根據現行"關於正一派散居道士管理辦法"的政策,合法、正式的散居道士應該在所在地的道教協會注册並領取"正一道士證",憑這個證件纔可以讓他們合法地在道教宫觀之外的地方提供法事儀式的服務。

新爲道教的建設服務和作貢獻,又得以招收、受籙、傳戒於新道士。大量流失的科儀書亦得到重新整理、收集和流傳使用。① 1982 年,首批分佈於十一個省區、名山的二十一座著名道教宮觀重新開放,這些宮觀還同時被列爲國家級宗教保護單位。

在廣東省,幾所歷史最悠久的道教宮觀,例如廣州市三元宮、博羅縣羅浮山沖虛觀、惠州市元妙觀、南雄市洞真古觀以及陸豐市紫竹觀等,都在 1980 年代中以前恢復對外開放。以三元宮爲例,自清代初年以來,這座廣州市著名的道觀就一直建立在全真教龍門派十方叢林的制度之上。1982 年,三元宮大殿及部分活動場所交回道士管理,重修籌備小組即時成立,同年 7 月 1 日,三元宮對外開放。

二十世紀八十年代初,中國政府落實宗教信仰自由政策,各地原有被破壞或被佔用的道教宮觀逐漸恢復,並重修後對外開放。在廣東地區,我們最近的調查發現多數新的道教活動場所又傾嚮靠近於全真龍門派傳統,因此,形成新的地方廟宇全真化的現象。

在稍爲寬鬆的政治環境中,這些轉變都給了土生土長的中國道教重新展現其宗教生命力的空間。上述的轉變逆轉了現代道教一路衰落的趨勢。事實上,今天的道教仍然以堅韌的宗教生命力,在中國社會中構建着、展現着中國人豐富的宗教世界和精神生活。

（本文爲香港特別行政區研究資助局角逐研究用途補助金支持計劃“道教與廣東地方社會研究”的部分研究成果,計劃編號:CUHK 445309。）

---

① 參李養正:《當代中國道教》及李養正主編:《當代道教》(北京:東方出版社,2000 年);Lai, Chi-Tim, “Daoism in China Today, 1980 – 2002”, *The China Quarterly* 174 (2003): 413 – 427 (中文譯本見黎志添:《廣東地方道教研究——道觀、道士及科儀》,第 241 ~ 252 頁)。

明清净明道與全真道關係略論

——以人物交往及師承關係爲中心

□郭　武

摘要：本文通過考察明清時期幾組道教信徒的交往情況及師承關係，發現他們多身兼净明道與全真道的傳承。其中，一些道法高超的道士似乎並沒有自覺地考慮如何處理净明道與全真道的關係，而是“順其自然”地任各種道法“爲我所用”；另一些全真道士則因長期生活於净明道的文化圈内而漸信“净明忠孝”之説，但他們也並不願意完全放棄原來所學，而是試圖融合兩派的學説。在後者中，部分道士採取了創立新宗派以統攝全真、净明兩家學説的做法，並取得了成功；另一部分道士則既未能創立新的宗派，也未能以此派統攝彼派，而是促成了兩派和諧共處於同一宫觀的局面。

關鍵詞：明清道教　净明道　全真道

作者簡介：郭武，四川大學道教與宗教文化研究所教授、博士生導師，國家“985工程”宗教與社會研究創新基地學術帶頭人。主要從事道教研究，已出版《道教歷史百問》、《道教與雲南文化——道教在雲南的傳播、演變及影響》、《全真道祖王重陽傳》、《〈净明忠孝全書〉研究——以宋元社會爲背景的考察》、《丘處機學案》等著作。

净明道是宋元時期興起於江西地區的道教新派，與這一時期興起於山東半島的“新道教”——全真道大致呈南北互犄之勢①。入明以後，二者皆在道門中佔

① “新道教”之説，始於陳垣著《南宋初河北新道教考》（北平：輔仁大學，1941年），該書對宋金時期興起於中國北方的全真道、太一道、真大道進行了考察，並稱之爲“新道教”或“道教中的革新派”。而有關此時興起於中國南方的净明道，較早曾有秋月觀暎《中國近世道教の形成——净明道の基礎的研究》（東京：創文社，1978年）進行研究，該書不僅對净明道的傳承、義理等進行了系統考察，而且視其爲“中國近世道教”之開端。按，全真道創始人王世雄（重陽）於金正隆四年（1159）即曾在陝西甘河鎮遇異人授以丹訣，並“更名曰嘉，字曰知明，號曰重陽子”，且曾在關中修行傳道；但他正式創立全真道，是於金大定七年（1167）七月來到山東寧海，並在馬從義（馬鈺）家中建立“全真庵”之時。净明道淵源於東晉以來的許遜信仰，其以“净明”爲名而立教，始於南宋建炎年間（1127～1130）何真公等人在江西西山託名許真君（遜）降授净明經法，而其教大興則在元代劉玉闡教之後。

有重要位置,並曾對中國社會産生過重大影響[①]。有關這兩個道派(尤其是全真道)各自的情況,目前已有不少研究成果,但論述二者關係的作品則仍鮮見[②]。從目前可見的一些材料看,明清時期的净明道與全真道無論是在人物交往與師承關係上,還是在修煉方法及傳戒科儀上,都有着很多的聯繫,非常值得我們加以研究[③]。在此,筆者僅擬對這兩個道派在明清時期的人物交往與師承關係作一梳理,至於兩派修煉方法及傳戒科儀的聯繫,則將在另文討論。

净明道與全真道雖然分别興起於中國的南方與北方,但不久之後即各自向異地傳播。全真道在丘處機及其門徒的努力下,很快就取得了"東盡海,南薄漢淮,西北歷廣莫(漠),雖十廬之聚,必有香火一席之奉"[④]的繁榮局面。净明道領袖黄元吉也曾於至治三年(1323)由江西入駐京城大都(今北京),極力向統治者推介净明道學説,獲"公卿大夫士多禮問之",並得詔封"净明崇德弘道法師、教門高士、玉隆萬壽宫焚修提點"[⑤]。兩個道派的這種積極傳播勢態,必然會促使其門徒相互交往,甚至引發相互融合的局面。事實上,兩派道士間的相互交往早在元代就已開始,如《净明忠孝全書》記載:黄元吉弟子、净明道第四代"嗣師"徐慧(徐異)駐大都(北京)時,曾"參藍真人(道元)於長春宫,得全真無爲之旨"[⑥]。明代以後,兩個道派的交流與融合更進一步得到拓展與深化,而學術界對此也已有所知曉,如任繼愈、卿希泰、秋月觀暎、施舟人(Kristofer. M. Schipper)等衆多學

---

① 如明王世貞《弇州續稿》卷六十一《遊白雲觀記》言:"當是時,全真之教遍天下,割張氏所謂正一之半。"(《四庫全書》本)清陳銘珪(陳教友)《長春道教源流》卷六又謂:"世稱龍門、臨濟半天下,謂釋之臨濟宗,道之(全真)龍門派也。"(《藏外道書》第31册,成都:巴蜀書社,1994年,第113頁)第四十三代天師張宇初撰《道門十規》則稱:"道教源派,始自太上三代之前。……後之闡化,則有祖天師、許真君、葛仙翁、茅真君諸仙之派。……祖師之曰正一,許君之曰净明,仙公之曰靈寶,茅君之曰上清。"(《道藏》第32册,北京:文物出版社、上海:上海書店、天津:天津古籍出版社,1988年,第147頁)而明清時期中國社會流行的記録日常行爲善惡之《功過格》,亦是净明道的發明。

② 有關全真道的研究成果,數量繁多而不能在此詳列。有關净明道的研究成果,較重要者除上述秋月觀暎著《中國近世道教の形成——净明道の基礎的研究》外,還有日本學者酒井忠夫著《中國善書の研究》(東京:國書刊行社,1977年),中國學者章文焕著《萬壽宫》(北京:華夏出版社,2004年),郭武著《〈净明忠孝全書〉研究——以宋元社會爲背景的考察》(北京:中國社會科學出版社,2005年)。秋月觀暎與章文焕的著作曾述及明清時期净明道與全真道的關係,但多屬對《逍遥山萬壽宫志》一書的簡單梳理。

③ 如筆者收藏的明代著名出版家楊爾曾刻印之十五卷本《出像許真君净明宗教録》及清代青雲譜藏板之十卷本《太上靈寶净明宗教録》,其中的内丹修煉方法及戒律、科儀等即多與全真道有關,詳筆者另文。

④ 《清虚宫重顯子返真碑銘》,見陳垣編纂:《道家金石略》,北京:文物出版社,1988年,第476頁。

⑤ 《净明忠孝全書》卷一《中黄先生碑銘》,《道藏》第24册,第631頁。

⑥ 《净明忠考全書》卷一《丹扃道人事實》,《道藏》第24册,第632頁。按,長春宫藍道元乃當時全真道掌教,後因過被黜,如《元史·英宗本紀》載:"戊辰,以掌道教張嗣成、吴全節、藍道元各三授制命銀印,敕奪其二。"《元史·泰定帝二》又載:"甲申,享太廟,長春宫道士藍道元以罪被黜,詔道士有妻者悉給徭役。"

者皆曾提到明代著名道士趙宜真與劉淵然各以一身而兼全真、净明、清微諸派傳承①。不過,若細考明清史傳、方志及道教經典,可知當時身兼兩個以上道派傳承的道士並不止趙宜真與劉淵然兩人,其他一些著名道士也多有這種情況,而普通道士間的相互交流和融合更屬常見之事。下面,試按時間順序分幾組人物來對當時的狀況作一論述。

一、全真道"祖庭"中的净明道士

學術界以爲趙宜真、劉淵然身兼全真、净明、清微諸派之傳的説法是可信的,但諸説尚有待深化。趙、劉系統身兼諸派之傳的特色,至少在元末就已形成,如雍正《江西通志·仙釋》記趙宜真事迹言:

> 趙元陽,名宜真,其父仕元爲安福令,因家焉。幼穎敏,習進士業,例試入京,以病不能赴,夢神人曰:"汝神仙中人,何望世貴?"遂從塵外遊,師李元〔一〕、張天全,結茅匡山居之。於正乙天心雷奥、全真還丹之旨多所發揮。……著有詩詞歌論若干篇,其徒甚衆,纘承道脈者劉淵然一人而已。(雍正《江西通志》卷一百四《仙釋》引《豫章書》)

文中的"正乙天心雷奥"與"全真還丹之旨",所指實爲清微法術及全真丹道。此外,與趙宜真同時代的第四十三代天師張宇初曾撰有《趙元陽傳》一篇,其中更詳細地列舉了趙宜真的師承關係:

> (趙元陽)初師郡之有道者,曰曾塵外,嗣諸法要,間有缺文,必考述盡詳。復師吉之泰宇觀張天全,别號鐵玄;張師龍虎山金野庵,得金液内外丹訣。後復師南昌李玄一,玄一薦之師蒲衣馮先生,馮亦師野庵云。……謁龍虎訪漢天師遺迹,時天師沖虚公深嘉禮之,欲留不可,宫之學者多師焉。還至贛之雩都紫陽觀,因居焉。②

---

① 任繼愈主編:《中國道教史》,上海:上海人民出版社,1990 年,第 630 ~ 640 頁。卿希泰主編:《中國道教史》第三卷,成都:四川人民出版社,1993 年,第 444 ~ 445、462 ~ 464 頁。[日]秋月觀暎:《中國近世道教の形成——净明道の基礎的研究》,第 155 ~ 168 頁。[法]施舟人(Kristofer. M. Schipper):"Master Chao I-chen(趙宜真)and the Ch'ing-wei(清微)School of Taoism",見[日]秋月觀暎主編:《道教と宗教文化》,東京:平河出版社,1987 年,第 715 ~ 734 頁。

② 《峴泉集》卷四《趙元陽傳》,《道藏》第 33 册,第 232 頁。

值得注意的是,《傳》中所言"金野庵"即元代著名内丹家金蓬頭(名志揚,號野庵),乃全真道士李月溪的弟子①,而趙宜真最後"定居"的"雩都紫陽觀"則是净明道所奉許真君的"行宫"②。也正是由於趙宜真曾學習金志揚、張天全與馮蒲衣等人的"全真還丹之旨",所以其法裔李得晟在明正德十一年(1516)爲全真道"祖庭"——北京白雲觀撰《長春殿增塑七真仙範紀略》時纔追述趙氏"學北派金丹之傳"③,而趙氏所留《原陽子法語》諸書也確實多有全真道修煉色彩④。不過,趙宜真雖曾"學北派金丹之傳",其"身份"(Identity)却並非純粹的全真道士。明王直《抑庵文後集》中有《紫霄觀碑》文一篇,言趙宜真於所寓居之紫陽觀蜕化後,其徒劉淵然曾"欲建祠塚旁,有志未遂,亦化去",後來劉淵然弟子邵以正又"具其傳道本末聞於上,而請以所賜金幣作觀宇",終得皇帝"許之,賜名曰紫霄觀"⑤。在這篇應邵以正之請而作的碑文中,王直記載了趙宜真與劉淵然之間的傳授情況,並言及他們在傳授"法嗣"時的信物爲《天心帙》:

> 時沖虚至道玄妙無爲光範衍教莊静普濟長春劉真人淵然深究玄學,篤信力行,真人一見,以法嗣屬之,授以《天心帙》而語之曰:"此吾受之於師者也,人心即天心,欺心即欺天,故以'天心'標帙。凡日之所爲,皆書帙中,不可書者則不可爲也。"又嘗示之書曰:"道法之要,不外乎此心,而道即心也、神也,我之主宰,一身開張,萬法莫不由之。"蓋使先明諸心,後乃盡以其道付焉。復語群弟子曰:"誠者,天之道,克誠則天地可動,鬼神可感。天心相孚,在一誠耳,其存諸中,行諸外,顯微無間,如此而濟世利物,悉有明效,奇驗不可殫紀。"(《抑庵文後集》卷二十四《紫霄觀碑》)

---

① 《峴泉集》卷四《金野庵傳》,《道藏》第33册,第231頁。又據《歷世真仙體道通鑑續編》卷五《金志揚傳》言,李月溪乃李真常弟子,而李真常則爲丘處機高足。

② 《逍遥山萬壽宫志》卷七《宫殿》,《藏外道書》第20册,成都:巴蜀書社,1992年,第749頁。

③ 李得晟:《長春殿增塑七真仙範紀略》,見[日]小柳司氣太:《白雲觀志》,《藏外道書》第20册,第555頁。

④ 據小柳司氣太《白雲觀志·白雲觀小史》言,《道藏》中收有趙宜真著《原陽子法語》二卷、《靈寶歸空訣》一卷、《仙傳外科秘方》十二卷,此外還有署名"元陽子"的《金液集》、《還丹金液歌注》、《還丹歌訣》等,但除前三種外"未必保爲趙元陽也"。按,《道藏》所收《仙傳外科秘方》又名《仙傳外科集驗方》,題"浚儀原陽子趙宜真集",前有趙宜真、吴有壬序,敘該《方》實係楊清叟編述,後輾轉傳至趙宜真,而趙氏則在臨終前囑其弟子刊行於世。詳請參閱任繼愈主編:《道藏提要》,北京:中國社會科學出版社,1991年,第920頁。有關趙宜真著《原陽子法語》的全真道修煉色彩,詳請參閱卿希泰主編:《中國道教史》第三卷,第462~463頁。

⑤ 按,趙宜真寓居雩都紫陽觀之事,《道藏》本《仙傳外科秘方》趙宜真、吴有壬序亦曾述及。

碑文中趙宜真在傳授“法嗣”信物《天心帙》時所言“人心即天心,欺心即欺天”及“克誠則天地可動,鬼神可感”等言辭,明顯屬於净明道的理論。净明道所謂“天心”,又稱“心天”,乃“天理”(或稱“太極”)在人心中的體現,如《净明忠孝全書》聲稱:“(‘太極’)在上爲無上清虚(净明),在天爲中黄八極(天心),在人爲丹元絳宫(人心)。”[1]又說:“(人)心中有天者,(天)理即是也。”[2]净明道的修行方法,關鍵在於“正心誠意”而不“欺心”,如《玉真先生語録内集》言:“净明只是正心誠意,忠孝只是扶植綱常。”又進一步解釋道:“何謂净?不染物。何謂明?不觸物。不染不觸,忠孝自得。……忠者,忠於君也。心君爲萬神之主宰,一念欺心即不忠也。”[3]由趙宜真在傳授“法嗣”時的信物爲《天心帙》以及其所語諸弟子之净明道“性質”(Characteristic),我們可以確定趙宜真、劉淵然的净明道徒“身份”。基於趙宜真之净明道“身份”及其對净明道學說的大力闡揚,净明道“祖庭”志書——《逍遥山萬壽宫志》卷五《仙傳》曾將其列爲繼“十二真君”、劉玉、黄元吉、徐慧之後的“旌陽公五傳”,並說:

> (趙宜真)從真君受净明忠孝道法、清微諸階雷教,間有闕文,悉加參考訂正。復師張廣濟,得長春邱真人北派之傳。師李玄一,得紫清白真人南派之學。至於醫術,尤所研究。……由是净明學者尊爲嗣師云。[4]

這個傳承系統與張宇初《峴泉集》所言相同,不過更爲清楚地説出了趙宜真所承傳的諸家道派之名稱,如净明、清微及全真派南、北宗。這裏所謂“真君”,似乎應該是指上述傳清微法的“郡之有道者”曾塵外,但在其他文獻記載中,曾塵外僅以清微法傳授趙宜真,如王直《紫霄觀碑》言:“(趙宜真)往從郡之有道者曾塵外,學得清微、靈寶諸階雷奥,補其遺闕,發其旨趣。清微久不行,至是大顯。”[5]還有一種可能是,此處所謂“真君”就是净明道傳統尊奉的“許真君”(許遜),因爲這是宋元以來净明道徒創立新教團的一種常用“模式”,如南宋何真公、周真公

① 《净明忠孝全書》卷二,《道藏》第24册,第633頁。
② 《净明忠孝全書》卷三,《道藏》第24册,第635頁。
③ 《净明忠孝全書》卷三,《道藏》第24册,第635頁。
④ 《逍遥山萬壽宫志》卷五《仙傳·旌陽公五傳》,《藏外道書》第20册,第730頁。
⑤ 《抑庵文後集》卷二十四《紫霄觀碑》。又,有學者因《道法會元》收有趙宜真序跋,而認爲這部彙集清微、神霄、正一等諸家數百種道法的著作可能是趙氏編輯而成,詳請參閱任繼愈主編:《中國道教史》,第639頁。

及元代劉玉都曾託稱得東晉時"飛昇"的"許真君"(許遜)"降授"净明道經法①。《逍遥山萬壽宫志》在此將"净明忠孝道法"與"清微諸階雷教"並列而含糊地冠以"從真君受",也可能是因爲該《志》編纂者對趙宜真所受"净明忠孝道法"來自何人並不知曉。不僅如此,《逍遥山萬壽宫志》言"由是净明學者尊爲嗣師",實際上也並未説明净明道徒尊趙宜真爲"嗣師"的真正原因。對於這個原因,清代青雲譜刊板之《太上靈寶净明宗教録》曾解釋説:"時净明之道久湮不行,今復大顯於世者,實賴真人振起之力也。由是净明學者宗之,尊爲嗣師云。"(《太上靈寶净明宗教録》卷六《元陽趙真人傳》)

事實上,真正推動净明道"大顯於世"的人乃是趙宜真的徒弟劉淵然,以及劉淵然弟子邵以正。劉淵然、邵以正師徒是明代的著名道士,深得皇室寵信並在《明史》中有傳,如《明史·方伎列傳》記載:

> 劉淵然者,贛縣人。幼爲祥符宫道士,頗能呼召風雷。洪武二十六年,太祖聞其名,召至,賜號高道,館朝天宫。永樂中,從至北京。仁宗立,賜號長春真人,給二品印誥,與正一真人等。宣德初,進大真人。七年乞歸朝天宫,御製山水圖歌賜之。卒年八十二,閲七日入殮,端坐如生。淵然有道術,爲人清静自守,故爲累朝所禮。其徒有邵以正者,雲南人,早得法於淵然。淵然請老,薦之,召爲道籙司左玄義。正統中,遷左正一,領京師道教事。景泰時,賜號"悟玄養素凝神沖默闡微振法通妙真人"。(《明史》卷二百九十九《方伎列傳》)

《明史》所記方技之士,多以封號進爵之類得寵事爲主,不過並未詳備。據雍正《江西通志·仙釋》言,劉淵然曾得賜號"沖虚至道元(玄)妙無爲光範衍教莊静普濟長春真人"(雍正《江西通志》卷一百五《仙釋》),而《抑庵文後集》中的《長春劉真人祠堂記》則言其還曾於明仁宗時得"領天下道教事",並詳記劉淵然濟世利民諸事:

> (劉淵然)年十六遂入道受符法。元陽趙真人見之,喜曰:"此子形全神清,真良器也,吾法嗣無過此。"留之座下,授以諸階玄秘,攜歸金精山。復授以玉清宗教社令烈雷玉宸黄籙玉籙等書,及金火返還大丹之訣。棲神煉炁,

① 詳請參閲拙著《〈净明忠孝全書〉研究——以宋元社會爲背景的考察》第四章《〈净明忠孝全書〉的思想主旨》。

呼召風雷,驅役鬼神,濟拔幽顯,動有靈驗。嘗遊龍虎山,過南昌,值歲旱,爲禱雨,立應,聲聞益彰。……永樂初,遷左正一,建金籙大齋,有醴泉、甘露、鸞鶴之祥,而寵賚備至。未幾,謫居龍虎山,尋徙滇南,居龍泉觀。滇南之民有旱疫,求禱,無不應,化大行。……宣德之初,眷待益隆,賜之劍,問曰:"此劍當誰傳?"對曰:"臣法得之浚儀趙元陽,繼者惟邵以正耳。"即遣中使召還,使繼其後。乃請立道紀司於雲南、大理、金齒,以植道教。凡有請,無不從。……真人志行高潔,由儒入道,凡其所行必依於忠孝,惓惓爲國祝釐,以濟民利物。凡可以佈德施惠,使人得樂其生,如醫藥之類,皆盛行於世。……予觀元陽之授長春,長春之授守元,其所告語者,惟曰心曰天,與其所行必以忠孝仁慈爲本,不汲汲於其他,是以德懋位高,受榮命於纍朝而衍元化於無窮也。(《抑庵文後集》卷五《長春劉真人祠堂記》)

此外,劉淵然寓居的雲南昆明龍泉觀内至今仍矗立着一塊《龍泉觀長春真人祠記》碑,碑石爲景泰七年(1456)龍泉觀住持陸守真立,碑文言:

(劉淵然)年十六遂爲道士,號體玄子,受符法於胡、張二師,復師事趙元陽。元陽奇其形全神清,非尋常比,授以玄妙,俾務進修。既而探其志存忠孝,喜曰:"真良器也!"攜之歸金精山。……洪武癸酉,被命召至闕下,深見契獎。旋蒙賜號"高道",命建西山道院於朝天宫居之,日被顧問。間受命承傳爲名山洞府尋真之遊,主匡廬、滼渚、武當山,即被召還,擢右正一。永樂初年,遷左正一,建金籙大齋,致有醴泉、甘露、鸞鶴之瑞,大見寵信。未幾被謫龍虎山,尋移滇南。凡滇民有大灾禍者,咸往求濟,無不得所願欲。洪熙紀元,首召命還京,賜號"沖虚至道玄妙無爲光範衍教長春真人",尋賜誥加"莊静普濟"四字,畀以銀章,領天下道教事。宣德之初,寵眷彌厚,乃奏請立雲南、大理、金齒三道紀司,以植其教。……①

從上述兩篇碑文,可見包括雲南偏遠地區的百姓對劉淵然之崇敬。劉淵然之所以有如此高的道行,能够濟世利民而"動有靈驗"、"無不得所願欲",應與其師趙宜真傳授他多家道法有關。而劉氏亦曾以諸家道法傳授弟子,如明徐有貞撰《福濟觀新建祠宇記》言福濟觀住持郭宗衡曾"師長春真人劉淵然,得清微、靈寶、净明、神霄諸法之傳"(《吴中金石新編》卷六《寺觀》)。此外,明王世貞《遊白

① 《龍泉觀長春真人祠記》,見陳垣編纂:《道家金石略》,第1261頁。

雲觀記》在談論全真道的發展時又言"明興而其道始小屈,以劉淵然之見崇"(《弇州續稿》卷六十一),則劉氏亦應兼傳全真道。不過,劉淵然的"身份"更多地應屬净明道士,如《長春劉真人祠堂記》中"其所告語者,惟曰心曰天"諸言,以及"凡其所行必依於忠孝"諸事,實與前述《紫霄觀碑》中趙宜真所言"人心即天心,欺心即欺天"及"克誠則天地可動,鬼神可感"等一樣同屬净明忠孝道特色,而《龍泉觀長春真人祠記》所記劉氏"志存忠孝"並建"西山道院",實也與興起於江西西山的净明忠孝道有關。至於其所曾"受符法"的"胡、張二師",則很可能是指唐代"孝道"(净明忠孝道之前身)的胡慧超、張蘊兩人,這與前述宋元以來净明道徒的常用"模式"相同。此外,劉氏在謫居雲南期間刊印《净明忠孝全書》等行爲[①],也能表明他的净明忠孝道士"身份"。也正由於此,《逍遥山萬壽宫志》纔將劉淵然尊爲"嗣師",並且列其爲繼"十二真君"、劉玉、黄元吉、徐慧、趙宜真之後的"旌陽公六傳"[②]。

邵以正是劉淵然在謫居雲南期間收得的高足,也是劉氏唯一認可的繼承其"道脈"的人物,如《龍泉觀長春真人祠記》載:劉淵然在謫居雲南期間,曾收得邵以正、蔣日和、徐道廣等百餘名弟子,然"其徒殆百餘人,獨薦以正一人自代"[③]。邵氏後曾因劉淵然之薦而得入京城,擔任道録司左玄義、左正一等職,並主持《正統道藏》的編纂工作。邵氏雖然最終編成了中國歷史上的最後一部巨型官修《道藏》,但除《明史》之外,目前所見道教經典關於他的記載並不多,他自己也甚少留下著作。明楊士奇《東里續集》中有《邵仲仁墓表》一篇,記邵以正因恐其父孝悌仁愛事迹"泯没無聞"而求撰墓表(《東里續集》卷三十一《邵仲仁墓表》)。徐有貞《武功集》中又有《送羽士邵希先還滇南詩序》一篇,記邵以正告其姪邵希先言:"夫學道者,以忠孝爲第一事。"並因久赴京城而請姪兒往滇南祭掃父母之墓。

---

① 筆者曾於上世紀九十年代陪同臺灣"中華宗教哲學研究社"李顯光先生在昆明民間偶然購得滇版《净明忠孝全書》一部,該書乃嘉慶時昆明人桂芳據劉淵然刻本而重刊印行,以求依《書》中藥方對治當時滇中流行的瘟疫,其《後敘》言:"家藏舊有長春劉真人刊《净明忠孝書》一卷,内載(許)真君當日救疫施藥之功,既悉且詳,攝治甚神。……仍將豐城劉真人(諱淵然)原刻《許祖净明忠孝全書》一卷,見板無存,仍付之梓,克廣真君道德。"《書》中並附有相關"藥方"。

② 《逍遥山萬壽宫志》卷五《仙傳·旌陽公六傳》,《藏外道書》第20册,第730頁。

③ 《龍泉観長春真人祠記》。另,旅美學者王崗(Richard G. Wang)在2007年11月由美國加州大學伯克利分校(UC Berkeley)中國研究中心主辦的"全真道與近現代中國社會和文化(Quanzhen Daoism in Modern Chinese Society and Culture)國際學術研討會"上發表的論文也認爲,劉淵然在雲南傳播的道法乃是净明、清微而非全真,其在雲南的弟子也没有以全真聞名者。見 Richard G. Wang,"Longmen Lineage at xuning'an in Late Ming-Early Qing Yunnan"。

(《武功集》卷四《送羽士邵希先還滇南詩序》)由這兩件事,可大致窺出邵以正之净明忠孝道徒的"身份"[1]。不僅如此,劉淵然、邵以正這一系統的道士還曾一度人主全真道的"祖庭"——北京白雲觀,如小柳司氣太《白雲觀志·白雲觀小史》記邵以正曾繼白雲觀"住持"李時中、倪正道等修復殿堂:

景泰丙子七年(1456),道士邵以正新建三殿三楹,妝塑真人之像,復圖十八大師等像於其壁。《舊聞考》卷九十四抄其碑文曰:"都城西南,觀曰'白雲',邱真人仙蜕在焉。舊有殿曰'長春',乃清和尹宗師所構,以覆遺蜕而奉真人者也。日就傾圮 。(邵以正)念(丘處機)真人與先師劉(淵然)真人偶得'長春'之號,而師祖趙(宜真)真人又受北派金丹之傳於真人,而(邵)以正實嗣派之雲孫也。乃謀新三殿三楹,既像真人於其中,復圖十八大師暨祖師(趙宜真)、先師(劉淵然)之像於其壁……"

按,小柳司氣太《白雲觀志》所言《舊聞考》,當爲《日下舊聞考》,而文中所引"碑文"則當爲邵以正撰《重建白雲觀長春殿碑略》。《日下舊聞考》還引用了另一通碑文,即邵以正徒孫李得晟於正德十一年(1516)撰寫的《長春殿增塑七真仙範紀略》,碑文記載李得晟後來又重修長春殿,並將邵以正等人的形像增繪於"七真"、"十八大師"及趙宜真、劉淵然之後:

白雲觀舊有"處順堂",創自元末混一時。清和尹宗師藏厥師長春邱真人仙蜕於下,封土爲塚,構此爲覆者也。景泰丙子,我師祖通妙邵真人(邵以正)撤堂拓地,備勒貞珉。得晟於正德己巳(1509)拜謁祠下,覩簷牖脱落,日就傾圮,思繼先志,召匠鳩材,以堅易朽,補缺爲完,比昔加壯麗焉。……若夫原陽趙真人,受北派金丹之傳者,及門受業也。長春劉真人,封號相類,異世同符者也。至如通妙邵真人、普毅杜真人,下及得晟,濫厠妙應真人,皆嗣派雲孫,蒙其餘澤者也。繪形於群師之後。……

雖然邵以正、李得晟的碑文皆聲稱趙宜真"受北派金丹之傳",並將自己這一系統的宗師如趙宜真、劉淵然、邵以正、普毅杜真人等的形像增繪於全真道"祖庭"中,但這並不能説明他們這一系統屬於純粹的"全真道"。這不僅可以從前述

① 有關邵以正的"身份",尚可參閱馮千山:《邵以正生平、〈道藏〉及其他》,《宗教學研究》1992年第1~2期。

趙宜真、劉淵然、邵以正的净明道“身份”得知，而且可由李得晟碑中稱丘處機爲尹志平之“厥師”、稱邵以正爲“我師祖”中窺出一斑。這種全真道士與净明道士混居一觀的情況，在允許“諸真宗派”道士掛單的“十方叢林”中並不算奇怪，如現存北京白雲觀的《諸真宗派總簿》實即前來掛單的各派道士所留。只是，作爲净明道士的邵以正等人能够住持全真道“祖庭”，甚至一度掌領“天下道教事”，並主持《正統道藏》的編纂工作，却也可見當時净明道的影響之大。

雖然文獻甚少記載趙宜真、劉淵然、邵以正等人關於其他道派的言論，但邵以正之編成《正統道藏》，足可謂是對各道派的一次大融合。邵以正及其師劉淵然、祖趙宜真對各個道派的兼攝或融合，代表了元末明初以來道教發展的一種傾嚮。不過，這種融攝似乎更多地是發生在道法實踐的層面，至於核心的教義或理論層面，不同系統的道士却仍各有所執，如前述趙宜真曾强調“人心即天心，欺心即欺天”、劉淵然“所告語者，惟曰心曰天”，而邵以正也主張：“夫學道者，以忠孝爲第一事。”反觀推崇“戒行精嚴”之功用的全真道龍門派“律宗”①，雖在清嘉慶年間（1796 ~ 1820）也曾使用净明道的“戒本”來傳戒授徒，但並未因此而融入净明道。如閔一得編《古書隱樓藏書》所收《尹真人東華正脈皇極闔闢證道仙經》記載：

> 律祖（王常月）戒堂，開在京邸白雲觀。爾時佛道兩宗傳戒，非奉旨不得私開。其所傳有律、有書、有手卷。……所傳之書，義理本無所禁。然戒律鄭重，恐人褻玩故輕泄之。律最嚴，是以律裔一概襲藏，而凡無人可授之裔，則必聚而焚之。此食古不化之流弊。律祖三傳而道遂絶。今嘉慶間所開演鉢，邱祖戒本失傳，近所傳訪諸《净明宗教録》，與邱祖（處機）所傳小同而大異也。我山先輩，亦守戒焚之，書則録本幸存，而卷、律亡矣。先師太虚翁道及，必撫膺流涕，蓋爲此耳。②

全真道“龍門律宗”雖然曾使用“與邱祖所傳小同而大異”的净明道“戒本”

① 如清初曾使“律宗從此復振”的王常月宣稱：“這個‘戒’字，是降魔之杵，能鎮壓妖邪；是護命之符，能增延福壽；是昇天之梯，能（朝）禮三清而超凡入聖；是引路之燈，能消除六欲而破暗除昏；是仙舟寶筏，能渡衆生離苦海；是慈杠津梁，能濟衆生出愛河。誠修行人之保障，爲進道者之提綱。仙聖無門，皆從戒入；聖賢有路，皆自戒行。實係仙真之要路通衢，賢哲之中門正道。”見《碧苑壇經 · 戒行精嚴》，《藏外道書》本。有關全真道龍門派“律宗”的情況，詳請參閲卿希泰主編：《中國道教史》第四卷（成都：四川人民出版社，1995 年，第 77 ~ 100 頁）。

② 《尹真人東華正脈皇極闔闢證道仙經》，《藏外道書》第 10 册，成都：巴蜀書社，1992 年，第 381 頁。

來傳戒授徒，但並未由此而轉化成爲净明道的支系，蓋因闡發該宗“義理”的“所傳之書”仍未喪失。這種對於自己所奉宗教義理的執著，乃是明清時期道教各種“宗派”(Sect)形成和存在的内在根據。除此之外，明清道教各種“宗派”的存在還有着其他根據，如作爲本派傳續依憑的“字譜”(派譜)。與早期道教多因所奉主神、經典或修行方法相異而自成“宗派”不同，明清時期新興的道教各種“宗派”還多有作爲本派傳續依憑的“字譜”(派譜)，如全真道“龍門派”的“龍門百字譜”或“龍門百字詩”①，以及清末民初北京白雲觀爲“防奸杜假”而用以考問十方掛單道士的《諸真宗派總簿》所收八十餘家宗派字譜②。據説，劉淵然、邵以正這一系在雲南的法裔也有着自己的派名和派譜，其派名爲“長春派”，其派譜爲“日道大宏，玄宗顯妙，真崇元和，永傳正教，紹述仙蹤”③。不過，從劉淵然在雲南的弟子名邵以正、芮道材、蔣日和，而邵以正弟子名喻道純、胡守法、李希祖來看，該派應非劉淵然親創，亦非邵以正所創；此外，“長春派”的字譜並未見録於北京白雲觀的《諸真宗派總簿》等道書，也未見載於明清雲南的地方志書，故該派當爲劉

① 學界一般認爲擁有作爲本派傳續依憑之“字譜”的道教“宗派”多興起於明清時期，如清代陳銘珪《長春道教源流》言：“今世全真教，大抵長春法嗣爲多，所謂龍門派也。然詢之道教中人，云嗣馬丹陽者爲遇山派，嗣譚長真者爲南無派，嗣劉長生者爲隨山派，嗣王玉陽者爲崑嵛派，嗣郝廣寧者爲華山派，嗣孫清静者爲清静派。考長春及諸真門人，無有以派名者，諸派之興，其起於明代歟?”(《藏外道書》本)有關全真道影響最大之“龍門派”的字譜(稱“龍門百字譜”或“龍門百字詩”)，在《長春道教源流》、《金蓋心燈》、《諸真宗派總簿》、《龍門正宗覺雲本支道統薪傳》等清代及民國時期的道教典籍中皆有收録，其中唯個别字詞有所差異，蓋爲傳抄過程中的訛誤。《諸真宗派總簿》所録“龍門百字譜”爲：“道德通玄静，真常守天清，一陽來復本，合教永圓明。至理宗誠信，崇高嗣法興，世景榮惟懋，希微衍自寧。住修正仁義，超昇雲會登，大妙中黄貴，聖體全用功。虚空乾坤秀，金木姓相逢，山海龍虎交，蓮開現寶新。行滿丹書詔，月盈祥先生，萬古續仙號，三界都是親。”又，關於全真道“龍門派”及其“字譜”的形成，目前學界仍在探索和争論，詳請參閲[日]森由利亞撰《全真教龍門派系譜考——‘金蓋心燈’に記された龍門派の系譜に関する問題點について》(見[日]道教文化研究會編：《道教文化への展望》，東京：平河出版社，1994 年，第 180 ~ 211 頁)、張文主編《丘處機與龍門洞》(西安：陝西人民出版社，1999 年)、王志忠著《明清全真教論稿》(成都：巴蜀書社，2000 年)、[意]Monica Esposito，“The Longmen School and Its Controversial History during the Qing Dynasty”(見 John Lagerwey ed. *Religion and Chinese Society*, Vol Ⅱ, Hong Kong: The Chinese University Press, 2004, pp. 621 - 698)、樊光春撰《全真道傳承關係研究芻議》(見丁鼎主編：《崑嵛山與全真道——全真道與齊魯文化國際學術研討會論文集》，北京：宗教文化出版社，2006 年，第 25 ~ 28 頁)等。

② 目前可見的北京白雲觀之《諸真宗派總簿》，收録於日本學者小柳司氣太《白雲觀志》，題“民國丙寅年(1926)迎賓梁至祥抄”。據王卡先生考證，除了北京白雲觀之《諸真宗派總簿》外，僞滿洲國時期的另一位日本學者五十嵐賢隆爲奉天(瀋陽)太清宫所編《道教叢林太清宫志》中收録的於“咸豐十一年(1861)重謄”的《宗派别》，以及奉天通志館館長白永貞爲本溪鐵刹山所編《鐵刹山志》中收録的《道教宗派》，皆以同一個更早的抄本作爲底本，並皆有所添注；其中，以《鐵刹山志》中收録的《道教宗派》爲善本。詳請參閲王卡：《諸真宗派源流校讀記》，見熊鐵基、麥子飛主編：《全真道與老莊學國際學術研討會論文集》上册，武漢：華中師範大學出版社，2009 年，第 49 ~ 75 頁。

③ 蕭霽虹：《劉淵然與雲南道教》，《雲南社會科學》2008 年第 4 期。

淵然的雲南徒裔在後世託其名而創立。也就是説，趙宜真、劉淵然、邵以正這一系傳承在早期尚不完全具備明清時期勃興的具有本派“字譜”的道教“宗派”之特徵。

趙宜真、劉淵然、邵以正這一系統在傳承早期尚未形成新的“宗派”之原因，可能與其所承傳之“道統”頗多有關，這使得他們很難在短期内以一派之説去消化、統攝其他道派的學説。其次，該系統從首都北京到邊疆雲南這樣一種廣大的活動範圍，也在一定程度上制約了他們在短期内創立新的“宗派”，而這恰又給後世某些人託其名創立新“宗派”（長春派）留下了時間和空間。此外，這個系統曾多得官方的寵信，在民間的影響也頗大，其地位甚至一度超過後來號稱“半天下”的全真龍門派，這很容易令他們對當下的狀況産生一種滿足感，並有信心任各種道法“爲我所用”，從而缺乏進一步創新的興趣或動力，較少自覺地（從理論上）去考慮如何處理“净明”與“全真”的關係，或許這也是文獻甚少記載他們關於其他道派的言論之原因。

二、舊基址上的新道派

與趙宜真、劉淵然、邵以正等人不同，南昌“青雲譜”道院住持朱道朗（朱良月）在處理全真道與净明道之關係時採取的是另外一種做法。

朱道朗是明太祖朱元璋第十七子朱權的後裔，而朱權則曾是一位篤誠的净明道士，留有一百三十多種著述，“詞曲院本、道家煉度、齋醮諸儀俱匯焉”[①]。比起祖先朱權來，朱道朗似乎更有名得多，因爲後者不僅開創了一個新的道教宗派，而且據説還就是清初大名鼎鼎的“八大山人”。“八大山人”擅長書法與繪畫，因曾見證明王朝的衰亡，故其畫中“八大山人”的落款既似“哭之”又似“笑之”，由此而得稱絶筆。目前關於“八大山人”的研究成果不少，但爭論也頗多，爭論的焦點集中在他是僧還是道，以及他是否就是南昌“青雲譜”道院的住持朱良

---

① 《四庫全書總目》卷八十七《藩書目》條。據《明史·諸王列傳》言：朱權早曾得封藩大寧（今寧夏），故稱“寧王”；後曾助燕王（朱棣）起兵，功成請封蘇州、錢塘不果，終得改封南昌，年老而“日與文學士相往還，託志翀舉，自號臞仙”。又據《逍遥山萬壽宫志》稱爲“净明之信史”的《净明忠孝全傳正訛》記載：朱權曾自言“前身乃南極沖虚真君降生”，因聞净明道“龍沙有讖，師出豫章”之説而欲往求之，後長期隱居在净明道祖庭——逍遥山萬壽宫附近修煉，得“一老人授以净明忠孝之微言，日餌陽和以樂其天真”，並“日與張三丰、周顛仙詠歌酬唱”，臨終前曾沐浴端坐而言：“烏晶之約，待之久矣。”並留有《洞天秘典》、《太清玉册》、《净明奥論》等書。雍正《江西通志》卷一百一十《丘墓》引《名勝志》言逍遥山萬壽宫附近有明成祖敕建的“寧獻王朱權墓”，可證《逍遥山萬壽宫志》所言不虚。

月。據筆者所見民國《青雲譜志》所收清初“江西按察使司前吏”周體觀撰《青雲譜道院落成記》記載,“八大山人”無疑就是“青雲譜”道院的興建者朱良月。該《記》稱青雲譜之基址乃傳説中周靈王太子晉煉丹之所、漢南昌尉梅福飛昇之地,但是“譜”(圃)之創成則屬明末清初的朱良月所爲,其言:

> ……逮有明之末,寧藩(朱權)宗室裔自稱“八大山人”者,傷世變國亡,託迹佛子,放浪於形骸之外,佯狂於筆墨之間,後委黄冠,自號“良月道人”,又字“破雲樵者”,訪歷代之仙蹤,愛天籟之山水,得吕純陽駕青雲來降示諸秘要,於是贖已失之基址,傾囊藏以建修,紹姬太子許旌陽以明忠孝之道,邀馬道常諸道友以講净明之學,則“青雲譜”之名於斯樹焉。[1]

由上可知,“八大山人”就是“青雲譜”道院的興建者朱良月,且此人是先“託迹佛子”而“後委黄冠”的。《青雲譜道院落成記》所言雖有不少神秘色彩,但因其作者周體觀乃當時官吏,且該《記》係因“八大山人”的朋友章松樵“爲青雲譜道院落成請記”於周體觀而作,故作者應該不會搞錯所“請記”之主角的姓氏名號。再據該《志》之《人物·朱道朗》部分言朱氏(道朗)“自號八大山人,一字良月,一字破雲樵者”[2]及《志》中其他碑記落款“破雲樵者朱道朗”[3],可知朱良月之名爲“道朗”,“良月”乃其字或號。該《志》之《人物》部分在述“朱道朗”生平時,亦曾提及他出資購地建立青雲譜之事,並有夾註言“順治十八年事,文契猶存”[4]。而《志》中一些受朱道朗(良月)本人委託而作的序文,則稱朱氏“於貴時嘗共謂:晉以太子貴,不若修道之樂也”[5],由上可知,朱道朗、朱良月與“八大山人”乃同一人物之不同名號。

“八大山人”朱道朗(良月)先“託迹佛子”而“後委黄冠”的具體過程,我們並不甚清楚,但據民國《青雲譜志》所收序跋之文,可知他是由全真而轉入净明的。如該《志》收有康熙時人黎元寬撰《青雲譜志略序》一篇,稱其序文乃應友人朱良月之請而作,並言青雲譜乃“全真朱良月”自洪崖來南昌後所興,後朱氏“更取净明忠孝之四言以爲持楯”[6]。而朱道朗所撰《青雲譜志》跋文,也表達了他自己對

---

① 周體觀:《青雲譜道院落成記》,見民國《青雲譜志》卷首,《中國道觀志叢刊》第24册,南京:江蘇古籍出版社,2000年,第22~23頁。

② 民國《青雲譜志·人物》,《中國道觀志叢刊》第24册,第146頁。

③ 朱道朗:《青雲譜落成碑記》,見民國《青雲譜志》卷首,《中國道觀志叢刊》第24册,第44頁。

④ 民國《青雲譜志·人物》,《中國道觀志叢刊》第24册,第146頁。

⑤ 黎元寬:《青雲譜志略序》,見民國《青雲譜志》卷首,《中國道觀志叢刊》第24册,第34頁。

⑥ 黎元寬:《青雲譜志略序》,見民國《青雲譜志》卷首,《中國道觀志叢刊》第24册,第30~31頁。

融合全真與净明兩派的想法。在此跋文中,朱道朗聲稱自己在建成青雲譜後即崇祀吕祖(洞賓),一方面是因爲“其受東華正陽之教,發明性命雙修之旨”(按,屬“全真”之學),另方面則是因爲“其視許祖(遜)教同而道一也,道同而心皆一矣”(按,屬“净明”之學),並解釋説:

> 夫人能克其所欲以報君親,非盡於忠孝二字,其實皆本分中事。故净明非忠孝不著,忠孝非净明不立。净明,體也;忠孝,用也。净明之心,道也;忠孝之心,教也。則又觀其心,而道一也。一以沖之於六合則萬象生,一以觀之於當下則三元會矣。至此性命不分之根、五行不到之地,曰性命,曰神氣,同爲之名,同爲之非名也,即忘中忘、見中見,皆落言後,又何有教外傳也?

基於這種思想,朱道朗在青雲譜中不僅“講净明宗教之旨”,同時也“率二三同志爲内修外煉之學”①。而其所行“内修外煉之學”,實即由鍾離權、吕洞賓所傳授的全真道“性命雙修”之功。據民國《青雲譜志·凡例》言:《青雲譜志》乃“自朱良月創修”,且朱氏所修《譜志》“彙有《志略》、《語略》並譜内道派戒規數條”,但後來重修的《譜志》將這些内容删除了;之所以如此,是因爲“《志略》、《語略》多煉汞語,不惟失忠孝之宗教,且非個中人那能領略得來”?而道派道規亦“尤斁閲者之目”②。考清代青雲譜刊印的朱良月等人編纂之《太上靈寶净明宗教録》,可知其不僅增奉吕洞賓爲其教“宗師”(《太上靈寶净明宗教録》卷六《净明宗派·宗師吕真人傳》)、尊奉“净明演派、全真南北宗師列位真人”(《太上靈寶净明宗教録》卷十《祭煉啓師威儀玄科》),且其中所收諸種内丹修煉方法、科儀戒律法式也多從全真道而來(詳筆者另文),其後面的跋文落款則爲“净明法嗣青雲譜全真弟子朱道朗”,故前述《青雲譜志》所删“煉汞語”及“道派戒規”等蓋即朱良月從全真攜入净明者。

由上可知,朱道朗由“全真”轉入“净明”後,並未完全遷就净明道而放棄原來所學的全真之道。爲了使“全真”與“净明”兩個方面的張力得到平衡,朱道朗採取了一種特殊的做法,即:開創新的“宗派”以包容全真與净明兩派的説教。朱道朗開創新宗派一事,曾見於民國莊嚴居士編《道統源流志》。《道統源流志》卷中録有“净明派”及“净明續派”(青雲派),前者派譜爲“天德高無量,照明自古今,道元開處見,總合聖賢心”,後者派譜爲“道德宏清静,法源廣大成,東漢有章教,功果葆忠道”,其前面有序云:

---

① 董漢策:《青雲譜記》,見民國《青雲譜志·舊序》,《中國道觀志叢刊》第24册,第59頁。

② 民國《青雲譜志·凡例》,《中國道觀志叢刊》第24册,第10頁。

淨明派始於孝道明王，乃太上之弟子。二祖孝悌明王傳道於蘭公，蘭公傳道於諶母，立淨明派，留於江西南昌府南昌縣太極觀。至清初，有朱道朗改太極觀舊迹爲青雲譜，留淨明續派，即青雲派。①

上述字譜，在北京白雲觀藏《諸真宗派總簿》中也有記録，不過《總簿》是四十字合爲一體而冠以“許真君淨明派”，且個别字句與《道統源流志》稍有差異，如“道元開處見”作“玄元聞見處”、“功果葆忠道”作“功果保忠禎”，蓋是道士謄抄時筆誤所致。朱道朗開創新宗派一事，在清代刊印的《太上靈寶淨明宗教録》及民國《青雲譜志》中並無提及，但從《淨明宗教録》所録著名道士及《青雲譜志》所載歷代住持來看，“青雲派”的傳承是存在的。以下是筆者據《淨明宗教録》及《青雲譜志》整理出來的一個傳承譜系：

朱道朗（青雲譜及“青雲派”的開創者）→周德鋒（朱道朗弟子，與朱氏共同“鑒定”《淨明宗教録》）→胡德周與胡弘道父子（朱道朗弟子與再傳弟子，共同編校、梓印《淨明宗教録》）→周弘謙、彭清源（青雲譜住持，《志》謂“良月開基於前，賴二師守成於後”）……→徐廣達（青雲譜住持）→劉大志（青雲譜住持）→……熊東育（青雲譜住持）→歐陽漢文（青雲譜住持）→……郭教儀（青雲譜住持）→余功慈（青雲譜住持）→劉果洪、譚果松（青雲譜住持，《志》謂“亦謹守羽士也”）→郭保基（青雲譜住持，徐忠慶之師）→徐忠慶（青雲譜住持，重修民國《青雲譜志》）……

由上，不難看出“道德宏（弘）清静，法源廣大成。東漢有章教，功果葆忠道”字譜的一脈相傳。其中不見“静”、“法”、“源”、“成”、“有”、“章”諸字輩，一種可能是《青雲譜志》未記其“法名”（如《志》中涂若愚、宋程六、朱抱墟、周易庵、徐文瑞、熊星衡等住持或名道即未見其“法名”），另一種可能則是因此輩人物太過“謹守無爲”而未得入《志》。但無論是什麽情況，這個“一脈相承”的“青雲派”之承傳在清初至民國時期是確實存在的。

三、淨明道“祖庭”中的全真道士

與趙宜真、劉淵然、邵以正這一系統以及南昌青雲譜的朱道朗不同，生活在

① 莊嚴居士編：《道統源流志》卷中，上海：民鐸報社等處發行，民國十八年（1929）。

净明道"祖庭"——逍遥山萬壽宫中的道士們面臨的又是另外一種情況。

逍遥山萬壽宫坐落在今江西省南昌市西面約三十餘里處,地處新建縣西南部,是傳説中的許遜"飛昇"之地,古稱"遊帷觀"①,宋代改稱"玉隆萬壽宫"②,後來則通稱"西山萬壽宫"③。明清時期,净明道雖然已經擁有了爲數不少的宗教活動場所,如清光緒四年(1878)重修的《逍遥山萬壽宫志》曾記當時江西境内有百餘處净明道的宫觀道院、殿堂樓閣④,但逍遥山萬壽宫作爲"祖庭"的地位是其他宫觀道院無法企及的。該宫不僅在道門中佔有重要地位,且自唐宋以來還多得官方尊寵,如元柳貫撰《玉隆萬壽宫興修記》言:宋時官方不僅數次出資"營繕"、"締構"、"恢拓"之,且於政和丙申(1116)詔"朝官爲提舉宫事",令"其祠秩之次,浸比靈斯於嶽鎮矣";元代,朝廷更將該宫祠祀納入禮部管理,"凡主是宫,率被受璽書"(雍正《江西通志》卷一百二十八《玉隆萬壽宫興修記》)。元末,逍遥山玉隆萬壽宫曾在劉福通"紅巾軍"進攻江西的戰火中遭受重創,致"羽流星散,殿宇坵墟"⑤,一蹶不振數百年,直至清初全真道士徐守誠來此住持,纔出現了一些繁榮景象。

據《逍遥山萬壽宫志》記載,徐守誠初名弘元,入道後更名守誠,字明真,號野谷,本是"龍門邱長春第八世法嗣",曾拜西山天寶洞全真道士孔常桂(號玄微)爲師,"一日過萬壽宫,見宫殿坵墟、荆棘滿目,不勝浩嘆,而重興之願已默矢於心焉"。後吏部主事熊文舉⑥回鄉省親,見之而謂:"名山有主人,道場必再興。"遂任命其主持修復玉隆萬壽宫之事。康熙年間,徐守誠率衆"四方募資,庀材鳩工",相繼修復了玉隆宫正殿、玉皇閣、諶母閣、三清殿、三官殿等,並"常設茶飯

① 唐《孝道吴許二真君傳》載:東晉許遜"飛昇"當年,"府司聞奏後,奉敕差使造宅及造觀";後因傳説許遜生前所用錦帷曾"從空而下,歸於舊宅之地,虚空飛遊,圍匝周迴",故所造觀得賜額名爲"遊帷觀"。

② 南宋白玉蟾撰《續真君傳》記:宋真宗曾據《度人經》"太釋玉隆騰勝天"之義(道教三十六天中"三界"之上的"四種民天"之一)而改賜"遊帷觀"名爲"玉隆觀",宋徽宗則改"觀"爲"宫",並賜額"萬壽"。

③ 世人多將"西山"與"逍遥山"相混,秋月觀暎《中國近世道教の形成——净明道の基礎的研究》中《西山與旌陽縣》章始辯"西山"與"逍遥山"有別,但所考尚不够精確。據《逍遥山萬壽宫志》卷六《山川考》:所謂"西山"實爲横跨南昌、新建、奉新、建昌四地的山脈之總稱,而"逍遥山"不過是"西山"主脈上的一條支脈。詳請參閲拙著《〈净明忠孝全書〉研究——以宋元社會爲背景的考察》第二章第二節《西山之環境與道教之宫觀》。

④ 如逍遥山的玉隆萬壽宫、盱母道院,省城南昌的鐵柱宫、真君觀,豐城縣的黄堂宫、烏石觀,新建縣的彭真觀、東華觀,奉新縣的延真觀、龍泉觀等等,詳見《逍遥山萬壽宫志》卷七《宫殿》及所附"净明衆真道場"。

⑤ 《逍遥山萬壽宫志》卷十七《藝文·遠凡譚真人傳》,《藏外道書》第20册,第886頁。

⑥ 熊文舉,字公遠,號雪堂,江西新建人,官至吏部左侍郎,事迹見《逍遥山萬壽宫志》卷二十二《鄉賢》、《大清一統志》卷八十六《名宦》等。

以濟行旅之飢渴,解衣被以禦過客之單寒,數十年無倦心"[①]。不僅如此,他還募資修復了丹陵觀(在象牙潭,鍾離嘉道場)、紫陽觀(在雩都,許真君"行宫")等净明道宫觀,令净明道在清初呈現出了振興之勢,致有人以"天命"附會而讚之曰:"以數百年缺陷事,師唯數載輒談笑而還舊規,豈偶然哉!"[②]

作爲全真道士的徐守誠入主净明道"祖庭"並鼎力修復之,與前述净明道士邵以正等入主全真道"祖庭"一樣,並不令人感到奇怪。考全真道與净明道的發展歷史,可知二者皆曾廣傳於中國各地且多與其他門派的道徒相互交往,如前述元代净明道"嗣師"徐慧(徐異)曾"參藍真人(道元)於長春宫",趙宜真、劉淵然、邵以正及朱道朗亦曾融攝全真道法或學説入净明道之中。全真道也同樣具有這種謙下和包容的精神,如元代武當山全真道士張道貴(洞淵)曾禮清微派宗師黄舜申學法且"盡得其傳"[③];著名内丹大家金蓬頭(名志揚,號野庵)"南至袁州,遇守城校尉顛軍子,狀貌偉素,日不與世接,夜宿神祠,(金)師知其異,乃師事之,亦有所得"[④]。明代以後,各個道派間的交流與融合更進一步深化,在這樣一種背景下,全真道士入主净明道"祖庭"或净明道士入主全真道"祖庭",就不算是什麽奇怪的事了。

此外,全真道士徐守誠之所以能够順利地成爲净明道"祖庭"的住持,還與逍遥山萬壽宫的歷史特點有着關係。前述逍遥山萬壽宫自唐宋以來多得官方尊寵,並於宋代政和丙申(1116)獲朝廷命官"提舉宫事",而這種傳統,則一直在元明清諸代延續。即使在净明道因劉玉、黄元吉、徐慧的闡教而大盛之時,其"祖庭"也是由當時頗得皇室寵信的正一道支派"玄教"住持管理,如元柳貫撰《玉隆萬壽宫興修記》又言:"至治元年(1321),臨川朱君思本實嗣居其(萬壽宫)席。"[⑤]朱思本字本初,不僅是"玄教"中的重要人物,而且是當時的著名學者,如明吴寬撰《題元朱本初道士貞一稿後》詩有序言:"本初臨川人,從吴全節宗師居大都,數祀名山,所至考求地理,作《輿地圖考》。其詩文稿名《貞一》,序之者六人,如虞邵庵(虞集)、范德機(范梈)及柳道傳(柳貫)諸公,皆加稱許而親書其文。"(《家藏集》卷二十三《題元朱本初道士貞一稿後》)考朱思本入主逍遥山萬壽宫之時,實在黄元吉入京弘道的至治三年(1323)之前。當朱思本住持萬壽宫時,其也曾

---

① 《逍遥山萬壽宫志》卷十三《人物志》,《藏外道書》第20册,第820頁。
② 《逍遥山萬壽宫志》卷十三《人物志》,《藏外道書》第20册,第820頁。
③ 《歷世真仙體道通鑑續編》卷五《黄雷淵》,《道藏》第5册,第446頁。
④ 《歷世真仙體道通鑑續編》卷五《金蓬頭》,《道藏》第5册,第447頁。
⑤ 《逍遥山萬壽宫志》卷十五《玉隆萬壽宫興修記》,《藏外道書》第20册,第843頁。

主持修繕該宫,並曾獲第三十九代天師張嗣成及"玄教大宗師"吴全節的支持,如《玉隆萬壽宫興修記》載:

(朱思本)始至,見十一大曜、十一真君殿、祖師堂摧剥弗治,位置非據,謀將改爲,則以狀請於教主嗣漢天師,會元(玄)教大宗師吴公亦以香幣來祠,因各捐貲倡首,而施者稍集,掄材庀工,有其具矣。①

明清時期的逍遥山萬壽宫及其他净明道宫觀也同樣多有朝廷的命官住持其中,如《逍遥山萬壽宫志·人物》中就録有不少這樣的人,兹選幾位如下:

鄒通玄,禮部劄付萬壽宫提點,南昌府道紀司道紀。

龔法真,南昌府(道紀司)副道紀,兼萬壽宫住持。

李啓玄,本宫(萬壽宫)住持,南昌府道紀司副道紀。

喻開化,字與贊,本邑简山人,南昌府副道紀,中年閉關習静。

熊鳳奇,字步雲,南昌人,上清宫候選提點,南昌府道紀司正都紀,住持鐵柱宫四十餘年。②

徐守誠之住持逍遥山萬壽宫,應也曾受到過朝廷的委派,如前述吏部主事熊文舉回鄉省親時見徐氏而以爲"名山有主人,道場必再興",並"毅然任興復"③。當然,這裏所謂的"任興復"可能只是口頭上的委託,不過,作爲吏部主事熊文舉返京後不難爲徐守誠辦理一份正式的任命文書。

值得注意的是,徐守誠雖本爲"龍門邱長春第八世法嗣",後來却"日夜講讀經典,研究净明忠孝之道"④,儼然似一净明道士;加上他在修復逍遥山萬壽宫後,又繼續修復了外地的丹陵觀、紫陽觀等净明道宫觀,故我們可以認爲他在信仰上已接受了净明道的學説,並以弘揚净明之教爲己任。這種個人信仰的轉變,在當時並不鮮見,如前述南昌青雲譜住持朱道朗即是由"全真"而轉入"净明"者。至於徐守誠之所以由"全真"轉向"净明",除了與其得命住持萬壽宫並擔綱修復事有關外,可能還與青雲譜的净明道士周德鋒之影響有關。據《逍遥山萬壽宫志》載:

① 《逍遥山萬壽宫志》卷十五《玉隆萬壽宫興修記》,《藏外道書》第20册,第843頁。
② 《逍遥山萬壽宫志》卷十三《人物志》,《藏外道書》第20册,第823~824頁。
③ 《逍遥山萬壽宫志》卷十三《人物志》,《藏外道書》第20册,第820頁。
④ 《逍遥山萬壽宫志》卷十三《人物志》,《藏外道書》第20册,第820頁。

周先生名德鋒，字思永，别號占月，又自稱鐵漢。……弱冠遇異人於城市，談净明忠孝之道及天元玄牝之妙，超然感悟。……徐師野谷企而慕之，同結圜於青雲浦(譜)。……後因徐師敦請，遂來玉隆大闡宗風、開示後學。[①]

周德鋒乃是與"八大山人"朱道朗共同在青雲譜編纂、訂正《太上靈寶净明宗教録》的净明道重要人物[②]，而該版本《太上靈寶净明宗教録》則屬融合净明、全真兩家學説之作[③]。徐守誠與周德鋒交往密切，與其"同結圜於青雲浦(譜)"，並迎請他來玉隆(萬壽)宫"大闡宗風、開示後學"，應該也會受到青雲譜道士融全真道與净明道之做法的影響。不過，徐守誠雖然試圖融合全真與净明，但並未像青雲譜的朱道朗一樣開創出新的宗派，而是採取了另一種特殊的做法，即：在學説上力倡"净明忠孝"之道，而在傳承上則仍襲用全真龍門派字譜。徐氏在住持玉隆萬壽宫期間，曾收有許多門人，其中尤以譚太智、張太玄、熊太岸三人最爲出色，如《逍遥山萬壽宫志·人物》載：

譚君名太智，字闇如，號遠凡。……嘗慕旌陽净明忠孝之道，早有出塵拔俗之志。……過萬壽宫，一見徐師野谷、周師占月，遂北面事之，謝棄人事，一意精修。一日，徐師有重興丹陵、恢復紫陽之志，宫事一以付君。君乃毅然力任，居十餘年。性命雙修，機緣輻輳，無美不興，有謀必遂，雖曰守成，實兼開創。

張君名太玄，字夢華，號華陽子，晚年自稱逍遥散人。……年三十棄家雲遊，歷名山訪良師，多不滿意。歸隱逍遥山，禮徐公野谷、周公思永爲師，早夜勤修，洞然了悟。……丹陵復興，始於徐師，而恢廓修塗，多君之力。

熊君名太岸，字陵先，號錦陽。……及聞旌陽净明忠孝之道，幡然有省，遂棄家禮徐野谷爲師，杜門習静，參究修心煉性之道，久之有得。……徐師及門固多，如譚遠凡、張華陽與君三人，尤稱高足。[④]

---

① 《逍遥山萬壽宫志》卷十三《人物志》，《藏外道書》第20册，第821頁。

② 如筆者所藏清代青雲譜藏板《太上靈寶净明宗教録》即題"朱良月、周占月二師鑒定"。

③ 青雲譜藏板《太上靈寶净明宗教録》除收録《道藏》中的净明道經典外，卷五所收《净明初真戒經》、《净明正真戒經》、《净明上真戒經》、《净明在家奉持戒儀》、《净明女真戒儀》、《净明三真科戒威儀》，卷九所收《净明法藏圖》以及卷十所收《朝真禮斗經懺戒壇章奏等式》、《净明祈禳煉度科文》、《净明科儀早晚課誦》皆新出道經，且多與全真道相類，詳筆者另文。

④ 《逍遥山萬壽宫志》卷十三《人物志》，《藏外道書》第20册，第822～823頁。

除了這三個人外,《逍遥山萬壽宫志·人物》還記有徐守誠的師父孔玄微,以及孔玄微的另一弟子"石頭子"的事迹,詳録如下:

孔師名常桂,號玄微,山東曲阜人,孔子六十七代裔孫也。聰慧簡静,淡泊寡營,早有出世之想。父母没,終喪制,輒棄家雲遊。南至楚,見木蘭山秀雅絶塵,遂居之。默坐潛修,不妄言笑,飲冰茹蘖,人莫能測。後聞江右西山神仙窟宅,遂曳杖來遊。遍覽名勝,尤愛天寶洞幽邃,爰有獨寐勿諼之意。終日兀坐松下,静悟天機,時弄靈芝以自娱。一旦恍然省悟,飄然羽化。從遊甚夥,而惟徐師野谷爲尤著云。

石頭子,姓岑,名守静,號可居道人,石頭子其别號也。廣東人,師事孔玄微,參究玄理,瀟灑脱略,不拘方幅,人望之飄然有仙氣。善歌道情,嘗坐古柏中浩然長歌,聲達空際。少宰雪堂公(熊文舉)每至,必使之歌以佐酒,相得甚歡,且謂其非塵俗中人。以壽考終。①

我們在此不厭其煩地大段摘引有關這幾個人物的文獻,是爲了展示當時逍遥山的三個現象:首先,從徐守誠的師父孔玄微名"常桂"、師兄弟名"守静"及幾名徒弟名"太智"、"太玄"、"太岸"來看,他們這一系的傳承乃是依全真龍門派"道德通玄静,真常守太清"字譜。其次,他們雖以全真龍門派的字譜相傳承,却又多接受了净明道的學説,如徐守誠"日夜講讀經典,研究净明忠孝之道",譚太智"慕旌陽净明忠孝之道,早有出塵拔俗之志",熊太岸"聞旌陽净明忠孝之道,幡然有省",而張太玄也"於净明忠孝之義,真可謂無忝者"②。第三,逍遥山道士以全真身份而弘揚净明學説的做法似應始自徐守誠,因爲該《志》隻字未提徐氏的師父孔常桂與同門岑守静對"净明忠孝"的態度。

由以上三個現象,我們可以進一步認識明清時期逍遥山上的净明道與全真道之關係。上述道士,尤其是徐守誠及其門徒譚太智、張太玄、熊太岸等,無論是被視爲净明道徒,還是被劃歸全真道徒,都可謂是一群特殊的道士;他們一方面深信净明道的學説,另一方面却又不願放棄全真道的傳承字譜,故可謂是當時全真道與净明道融合的一種特殊模式。這種模式,與南昌青雲譜朱道朗通過創立新宗派來統攝全真、净明兩派學説的模式不同,也與趙宜真、劉淵然等人身兼多派傳承而"超越"之的模式不同。逍遥山萬壽宫的這種模式之所以出現,蓋由於

① 《逍遥山萬壽宫志》卷十三《人物志》,《藏外道書》第20册,第819、822頁。

② 《逍遥山萬壽宫志》卷十七《藝文·華陽張真人傳》,《藏外道書》第20册,第887頁。

當時該宫存在着全真、净明兩派的傳統勢力，且兩派勢力較爲均衡。據《逍遥山萬壽宫志》卷七《宫殿》載，徐守誠曾在逍遥山萬壽宫新建供“黄冠之流、煉養服食者居之”的“全真堂”，而宫中同時還有供“羽流之士、經典科教者居之”的“致福堂”、“萬福堂”、“大觀堂”與“持敬堂”，由此可知當時萬壽宫中既有新來的全真道士，也有舊居的净明道士或正一（玄教）道士，頗有“十方叢林”之特徵。此外，《逍遥山萬壽宫志》中的《人物志》自清初而分爲“全真”與“演教”兩部分，“全真”部分列孔常桂以下使用全真龍門派字譜的道士，其中不僅包括徐守誠及其弟子，也包括與徐氏同輩而未見有崇信“净明忠孝”的岑守清、盧守一，而“演教”部分則列舉了由官方派駐（或任命）的道官及住持等，從中同樣可窺當時萬壽宫中傳統勢力的存在。這兩派勢力的存在，一方面使得作爲住持的徐守誠必須保持公平而不能“顧此失彼”、難以以此派統攝彼派，另一方面也制約着徐氏創立新的宗派、使用新的字譜，令他難以像南昌青雲譜的朱道朗一樣在新建立的道院中順利地推行自己的新想法。秋月觀暎先生認爲《逍遥山萬壽宫志》之《人物志》中所言“全真”並不指“全真道”，而是指捨棄事務、專門求道的修道者[①]，其説頗需商榷。事實上，“全真”雖不必專指“全真道”[②]，但净明道也並非專事符籙而不煉己“真”[③]，但爲何此《人物志》“全真”部分有“常設茶飯以濟行旅之飢渴，解衣被以禦過客之單寒”的徐守誠，有“少宰雪堂公（熊文舉）每至，必使之歌以佐酒”的岑守静，而獨不見“捨棄事務、專門求道”的净明道士（如前述“演教”部分所列“中年閉關習静”的喻開化）？竊以爲秋月先生不僅未察該《人物志》中“全真”部分的人物全用龍門派字譜，而且忽視了清初逍遥山萬壽宫中新舊兩派勢力的存在。

“逍遥山模式”的出現，除了與净明、全真兩派均具謙下和包容精神，以及逍遥山的歷史特點、時代背景有關外，可能還與當時逍遥山萬壽宫缺乏著名高道有關。與清初逍遥山萬壽宫的道士不同，當時南昌青雲譜的住持朱道朗乃是一位高道，其不僅有着很高的文化素養，而且對全真、净明兩派的經典學説、道法科儀等均有着深刻的理解，由此而有了十卷《太上靈寶净明宗教録》的傳世及“净明續

---

① ［日］秋月觀暎著、丁培仁譯：《中國近世道教的形成——净明道的基礎研究》，北京：中國社會科學出版社，2005 年，第 169 頁。

② 詳請參閲拙文《“全真”考論》，見盧國龍主編：《全真弘道集》，香港：青松出版社，2004 年，第 33～53頁。

③ 詳請參閲拙著《〈净明忠孝全書〉研究——以宋元社會爲背景的考察》第四章第一節《證道求仙：宋元净明道的終極信仰》。

派"(青雲派)的創立。而前述趙宜真、劉淵然等人實也是明代的著名高道,如趙宜真曾廣學净明、清微及全真南北宗之法,留有《元陽子法語》、《靈寶歸空訣》等著述,"於正乙天心雷奥、全真還丹之旨多所發揮"(雍正《江西通志》卷一百四《仙釋》引《豫章書》),後不僅得"净明學者尊爲嗣師"並被視爲繼"十二真君"、劉玉、黄元吉、徐慧之後的"旌陽公五傳"[①],而且得皇帝賜號"崇文廣道純德原陽趙真人"(雍正《江西通志》卷一百四《仙釋》引《贛州府志》)。趙宜真的弟子劉淵然則"棲神煉炁,呼召風雷,驅役鬼神,濟拔幽顯,動有靈驗",並多次爲皇帝修建金籙大齋,"有醴泉、甘露、鸞鶴之祥,而寵賚備至"(《抑庵文後集》卷五《長春劉真人祠堂記》),因此而得賜號"沖虚至道元妙無爲光範衍教莊静普濟長春真人",並得命"領天下道教事",終被净明道尊爲"嗣師"並視爲"旌陽公六傳"[②]。劉淵然弟子邵以正則曾進入京城擔任道録司左玄義、左正一等職,"領京師道教事",得賜號"悟玄養素凝神沖默闡微振法通妙真人"(《明史》卷二百九十九《方伎列傳》),並主持了《正統道藏》的編纂工作。如前所述,也許是由於對諸家道法的理解和運用非常成功,故趙宜真、劉淵然、邵以正這一支兼有幾個道派傳承的系統曾赢得了民衆的信賴和帝王的寵信,而這似乎又給了他們一種"超越"各派的優越感和自信心,令他們毋需去考慮如何"調和"所兼諸派的不同,而是"順其自然"地任各種道法"爲我所用"。反觀作爲逍遥山萬壽宫住持的徐守誠,其所做的似乎只有調和宫觀内部的兩派勢力,盡力促成全真、净明道士和諧共處的局面,雖然這種"調和"也是一種高超的藝術。

最後需要説明的是,"逍遥山模式"並不僅只存在於逍遥山萬壽宫中,還存在於明清時期的其他净明道宫觀中。這一時期的不少净明道宫觀中,也多有全真道士住持或生活,如作爲"十二真君"鍾離嘉之道場的丹陵萬年觀修復後,徐守誠"以住持不可無人,乃遣師(張太玄)往居之"[③],作爲諶母之道場的黄堂隆道宫也有"龍門邱長春之法嗣"譚本光修繕、振興之[④]。所以可以説,"逍遥山模式"可能是當時全真道士與净明道士相互融合的主流形式,甚至可能是道門中各派道士相處的主要模式,因爲"高道"畢竟只佔道教信徒中的少數,而與舊有的宫觀相比,新建的道院在短時期内也不會佔多數。這種在道門中佔主流地位的現象,所體現的也正是道教之"和而不同"的精神。

---

① 《逍遥山萬壽宫志》卷五《仙傳·旌陽公五傳》,《藏外道書》第20册,第730頁。
② 《逍遥山萬壽宫志》卷五《仙傳·旌陽公六傳》,《藏外道書》第20册,第730頁。
③ 《逍遥山萬壽宫志》卷十七《藝文·華陽張真人傳》,《藏外道書》第20册,第887頁。
④ 《黄堂隆道宫志》卷九《人物志》,《中國道觀志叢刊》第29册,第178頁。

四、結語

以上，我們大致按時間順序考察了明清時期的三組道教人物，試圖通過他們來窺探這一時期净明道與全真道的關係。應該説，本文的考察並不詳備，這一時期還有不少著名的道士尚未被納入考察之列，如明代著名的出版家、净明道徒楊爾曾，以及清代净明道的"醉花道人"傅金銓等。至於對兩派修煉方法及戒律科儀等的具體考察，則更有待將來進行。不過，通過以上考察，我們也可對這一時期净明道與全真道的關係得出如下粗略認識：

1. 明代初期，許多高道曾身兼"净明道"與"全真道"等多個道派的傳承，他們對諸家道法的理解和運用非常成功，頗得民衆信仰和帝王尊寵；這種"優越"的狀態，似乎使他們失去了進一步創新的興趣或動力，並没有自覺地從理論上去考慮如何處理净明道與全真道的關係，而是"順其自然"地任各種道法"爲我所用"。

2. 清代以後，一些全真道士因長期生活於净明道的文化圈内而漸信"净明忠孝"之説，但他們也並不願意完全放棄原來所學，而是試圖融合兩派的學説。其中的部分道士採取了創立新宗派以統攝全真、净明兩家學説的做法，並取得了成功；另一部分道士則因生活場所中的傳統勢力甚强，既未能創立新的宗派，也未能以此派統攝彼派，而是促成了兩派和諧共處的局面。

3. 由上可知，明清時期"净明道"與"全真道"的關係是比較複雜的，其總的趨勢則是相互融合。不同道派之間的相互融合，表明其學説在實質上並無根本差異，而是可以相互融攝的。各個道派之間的和諧共處，固然與當時中國社會的政治、經濟、文化諸方面因素有關，但也在一定程度上體現了道教"和而不同"的精神。

（本文屬教育部"人文社會科學重點研究基地"重大項目"净明道研究"階段性成果，項目編號：05JJD730001。）

全真道與民間信仰之間的互動

——以濟南長清馬山隔馬豐施侯廟爲個案的研究

□趙衛東

摘要:山東省濟南市長清區馬山頂上有道觀一處,現存從元後至元三年(1337)至民國二十年(1931)碑刻二十餘塊,這些碑刻詳細記載了該道觀的興衰沿革。根據碑刻記載,結合各種方志中有關馬山的內容,馬山廟宇在唐宋時期被稱之爲隔馬豐施侯廟,供奉的神靈爲隔馬豐施侯,其雖然源於《左傳》襄公十八年"夙沙衛殺馬塞道"的故事,但僅僅是局限於周圍很小範圍的民間信仰。全真道士於元代入住該廟,並接受了隔馬豐施侯信仰,這一舉措極大地促進了全真道在馬山的扎根與發展,而全真道士的入住也維護了隔馬豐施侯信仰的傳播與延續。明代中期,碧霞元君信仰進入馬山,打破了馬山原來的信仰格局,全真道士趁機建起了玉皇殿、土地廟、后土殿、靈官殿等新的殿堂,爲馬山隔馬豐施侯廟帶來了新氣象。雖然碧霞元君信仰傳入馬山後隔馬豐施侯祠仍然是馬山道觀的主殿,但隨着碧霞元君信仰的興盛,碧霞元君逐步取代了隔馬豐施侯在民間的地位,成爲了馬山及其周圍地區信衆的主要信仰對象。伴隨着碧霞元君信仰的興起,全真道在馬山得以迅速發展,碧霞元君信仰最興盛的時候,既是馬山居住全真道士最多的時候,也是隔馬豐施侯廟修復最頻繁的時候。清末民國時期,戰亂頻仍,社會動蕩,全真道士離開馬山,碧霞元君信仰隨之衰落,被新興起的馬山奶奶信仰所取代。以上對馬山道教信仰興衰的考察説明,全真道與民間信仰之間具有不可分割的關係,當全真道與民間信仰能够做到和諧共處、互動互補的時候,雙方都會得到迅速發展;相反,當兩者有一方衰落的時候,另一方也必然受到影響。全真道與民間信仰之間的這種互動關係,爲我們今天更好地弘揚全真道提供了深刻的啓示。

關鍵詞:全真道　馬山　碧霞元君　龍門派　民間信仰

作者簡介:趙衛東,男,1970 年生,山東壽光人。哲學博士,山東師範大學齊魯文化研究中心教授、全真道研究所所長。主要從事儒家與道家道教哲學研究，已出版《分判與融通——當代新儒家德性與知識關係研究》、《丘處機與全真道》、《譚處端學案》、《金元全真道教史論》等著作。

引言

馬山位於山東省濟南市長清區馬山鎮，距離濟南市區約40公里，距離長清城區約30公里，它東依泰山，西瀕黄河，南望曲阜，北靠濟南，孫應鳳撰《明萬曆八年重修隔馬豐施侯廟記碑》①云："山之東兮，泰嶽絶峰；山之南兮，鳳棲肥城；山之西兮，襟帶河清；山之北兮，依付清亭。"總面積3.6平方公里，東南、西北走嚮，海拔512.3米，《清康熙二十八年重修隔馬山豐施侯廟記碑》云："此山廣袤十餘里，高可四五里，危峰峭壁，勢若削成。其絶巔處，坐乾嚮巽，有豐廟在焉。"據民國《長清縣志》②卷一《地輿志》記載，馬山上有馬耳峰、車轍峰、通明洞、歇馬亭、聖水泉、米泔泉、仙人酒場、鬼谷子棲隱處等風景名勝，其云："山之南首有兩大石高聳，曰馬耳峰。……馬耳峰北有車轍峰……下有通明洞，東西通達，長約三里餘，行人從中過，較他處近若干，惟崎嶇不易行。"又云："歇馬亭，在馬山東北。"又云："聖水泉，馬山寺西山門下叢石中，有清泉一，水淺，僅供數口之用。咸同年間，髮匪過境，山上避亂人民數萬，泉水暴漲，池蓄之，用之不竭。故名聖水泉。"又云："米泔泉，在馬山北。"民國《長清縣志》卷十六《雜事志》云："仙人酒場，馬山頂之東偏，古柏盤繞，下有大石如方棹，上鐫'仙人酒場'四字，石之東面，下臨萬丈峭壁，無人敢坐。相傳，虚位所以敬仙，飲酒於此，飲少醉而壺莫傾。"又云："鬼谷隱處，馬山穿陽洞下偏北，有一石洞，相傳鬼谷子隱處。"除以上風景名勝之外，馬山頂上還有道觀一所，名爲"隔馬豐施侯廟"，廟内有隔馬豐施侯祠、玉皇殿、天王殿、后土殿、靈官殿、碧霞元君殿、馬山奶奶殿等。通過以上殿堂的名稱

---

① 該碑現存山東省濟南市長清區馬山鎮馬山頂隔馬豐施侯廟，除此之外，馬山現存碑刻還有《元至元三年重修豐施侯廟記碑》、《明正德十五年重修記碑》、《明嘉靖二十七年重修隔馬山豐施侯祠記碑》、《明嘉靖二十七年重修玉帝祠記碑》、《明隆慶元年重修神祠之記碑》、《清康熙二十七年重修馬山泰山行宫記碑》、《清康熙二十八年重修隔馬山豐施侯廟記碑》、《清乾隆三年重修隔馬豐施侯廟記碑》、《清嘉慶二十五年重修隔馬山豐施侯廟記碑》、《清嘉慶二十五年重修馬山廟宇記碑》、《清嘉慶二十五年重修馬山記碑》、《清道光二十三年重修碧霞宫記碑》、《民國二十年建修馬山聖母影堂記碑》，等等，以下引用這些碑刻的碑文不再注明。

② 李起元修，王連儒纂：《長清縣志》，民國二十四年(1935)鉛印本。

可以看出,馬山廟宇所供奉的神靈,既有道教神仙,又有民間信仰的對象,而且這些殿堂並非一時並起,而是歷經唐宋至民國上千年而逐步建成。在馬山信仰的歷史變遷中,全真道與民間信仰相互影響、相互吸引、相互促進,使隔馬豐施侯廟成爲全真道與民間信仰和諧共處、興衰與共的典範。下面擬通過馬山現存二十多塊碑刻和相關方志資料的記載,對馬山全真道與民間信仰之間的互動加以考察,以就教於方家。

一、關於馬山名稱由來的三種說法

馬山又稱格馬山或隔馬山,對於其名稱的由來,各種史料衆說紛紜,莫衷一是。《清嘉慶二十五年重修馬山廟宇記碑》云:"《水經注》謂'格馬山',俗訛'格'爲'隔',且曰:'此左氏所謂殺馬塞道處。'或曰:'非也,山有馬形,故以名。亦猶青之駝山有駝形,沂之龜山有龜形云爾。'"元好問《東遊略記》云:"里俗相傳,景德中契丹寇兖,鄆山之神陰障戎馬,使不得南,以是得名。"[①]以上兩條史料提到了關於馬山名稱由來的三種說法:其一,《清嘉慶二十五年重修馬山廟宇記碑》提到,有一種觀點認爲,馬山之名源自《左傳》"殺馬塞道"的故事;其二,元好問《東遊略記》中提到,另一種觀點認爲,北宋景德年間,馬山神曾暗地裏阻隔契丹戎馬南下,故得隔馬山之名;其三,《清嘉慶二十五年重修馬山廟宇記碑》提到,"山有馬形,故以名"。就目前所見史料來看,關於馬山名稱的由來,主要有以上三種説法,因馬山名稱的由來與其所祀神靈有直接的關係,下面擬對以上三種觀點加以辨析。

首先,關於馬山名稱源自《左傳》"殺馬塞道"的說法。除以上《清嘉慶二十五年重修馬山廟宇記碑》中提到這種說法外,還有很多史料持此觀點。比如,清康熙《長清縣志》[②]云:"隔馬山,在縣東南六十里。按《左傳》,晉伐齊,齊師□□,夙沙衛殿,殖綽、郭最曰:'子殿齊師,國之辱也。'乃代之殿。衛恨之,遂殺馬於隘以塞道,致使晉師得之。故名'隔馬山'。"《清康熙二十八年重修隔馬山豐施侯廟記碑》云:"隔馬山之名,昉於春秋齊晉防門之役,閹人夙沙衛殺馬塞道,以陷殖、郭二將者,其來久矣。"清道光《長清縣志》[③]卷一《山川》云:"隔馬山,縣東南

① 李修生:《全元文》第1册,南京:江蘇古籍出版社,1999年,第393頁。
② (清)岳之嶺修,徐繼曾纂:《長清縣志》,清康熙十一年(1672)刻本。
③ (清)舒化民等修,徐德城等纂:《長清縣志》,清道光十五年(1835)刻本。

六十里。按《左傳》,晉伐,齊師夜遁,夙沙衛殿,殖綽、郭最曰:'子殿國師,齊之辱也。'乃代之殿。衛恨之,遂殺馬於隘以塞道,欲使晉師得之,故名隔馬山。"民國《長清縣志》卷一《地輿志》所收庸敬子《遊馬山記》云:"所謂馬山者,諸說不同。或謂即《水經注》之'格馬山',俗訛爲'隔',謂山勢高峻,馬不能過,故有'隔馬'之稱。一說即左氏所謂殺馬塞道處。""殺馬塞道"的故事出自《左傳》襄公十八年,其云:

> 冬十月,會於魯濟,尋湨梁之言,同伐齊。齊侯禦諸平陰,塹防門而守之,廣里。夙沙衛曰:"不能戰,莫如守險。"弗聽。諸侯之士門焉,齊人多死。……
>
> 齊侯登巫山以望晉師。晉人使司馬斥山澤之險,雖所不至,必旆而疏陳之。使乘車者左實右僞,以旆先,輿曳柴而從之。齊侯見之,畏其衆也,乃脱歸。丙寅晦,齊師夜遁。……
>
> 夙沙衛連大車以塞隧而殿。殖綽、郭最曰:"子殿國師,齊之辱也。子姑先乎!"乃代之殿。衛殺馬於隘以塞道。晉州綽及之,射殖綽,中肩,兩矢夾脰,曰:"止,將爲三軍獲;不止,將取其衷。"顧曰:"爲私誓。"州綽曰:"有如日!"乃弛弓而自後縛之。其右具丙亦捨兵而縛郭最,皆衿甲面縛,坐於中軍之鼓下。①

魯襄公十八年(前555)秋,齊國伐魯,魯襄公聯合晉、宋、衛、鄭、曹、莒、邾、滕、薛、杞、小邾等國圍齊,齊侯禦晉軍於平陰,晉軍以計嚇退齊軍,就在齊軍退兵時,爲了防止晉軍乘勢追擊,閹人夙沙衛以車塞道而殿後,齊將殖綽、郭最認爲,讓閹人夙沙衛殿後,這是齊軍的耻辱,於是代其殿後。受辱的夙沙衛懷恨在心,尋機報復,後退時,殺馬塞道,斷了殖綽、郭最的退路,致使二人被晉將州綽所縛,這就是《左傳》"夙沙衛殺馬塞道"的故事。有人根據以上故事認爲,夙沙衛殺馬塞道的隘口在馬山,正因春秋時期在馬山發生了以上故事,所以馬山纔被稱爲"格馬山"。

就目前所見史料來看,最早稱馬山爲格馬山的是《魏書》卷一百六《地形志》,其云:"山茌,二漢、晉屬泰山,後屬。有咸山、祇山、格馬山。"其中所提到的"格馬山"即今天的馬山,但没有提到格馬山與《左傳》"殺馬塞道"的故事有關。

---

① 楊伯峻:《春秋左傳注》(修訂本),北京:中華書局,1990年,第1038~1039頁。

酈道元在《水經注》中也提到了格馬山，但仍然没把它與《左傳》"殺馬塞道"的故事聯繫起來，《水經注》卷八《濟水》云："濟水又東北，與中川水合。水東南出山茌縣之分水嶺。溪一源兩，分泉流半，解亦謂之分流，交半水，南出太山，入汶。半水出山茌縣，西北流，徑東太原郡南。郡治山茌。西北，與賓溪谷水合。水出南格馬山賓溪谷，北徑盧縣故城北，陳敦戍南，西北流，與中川水合，謂之格馬口。"①以上説明，早在北魏時期，馬山已經有了格馬山之名，但提到格馬山的以上兩處文獻，皆未對其名稱的由來作出解釋。第一次把馬山與《左傳》"夙沙衛殺馬塞道"的故事聯繫起來的是唐代的《元和郡縣志》。《元和郡縣志》卷十一云："隔馬山，在縣東南三十五里。《左傳》曰：晉侯伐齊，齊師遁，夙沙衛斬馬於隘以塞道。後因爲隔馬山。"②顯然，《元和郡縣志》的作者李吉甫認爲，《左傳》夙沙衛殺馬塞道的隘口就在馬山，而且馬山因此被稱之爲"隔馬山"。據元好問《東遊略記》記載，北宋大觀三年（1109）東平陳彦元《廟記》提到，唐中和二年（882）李公瞻所撰碑記認爲，格馬山之名源於《左傳》"殺馬塞道"的故事，其云："隔馬祠在長清馬山之南，距縣八九十里所。大觀三年東平陳彦元《廟記》云：'盧城圮，澗中得唐中和二年義昌軍節度押衙國子祭酒兼御史大夫李公瞻作廟縣中時石刻，載齊師爲晉所敗，殺馬隘道，晉師不得過。謂以是得名。字當爲'格'，而今爲'隔馬'，疑與左氏不合。"③以上可以説明兩點：其一，馬山至遲於北魏時就已經被稱爲格馬山，唐時始認爲格馬山之名源於《左傳》襄公十八年"夙沙衛殺馬塞道"的故事。其二，馬山最早稱"格馬山"，後誤"格"爲"隔"，遂稱"隔馬山"。自此之後，這種觀點被普遍接受，並逐步成爲關於馬山名稱由來最流行的説法，乃至於楊伯峻先生言："據《水經注・濟水注》及《元和郡縣志》，今山東長清縣東南爲衛塞隘處，名隔馬山。"④

其次，關於馬山名稱源於山神陰障契丹戎馬南下之説。除元好問《東遊略記》提到這種説法外，不見於其他史料，但既然元好問提到了這種説法，這説明至少在金末元初有這樣一種説法存在。在目前所見文獻中，亦有與此類似的説法。民國《長清縣志》卷一《地輿志》所收庸敬子《遊馬山記》云："或謂即《水經注》之

① （清）楊守敬、熊會貞：《水經注疏》，上海：上海古籍出版社，1995 年，第 740 ~ 741 頁。熊會貞言："《地形志》：山茌縣有格馬山。《元和志》：隔馬山在長清縣東南三十五里。《左傳》：夙沙衛殺馬於隘以塞道，後因名。《方輿紀要》：隔馬山在長清縣東南六十里。南沙河在縣東南二十里，源出隔馬山，即此《注》之水也。"（《水經注疏》，第 741 頁）

② （清）龐鴻書等撰，慧超傳考：《補元和郡縣志四十七鎮圖説》，清光緒年間鉛印本。

③ 李修生：《全元文》第 1 册，第 393 頁。

④ 楊伯峻：《春秋左傳注》（修訂本），第 1038 頁。

'格馬山',俗訛爲'隔',謂山勢高峻,馬不能過,故有'隔馬'之稱。""山勢高峻,馬不能過,故有'隔馬'之稱"的説法,很可能就脱胎於"山神陰障契丹戎馬南下"之説。與第一種説法相比,這種説法雖然没有確鑿的史料支持,但也並非空穴來風。元好問《東遊略記》中提到"景德中契丹寇充,鄆山之神陰障戎馬,使不得南,以是得名"。① 景德爲北宋真宗年號,因遼以契丹族立國,故稱契丹,"契丹寇充"指的即是北宋真宗景德元年(1004)遼進犯北宋之事,《宋史》與《遼史》對此事都有詳細記載。② 然而,雖然"契丹寇充"歷史上確有其事,但這並不代表馬山名稱就源於此。先不説其中神化的成分是否可信,即使從史料考證角度來説,這種説法也是不可信的。因爲前面已經講過,《魏書·地形志》與酈道元《水經注》已經稱馬山爲格馬山,格馬山的名稱北魏時期已經有了。顯然,馬山名稱源於山神陰障契丹戎馬南下之説,必爲後來杜撰,不可取信。所以,元好問纔説:"以予觀之,古今祠廟不能考其所從來,而妄爲立名號者多矣!殺馬隘道,神何預焉,而祠之?至於陰障戎馬,則又齊東野人語也。"③

最後,關於馬山名稱源於山形像馬之説。持這種看法的人,雖然明顯少於持第一種看法的人,但比持第二種看法的人多。在馬山現存碑刻中,有三塊碑提到了這種説法:《清嘉慶二十五年重修馬山記碑》云:"余不揣固陋,爲之記,復爲之表,其勝□謂此山難以象□呼爲馬山;或者如天馬行空,故以馬名歟!然而□□□同□弟以馬也。"《清乾隆三年重修隔馬豐施侯廟記碑》云:"古者因山命名,以鎮區方,各有取也。青崖石麟滚栗峙吾邑者,班班可考,而隔馬稱最。狹而長,高而聳,嶔奇淩雲,蓋岱西之名山,清邑之巨鎮也。歷觀若耳若尾,形迹宛肖,古人象形而名之,天造地設之奇,人力烏能奪哉!"《民國二十年建修馬山聖母影堂記碑》云:"山以馬名,以其形之似馬也。"以山形來給山命名,這是一種非常普遍的現象,所以,各地山名多有馬山、牛山、龜山、駝山等等之稱,但馬山之名顯然並非源自於此。根據《魏書·地形志》和酈道元《水經注》的記載,馬山本不名爲馬山,而是名爲格馬山,隔馬山、馬山皆出自於格馬山之稱,隔馬山實爲誤"格"爲"隔"所致,馬山實爲格馬山之簡稱。雖然如此,但馬山之稱實際上出現得很早,甚至於要比隔馬山之稱出現得還要早。前面提到,就目前所見史料來看,唐李吉甫《元和郡縣志》始稱隔馬山,而酈道元《水經注》則已經把格馬山簡稱爲馬山,

① 李修生:《全元文》第1册,第393頁。
② 詳情參見《宋史》卷七《本紀》第七《真宗二》與《遼史》卷十四《本紀》第十四《聖宗五》。
③ 《東遊略記》,見李修生:《全元文》第1册,第393頁。

《水經注》卷二十四《汶水》云:"汶水又西,溝水注之,水出東北馬山,西南流,徑棘亭南。"[①]然而,"馬山"之稱於北魏時期就已出現,並不意味着馬山名稱源於山形像馬的説法出現得就早,而實際上情況恰恰相反,在以上這三種看法中,第三種看法産生得最晚,且爲流俗所傳,最不可信。

比較以上三種關於馬山名稱由來的看法,無論是從出現時間的早晚,還是從所依據史料的可靠性來看,第一種看法,即認爲馬山名稱源於《左傳》"夙沙衛殺馬塞道"故事的説法,最爲可信。

二、隔馬豐施侯信仰在馬山的形成

全真道傳入馬山以前,馬山上已有廟宇存在,至於何時所建,則不得而知。雖然《魏書·地形志》、酈道元《水經注》和李吉甫《元和郡縣志》都曾經提到過格(隔)馬山,却没有提到山上有廟。就目前所見史料,關於馬山廟宇的最早記載是元好問的《東遊略記》所引北宋大觀三年(1109)陳彦元《廟記》。雖然元好問没有直接指出陳彦元《廟記》是爲何廟所作,但從上下文來看,此《廟記》極有可能就是爲隔馬祠所作。陳彦元《廟記》還提到唐中和二年(882)"義昌軍節度押衙國子祭酒兼御史大夫李公瞻作廟縣中時石刻"[②],但不能確定李公瞻所建廟宇是否就是隔馬祠。清道光《長清縣志》卷十《祠祀志》下引《通志》云:"縣東南六十里隔馬山,山東北曰神林,有神君祠,祠前一潭,禱雨輒應,歷封豐施侯,唐宋碑刻存焉。"以上説明,至遲在北宋大觀三年(1109)以前,馬山上已經有廟宇。若以上記載屬實,馬山上曾經有過唐宋時期的碑刻,馬山廟宇極有可能建於唐代,或者更早。[③]

既然馬山建廟的具體時間不可考知,那麽,馬山廟所供奉的神靈也必然撲朔迷離。《清康熙二十八年重修隔馬山豐施侯廟記碑》云:"至於豐施侯之神,則莫考其所自始,即豐施侯之號□□,亦不知封於何……"據清道光《長清縣志》卷十《祠祀志》下的以上記載,馬山廟宇一開始被稱之爲神君祠,後來神君被封爲豐施

---

① (清)楊守敬、熊會貞:《水經注疏》,第2078~2079頁。楊守敬言:"格馬山見《濟水篇》,此脱格字。又或省稱馬山。彼篇之賓溪水出山北,此溝水出山南,今肥城縣東有小會河,世人猶名溝水河。"(《水經注疏》,第2078~2079頁)

② 李修生:《全元文》第1册,第393頁。

③ 馬山現存《明萬曆八年重修隔馬豐施侯廟記碑》中提到,隔馬豐施侯封於唐開元年間,其云:"侯其封乎唐開元間,謂王亦封也。"並稱隔馬豐施侯廟"千有餘年",這亦可作爲馬山廟宇建於唐以前的補充説明。

侯,但對於神君指的是誰並没有作出交待。馬山現存所有碑刻都没有提到馬山神君或隔馬豐施侯的身份,就目前所見史料來看,只有清康熙《長清縣志》談到了這個問題。清康熙《長清縣志》卷四《寺觀》云:“豐施侯廟,在隔馬山,土人祀春秋時殖綽、郭最。”雖然康熙《長清縣志》的説法與馬山名稱的由來一致,但是並不可信,因爲大凡被奉爲神靈來祭祀者,一般都有功於百姓,而在《左傳》“夙沙衛殺馬塞道”的故事中,殖綽、郭最因瞧不起閹人夙沙衛而受到報復,他們在這個故事中只是一個受害者,並無功德於百姓,最多能得到百姓的同情,却難以得到百姓的供奉。至於封馬山神君爲豐施侯的時間,亦難以確定。《元至元三年重修豐施侯廟記碑》的存在本身就可以説明,至少元至元三年(1337)以前,馬山神君已經被封爲了豐施侯。民國《長清縣志》卷十五《藝文志·金石録遺》云:“豐施侯碑,在杜保王家莊。上書‘延祐六年丙戌四月創建豐侯行祠碑記’,文内云:至元庚午,自春徹夏,旱魃爲虐,祈雨即雨,秋大熟,其靈應可知。登仕郎山南江北道肅政廉訪司經歷周之貞撰,益都路濰州儒學正夾谷元素篆額並書。”按照以上記載,作於元延祐六年(1319)的《創建豐侯行祠碑記》曾提到元至元七年(1270)祈雨有應之事,由此雖然不能確定元至元七年(1270)時馬山神君是否已經被封爲豐施侯,但至少可以確定,元延祐六年(1319)以前,馬山神君已經被封爲豐施侯。元好問《東遊略記》引宋大觀三年(1109)陳彦元《碑記》中提到,北宋時期,晁端肅曾因禱雨有應,而請求朝廷封爵,其云:“《記》又云,知縣事晁端肅禱雨而應,將以封爵請於朝。今榜云‘豐施侯廟’者,豈端肅遂得所請耶?”[①]假若這次請爵得以成功的話,那麽,馬山神在北宋時期就已經被封爲豐施侯。而馬山現存《明萬曆八年重修隔馬豐施侯廟記碑》却云:“侯其封乎唐開元間,謂王亦封也。”若以上説法可信,又可以把馬山神君封侯的時間推到唐開元年間。[②] 實際上,馬山神君是誰,又何時被封爲隔馬豐施侯,這並不重要,重要的是其如何能成爲民間信仰的對象,如何能在馬山周圍百姓中産生如此長久而廣泛的影響。

就目前所見史料來看,對隔馬豐施侯的描述都與水有關,其説法主要有以下三種:

(一)春秋齊魯争戰,魯將韓迪實困齊師於馬山,神降聖水以救齊師。在馬山現存碑刻中,持這一觀點者比較普遍,比如,馬山目前現存最早的碑刻《元至元三

① 李修生:《全元文》第1册,第393頁。

② 除以上所述之外,馬山現存《元至元三年重修豐施侯廟記碑》、《明正德十五年重修記碑》等碑刻認爲,隔馬豐施侯的封號封於春秋之時,這種説法顯爲謬傳,不足採信。

年重修豐施侯廟記碑》云:“迺昔日之時,齊魯□兵,争城以□戰於清亭邑之東南雲蒙之□時人命石門鎮□韓公迪實與齊□□□鬩於東川□□詭惑困齊於谷者,軍不能征,馬不能戰,因值人餒馬渴,行潦槁垣,戎兵之苦矣。覩於亂□□懸,困窮於山下者,神救駕於齊師,其聖水之也。兵馬飲之,得其所濟焉。□視而靈耶!聖王曰:於乎! 戰陳遇賢,咸不可争,故曰仁者無敵。委甲曳兵而回還焉。是故□乃封曰隔馬豐施侯神也。”《明正德十五年重修記碑》沿襲了以上説法,其云:“山東濟南府長清縣治南五十里福地隔馬山豐施侯神廟,惟神遠代,東齊宰輔,原居臨淄,濟岱者焉。爲神成聖,立廟於峰。昔日戰國春秋,齊魯兵争,魯命石門鎮界韓公迪實機調,困齊於山,人餒馬渴。惟神救駕於齊,顯降聖水,兵馬飲之,得其救濟,齊感護祐,封曰‘隔馬豐施侯’,重建神廟。”而《明萬曆八年重修隔馬豐施侯廟記碑》云:“惟神之原處於臨淄,而輔宰濟岱者焉。昔日石門鎮界,乃魯之屬地,《春秋左傳》:齊人伐魯及清,當是時也,兩國構兵,争地以戰。魯命鎮將韓公迪實,兵刃既接,鬩於滿谷。稽元進士吴秉陽亦曰:齊構兵於清亭雲蒙之境,迪實遁詭,困齊於東川之下,人不能□,馬不能戰,幾至危亡。斯時,雲霧四塞,雨則沛然矣。神其赫赫,若有目而覩者。考《列女傳》,抱姪攜男之婦,嘉嘆班師,則知‘水之者,神之也’。軍馬克濟,故封爲隔馬豐施侯,立廟絶頂,有自來矣。”以上三碑,説法大致相同,按照《明萬曆八年重修隔馬豐施侯廟記碑》的記載,似乎以上兩塊明代的碑刻都是沿襲了元代進士吴秉陽所撰《元至元三年重修豐施侯廟記碑》的説法,這種説法的始作俑者是吴秉陽。故事講的是,春秋時期,齊魯兩國交兵,魯將韓迪實困齊軍於馬山山谷,齊軍人餒馬渴,“軍不能征,馬不能戰”,就在此危亡之際,神靈降下聖水,救齊軍出困境。爲了感激神靈的救助,於是就在馬山頂建廟以祀,並封其爲隔馬豐施侯。雖然《明萬曆八年重修隔馬豐施侯廟記碑》言之鑿鑿地稱以上故事出於《左傳》,但《左傳》中並没有此故事,亦没有韓迪實其人,故事的由來很可能是由《左傳》“夙沙衛殺馬塞道”的故事演繹而來。然而,由以上説法可以看出,隔馬豐施侯之所以受到册封,是因爲其曾經降聖水以救齊軍,故有恩於齊國,透過故事本身的層層迷霧,或許這纔是隔馬豐施侯受到當地百姓崇祀的真正原因。

(二)唐軍東征,行至馬山,人馬乾渴,亂石中忽湧一泉,以解軍馬之渴。馬山附近有米泔泉,民國《長清縣志》卷十六《雜事志》云:“米泔泉,在馬山之北,相傳唐時東征,兵行於茲,渴甚,亂石中忽湧一泉,其味甘,一軍飲之,渴解。故名。”以上故事與隔馬豐施侯並無關係,但當地百姓則在此故事的基礎上進一步加以演繹,提出了關於隔馬豐施侯封侯原因的另一種説法。至今在馬山百姓中還流傳着這樣的故事:唐時,薛仁貴征東,路經馬山,人馬乾渴,不能行進,正當一籌莫展之時,忽然路邊亂石中湧出一泉,水質清冽甘醇,人馬飲之,頓時精神百倍,戰勁十足。薛仁貴以爲這是馬山神靈暗地裏幫助唐軍,班師回朝之後,就把此事告知皇帝,並請求册封馬山神君爲豐施侯。[①] 雖然這個故事是杜撰的,但作爲一個宗教現象,其形成必有其内在的合理性。按照這個故事的記載,隔馬豐施侯之所以能被封侯,是因爲他以泉水解救了唐軍的困境,因而受到唐朝皇帝的册封。

(三)馬山神靈驗無比,亢旱禱雨,甘霖旋至,祈福禳灾,神驗立應。以上兩種説法都是通過一個具體的故事,説明了隔馬山豐施侯之所以被封侯的原因,第三種説法却不同,它更爲直接地説明了這個問題。在馬山現存碑刻中,有三塊碑直接提到當地百姓崇奉隔馬豐施侯的原因:《明嘉靖二十七年重修隔馬山豐施侯祠記碑》云:"先朝追崇隔馬豐施侯□祀之,設其未尚矣。於戲!惟神靈顯莫測,洞燭無疆,祈福禳灾而捷於影響,興雲致雨而屢有徵驗,故閭居之民無一而不蒙其福焉。"《清道光二十三年重修碧霞宫記碑》云:"夫山之有靈也,莫不賴神以主之,而神之所憑也,莫不立廟以崇之。自古而然,不容易也。有其舉之,莫敢廢也。況馬山爲清邑之南嶺,宫殿巍峨,上出重霄,下臨無地。亢旱有禱,則甘霖旋至;民病有祈,則神驗立應。是以被護庇於處處,奉香火於年年。"《民國二十年建修馬山聖母影堂記碑》云:"神以豐施名,以其常施雨澤而民和年豐也。"以上三塊碑所述,語言雖有異,但其意思則無非是講,隔馬豐施侯靈驗無比,能祈福禳灾,興雲致雨,保一方平安,使民享豐年。《民國二十年建修馬山聖母影堂記碑》可謂一語道破天機,隔馬豐施侯之所以被授以"豐施"之名,就是因爲它能"常施雨澤",保"民和年豐"。

以上有關隔馬豐施侯的三種説法,都是緊緊圍繞着水來説的,不管是降雨也好,湧泉也好,還是興雲致雨、常施雨澤也好,都離不開一個"水"字。這正如封號本身所藴涵的意義一樣,隔馬豐施侯的主要功能與職責是"豐施",這就是它之所以受到當地百姓崇奉的原因。當然,後來它的職責有所擴展,不再僅僅是興雲致雨,也兼管起了祈福禳灾、却病保安,但"豐施"仍然是其最主要的神職功能。馬山附近百姓信仰隔馬豐施侯,並不是無緣無故的,而是與當地百姓的生存環境有關。馬山距離城市較遠,其周圍方圓幾十里的百姓都以農業爲生,而其多山的地

---

① 山東各地流傳着很多類似的傳説,馬山有這樣的傳説不足爲怪,民國《長清縣志》卷一《地輿志》云:"李密泉,在黄山頂西石崖中,相傳李密戰敗至此,渴甚,以戟刺崖,泉水流出,故名。"或許,《明萬曆八年重修隔馬豐施侯廟記碑》認爲隔馬豐施侯封於唐開元年間,也與這個故事有關聯,至於誰先誰後,就不得而知了。

形使農田無法澆水,只能靠天吃飯。若風調雨順,就能豐衣足食;若發生旱澇灾害,則只能挨餓受凍。出於無奈,當地百姓把一切都寄託於神靈,於是,就興起了對能興雲致雨、保風調雨順的隔馬豐施侯的信仰。而且因千百年來農業一直是馬山周圍百姓的主要産業,所以這種信仰得以長久而廣泛地傳播。

三、明清馬山全真道的傳承與發展

全真道何時傳入馬山,因史料闕如,目前尚難確定。在馬山現存碑刻中,最早提到道士名字的是《明正德十五年重修記碑》,其云:"迄至我朝弘治十年,道人程守真,發心募緣,修建玉皇殿宇,及又重修封施侯廟於正德十年。"其中提到道士程守真曾於明弘治十年(1497)重修玉皇殿,又於明正德十年(1515)重修封施侯廟。從程守真的名字來看,其極有可能爲全真道龍門派道士,按照龍門派"道德通玄静,真常守太清,一陽來復本,合教永圓明"的傳承系譜,程守真若是龍門派道士,應屬於第八代弟子。[①] 雖然目前尚不能確定全真道傳入馬山的時間,但以上碑刻的記載至少可以説明,明代弘治十年(1497)以前,全真道已經在馬山落脚,而其正式傳入可能更早。原因有三:

其一,在馬山現存碑刻中,唯一早於《明正德十五年重修記碑》的是《元至元三年重修豐施侯廟記碑》,其中雖然没有提到道士的名字,却稱馬山廟宇爲道觀,其云:"峰之四方,□觀之東首,泰岱巍巍;既視之南兮,肥城之邑;亦望之西兮,清河滔滔;斯觀之北兮,清亭南郊。"既然馬山廟宇早在元至元三年(1337)時就已經成爲道觀,那麽,當時極有可能已經有道士居住。

其二,假若元代馬山已有道士居住,他們極有可能是全真道士。因爲金元時期馬山附近的道觀幾乎皆爲全真道觀,馬山應該也不會例外。全真道創立不久,就已經傳入泰山地區,據現有史料記載,全真道傳入泰山地區的時間大約在金世宗大定末年,並已經産生了像崔道演[②]、韓志具[③]等全真高道。金泰和年間,崔道演的弟子丘志圓與范志明在馬山附近的五峰山建立洞真觀,入元以後,洞真觀由

---

① 因史料缺乏,目前對於程守真是否爲龍門派道士還難以確定,以上只是一種推測,要想進一步證實,尚需有更有力的證據。

② 崔道演的詳細事迹見杜仁傑撰《真静崔先生傳》,陳垣編纂:《道家金石略》,北京:文物出版社,1988 年,第 495 ~ 496 頁。

③ 韓志具的詳細事迹見宋子貞撰《全真觀記》與劉敏中撰《靈泉庵記》,王宗昱:《金元全真教石刻新編》,北京:北京大學出版社,2005 年,第 13 ~ 14、45 ~ 46 頁。

崔道演弟子王志深住持,在泰山地區產生了廣泛的影響①,出現了一大批高道②。崔道演的另一位著名弟子張志純,則主要在泰山活動,他曾長期住持會真宫,並一度擔任東嶽廟道教都提點,對泰山全真道的發展作出了重要貢獻。③ 據清康熙《長清縣志》記載,長清縣境内元代所建道觀,除洞真觀之外,還有泰虚觀、逸真觀、自真庵等。泰虚觀位於長清縣城南里許,元至元間建立,有碑刻爲證。逸真觀位於長清縣城西南五里,元元貞年間建。自真庵位於長清縣城西南二十里沙河門頭以西,元至元年間建。據清道光《長清縣志》卷十《祠祀志》元杜仁傑撰《婁敬洞洞虚觀碑記》記載,元初在洞虚觀修煉的全真道士是曹志沖及其徒曹致寧,曹志沖爲李志常弟子,屬丘處機三傳。據民國《長清縣志》卷十《祠祀志》下《寺觀》所收元代吴衍撰《煉真觀碑記》記載,元初全真道士邵志平曾於長清縣褚保尹家莊西北建煉真觀一所,邵志平師承山陽李道宣,而李道宣則是劉處玄的弟子,邵志平之後,聶志聰、劉沖玄先後住持煉真觀。元初馬山周圍諸道觀多爲全真道觀,這説明當時全真道在附近較爲興盛,馬山廟宇當時既然已成爲道觀,極有可能就是全真道觀。

其三,金末元初,隨着全真道的不斷興盛,尤其是丘處機西行覲見成吉思汗之後,全真道因蒙古統治者的支持而得到迅速發展。在成吉思汗的授權下,當時許多無道士居住,或者已經廢棄的道觀,都住上了全真道士,而且新建道觀亦不斷湧現,出現了"東盡海,南薄漢淮,西北歷廣莫,雖十廬之聚,必有香火一席之奉"④的局面。既然馬山早已有廟宇存在,隨着全真道的興盛以及在馬山周圍的傳播,全真道士入住馬山廟宇,把它改造爲全真道觀,這也是合情合理的。

自全真道於元初傳入馬山之後,雖然其傳承因時代變化而時斷時續,但居住的一直是全真道士。按照馬山現存碑刻記載,自明弘治十年(1497)開始,一直到清末爲止,馬山隔馬豐施侯廟都是由全真道士住持。現把馬山現存碑刻中提到的全真道士姓名羅列如下:

《明正德十五年重修記碑》:程守真。

《明嘉靖二十七年重修隔馬山豐施侯祠記碑》:崔教隆等。

---

① 以上見元好問撰《五峰山重修洞真觀記》,陳垣編纂:《道家金石略》,第467頁。

② 請參見《戊申歲紀海衆信士姓氏之圖》,陳垣編纂:《道家金石略》,第500~501頁。

③ 張志純的詳細事迹見杜仁傑撰《泰安阜上張氏先塋記》,陳垣編纂:《道家金石略》,第496~497頁。

④ 陳垣編纂:《道家金石略》,第476頁。

《明萬曆八年重修隔馬豐施侯廟記碑》:白元海、吴□來、張演佐。[①]

《明萬曆四十八年重建顯靈宫記碑》:朱玉安、陳福雲、王□雲、王□雲。

《清康熙二十八年重修隔馬山豐施侯記碑》:楊清塵、陳一朗、馬一傑、侯一敬、馬一明、池一結、修一樣、范陽芳、閆陽明、李陽德、劉陽成、王陽春、李之秀、李進才、劉明□、邊一勝、曹成□。

《清乾隆三年重修隔馬山豐施侯廟記碑》:白陽仙、張陽連、□陽真、朱陽倫、閻陽珠、□陽林、石來玉、商來池、□來□、潘復湘、李復吉。

《清嘉慶二十五年重修隔馬山豐施侯廟記碑》:王一功、白養先、王來修、王復興、李本太、李本安、劉合惠、顧合倫、武合清、馬合庸、白合中、王教立、胡教林、敬教連、顧教俊、張教臣。[②]

《清嘉慶二十五年重修馬山廟宇記碑》:馬合榮、劉合會、顧合倫、白合中、武合清、張合成、敬教廉、顧教俊、胡教林、張教正。

《清道光二十三年重修碧霞宫記碑》:武合清、顧合倫、□教孔、胡教林、敬教□、宋教常、□教遠、楊永明、□永睿、孟永聰、王永智。

《殘碑》:楊永明、張元登、李元榮、鄒元吉、董元順、□明新、□明真、□明道、□明達、□明志、□明印、孫致良、鄒致儉。[③]

通過以上道士題名可以看出,雖然明清兩代隔馬豐施侯廟皆由全真道士住持,但前後有明顯不同:

其一,明代馬山全真道士的宗派歸屬不明,而清代則一直屬於全真龍門派。雖然全真道龍門派系譜中有"守"、"教"、"元"("圓")等字,但因爲不連續,僅憑以上幾個字,仍然不能斷定程守真、崔教隆、白元海等屬於全真道中的哪一派。然而,因馬山現存清代的碑刻相對較多,從康熙、乾隆、嘉慶一直到道光年間,道士的題名基本上可以連結起來。由這些題名可以看出,清代馬山隔馬豐施侯廟主要由全真道龍門派道士住持,而且從第十代楊清塵至孫致(至)良、鄒致(至)儉,一直傳承了十二代,中間没有間斷過。假若程守真、崔教隆、白元海等也屬於全真道龍門派的話,那麽,明清兩代在馬山隔馬豐施侯廟傳承的龍門派並非一

① 該碑碑陰題名中還提到了神虚宫道人徐真□、張全梅、程全逸、王真□的名字,這説明神虚宫的道士參與了這次重修工作。因碑文中提到,在這次重修中擔任募緣工作的是張演佐,聯繫以上神虚宫道人的姓名,張演佐極有可能與神虚宫道士同屬一派,而且屬於華山派。當然,這只是推測,還有待於進一步證實。

② 該碑還提到大峰山道士薛本常、雙泉庵道士李本和與道會司趙本旺。

③ 該碑還提到大峰山道士張元純、□明興等名字,顯然他們也參與了這次重修,至於大峰山道觀與馬山道觀之間的關係,因史料闕如,暫時不好下結論,有待進一步考證。

支，而且前後時間早晚差别很大。按照《清康熙二十八年重修隔馬山豐施侯廟記碑》的記載，明末清初，馬山隔馬豐施侯廟曾經傾圮廢棄，無道人居住，原來的傳承斷絶，直到清康熙九年（1670），全真龍門派道士楊清塵來到馬山，全真道在馬山纔再度興起。《碑》云：

自前明神宗初年重修以後，迄今百有餘歲，其間兵荒之迭見，鼎革之變遷，住持無人，香火遂廢，榛莽塞道，狐兔爲穴，巍巍廟貌，蕩□爲丘墟，神之失所棲止者，幾五六十年。或有遠方宿衲，附近義士，目擊心惻，欲舉重修之役，又以地境□僻，山勢險高，逡巡觀望，究莫敢有任其事者。至我朝庚戌之歲，有羽士楊清塵者，本貫直隸天津之舊家子也。仙骨夙具，雅慕真修，年未二旬，棄家訪道。爰皈禮其師曹姓者，已而遍遊名勝，思得一幽静之地，以爲養真之所。忽一日假寐間，恍有神人揶揄之曰："遇馬成正果也。"寤而弗解，後遊至此山，□與神語相符者。遂攀巉巖，披荆棘，陟其巔，以相厥勢。斯時殿宇傾圮，道院全毁，有小石室一座，僅可容膝，就其中而掛團笠，孑焉一身，闃無人迹。於是，拾榛橡之實，掘草木之根，用以度日者已閱月矣。

在楊清塵的主持下，附近信士共同出資，終於修復了隔馬豐施侯廟，《碑》云："近村有好事者，齎糧米而探視之，則儼然一弱冠書生也。群相警異，及詢其因緣，則慨然有住持此山、重整廟宇之意。大家且信且疑，蓋以爲愚公移山，必不可得□數矣。乃願力既堅，有志竟成，默祝虔禱，思得首事數人爲之領袖，然後可以共舉厥事。遂有本邑善人王之修等，倡先糾衆，建社儲貲，遠近回應，不數年而豐施侯廟告成焉。"其後，全真道龍門派中楊清塵所傳的這一支在馬山流傳下來，一直從康熙流傳到了道光，道光以後的情況，因史料缺乏，不得而知。

其二，明代馬山全真道不如清代興盛。元代馬山隔馬豐施侯廟的狀況，因史料缺乏，已不得而知。但就以上道士題名可以看出，明代隔馬豐施侯廟雖然一直有全真道士居住，但道衆數量不多，這説明當時廟裏的香火並不旺盛，其原因可能與明代的宗教政策有關，當然也有全真道自身的原因。① 自清康熙年間開始，即自楊清塵進入馬山隔馬豐施侯廟開始，馬山的香火突然旺了起來，住廟的道衆數量也隨之增加，這與清初道教的整體繁榮有關。清初以來，尤其是康乾時期，

① 明清兩代相比，明代的宗教政策明顯不如清代寬鬆，尤其是明中期以前，對宗教的發展設置了種種障礙，從某種意義上講，這限制了全真道的發展。除此之外，明代馬山隔馬豐施侯廟没有産生像楊清塵這樣的高道，也是其不興盛的一個重要原因。

道教信仰出現下移趨勢,並與各種民間宗教和民間信仰交織在一起,雖然從表面上看,與元代相比較,清代聞名於朝廷的高道減少了,但道教在民間的力量則增强了,逐步形成了一種道教民間化的趨勢,下層信衆的數量迅速增加,清代全真道在馬山的興盛可能與此有關。除此之外,楊清塵等全真高道的出現,在某種程度上,也推動了馬山全真道的發展。

四、碧霞元君信仰在馬山的興起與變遷

碧霞元君全稱"天仙玉女碧霞元君",因發源於泰山,又俗稱泰山娘娘、泰山奶奶、泰山老母等。碧霞元君信仰興起於北宋真宗時期,時稱天仙玉女;元代被納入道教神仙系統,正式成爲道教女神;明朝初年,被敕封爲"碧霞元君"①;明中期以後,在民間得到廣泛傳播,成爲中國北方最重要的道教女神。② "明代前期可以稱做是碧霞元君形象的轉型期"③,其轉型主要體現在以下三個方面:其一,因受到明代宫廷的崇信,被敕封爲"天仙玉女碧霞元君"。葉濤言:"到明代,皇帝和后妃們崇奉泰山女神,道教信徒趨炎附勢而給泰山女神加上了封號,泰山女神有'天仙玉女碧霞元君'的封號,時間應該在明代前期。"其二,碧霞元君正式被道教吸收,"進一步明確了其神的宗教歸屬性" ④。其三,由官方崇奉向民間信仰轉移,並逐步在中國北方農村産生廣泛影響。葉濤言:"到明中期的弘治、正德年間,碧霞元君的封號已經非常普及,並通過民間宗教利用寶卷的形式廣爲傳播,而爲廣大民衆所熟知。"⑤至於碧霞元君信仰在民間興起的原因,周郢認爲與明代的宗教政策有關,其言:"這一信仰歷經百年的傳播,由官方而民間,至明初開始形成遠及全國的崇信高潮。同時由於明廷施行祀典復古政策,詔去泰山神帝號,同時强化泰山神之官方色彩,嚴禁民間'非禮之瀆',使泰山神信仰由民間祀典向官方祀典回歸。民間對於泰山的崇祀活動,只得另尋其對象,亦即清人孔貞瑄

---

① 對於碧霞元君封號産生的時間,學界歷來頗有争議,根據葉濤和周郢研究的成果,此封號應該産生於明朝初年。葉濤認爲,"泰山玉女被'天仙玉女碧霞元君'的稱呼所取代大概是在明朝初期,而且是與宋元道教以及明代民間宗教對泰山神靈系統的吸納有關"。(葉濤:《論碧霞元君信仰的起源》,《民俗研究》2007 年第 3 期)周郢則言:"就目前掌握的資料推測,碧霞元君祠的官方化大體應開始於明初,而'碧霞元君'的神號也大致出現在同一時期。"(周郢:《碧霞元君封號問題的再考辨》,《世界宗教研究》2008 年第 3 期)

② 葉濤:《論碧霞元君信仰的起源》,《民俗研究》2007 年第 3 期。

③ 周郢:《碧霞元君封號問題的再考辨》,《世界宗教研究》2008 年第 3 期。

④ 周郢:《碧霞元君封號問題的再考辨》,《世界宗教研究》2008 年第 3 期。

⑤ 葉濤:《論碧霞元君信仰的起源》,《民俗研究》2007 年第 3 期。

《泰山紀勝》中所論:‘抑或東嶽非小民之所得祀,故假藉祀碧霞云爾。’”①

明代中期,轉型之後的碧霞元君,被賦予了强大的神職功能,這也是其在民間興起的重要原因。雖然自元代開始,天仙玉女就被納入了道教系統,但其真正成爲道教系統中舉足輕重的女神,還是在明初被封爲碧霞元君之後。道教賦予碧霞元君護國、庇民、普濟、保生等諸項功能,使其成爲能够“統嶽府之神兵,掌人間之善惡”的重要女神。《碧霞元君護國庇民普濟保生妙經》之《天仙碧霞寶誥》云:“泰山上頂,東嶽内宫,曩時現玉女之身,根本即帝真之質,育九氣而垂慈示相,冠百靈而智慧圓融,行滿十方,功周億劫,位證天仙之號,册顯碧霞之封,統嶽府之神兵,掌人間之善惡,尋聲赴感,護國安民,大聖大慈,至孝至仁,天仙玉女,廣靈慈惠,恭順溥濟,保生真人,護國庇民,宏德碧霞元君。”②由官方走向民間之後,碧霞元君更是被視爲無所不能、無所不管的民間禍福的主宰者,明萬曆二十一年(1593)王錫爵撰《東嶽碧霞宫碑》云:“元君能爲衆生造福如其願,貧者願富,疾者願安,耕者願歲,賈者願息,祈生者願年,未子者願嗣,子爲親願,弟爲兄願,親戚交厚,靡不相交願,而神亦靡誠弗應。”③

馬山作爲泰山山脈的一部分,屬於泰山文化信仰圈,因此,碧霞元君信仰興起以後,很快就傳到這裏,並建造起了專門供奉碧霞元君的泰山行祠。根據馬山現存碑刻記載,馬山泰山行祠創建於明正德十五年(1520),《明正德十五年重修記碑》云:“迄至我朝弘治十年,道人程守真,發心募緣,修建玉皇殿宇,及又重修封施侯廟於正德十年。本縣趙官鎮保人見在城南三十里東苾村莊居住信人程鑒,同男程良,發心修建泰山行祠於内,銅鑄天仙玉女碧霞元君金身。果蒙聖庇護福勝,常思不能謝,又發虔心,捐己資財,修建底方上圓及券廟門一坐,更移山神土地廟,修蓋門東。”這次修建泰山行祠是碧霞元君信仰首次傳入馬山,當時發心創建行祠的並不是全真道士,而是長清城南三十里苾村莊信士程鑒、程良父子,這説明在傳入馬山之前,碧霞元君信仰已經在馬山周圍百姓中産生了廣泛的影響,正是爲了適應和滿足百姓對碧霞元君信仰的需求,馬山隔馬豐施侯廟纔建造起了泰山行祠。

馬山主廟爲隔馬豐施侯祠,而且隔馬豐施侯信仰在馬山周圍有深厚的信衆基礎,即使後來全真道士住持豐施侯廟,仍然没有動摇隔馬豐施侯信仰在周圍信

① 周郢:《碧霞元君封號問題的再考辨》,《世界宗教研究》2008 年第 3 期。
② 《道藏》第 34 册,北京:文物出版社、上海:上海書店、天津:天津古籍出版社,1988 年,第 746 頁。
③ 葛延瑛、吴元禄修,孟昭章纂:《重修泰安縣志》卷十四《藝文志 · 金石》,民國十八年(1929)鉛印本。

衆中的地位。碧霞元君信仰進入馬山後,發展迅速,很快就成爲馬山周圍信衆的主要信奉對象。因爲碧霞元君的神職功能主要是護國、庇民、普濟、保生等,而在民間信仰中,又以祈福免災、求子延嗣爲主,這與隔馬豐施侯所主管的風調雨順、五穀豐登正好互相補充,所以,這兩種信仰在馬山没有發生任何衝突,很快成爲馬山周圍信衆同時信仰的兩大主要對象。《明嘉靖二十七年重修隔馬山豐施侯祠記碑》云:"馬山聖母,乃天仙玉女也。迨自洪荒,建祠□長清□南五十里許高山絶頂,□爲一邑生民之士求,享萬世之祀。先朝追崇隔馬豐施侯□祀之,設其未尚矣。於戲!惟神靈顯莫測,洞燭無疆,祈福禳灾而捷於影響,興雲致雨而屢有徵驗,故閭居之民無一而不蒙其福焉。夫以是山也,建是祠也。"以上記載,充分説明了碧霞元君與隔馬豐施侯兩種信仰在馬山的和諧並存。然而,與隔馬豐施侯信仰相比,碧霞元君信仰畢竟産生較晚,在周圍信衆中的影響也不如隔馬豐施侯深遠。所以,雖然碧霞元君傳入了馬山,也被周圍信衆所普遍接受,但在很長一段時間内,隔馬豐施侯仍然是馬山廟宇的主神。《清康熙二十八年重修隔馬山豐施侯廟記碑》云:"因豐施主廟也,有主不可以無賓,左列以后土之祠,所以報地祇也;後鎮以碧霞之宫,所以尊母儀也;三殿鼎峙,棟宇完固,丹碧輝煌,以及山門、鐘樓、盤路、道房,次第修舉。"清康熙年間,正是碧霞元君信仰盛行的時期,但是即使在這個時候,馬山隔馬豐施侯廟所供奉的主神仍是隔馬豐施侯,而碧霞元君廟只處於附屬位置,在地位上與后土祠相當。

雖然在馬山廟宇各殿的排列格局上,隔馬豐施侯祠一直處於主殿位置,而碧霞元君祠僅僅是配殿,但是,碧霞元君與隔馬豐施侯在民間信仰中的情况則恰恰相反。自明初東嶽大帝的封號被除去之後,碧霞元君信仰在民間迅速興起,逐步代替了東嶽大帝原有的影響力,成爲泰山信仰的主神,這種情况也在馬山諸神的信仰中體現出來。《清嘉慶二十五年重修馬山廟宇記碑》云:"泰山之碧霞元君者,謂亦古之孝女焉。至侯爵之稱,專在山神,亦猶碧霞元君廟在泰山頂,而泰山自爲東嶽之神,無足異。"該碑認爲,碧霞元君與隔馬豐施侯在馬山信仰中的關係,就好比碧霞元君與東嶽大帝在泰山信仰中的關係。因自明代中期以後,碧霞元君逐步取代了東嶽大帝在泰山信仰中的地位,尤其是在民間,早已只知碧霞元君,而不知東嶽大帝了。夏中言以上説法,無疑意味着在馬山信仰中,碧霞元君在民間的影響力已經實際上超過了隔馬豐施侯。對於以上這一點,還可以找到其他的證據。按照馬山現存碑刻記載,清康熙年間,全真道士楊清塵曾經主持修復馬山廟宇,豐施侯廟、碧霞宫和后土祠都得到了修復,《清康熙二十八年重修隔馬山豐施廟記碑》對這次修復工作有詳細的記載。但爲了突出碧霞元君,於康熙二十七年(1688)對重修碧霞宫之事單獨立碑,《清康熙二十七年重修馬山泰山行宫記碑》云:"天地開闢,而泰峙於震方,然靈□□□春,於爲長男,皆生意寓焉。岱宗既……神即靈□天下,是神之尊且□□□生之權者,莫元君。若此清邑之極……馬山舊有泰山行宫焉。但世遠年□□饉兵燹之後,遂蕩然無有存者。……長清河西大王家莊王之□,偕□人□□山進香,見行宫□墟,□然動念……鳳共議□□□來立社募□□□□庇材,無不竭誠極力。"以上記載表明,單獨爲重修泰山行宫立碑的原因,是因爲有長清河西大王家莊信衆只集資重修了泰山行宫,這充分證明了碧霞元君信仰在民間影響之深遠。到了清道光二十三年(1843),馬山廟宇又一次得以重修,《清道光二十三年重修碧霞宫記碑》云:

夫山之有靈也,莫不賴神以主之,而神之所憑也,莫不立廟以崇之。自古而然,不容易也。有其舉之,莫敢廢也。况馬山爲清邑之南嶺,宫殿巍峨,上出重霄,下臨無地。亢旱有禱,則甘霖旋至;民病有祈,則神驗立應。是以被護庇於處處,奉香火於年年。如豐施侯廟以及后土、碧霞宫殿等,創建自昔,而重修不一次,要皆前人藉之以答神庥,後人憑之以妥山靈者也。今傾圮者復新,殘破者完固,里人求序於余,余不獲以不文辭,聊即其重修之勞,以敍其觀瞻之盛,以爲崇德報功之意云爾。

據以上碑刻記載,在這次重修中,豐施侯廟、后土祠和碧霞宫等都得以修復,是一次對馬山廟宇的全面修葺,但是碑文則名爲《重修碧霞宫碑記》,而不是像以前那樣,稱之爲"重修隔馬豐施侯廟碑記",這説明碧霞元君已經成爲馬山民間信仰的代表,其地位和影響力已超過隔馬豐施侯。

然而,馬山周圍的碧霞元君信仰在清末走向衰落,因史料缺乏,目前無法確知其衰落的具體時間,但根據庸敬子撰《遊馬山記》記載,至少在清光緒年間,馬山碧霞元君殿已經傾圮。[①] 其云:

由渠北折而東,約二百步,路南有靈官廟,其小如斗。又東有廟三楹,南

---

① 雖然我們不知道庸敬子《遊馬山記》寫作的具體時間,但文中提到他與曹鴻圖爲故友,根據民國《長清縣志》卷十一《人物志》的記載,曹鴻圖爲清光緒二十三年(1897)拔貢,其云:"曹鴻圖,字書酩,社保辛莊人,府學鑲紅旗官學教習,試用四川知縣。"又云:"曹鴻圖,字書酩,號蘿盦,辛莊人。年十八應童子試,以府試第一人入郡庠,光緒丁酉中,拔萃科,書法冠齊魯。朝考八旗官學教習,年滿簽分四川試用知縣。先生工詩賦屬文,著有《入蜀紀略》。"因此,《遊馬山記》應該作於清光緒年間,其反映了清光緒年間馬山的情況。

嚮,爲豐施侯廟。雕樑畫棟,精潔可觀。前有碑十餘通,皆重修工竣記事者。……對面爲天王殿,東有鐘樓……北有后土殿三楹,亦南嚮,其壯麗與豐施侯廟等。殿後右偏有碧霞元君殿三楹,已圮,神像皆用槁圍以避風雨,斷瓦殘椽横斜中外,令人目不忍覩。

碧霞元君信仰在馬山的衰落,應該與馬山奶奶信仰的興起有關。因史料缺乏,雖然無法知道馬山奶奶信仰何時在馬山興起,但馬山現存《民國二十年建修馬山聖母影堂記碑》云:"此山之北石廟子有聖母遺像,爲當時修道成真之所。石屋半間,以白雲爲藩籬,碧山爲屏風焉。一片荆棘,幾成廢址,後人屢欲建修,有志未逮。善士董元順等,募化四方,善男信女隨意捐輸,爲集腋成裘之舉。於是,鳩工庀材,竭力整飭,不數月而工告竣。"該碑記載了民國二十年(1931)馬山周圍信衆重修馬山聖母影堂之事,此碑中所提到的馬山聖母,並非是碧霞元君的别稱,而是在馬山周圍信衆中新興起的一位與碧霞元君並列的女神。因爲根據明清時期的碑刻記載,碧霞元君廟在馬山頂隔馬豐施侯廟後,而以上民國二十年(1931)碑中所提到的馬山聖母影堂則建於馬山半山腰,該碑就立於馬山聖母影堂前。

據當地村民講,泰山奶奶、馬山奶奶與五峰山奶奶是東嶽大帝的三個女兒,泰山奶奶主掌泰山,馬山奶奶主掌馬山,五峰山奶奶主掌五峰山,各有自己的領地與神職。當地村民還演繹出很多泰山奶奶與馬山奶奶相互争鬥的故事,據民國《長清縣志》記載,馬山有通明洞①、鼠洞、蛤洞等,其中通明洞又稱穿心洞,穿心洞名字的來歷就與泰山奶奶與馬山奶奶的争鬥有關。據傳説,當年泰山奶奶與馬山奶奶有矛盾,泰山奶奶想致馬山奶奶於死地,於是便多次驅車從其身上碾過,並在馬山頂上留下了深深的車轍②。但馬山奶奶未死,惱辱成怒的泰山奶奶就從頭上拔下自己的簪子從馬山奶奶心口穿過,於是就形成了穿心洞。通過這個傳説可以看出,馬山奶奶信仰代替泰山奶奶信仰的過程,並非一帆風順,以上故事所反映出來的,便是信仰變更過程中的衝突與矛盾。然而,馬山奶奶這個信仰對象的産生則離不開泰山奶奶,她實際上是碧霞元君信仰地域化的産物,脱胎於碧霞元君信仰。或者説,馬山奶奶實際上爲泰山奶奶在馬山的化身,是馬山周

---

① 民國《長清縣志》卷一《地輿志》云:"車轍峰下有通明洞,東西通達,長約三里餘,行人從中過,較他處近若干,惟崎嶇不易行。"

② 對於馬山頂車轍的來歷,還有另外一種傳説,民國《長清縣志》卷一《地輿志》云:"馬耳峰北有車轍峰,俗傳殖綽、郭最至山麓,道塞,車莫能前,回視追兵漸近,正躊躇間,旋見雲生足下,高與山齊。既踰山,見山頂上有二車溝,故名車轍峰。"

圍信衆對碧霞元君信仰的一種改造，假若沒有明清以來碧霞元君信仰的興起，就不可能有馬山奶奶信仰的産生。

五、全真道與馬山民間信仰的關係

馬山隔馬豐施侯廟自元初至清末一直由全真道士住持，是一座地地道道的全真道觀，但與一般的全真道觀不同，民間信仰是其主要的信仰對象。隔馬豐施侯廟的民間信仰主要有兩個信仰對象，即隔馬豐施侯與碧霞元君，而兩者又有所不同。隔馬豐施侯是馬山最初的民間信仰對象，早在全真道傳入以前就已經有了深厚的信衆基礎，而且一直是隔馬豐施侯廟供奉的主神。但他屬於地域性的民間信仰對象，其信仰範圍僅限於馬山及其周圍地區，雖然馬山的全真道士接受了這種信仰，但其最終也没有進入全真道的正宗信仰系統。而與隔馬豐施侯不同，碧霞元君信仰不僅具有官方信仰背景，而且自元代開始就已經被納入道教系統，明初獲得碧霞元君封號後，其迅速成爲道教信奉的正宗女神。碧霞元君信仰傳入馬山，是其在明中期以後興起的結果；馬山全真道士接受碧霞元君信仰，也是適應與滿足馬山周圍信衆的信仰需求的結果。然而，隔馬豐施侯與碧霞元君兩種民間信仰與全真道在馬山和諧共處幾百年，其間，它們相互影響，相互促進，相互補充，形成了一個全真道與民間信仰和諧共存、互動互補的典範。

（一）全真道與隔馬豐施侯信仰

隔馬豐施侯信仰是馬山及其周圍信衆的基本信仰，雖然目前無法確知這種信仰産生的具體時間，但根據現有史料記載，至遲在唐宋時期這種信仰就已經存在，假若把其追溯到《左傳》"夙沙衛殺馬塞道"的故事，則這種信仰經歷了一個漫長的發展過程。若從唐代算起，在全真道傳入馬山之前，隔馬豐施侯信仰已經在馬山及其周圍地區存在與傳播了四五百年，在馬山附近官民中具有深厚的信仰基礎。鑒於隔馬豐施侯信仰在馬山周圍影響之深遠，全真道士進入馬山後，並没有强迫與引導當地百姓更换信仰，去信仰全真道的供奉對象，而是順應百姓的要求，保持了在當地已經有深厚基礎的隔馬豐施侯信仰，並繼續把隔馬豐施侯作爲馬山的主神來供奉。對於這一點，可以從馬山現存碑刻中看出。根據馬山現存碑刻記載，自元初至明中期，全真道士没有在馬山隔馬豐施侯廟内建立新殿，而是只供奉隔馬豐施侯。而且，在碧霞元君信仰傳入馬山之前，甚至是在其傳入馬山之後很長時間之内，馬山道觀的名稱並没有改變，仍然稱之爲"隔馬豐施侯廟"。這説明馬山的全真道士們，不僅没有把自己的信仰强加於當地百姓，而且還順應當地百姓的需求,接受了隔馬豐施侯信仰。當然,他們這麽做也是不得已而爲之,因爲畢竟隔馬豐施侯信仰在馬山周圍存在了幾百年,有深厚的信仰基礎,有衆多的虔誠信衆,即使全真道士想把自己的信仰對象强加給周圍百姓,這也是不可能的。爲了自身的生存,他們只能入鄉隨俗,順應周圍信衆的信仰需求,接受隔馬豐施侯信仰。

全真道士進入馬山之前,隔馬豐施侯廟可能没有道士居住,它只是一個周圍官民祈求風調雨順的場所,遇到旱澇灾害,周圍群衆便自發組織起來,舉行祭祀活動。這種祭祀活動的舉行是非正式的,也没有一定的時間與規律,若遇到旱澇灾害頻繁,祭祀活動舉行得就多一些,若是風調雨順,舉行得就少一些。主持這些活動的人員也不是固定的,一般由周圍村莊的村民自發組織,今年是你來發起,明年就有可能是他來發起。若遇到極爲嚴重的灾害,當地官員也會參與或主持祭祀活動。全真道士進入馬山之後,隔馬豐施侯廟就變成了一個全真道觀,成了一個正式的道教活動場所。因爲全真道士們接受了隔馬豐施侯的信仰,所以每年的祭祀活動就由道士來主持,至於活動的發起者,可能是全真道士,也有可能是周圍百姓。全真道士的參與,使對隔馬豐施侯的祭祀活動逐步規範起來,時間也相對固定下來,定在每年的季春與季夏,《清康熙二十八年重修隔馬山豐施侯廟記碑》云:"每歲遇季春上巳之辰、季夏天貺之節,醮會大舉,士女雲集,香火之盛,比前代而更倍焉。"

除此之外,全真道士住持馬山隔馬豐施侯廟之後,廟宇的修復工作也主要由全真道士主持。在此之前,隔馬豐施侯廟的修復是没有保障的,當周圍百姓收成好的時候,或者祈雨免灾有應的時候,就自發起來把廟修一下。但因馬山山高路陡,交通不便,重修一次花費巨大,所以,這樣的重修並不經常。但當馬山廟宇成爲道觀之後,因修復道觀既是全真道士的責任,又是其弘道傳教的重要手段,所以只要有可能,他們就會修復或擴建道觀。雖然馬山現存最早的碑刻《元至元三年重修豐施侯廟記碑》中没有提到道士參與這次重修,但碑文中已經提到當時豐施侯廟已經是道觀,可能道士們參與了這項工作,只是在碑文中没有提到,因爲勒碑的人不是道士,而是這次重修的發起者王成、趙福,所以,没有提到道士的名字也是可以理解的。但後來隔馬豐施侯廟的重修,基本上都是由道士來化緣與主持,全真道士們對於隔馬豐施侯廟的保護與維持作出了重要貢獻,從某種意義上講,這也有利於隔馬豐施侯信仰的延續與傳播。

(二)全真道與碧霞元君信仰

按照《明正德十五年重修記碑》記載,明弘治十年(1497),全真道士程守真在隔馬豐施侯廟内修建了玉皇殿,這改變了幾百年來馬山只供奉隔馬豐施侯的傳統,爲馬山增添了新的信仰内容。但這一改變並不是實質性的,仍然是順應周圍信衆對隔馬豐施侯信仰的結果。因爲在道教諸神中,玉皇大帝雖然是主管天上人間的衆神之主,但其在普遍百姓心目中的主要功能還是保風調雨順、國泰民安,《明嘉靖二十七年重修玉帝祠記碑》云:"先朝之追崇玄空高上玉皇大帝,威靈遠大,興雲致雨,主掌天上人間之休咎者也。"這與隔馬豐施侯的神職功能並没有本質上的差别。全真道士程守真在馬山修建玉皇殿,並没有改變馬山信仰的性質,而真正打破馬山原有信仰格局的是碧霞元君信仰的傳入。明正德十五年(1520),在長清信士程鑒、程良父子的資助下,全真道士程守真在馬山修建了泰山行祠,供奉天仙玉女碧霞元君,並鑄造了碧霞元君銅像,"又發虔心,捐己資財,修建底方上圓及券廟門一坐,更移山神土地廟,修蓋門東"。前面已經講過,碧霞元君的神職功能與隔馬豐施侯有很大不同,她主要不是保證風調雨順、五穀豐登,而是護國、庇民、普濟、保生等,其功能包括了隔馬豐施侯所具有的所有功能,但又具有隔馬豐施侯,甚至是玉皇大帝,所不能包括的内容。因此,碧霞元君信仰的傳入,使馬山信仰的性質發生了根本性的改變,爲隔馬豐施侯廟的發展帶來了新的契機。從這一意義上講,全真道士程守真把碧霞元君信仰引入馬山,是對馬山原有的隔馬豐施侯信仰的豐富與發展,同時也是對明中期以來在民間興起的碧霞元君信仰的順應。

正是順應了馬山周圍普通百姓對碧霞元君的信仰需求,全真道士改變了馬山的信仰格局,於明代中期先後興建了玉皇殿與碧霞元君殿,從而在隔馬豐施侯廟形成了三殿鼎立的局面。這種狀況一直維持到明萬曆年間,《明萬曆八年重修隔馬豐施侯廟記碑》云:"故今□神廟,千有餘年,補葺有日,今久不勝風雨之患,牆垣傾塌,棟撓蟲篆,而凋殘淒目。有道姑白元海、吴□來、張演佐,協力苦化,諸方善士,或事斧斤,或從陶甓,或板築,或污墁,三廟焕然而新,巍巍氣象,孰有睨視者哉! 況亢陽淫雨,禱無不應。"其中提到"三廟焕然而新",這説明直到明萬曆八年(1580),馬山仍然只有隔馬豐施侯祠、玉皇殿、碧霞元君殿,而没有增加其他的殿堂。直到清康熙二十八年(1689)隔馬豐施侯廟纔在修復中得以擴建,《清康熙二十八年重修隔馬山豐施侯廟記碑》云:"本邑善人王之修等,倡先糾衆,建社儲貲,遠近回應,不數年而豐施侯廟告成焉。因豐施主廟也,有主不可以無賓,左列以后土之祠,所以報地祇也;後鎮以碧霞之宫,所以尊母儀也;三殿鼎峙,棟宇完固,丹碧輝煌,以及山門、鐘樓、盤路、道房,次第修舉。"這次重修没有提到玉皇殿,但增加了后土殿,極有可能原來的玉皇殿傾圮了,在重修時改爲了后土殿,因爲《清乾隆三年重修隔馬豐施侯廟記碑》也没有再提到玉皇殿,其云:"山巔舊有豐施侯、泰山宫、后土殿之制,道人白陽仙葺而新之,求記於余。余以爲,君住持此山而振先業,則志之所存者可知;四方交贊而玉成之,則君之結納於四方者又可知。"在清嘉慶年間的碑刻中,馬山又出現了天王廟與靈官廟,《清嘉慶二十五年重修馬山記碑》云:"所謂馬山娘娘殿、后土宫、天王廟、靈官廟,唐宋以來不知何人創建,元明而來,已經數次重修,特雨落風剥,難免損壞。皇土戊寅之歲,有宋家莊、三□莊董允學、傅光輝等,共發善念,糾□山左十二莊,協力重修。"至此,馬山廟宇的基本格局形成,一直到清末没有更大變化,有庸敬子《遊馬山記》爲證,其云:

由渠北折而東,約二百步,路南有靈官廟,其小如斗。又東有廟三楹,南嚮,爲豐施侯廟。雕樑畫棟,精潔可觀。前有碑十餘通,皆重修工竣記事者。又有古槐一株,大數抱,老幹參天,蓋數百年物也。對面爲天王殿,東有鐘樓,樓前火池外壁刻《南鄉子》一闋云:"一座好高山,雞鳴犬吠五雲間。鬼哭隱形今尚在,依然,水外水流山外山。　星斗滿欄杆,羨爾道人竟敢攀。聽法龍來駝虎去,非凡,夢入華胥天上天。"旁署生生子題。北有后土殿三楹,亦南嚮,其壯麗與豐施侯廟等。殿後右偏有碧霞元君殿三楹,已圮,神像皆用槁圍以避風雨,斷瓦殘椽横斜中外,令人目不忍覩。

前面已經提到,馬山隔馬豐施侯信仰,在明中期以後逐步被碧霞元君信仰所取代,碧霞元君成爲馬山周圍信衆的主要信仰對象。全真道士對馬山信仰格局的改變,與碧霞元君信仰息息相關,這不僅僅因爲碧霞元君信仰打破了馬山信仰的格局,而且還在於碧霞元君信仰的興盛,使馬山隔馬豐施侯廟的香火再次興旺,帶動了全真道的發展,馬山土地廟、后土殿、天王殿、靈官殿等的修建就是證明。以上各殿或廟的修建,使馬山隔馬豐施侯廟成爲一個相對完善且初具規模的全真道觀,而這一切又是在碧霞元君信仰的推動下來完成的。除此之外,通過馬山所住道士的數量也可以看出這一點。根據馬山現存碑刻記載,碧霞元君信仰最興盛的時候,也是馬山居住道士最多的時候。比如,清康熙二十八年(1689),居住着 17 位全真道士;清乾隆三年(1738),居住着 11 位全真道士;清嘉慶二十五年(1820),居住着 16 位全真道士;清道光二十三年(1843),居住着 11 位全真道士。而從清康熙年間到道光年間,恰恰是碧霞元君信仰在民間最爲興盛的時期,這充分説明碧霞元君信仰在民間的興盛帶動了馬山全真道的發展。

當然,從某種意義上説,全真道的發展也維護和促進了碧霞元君信仰的傳播。就馬山而言,自從碧霞元君信仰進入以來,碧霞元君祠的修建幾乎都是由全真道士主持進行的。前面已經提到,明正德十五年(1520)馬山泰山行祠的修建,是由全真道士程守真主持的。其後,明嘉靖二十七年(1548)、明萬曆八年(1580)、清康熙二十七年(1688)、清乾隆三年(1738)、清道光二十三年(1843),碧霞元君殿分别在全真道士的主持下得以重修。清末民國,社會動蕩,戰亂頻仍,全真道的發展深受重創,碧霞元君信仰也因此而受到影響。據庸敬子《遊馬山記》記載,清光緒年間庸敬子遊覽馬山時,當時山上已經没有道士居住,只有一位曹姓老人看守廟宇,而碧霞元君殿則已傾圮,"神像皆用槁圍以避風雨,斷瓦殘椽横斜中外,令人目不忍覩。"民國時期,隨着碧霞元君廟宇的傾圮,其信仰亦受到動摇,並最終被馬山奶奶信仰所取代。顯然,碧霞元君信仰之所以在馬山衰落,没有了全真道士的維護與支持是一個非常重要的原因。

結論

以上對馬山隔馬豐施侯廟歷史興衰的考察證明,全真道與民間信仰之間具有互動關係。當兩者之間能够和諧共處、互利互補時,各自都會得到迅速發展;而當雙方有一方走向衰落時,另一方的發展也必然會受到嚴重影響。馬山隔馬豐施侯廟是一個小道觀,從某種意義上講,或許它不具有普遍性,但它的興衰揭示了一個深刻的道理,即全真道與民間信仰不可分割。縱觀八百多年的全真道教史,全真道之所以能够在今天仍然具有頑强的生命力與深遠的影響力,這與它能够與民間信仰保持互動關係分不開。全真道是一個開放的宗教派别,開放精神即是其永恒的生命力所在,但它的開放性,不僅僅表現在它所提倡的"三教合一"上,而且表現在它與民間信仰的關係上。接收與吸納民間信仰是全真道適應社會的重要手段,但全真道對民間信仰的接收與吸納,既非毫無選擇,亦非原封不動,而是一種對民間信仰的改造與昇華。接納民間信仰是全真道自身發展的需要,這爲它帶來了新的生機與活力,使它更能適應與服務於社會,並在此基礎上得到傳播與發展;同時,這也是全真道所必須承擔的社會責任,因爲民間信仰是一種最樸素、最基礎,而且影響最廣的一種信仰方式,若不對它加以正確的引導,極有可能走向不好的一面,全真道改造與昇華民間信仰,這是其服務於社會、造福於人類的重要舉措。

(本文爲國家社科基金項目"山東道教碑刻收集、整理與研究"階段性成果,項目批准號:08CZJ007。)

明代全真教的宗系分化與派字譜的形成

□張廣保

摘要:本文綜合近些年來國內外學者對若干全真教宮觀在明代的傳承譜系的個案研究,對明代全真教宗系分化的問題進行系統研究,指出《諸真宗派總簿》、《宗派别》、《道教宗派》等一類在清代出現的載述全真教各宗派傳承譜系的派字詩,至遲可以追溯至明代中期。它的形成一方面反映了道教尤其是全真教在當時宗系分化的客觀現實,同時也是明代全真教整體認同弱化的表現。這説明在喪失元代的那種强勢政治支持後,明代全真教所呈現的一種新的發展趨勢。

關鍵詞:明代全真教　派字譜　宗系分化

作者簡介:張廣保,號洞齋散人,中國社會科學院歷史研究所研究員,兼任研究生院教授,博士生導師。主要從事道教思想、經學思想研究,已出版《金元全真道内丹心性學》、《唐宋内丹道教》、《金元全真教史新研究》、《道家的根本道論與道教的心性學》、《尹志平學案》、《中國經學思想史》(合著)等著作。

清代後期出現了幾種以派字詩爲主幹的、旨在記載道教各宗派傳承譜系的經籍。它們分别是北京白雲觀收藏的《諸真宗派總簿》①、瀋陽太清宫的《宗派别》、遼寧本溪鐵刹山八寶雲光洞的《道教宗派》②。以上三種宗派傳承譜都是以全真教爲主體而附記正一等其他各派。它們實際上都屬於同一個系統,淵源於同一祖本。從太清宫本重謄於咸豐十一年(1861),再結合閔一得(1748～1836)

① 民國二十三年(1934),日本學者小柳司氣太在其所編《白雲觀志》中依據民國十五年(1926)梁至祥抄本録入一份載有86派的《諸真宗派總簿》,據王卡先生《諸真宗派源流校讀記》的研究,小柳司氣太録入的這一梁氏抄本存在諸多漏記、誤記及書寫格式不合規範之處。2003年,李養正先生在《新編北京白雲觀志》中據白雲觀收藏的梁氏抄本對小柳司氣太録本的錯誤進行校正,改正了不少錯誤。最近王卡先生以遼寧本溪鐵刹山傳本爲底本,以白雲觀《諸真宗派總簿》、瀋陽太清宫《宗派别》爲參校本,提出一個較爲接近白雲觀本原貌的新版本。(王卡:《諸真宗派源流校讀記》,載熊鐵基、麥子飛主編:《全真道與老莊學國際學術研討會論文集》上册,武漢:華中師範大學出版社,2009年)

② 見白永貞撰於民國二十六年(1937)的八卷本《鐵刹山志》卷七《道教宗派》,録有99派。

於嘉慶年間(1796~1820)編撰的《金蓋心燈》相關内容看,這一版本系統的出現,應始於清嘉慶年間。王卡將白雲觀的《諸真宗派總簿》出現斷爲嘉慶十三年(1808)白雲觀恢復傳戒活動之後①,是有道理的。上述三種譜系以派字詩爲骨幹廣泛記載道教各宗派的傳承,其直接作用在於爲各大宫觀考察雲遊道士宗派歸屬提供依據,以免閑雜人員混入宫觀。這顯然是組成當時宫觀管理制度的一部分。因此此類東西應在各大型宫觀中都有收藏。除上述三種較爲完整的譜系之外,清代另還有一些只載述本宗派傳承譜系的文獻。例如閔一得編於嘉慶年間的《金蓋心燈》記載的《龍門正宗流傳支派圖》)、孟至才、完顔崇實編於道光二十七年(1847)的《白雲仙表》、梁教無編於咸豐壬子(1852)的《玄門必讀》、德國傳教士哈克曼於宣統二年至三年(1910~1911)抄録於嶗山太清宫的《規矩須知》等都載有或詳或略的全真教龍門派的傳承譜系。進入民國之後,又有《龍門正宗覺雲本支道統薪傳》等。派字譜一方面既是各宗派之間用以互相分判的一種標誌,同時另一方面在本宗系中又可以區分不同輩分。這也是成長於中國宗法社會大背景下的道教所呈現的本土特色。

綜合近些年來學者對若干全真教宫觀在明代的傳承譜系的研究,上述派字譜至遲可以追溯至明代中期。它的形成一方面反映了道教尤其是全真教在當時宗系分化的客觀現實,同時也是明代全真教整體認同弱化的表現。這充分反映了在喪失元代的那種强勢政治支持後全真教在明代所呈現的一種新的發展趨勢。

一、關於對全真教龍門派傳法世系質疑的檢討

1. 陳銘珪的質疑與重建

對於這一全真教宗派譜尤其是構成其核心部分的龍門派早期傳承譜系的真實性,很早就有人提出質疑。生活於清代後期的羅浮山酥醪觀全真教龍門派十七代教徒陳銘珪(陳教友 1824~1881),憑藉其淵深的教史知識和敏鋭的史識,較早對載於閔一得《金蓋心燈》中的全真教龍門派早期宗派傳承世系表示質疑。他在撰於光緒五年(1879)的《長春道教源流》一書中説:

① 王卡:《諸真宗派源流校讀記》,載熊鐵基、麥子飛主編:《全真道與老莊學國際學術研討會論文集》上册。

今世全真教,大抵長春法嗣爲多,所謂龍門派也。然詢之道教中人,云嗣馬丹陽者爲遇山派,嗣譚長真者爲南無派,嗣劉長生者爲隨山派,嗣王玉陽者爲崑崙派,嗣郝廣寧者爲華山派,嗣孫清静者爲清静派。考長春及諸真門人,無有以派名者,諸派之興,其起於明代歟?惟元時北方全真教,長春與諸真遞相傳授,尚可考見。厥後自北而南,地與世相去日遠,李道謙後纂輯無人,世但知爲全真教,無有識其淵源者矣。①

陳銘珪在此猜測全真教内部分宗開派應起於明代,認爲長春與諸真門人均尚未正式立派。這就等於否定了包括龍門派在内的七真開派之説。這是一個極具懷疑精神的驚人論斷,與他對金元全真教歷史發展的透徹理解分不開。不過,依據我們今天的研究,陳銘珪的這一結論並不完全正確。其實金元時期全真教已經開始分宗立派,七真門下各系的傳承與宫觀網絡的地域分佈存在重合關係。像燕京大長春宫即全真教的堂下主要是丘長春一系在把持,而陝西重陽宫,作爲全真教的祖庭,雖然七真門下郝太古、丘長春、馬丹陽都有弟子在其中弘道傳教,但仍以馬丹陽一系爲主。至於像汴梁(今河南開封市)朝元宫以郝太古、王志謹爲主,永樂純陽宫(在山西)則係劉長生、宋德方及丘處機、潘德沖兩系並存。② 這説明金元時期的全真教内部並非鐵板一塊,統統歸宗於丘處機一門。其實全真教在金元的迅猛發展乃是通過七真門下弟子分别開宗授徒、建宫立觀得以實現的。對此,我們在後文還要詳論。總之,金元時期的全真教内部已經開始分宗立派,但没有像後世那種標識宗派的派字詩出現。這主要是因爲元代全真教由於得到皇權的强勢支持,因而得以依靠政治權威來維持其整體認同。實際上元代全真教各宗系把持的宫觀不僅在名譽上充分尊重大宗師的教門權威,而且不少重要的宫觀内部事務諸如更换宫額、賜予紫衣師號及住持提點的任命等都要經過逐級陳請,最後再報請大宗師,由其經由集賢院商討獲得當局認准。因此,在這種强勢的中央教權籠罩下,雖然此時全真教各宗系在宫觀住持、傳承方面已有事實上的分化,且不少宗系都標示出傳承系譜,但像後世那種綜合各宗系的完整的派字譜尚未看見。據此我們也可以説它有宗派之實,却無宗派之名。

陳銘珪還否定了傳統的龍門派得名源於丘處機當年居陝西隴州龍門山修行

---

① 陳銘珪:《長春道教源流》卷七,《藏外道書》第31册,成都:巴蜀書社,1994年,第119頁。

② 張廣保:《金元全真教祖庭研究》,《道家文化研究》第23輯,北京:生活·讀書·新知三聯書店,2008年,第52~134頁。

的看法。他認爲龍門派淵源於靳真常的弟子、活躍於元世祖至元年間的姜善信。因姜善信在黄河龍門創建龍門建極宫,故其開派名之爲龍門派。他説:

所以稱龍門派者,貞常弟子姜善信承世祖寵遇,建龍門建極宫,其後徒衆日盛,創此法派,故云龍門也。世或謂長春曾居隴州之龍門,故號龍門派,恐非。①

陳銘珪在此實際上提出一種有别於教内傳統的新的龍門派傳承法系,即丘處機、靳道元、姜善信。這就等於修正了閔一得《金蓋心燈》卷一記載的龍門派由丘處機傳趙道堅這一傳承法系。又由於靳道元、姜善信長期住居華山王刁洞修行,陳銘珪乃引述清劉獻廷(1648~1695)《廣陽雜記》卷三轉述孫宗武之語,認爲龍門派源於華山王刁洞。② 我們不知道劉獻廷、孫宗武等人依據何種史料斷定龍門派起源於華山,不過他們兩位生活的年代都早於閔一得,因此陳銘珪選擇把華山作爲龍門派發祥地的説法應該也是有來歷的。關於姜善信,陳銘珪在《長春道教源流》中有較詳細的傳記:

姜善信,河東趙城人,資秉恬默,年十九,師事蓮峰真人靳貞常道元,隱居華山王刁洞。後承師命修習龍門山,訪王、刁故迹,煉情見性,神於幻化,知來如響。屬陝右兵亂,士大夫避地者皆依之。嘗營建(龍門)大禹廟、平陽堯廟、鼓堆孚聖廟,神宇百餘所,一時化身皆能遍歷,名動京師。世祖南下,駐師驛亭,召問行師事,特陳仁義之舉。其後三見聘,奏對多所裨益,(世祖)賜號"静應真人"。會龍門禹祀因兵而毁,善信募建之,陛辭日敕賜曰"建極宫",命大司農姚樞書額,以示歸榮。復給田四十餘頃,命五弟子皆爲建極宫提點。遠近亦稱"天師"。年七十八羽化,其夜有青虹貫斗,後葬龍門山左麓。③

按陳銘珪此處對於姜善信生平的記述,證之於《元史》及元代各種全真碑銘

① 陳銘珪:《長春道教源流》卷六,《藏外道書》第31册,第114頁。

② 劉獻廷在書中轉述孫宗武之語云:"今世全真道人所謂龍門法派者,皆本之邱長春,其地則王刁山也。王刁山在華陰太華之東,奇峭次於華岳。開山之祖,乃王、刁二師,故以人名山,邱長春曾主其席,演派至今徧天下也。"劉獻廷:《廣陽雜記》卷三,北京:中華書局,1957年,第130頁。

③ 陳銘珪:《長春道教源流》卷六,《藏外道書》第31册,第113頁。

都可找到印證。[①] 關於姜善信，元王惲《秋澗集》收有《祭靖應真人姜公文》[②]，李槃亦撰有《靖應真人碑》。[③] 其中李槃文給出有關姜善信更多的信息。姜善信，字彦誠，師事蓮峰真人靳道元，道元"授以相術諸陰陽韜略之學"，其後乃以法席付之。自是之後，洞居十年，塊坐一龕，終達心如止水、境與神會之境。後創建碧雲庵。有關他與忽必烈的交往，李槃碑也有記載，其事發生於憲宗蒙哥九年(1259)，忽必烈奉命統軍南伐，駐師於姜善信住持地。至於"見禹廟傾圮，慨然以修復爲事"，當在世祖至元九年之前，《絳州志》説是中統年間，可能性很大。總之，他的確主持過龍門大禹廟的修復之事。此事非同小可，因爲祭祀先代聖王，乃是歷代王朝政制中的一項重要典禮，歷朝皆由中央政府負責修建。忽必烈能將這麽重要的事交由姜善信負責，可見對他的器重。至元九年，忽必烈還特别派遣使者，"諭公謁皇子安西王於長安，王待以殊禮"[④]。可見他在當時是一位頗受尊寵的高道，因此按照元代全真教的演宗慣例，他在龍門建極宫演宗開派完全順理成章。姜善信逝於至元十一年(1274)，享壽七十八。由至元十一年上推七十八年，可以算出他應生於金章宗承安元年(1196)。據李槃碑，他是在十九歲時師禮靳道元出家，時當爲太祖十年(1215)，其時丘處機尚未與成吉思汗正式接觸。據此，靳道元、姜善信都是較早一代的全真道士，其在教内的輩分並不在閔一得龍門譜系中趙道堅、張德純諸人之下。不過王惲、李槃兩文都没有提到任何有關龍門派的事。但是記載了他的弟子董若沖在其逝後接掌禹王廟，並亦被加封爲光宅宫真人。這説明姜善信在禹王廟一系的傳承在其仙逝後不僅仍然在延續，而且頗受當局重視，其傳教基地應爲禹王廟(建極宫)。當然我們也注意到靳道元、姜善信、董若沖這一系傳承的命名規則並不符合龍門派字詩，因爲按照龍門派字詩"道德通玄静，真常守太清"的排法，姜善信應爲德字輩，董若沖則應爲通字輩。更爲重要的是在董若沖之後，我們目前再也找不到此後傳承的材料。因此陳銘珪對全真教龍門派傳法世系修正性的重建目前同樣也難以令人完全信服，有待進一步證實。

---

① 《元史・世祖本紀》："辛卯(1291)，修河中禹廟，賜名建極宫。"按，《元史》此記時間有誤，此事應從《絳州志》所記定於中統年間。因爲李槃碑明言姜善信逝於至元十一年(1274)。又《道家金石略》第1104頁收有《龍門禹王廟聖旨碑》、《龍門禹王廟令旨碑》，其中《聖旨碑》係至元十二年(1275)下發給姜善信弟子禹王廟住持董若沖的，可見至少在這年禹王廟已建成。

② 《全元文》第六册卷一百九十六録此文云："(中統元年)帝遣使臣，奉宣詔旨，起公於晉。"南京：江蘇古籍出版社，1999年，第596頁。

③ 載陳垣編纂：《道家金石略》，北京：文物出版社，1988年，第1120頁。

④ 李槃：《靖應真人碑》，陳垣編纂：《道家金石略》，第1120頁。

2. 小柳司氣太田野工作中的發現

昭和六年(1931),日本道教學者小柳司氣太博士受日本東方文化研究所之委派,前往全真教中心北京白雲觀進行實地考察。小柳之所以要採用田野工作的方法研究道教,乃是與他執持的道教研究之新方法論密切相關。他説:“竊思研究之法,自有二途:一則精覈其文獻,以明於真僞源委。一則見聞現狀,以證明信仰儀禮。”①這種以文獻材料結合實地考察的研究方法,在當時中國道教研究界尚未見學者採用,而歐洲學者早在十九世紀就採用這種方法研究道教。小柳氏在北京白雲觀探古碑,察殿宇,訪耆老,搜逸聞,最終在無前史可依的前提下,編纂了一部内容平實、體例簡明的四卷本《白雲觀志》。其有功於道門甚偉。

對於我們今天考察全真教龍門派傳法世系的形成這一主題,小柳氏《白雲觀志》最有價值之處乃在於卷二“白雲觀記事”。在這一部分,他紀録白雲觀有一由東西兩房組成的祠堂,其中東房在中央教祖王重陽塑像左側設有“白雲堂上第廿一代監院上至下智秋樵劉大真人”、“白雲堂上第廿一代監院上至下端堂崔真人”兩神位,右側則設“白雲堂上第廿一代律師上至下知林泉劉真人”、“白雲堂上第廿一代律師上至下知霖毓陳真人”兩神位。在左側之東另還列有自第一代趙道堅律師爲首的十五代律師(其中第二代上道下純碧芝張大真人,“道”字當係“德”字之誤),其排序與龍門派字詩相合,即按照“道德通玄静,真常守太清,一陽來復本……”依次排下來。在西方以“白雲堂上第十五代律師上本下悟壽山張大真人”爲首,亦列有十四牌位,其排序爲合字輩一位,教字輩三位,永字輩五位,圓字輩一位,明字輩兩位,和字輩一位。總計奉齋神位三十九,分屬二十一代。②其派字符合閔一得《金蓋心燈》所記“道德通玄静,真常守太清,一陽來復本,合教永圓明”等派字詩。其中第二十代高仁峒③直到光緒三十年(1904)纔仙逝。這説明龍門派字詩不單見於道教文獻記録,而且在祠堂牌位供奉這種重要的宫觀體制中也得到體現。如此似乎龍門派字詩的真實性不容置疑。

然而隨後小柳博士通過將白雲觀中塔院存留的住持、監院、律師墓銘與祠堂供奉牌位進行比對,獲得的結果使人對此按派字詩排序的供奉牌位群體啓生疑竇。首先,對這一供奉牌位群體的性質難予斷定,因爲它既不歸屬於歷史上白雲

---

① 小柳司氣太:《白雲觀志序》,《中國道觀志叢刊》第1册,南京:江蘇古籍出版社,2000年。

② 小柳司氣太:《白雲觀志》卷二,《中國道觀志叢刊》第1册。

③ 小柳司氣太《白雲觀志》述奉齋神位時作“白雲堂上第二十代律師上明下峒高大真人”,但在後文又稱“第二十代高雲溪,名仁峒”。按,“仁峒”係“明洞”之誤,因二十代爲“明”字輩。

觀歷代住持群體,[1]也與觀内塔院所建的住持、監院、律師墓塔有較大出入。其次,白雲觀前八代住持、監院、律師没有進入祠堂牌位供奉群,而自第九代始雖然進入祠堂,排列的代數却有變動。[2] 通過認真比對,小柳氏指出:

> 要之,第十七代以後,其代數及人名相符,第九代以前則不同。墓銘所稱"第九代監院上合下皓朗然張大真人"者,在於祠堂,實爲第十六代。其他無一相符者。且塔院第二代至第八代,無文獻可徵。質諸道士不明,故唯直敘其所觀而已。[3]

考慮到今天白雲觀的塔院區已蕩然無存,小柳氏的這份記述及比對之價值彌足珍貴,堪稱是搶救性的整理。因爲塔院墓塔的真實性無疑應高於祠堂牌位,據此我們完全可以確信三點:其一,白雲觀祠堂所列歷代律師、監院奉祀牌位是按照龍門派字詩設定的,因此應後於派字詩初始確立年代。其二,從白雲觀前八代住持、監院未入祠堂看(例如第二代住持楊旭初、第六代監院李陽玉、第七代張來如、第八代杜陽春均爲有墓塔,却未入祠堂),白雲觀上述奉祀牌位系列有後來植入痕迹,而非白雲觀舊有。即使該祠堂奉祀對象僅爲龍門傳戒律師,但也應考慮多數方丈、監院同時也擔任傳戒律師這一事實,而傳戒律師也往往被尊稱爲住持、方丈。此外,同樣值得注意的是祠堂中有牌位,但在塔院中無塔墓這種現象,也爲我們上述推測提供更强證據。據此我們可以推論,龍門派字詩發源地不是白雲觀,而是由其他宫觀傳入的。可能自某代始,有外來的、以採用龍門派字詩爲特點的全真道士接管白雲觀,並將自己所屬宗派傳承世系植入白雲觀,轉而對白雲觀原有傳法世系進行改造,以後白雲觀就爲這一派所控制。然而這一事件到底自何時何代開始?從房永謙抄於清同治十三年(1874)《玄都律壇威儀戒科全部》之《祖堂奉師法座》[4]所列各代律師與白雲觀祠堂供奉者大體相同看(個别字句不同,如第八代祠堂牌位作程大真人,房抄本爲譚大真人,第十代昇陽穆大真人,房本作玉房穆大真人,當係所

---

① 正如小柳博士指出的那樣,如果這一牌位供奉群體屬於白雲觀歷代住持,那麽其中缺少包括白雲觀開創者尹志平在内的諸位元代全真教大宗師的牌位,就不好解釋。另外明代幾位白雲觀住持也一律缺席。相反供奉牌位中自第一代趙道堅至第六代趙復陽完全與白雲觀無關,反而列入其中。見小柳司氣太:《白雲觀志》卷二,《中國道觀志叢刊》第1册,第72頁。

② 小柳司氣太:《白雲觀志》卷二,《中國道觀志叢刊》第1册,第72頁。

③ 小柳司氣太:《白雲觀志》卷二,《中國道觀志叢刊》第1册,第77頁。

④ 王卡、汪桂平:《三洞拾遺》第11册,合肥:黄山書社,2005年,第51~52頁。

據傳本有異),白雲觀祠堂開始採用這套龍門派傳法世系以建造供奉牌位,至少可以追溯至同治年以前。然而其上限在何時?關於這一點,關係龍門派傳承者甚大,在此不妨展開論述。

考明代自成祖永樂年始,北京白雲觀至少有兩支重要傳承活躍於其中,似乎均未按龍門派字詩命名,因而可能均不屬後來的那種按派字詩排列世系的龍門派。其中一系進入白雲觀始於明代全真高道劉淵然。其在明代的傳承爲趙宜真、劉淵然、邵以正、俞道純(另還有一位普毅杜真人)、李得晟。該派開宗之祖、元末明初高道趙宜真,兼得全真教南北二宗之傳,同時又兼傳清微、净明派道法,堪稱元末明初集道教大成者。他的傳教基地本來在江西雩都,與北京白雲觀關係不大。然而至其弟子劉淵然時,就應成祖之邀北上,特别是在仁宗洪熙元年(1425)受命掌天下道教事之後,其勢力似已逐漸滲入白雲觀。因爲我們發現到其弟子邵以正時,已正式認同全真傳承,同時有意識地接續白雲觀傳承法脈。邵以正於景泰七年(1456),主持白雲觀的擴建就是出於這一動機:"(邵以正)念真人(按,指丘處機)與先師劉真人,偶得'長春'之號,而師祖趙真人又受北派金丹之傳於真人(亦指丘處機),而以正實嗣派之雲孫也。乃謀新三殿三楹,既像真人於其中,復圖十八大師暨祖師、先師之像於其壁。經始於景泰丙子,落成於四年。"[①]在此值得注意的是,邵以正於明代宗景泰七年(1456)時,就直接將本宗接續丘處機及十八大師之後,而越過元代歷代掌教宗師及前此明代白雲觀住持。這就相當於一次宗派嫁接,而前此的白雲觀傳承無疑就中斷了。該宗的這種認同一直持續至武宗正德年間的李得晟,仍然繼承先輩傳統對白雲觀處順堂加以修繕。李得晟撰於正德十一年(1516)的《長春殿增塑七真仙範紀略》説:"得晟於正德己巳(1509)拜謁祠下,覩簷牖脱落,日就傾圮,思繼先志,召匠鳩材,以堅易朽,補缺爲完,比昔加壯麗焉。復命匠氏,埏埴仙像六軀,通原像爲北派七真也。"[②]此外我們注意到這次修繕時,他還將包括自己在内的本宗五位元宗師的圖像直接繪於十八大師之後。[③] 這一宗的全真認同不容置疑,從法名命名習慣看,似乎並未採用龍門派字詩。有不少學者例如莫尼卡、王崗在文中提到明初劉淵

---

① 小柳司氣太:《白雲觀志》卷一,《中國道觀志叢刊》第1册,第54頁。

② 小柳司氣太:《白雲觀志》卷一,《中國道觀志叢刊》第1册,第54頁。

③ 李得晟《長春殿增塑七真仙範紀略》:"若夫原陽趙真人,學北派金丹之傳者,及門弟子受業也。長春劉真人,封號相類,異世同符也。至如通妙邵真人,普毅杜真人,下及得晟,濫厠妙應真人,皆嗣派雲孫,蒙其餘澤者也。繪形於群師之後。"見小柳司氣太《白雲觀志》卷一,《中國道觀志叢刊》第1册,第55頁。應注意這位普毅杜真人當係他的老師,與俞道純同屬一輩,而俞道純則被取代。

然並不屬於全真教,而是傳播净明、清微派教義,[1]應該歸屬於這兩派。對此,從我們上述所列該派在明代全真認同的歷史事實來看,這種觀點是不正確的。

另外我們還要强調這一派自劉淵然開始一直被明政府加封爲大真人(劉淵然)、真人,並領道教事,直到明武宗正德年間(1506~1521),均係明代道教實際領袖。雖然該宗於明代在白雲觀傳承了一百多年,但顯然其法名至少在李得晟時未按龍門派派字詩排列。又除劉淵然外,明代初中期,曾擔任白雲觀住持的李時中、倪正道二人雖然對明代白雲觀的重建居功甚偉,但也顯然不屬龍門派。李時中於成祖永樂四年(1406)任白雲觀住持,曾主持三清大殿的興建。倪正道則於永樂十年(1412)繼任住持,英宗正統三年(1438)、五年(1440)、八年(1443)他先後三次主持玉皇殿、處順堂、衍慶殿、四帥殿及山門的興建。[2] 但他顯然與後世體現於派字譜中的龍門派無關。可能正是因爲他們與後世採用派字譜來傳承的龍門派無淵源關係,因而無論白雲觀祠堂、塔院中均無他們的遺迹。這也反證後世採用派字譜來傳承的龍門派在白雲觀的起源可能晚於明武宗正德以後。

總之,龍門派在白雲觀的傳承相對較晚,應當在明代末年。清劉獻廷《廣陽雜記》認爲白雲觀龍門派始於王清正。此人係明末龍門派道士馬真一一系弟子。[3] 這一説法也有疑問,因爲我們知道明末清初王常月就已入主白雲觀。兩人到底誰先誰後?關係如何?這些問題都有待進一步考察。

二、元代已有宗派之分化,但無派字詩

許多研究者都注意到,金元時期全真教尚無派字詩之類旨在確立宗派認同、標明傳承輩分的譜系出現。然而這並不意味着元代全真教内部没有宗派的分化。像陳銘珪所斷言的"諸派之興,其起於明代",只能理解爲具有正式名稱標識的宗派迄今爲止在元代尚未發現,因而可能起於明代。至於全真教内部各種大小宗派並立,自王重陽仙逝、七真分門授徒之時,就一直存在,並貫穿於全真教發展的始終。其實只要我們認真考察全真教發展的歷史過程,就會發現其中存在

① 莫尼卡:"The Longmen School and Its controversial History during the Qing Dynasty", John Lagerwey ed. *Religion and Chinese Society*, Vol Ⅱ, 621-698; Richard G. Wang, "Longmen Lineage at Xuning' an in Late Ming-Early Qing Yunnan", 2007年11月美國加州伯克利"全真道與近現代中國社會和文化國際學術研討會"論文。

② 小柳司氣太:《白雲觀志》卷一,《中國道觀志叢刊》第1册,第53頁。

③ 劉獻廷:《廣陽雜記》卷三,第130頁。

一種基本的擴張模式，即通過宗支的不斷繁衍分化來達成其發展。這一過程可以描述爲由祖師至徒弟至徒孫至重孫……再無盡演化，直至傳承中斷。這一發展模式頗爲類似樹的分枝生長，因此我們不妨稱之爲樹形模式。全真教發展之所以能够超邁其他道教派別，這種樹形繁衍模式也是一個重要因素。對此只要我們讀讀《道家金石略》中載録的宫觀碑記，就會對此有深刻的印象。因爲一座新宫、觀、庵、廟的創建往往就是一個宗系繁衍的物化見證。

1. 宗派的分化與宫觀分佈

考察金元時期全真教宗派的繁衍分化還可以從宫觀的地理分佈及其宗派歸屬着手。我們知道即使在元代全真教大宗師權力鼎盛時期，儘管他們能够通過諸如賜予紫衣師號、宫觀名稱、任免宫觀提點等方式，以實現對轄區内大小宫觀的有效領導，但也無法改變教内各宗系對宫觀實行實際控制的事實，當然更無法平衡各宗系力量對比。這就使得其内部各宗系發展並不均衡，有的宗派像丘處機一系由於歷史原因難免一枝獨秀，有的可能中道衰亡，甚至更换門庭。

從元代全真教宫觀分佈的具體情形看，其宫觀群體主要集中於像燕京、陝西、山東、河南、山西等存有祖師、宗師遺迹的地區。一般而言，這些特定地區往往以一座核心宫觀爲主體，再環以大大小小的下院别業，從而形成網絡狀的宫觀群體。像燕京長春宫（堂下），陝西終南重陽宫（祖庭）、宗聖宫，山西永樂純陽宫（東祖庭），河南開封朝元宫、鹿邑太清宫，山東神清宫等等，在元代都曾是全真教宫觀網絡的樞紐。以它們爲中心，形成一座座宫觀群，而各宗系的力量就以不均衡的方式在其中交叉繁衍生息。例如作爲元代全真教大本營的燕京長春宫，由於丘處機晚年棲居並昇霞於此，因此理所當然丘門一系勢力佔壓倒多數，其他各宗系在此找不到生存空間。相反在陝西終南重陽萬壽宫，由於係祖師王重陽發迹之地，在金元以後一直被尊爲全真教的祖庭，地位極爲崇高，在歷史上由於馬丹陽一直在此苦心經營，因此丹陽門下勢力在此無疑佔有優勢，儘管後來在祖庭營建過程中，郝太古一系的李志源、王志謹都曾參與其中，但都無法改變丹陽一門在此獨盛的格局。至於河南開封朝元宫作爲王重陽昇霞之處，在元代全真教宫觀中亦享有崇高的盛譽，然而由於該宫係郝太古、王志謹一系門徒創建，因而可想這一宗系的力量更爲突出。爲了更清楚地説明各宗系的勢力如何在宫觀中繁衍，我想以劉長生一系的仙人萬壽宫、丘處機一系的玉清萬壽宫爲例，以具體展現兩宗系繁衍的歷史過程。①

---

① 張廣保：《金元全真教祖庭研究》，《道家文化研究》第 23 輯，第 52 ~ 134 頁。

2. 仙人萬壽宮——劉長生一系的繁衍

位於山東鄒縣一帶的嶧山，峰巒疊翠，洞穴玲瓏，道書尊爲妙光洞天，係享譽海内的名山，金元時期全真宗師劉長生一系的門徒在此創建仙人萬壽宫。此宫由金迄元綿歷一百多年，長期香火旺盛，門徒一直維持百人以上，元時並有多位高道獲賜真人，乃劉長生一系全真教弘道重鎮，堪與該宗祖庭靈虚宫並駕齊驅。關於此宫，陳垣《道家金石略》録有《仙人萬壽宫重建記》、《崇德真人記》、《明德真人道行之碑》等三通碑文①，立石的時間均在元英宗至治二年(1322)。碑文忠實地記載了仙人萬壽宫在金元時期的盛衰變遷，尤其是《仙人萬壽宫重建記》，碑陰録有該宗的傳承譜系，這就爲我們研討此系在金元時期的繁衍提供了連續性的素材。

據碑文所載，仙人萬壽宫傳承的宗系爲：重陽全真開化輔極帝君王嚞——長生輔化宗玄明德真君劉處玄——崇真大德靈隱真人王貴——淳然體道明德真人史志道、通玄大師保真子趙志古——崇德真人李志椿、希和真人楊道遠——李道實、谷道玄。又據朱象先所撰《明德真人道行之碑》記載，仙人萬壽宫由劉長生門下、崇真靈隱真人王貴所開創，創始時間當在金哀宗正大元年(1224)之前。金元易代之際，由於戰争的破壞，道侣星散，宫觀化爲灰燼，王貴亦於其時仙逝。唯有淳然子史志道與二三道友於中艱難維持。戰争結束後，史志道乃繼承先輩遺志，致力恢復、拓展宫觀基業。他率領門徒，“相與經營墾闢，樸斵締構，日改月化，新閎殿，創雲室，闢田疇，萃冠褐，清規整整，靚然爲一真遊之館”②。這次恢復性的重建可謂仙人萬壽宫歷史中的一次中興。重建之後，全真掌教宗師正式賜予仙人萬壽宫號。至此時該宫已有門徒百人，較前此的規模有所擴大。史志道仙逝於世祖至元二十九年(1292)，享年八十六，平生度弟子數百人。其後其弟子李志椿、楊道遠，及志椿弟子李道實、谷道玄，亦皆不辱師門，對宫觀續加擴建：

> 於是樽費度材，搜補遺闕，於宫於觀，於鄒城，於爐丹峪、匡家莊、狼溙，皆贍宫恒産之所。修創大小凡百餘楹，殿堂、丈室、庖湢，罔有弗具。③

此時仙人萬壽宫已非單座宫觀，而是包括衆多下院别業例如蔣莊通玄觀在内的一組龐大宫觀群。其勢力早已延伸至周圍地區，像鄒城、爐丹峪、匡家莊、狼

① 陳垣編纂:《道家金石略》,第762~763、763~764、765~766頁。
② 陳垣編纂:《道家金石略》,第765~766頁。
③ 陳垣編纂:《道家金石略》,第762頁。

濼村都有其宫觀産業。此外,值得我們注意的是仙人萬壽宫的幾次擴建,宫内道衆都躬親其事,全力參與興建的勞作。直到元代後期,其徒仍然“畊耕以供盂粥”,秉承早期全真教躬耕自作、不假食於人的淳樸教風。這或許是該宗能够自金至元百多年不斷繁衍壯大的奥秘。李志椿逝於元貞二年(1296),度弟子百餘人。作爲劉長生宗系在山東的重要傳承,仙人萬壽宫與當地宗王世代維持良好的關係,纍代都得到他們的護持與加封。例如史志道於世祖至元二十九年仙逝後,壽王即追贈其爲淳然明德真人,其後元貞二年李志椿仙逝,脱脱大王又賜予明真和陽崇德真人。這一系自劉長生始三代弟子都擁有尊貴的真人封號,都是由於宗王們護持的結果。而從全真教方面看,由於仙人萬壽宫處於上述宗王的領地中,因而與這些宗王們建立友好關係也有助於本宗的發展。

3. 玉清萬壽宫——丘處機一系在山東沂州的繁衍

由於丘處機於七真之中最爲晚逝,加之伴隨西行覲見的成功,丘門一系的全真教首先獲得當時統治者的庇護。這些因素都直接影響全真教各宗系的發展規模,促使丘門一系迅速繁衍,並在元代相當長的時段形成一支獨大的局面。自大蒙古國直至元代初期,丘門一系壟斷了全真教大宗師的職位[1],一時之間,全真教總部——燕京長春宫實際上成了丘門一系的大本營。直到出身於馬丹陽一系的王志坦接任大宗師(又同爲馬丹陽一系的孫德彧也於元皇慶二年接任掌教宗師),纔打破了這種壟斷局面。自此之後,劉長生一系的祁志誠、苗道一、完顔德明,郝大通一系的孫履道都先後接任掌教大宗師。這説明在世祖之後,丘門之外的七真其他各系也都獲得充足的發展空間,紛紛迎頭趕來,大有後來居上之勢。當然我們也應看到儘管七真門下各宗系存在發展上的競争,然而這種教門之内的競争,並未損害他們對於教派的整體認同。對以五祖七真這類標示全真教獨特身份的神靈譜系,以三教合一、功行雙修這類歸屬本門的新教義,及最後以性命雙修作爲内丹修煉根本宗旨的獨特修煉法門,各宗都是共同認同的。這就保證了全真教作爲一個整體不至於在各宗系相互競争中産生分裂。

金元時期當丘門大本營——燕京長春宫獲得蓬勃發展的同時,留守山東的丘門弟子希夷大師喬正忠、希真大師劉正清也以沂州玉清萬壽宫爲基地,將丘處機宗系法脈在沂州廣加傳佈。據時天錫所撰《玉清萬壽宫記》[2],喬正忠、劉正清

---

① 丘處機之後的前幾任全真教大宗師諸如尹志平、李志常、張志敬都屬於丘處機一系,直到馬丹陽一系的王志坦接任掌教大宗師纔打破這一局面。

② 陳垣編纂:《道家金石略》,第772~773頁。

都是丘處機的親傳弟子，兩人在元太宗之前就應當地官員的邀請接管沂州城中著名的神霄道院，該院始建於北宋徽宗宣和元年(1119)，此時因爲戰火的摧殘業已荒廢。當地官員得知喬正忠、劉正清均係長春弟子，且"道業高邁，戒行精嚴"之後，乃請其主持。這實際上是蒙古國及元代全真教宫觀擴張的一個最爲典型的模式。此後二人乃以該宫爲根基逐步實行擴張，並在這一過程中形成了自己的傳承宗系。他們擴張的步驟是這樣的：首先於元太宗十三年(1241)花錢購買鄰觀的范氏園地，這就初步擴大了宫觀規模。接着又於太宗十六年(1244)創建正殿五間，正堂三間，並夾以翼室。經過這番修建，該宫已初具規模。定宗三年(1248)，經道教所劄付，重新獲得神霄玉清萬壽宫的宫額。此後又增建先天觀、頤真觀、長春觀，以作爲神霄玉清萬壽宫的下院，並增置長春、輔真二莊作爲贍養别業。其時神霄玉清萬壽宫已頗具規模，喬、劉二大師亦各獲賜紫，榮任沂州道正。這是神霄玉清萬壽宫第一代發展史。

神霄玉清萬壽宫第二代發展是由劉正清弟子敬真子李善信完成的。他十歲出家，以法籙自重，並擅長齋醮，精通醫術。世祖至元十五年(1278)，李善信接任沂州道正。他對神霄玉清萬壽宫建設的貢獻，乃是於至元二十一年(1284)對正殿進行翻修，並塑太上老君及左右法師、靈官像各一座。李善信逝於成宗元貞元年(1295)，臨終時，傳位於高弟沖真大師王元亨，並授以成規。據《玉清萬壽宫記》，王元亨風姿瀟灑，有超世出塵之相。此人博涉經史，入道前曾任儒學教授。他繼位之後，"乃重修正殿，創起後堂，並東西兩序，前後階陛"①。"復於常住舊莊增置良田數頃，及苗家莊、汶口村創買田，置莊二所。"②經過王元亨的進一步苦心經營，玉清萬壽宫的規模就更爲龐大，觸鬚延展的範圍亦較舊更爲廣闊。又據《玉清萬壽宫記》碑陰所附該宫《宗派之圖》，李善信還有弟子王元貞，兼任玄妙觀提點。這説明其時玄妙觀亦附屬於玉清宫。王元亨度弟子百人，可謂大大擴展了沂州丘門本宗的勢力。大德十年(1306)，王元亨充任沂州道判，以後又陞任道正。從泰定三年(1326)立石題名看，直到這一年，他仍健在。從《宗派之圖》看，王元亨亦續有傳承，《宗派之圖》中王元亨門下列有二十人。這説明直到泰定三年，該派的傳承仍方興未艾。③

---

① 《玉清萬壽宫記》，陳垣編纂：《道家金石略》，第772～773頁。
② 《玉清萬壽宫記》，陳垣編纂：《道家金石略》，第772～773頁。
③ 《玉清萬壽宫記》，陳垣編纂：《道家金石略》，第772～773頁。

4. 元代全真教徒的命名通例

雖然清閔一得將龍門派創建時間追溯至丘處機的大弟子趙道堅，但目前我們尚未發現任何元人的材料來證實閔一得所構建的龍門派前六代傳承世系，更遑論趙道堅對於龍門派的開創。正如中外學者正確指出的那樣，這份傳法譜系的前六代傳承均存在時間鏈條中的空缺，與歷史事實存在背離。[①] 然而，我們也不可忽視元代全真教内部已出現宗派分化的客觀事實。至於元代全真教徒的命名，雖然迄今尚未找到像後世派字詩那樣整齊劃一的譜系，但也絶不是雜亂無章，毫無規律可循，而是遵循一些内在的通則。像教祖王重陽對教門早期四大弟子丘、劉、譚、馬法名的命定，就不是隨意的。除馬鈺身份較其他三人爲特殊外[②]，其他三人法名中間都有一個“處”字，即譚處端、劉處玄、丘處機。而郝大通、王玉陽、孫不二與王重陽的關係無法與四大士相比，且郝、王二人除重陽外又另有師承。

除此之外，七真門下的第二、三代弟子，雖然没有以道名來標示輩分及所屬宗派，但有幾個字在各宗系命名時使用的頻率都極高，此即男真中的志、道、德、善、玄，女冠中的守、惠、妙等。爲了更清楚地證明這點，我們不妨以蒙古國及元代時期全真教歷任掌教宗師之法名爲例。全真教掌教大宗師在蒙古國及元代時期自丘處機後，共經十二傳，直至元代最後一位皇帝元順帝時的掌教宗師完顔德明，凡有十二位宗師執掌教門。他們都是各自所屬時期的教門領袖，受到全真教内各宗系的共同推重。此即尹志平、李志常、張志敬、王志坦、祁志誠、張志仙、苗道一、常志清、孫德彧、孫履道、藍道元、完顔德明。在此需要特别提請注意的是，這十二位掌教宗師分屬七真門下不同宗系。其中有四位大宗師即尹志平、李志常、張志敬、張志仙屬丘處機一系，王志坦、孫德彧屬馬丹陽系，不過二人的子系又不相同，前者是馬丹陽—盧尊師—王志坦，後者源於陜西重陽宫，宗系爲馬丹陽—于善慶（志道）—高道寬、李道謙—孫德彧。孫履道淵源於汴梁（河南開封）朝元宫這一中原地區全真教重鎮，其宗系爲郝大通—王志謹—徐志根—孫履道，而祁志誠、苗道一、完顔德明均出於劉長生一系。其子宗系爲劉處玄—宋德方—祁志誠—苗道一—完顔德明。此外另有兩位宗師常志清、藍道元由於史料

---

① 莫尼卡："The Longmen School and Its controversial History during the Qing Dynasty"；森由利亞：《全真教龍門派系譜考》，載道教文化研究會編：《道教文化的展望》，東京：平河出版社，1994 年；王志忠：《全真龍門派起源論考》，《宗教學研究》1995 年第 4 期；丁培仁：《〈金蓋心燈〉卷一質疑》，《道家文化研究》第 23 輯，第 411 ~ 429頁。

② 關於馬鈺身份在七真中的特殊性及七真中丘、劉、譚、馬四大士與郝、王、孫的分判，請參考張廣保：《金元全真教史新研究》，香港：青松出版社，2008 年，第 173 ~ 205 頁。

匱乏,師承尚未考清。這十二位掌教宗師雖然分屬丘處機、馬丹陽、劉長生、郝太古四真門下,但法名中有“志”字者有七位,佔壓倒多數;有“道”、“德”者各有兩位,並列第二;只有孫履道法名有點特殊,不符合這一時段的命名規則,當然也許是因爲有關他的材料太少所致,因爲“履道”完全有可能是他的字。更爲引人注目的是這一時期師徒同用“志”字,像李志常—張志敬是有直接的傳承關係的。這類現象在這一時期全真教徒的命名中最爲常見,像《道家金石略》收録的《朝元洞碑陰仙源圖》所列丘門在華山的六代傳承,此即丘處機一傳綦志遠,再傳徐志清、常志遠,三傳弟子共計三十一人,其中法名中帶“志”者十八人,佔一半多,帶“道”字者九人,帶“德”字者兩人,帶“惟”字、“悟”字者各一人。第四傳共列六十八人,其中帶“志”者計有十八人,帶“道”者有十七人,帶“德”者有三十人,另有兩人帶“得”字,另還有一個楊五童,這一代弟子中帶“德”者明顯上昇,躍居首位。第五傳列三十八人,帶“志”者有六人,帶“道”者也有六人,帶“德”者有十三人,仍居多數,另有數人爲道童及辨認不清者,只有一人帶“善”字。[1] 這説明此時道徒命名偏好使用“志”、“道”、“德”字,且師徒之間不嫌重複使用。

又我們前引劉長生一系在山東鄒縣仙人萬壽宫的五代傳承,其命名通則也可佐證上面的分析。該宗所列傳承世系爲:王重陽一傳劉處玄,再傳王貴,三傳史志道、趙志古,四傳李志椿、楊道遠等,此傳門人中帶“志”者列有十四人,帶“道”者列有二十七人,帶“德”者只列有一人,帶“首”者一人,另有帶“守”者兩人,可能係女冠。[2]

通過以上分析,我們看到直到元代後期,全真教各宗系在命名方面都遵循相似通則,即偏好集中使用“道”、“志”、“德”三字,而且師徒不嫌重複使用。像後世那種類似派字詩之類的東西此時尚未面世,然而,這時宗派早已出現分化。那麼他們又是依據什麼東西既標明宗派歸屬,又區分輩分呢? 這一問題值得我們進一步探討。

三、明代是派字詩形成的關鍵時期

進入明代,全真教的政治生存空間出現相當程度的萎縮。像元代那種依據政治權威的支撐,以掌教大宗師的行政權威來維持教門一統的格局發生改變。明王朝統治者雖然對道教總地來説仍然很重視,但只重視其所承擔的國家祭祀

① 《朝元洞碑陰仙源圖》,陳垣編纂:《道家金石略》,第770~772頁。

② 陳垣編纂:《道家金石略》,第762~763頁。

的功能。因此明代的國家宫觀像神樂觀、靈濟宫、朝天宫就取代了元代長春宫、崇真宫等所擔負的政治角色。這一新的政治形勢無疑直接影響全真教各宗系的發展,促使它們積極向社會下層滲透,以補償其喪失的上層空間。今天我們讀明代小説、民間宗教寶卷,都能經常發現全真教徒活動的痕迹。因此從全真教在明代所擴展的社會空間來評估,我們實難同意學術界那種全真教明代衰落論的陳詞爛調。由於這一時期全真教注重嚮社會各階層滲透,加之過於依賴政治權力支撑的掌教宗師權威已經瓦解,因此明代全真教的宗派認同取代前此的教門整體認同。各宗派的獨自發展是明代全真教發展的主基調。這就是宗派認同爲什麽在明代全真教中特别盛行的内在原因。與此相應,那種旨在强化宗派認同的派字詩也就應運而生。

1.元代的一些苗頭

雖然從我們掌握的資料看,明代無疑是全真教派字詩形成的重要時期,但元代尤其是元代中期以後,還是有一些迹象顯示以派字來標明宗派内師徒輩分的做法已經悄然降臨。在我們前引的山東沂州玉清萬壽宫丘長春一系的五代傳承中,其命名通則已呈現類似後世派字詩之類的現象。該宗尊丘處機爲祖師,第二代係兩位"正"字輩即喬正忠、劉正清,第三代分兩支,其一喬正忠所傳一系,共傳有十位弟子,九位名以"德",一位名以"志"。這都没有什麽特别之處。但在另外一支,劉正清傳下的一系中,情况則有所不同。劉正清列有五位弟子,中間一律名以"善"字,没有通常的"志"、"道"、"德",尤可注意者是師徒之間中間法名不同。然而這又絶非偶然現象,因爲劉正清的傳宗弟子李善信,其門下弟子命名亦延續這種傳統。作爲此宗第三代的李善信,在《宗派圖》中共傳有四位"元"字輩弟子,即保和大師盛元慶、通妙大師毛元榮、保真和義沖真大師王元亨(沂州道正、住持提點)、崇玄明道大師王元貞。我們發現四位弟子中均無師徒法名重疊者。同樣該宗第四代傳宗者王元亨,亦傳有二十位弟子,法名中間均係"道"字,也無師徒同名現象。① 總結起來,上述玉清萬壽宫第二代劉正清一系傳宗字派爲:"正"、"善"、"元"、"道"四字,其規則性相當强,與明以後全真教傳承世系中的派字詩無别。以我的寡識,這應該是我們目前見到的最早一份準派字詩傳承。因爲喬正忠、劉正清均親炙丘處機,活躍於蒙古國時期。然而我們在白雲觀《諸真宗派總簿》中並没有找到對這一宗的記載。

---

① 《玉清萬壽宫宗派之圖》,陳垣編纂:《道家金石略》,第774頁。

2. 萬曆年間永樂純陽宮的華山派

位於山西省永樂鎮的純陽萬壽宮係蒙古國時期全真教爲紀念五祖之一的吕洞賓(道號純陽子)而創建的。此地在金代之前原本只建有一座簡陋的祠宇,作爲吕洞賓崇拜的遺留物。全真教創立之後,此地因爲一直相傳係吕洞賓的降誕之地,在全真教中屬重要的聖迹區域,因而到蒙古國時期全真教勃興之後,即大肆加予興建。據相關全真教碑刻材料記載,參與創建永樂純陽宮的全真教力量主要有兩支,其一爲劉長生、宋德方一系。早在元太宗十二年(1240),宋德方就在當地官員的支持下接管河中永樂的純陽祠,並於乃馬真后四年(1245),爲純陽祠申請到宮額。其間的興建活動一直未中斷。大蒙古國時期純陽萬壽宮的興建與終南山重陽萬壽宮的興復、祖庭會葬等都是當時全真教中轟動朝野的大事。雖然宋德方已爲東祖庭興建之事張本,然而由於力量單薄,事情進展並不理想,在這種種情形下,時任全真掌教的李志常、退職宗師尹志平都同時關注此事。他們共同任命丘處機一系的全真高道潘德沖專門負責經營此事。爲了便於調集財力、人才,全真教掌教還任命潘德沖爲河東南北兩路道教都提點。此外當時蒙古國平陽路各級地方政府長官也特别行疏禮請潘德沖住持永樂純陽宮。經過兩系門徒的持續興建,至成宗大德五年(1301),純陽萬壽宮已初具規模。此宮格局規整,建制宏大,乃是一座由純陽萬壽宮、九峰純陽上宮、河瀆靈源宮三宮爲中心,輔之以各自爲數衆多的别業下院的龐大宮觀群體。此外,還有一些諸如九峰老人誦經臺等輔助建築。由《道家金石略》收録的《純陽萬壽宮提點下院田地常住户記》看,純陽萬壽宮下院所轄觀、庵、院及墳地、莊園等總計二十三處,例如河中府雲臺觀、解州路村化忭庵、姚温村曹老庵、主腦溝長春觀、華州渭南縣楊郭村道院等等,從所列名單看,有些距離核心三宮路程遥遠,這可能是該宗系門徒所創。另外還有水地、灘地、棗園、甘草園、磨盤、葦園、柘榴園、菜園、窑院等等各種生産、生活設施,以及經營這些園地的常住户。可見,純陽萬壽宮的經濟勢力極爲可觀。①

純陽萬壽宮的主體由無極、混成、襲明三主殿組成,無極殿奉三清,混成殿奉純陽,襲明殿奉七真。此外還有宋德方、潘德沖等人的祠宇及上述九峰老人説經臺之類的建築。尤爲重要的是世祖至元十八年(1281)之前,該宮還藏有珍貴的元《玄都寶藏》的經板,以作爲鎮宮之寶。至明代,純陽宮的傳承仍未中斷,其宮

① 陳垣編纂:《道家金石略》,第 792 ~ 793 頁,並參看張廣保:《祖庭與堂下》,《金元全真教史新研究》,第 21 ~ 111 頁。

觀規制一仍舊貫。《道家金石略》收有關於明代後期永樂純陽宮的碑刻六通，即《永樂鎮純陽宮肇修善事碑文》、《永樂宮重修諸神牌位記》、《重修潘公祠堂記》、《純陽萬壽永樂宮重修牆垣記》、《創立建醮功德碑記》、《重修丘祖吕真二殿碑記》。[①] 這些碑刻記載了明代後期永樂純陽宮舉辦的一些法事活動，從中我們可以看出這一時期永樂宮是如何通過宗教活動廣泛滲入當地民衆的社群生活，從而在喪失元代政治支持的背景下成功地拓展社會生存空間，最終開闢出一條新的發展道路的。

永樂純陽宮在明代後期的宗教活動與當地民衆的生產、生活結合緊密，有些大型活動甚至由當地居士群體來發動。據禮部郎中張泰徵撰於神宗萬曆年間的《永樂鎮純陽宮肇修善事碑文》記載，萬曆四十二年(1614)，爲了祈求當地五穀豐登，災異不侵等地域性的福祉，永樂鎮居士楊萬頃、魯一正、毛讓、常登瀛聯合吉人李登蛟，發動了一次大型的誦經活動。這次誦經之舉前後歷時三年，直到萬曆四十四年(1616)纔結束。雖説此次誦經由關内來的高道葛真玉於純陽宮無極殿捧誦，但得到了當地士民工商群體的廣泛支持，結果由於民衆的慷慨捐助，此次活動共募化五百八十金。待誦經結束之後，又於十二月四日舉辦了一次爲期五天的大型黄籙醮儀，據稱，"是役也，同事者凡一千二百餘人，用金五百三十餘兩，餘金一百餘兩，恭備建玉皇閣之費云"[②]。這次誦經活動及隨後舉行的黄籙醮顯然是由道俗聯合完成，在純陽宮方面意在通過活動募集建設玉皇閣的經費，在民衆方面則在祈求福佑。由活動歷時之長，參與人數之衆，募集資金之多來看，明代後期永樂宮當地信衆的力量相當大，這就爲這一時期該宫的續建、修繕提供了持續資金來源。值得注意的是，這樣的活動在明後期永樂宮並非偶然爲之，幾年之後(1624)，爲了募集重修宫内諸神牌位資金，永樂鎮寨下村村民楊繼增又會同純陽宮住持張和氣，共同發動募捐活動。最終募捐亦獲成功，諸神牌位得到修繕，而爲了答謝當地善男信女，永樂宮方面舉辦了一次祈福醮儀。[③] 此後永樂宮又在當地信衆支持下，先後於崇禎九年(1636)、十六年(1643)通過爲當地民衆建醮，發動了幾次募捐。也就是通過積極參與當地的社群生活，永樂宮獲得了當地信衆的持續支持，其宫觀的不斷修繕就是通過這種方式完成的。

談到明代後期永樂宮的發展，有一位高道不能不提，這就是時任純陽宮住持

① 這六通碑刻分别見陳垣編纂:《道家金石略》，第 1301 ~ 1302、1304 ~ 1305、1308、1308 ~ 1309、1310、1310 ~ 1311 頁。

② 《永樂鎮純陽宮肇修善事碑文》，陳垣編纂:《道家金石略》，第 1302 頁。

③ 《永樂宮重修諸神牌位記》，陳垣編纂:《道家金石略》，第 1304 ~ 1305 頁。

的張和氣。關於他，目前在方志中尚未找到相關材料。據碑刻可知，他在明代後期很活躍，除了共同發動天啓年的募捐外，在住持純陽宫期間，他還聯合當地民衆完成玉皇閣的創建及七真殿、潘公祠堂、丘祖鉢堂、吕祖殿、丘祖殿的修繕。此外"三門踴路栽柏樹五十餘株，前臺、後臺、東西便門，燦然景色一新"①。這項工作始於萬曆四十二年(1614)，一直到崇禎九年(1636)纔完工。可見，張和氣在明代後期一直住持純陽宫，爲純陽宫的延續、擴展發揮了重要作用。從崇禎十六年(1643)建立的《創立建醮功德碑記》、《重修丘祖吕真二殿碑記》看，他在這年仍健在。

從上舉六通碑文立石署名看，永樂宫在明代後期的傳承已呈現明顯的派字詩特性。我們通過比對，發現其與白雲觀《諸真宗派總簿》中的華山派派字詩相合。《諸真宗派總簿》記載華山派開山祖師爲郝大通，其派字詩爲：

至一無上道，崇教演全真，沖和德正本，仁義禮智信。
嘉祥宗泰寧，萬里復元亨，清静通玄化，體性悟誠明。
養素守堅志，虛靈慧業生，希賢遵秘法，慎修保純貞。
敬謹規良善，默功毓秀英，勤能扶世運，積久大丹成。
永建根基厚，仙瀛書盛名，圓滿光華照，雲天慶上昇。②

據崇禎十六年(1643)郡庠生柴奎芳所撰《重修丘祖吕真二殿碑記》之題名③，純陽宫張和氣一系的向下傳承爲張和氣—張德印—張正賓、劉正喜—張本位。此爲"和"、"德"、"正"、"本"四字，又難能可貴的是題名還載有其向上傳承系譜，即張和氣祖師李全周，師爺李真寧，師伯尉沖貴、吉沖修、劉沖祺、曹沖祥，此上傳三代派字爲"全"、"真"、"沖"三字，將上下傳承綜合起來則爲"全真沖和德正本"七字。另又據崇禎九年(1636)立石《純陽萬壽永樂宫重修牆垣記》碑末題名④，此宗"本"字輩後面，還有楊仁福等七位"仁"字輩及楊義禎等三位"義"字輩。此與上述華山派派字詩之"全真沖和德正本仁義"正相合，且載録長達九代連續傳承，這是極爲珍貴的。按張和氣自萬曆四十二年(1614)一直住持永樂宫，假定此時四十歲，據碑載他在崇禎十六年(1643)仍活着，則當時有七十多。如果

---

① 《重修潘公祠堂記》，陳垣編纂：《道家金石略》，第1308頁。
② 李養正：《新編北京白雲觀志》第八章《諸真宗派志》，北京：宗教文化出版社，2003年，第440頁。
③ 陳垣編纂：《道家金石略》，第1310～1311頁。
④ 陳垣編纂：《道家金石略》，第1308～1309頁。

他是二十歲入道,那麼純陽宮華山派的傳承在他手上就有五十年之久,且其前還有"全"、"真"、"沖"三輩。因此其傳承保守估計應追溯至嘉靖年間。若再考慮"全"字輩之前的上八代,當可上溯至明初中期左右。此可證白雲觀《諸真宗派總簿》中的華山派派字詩並非憑空臆造。① 又前引張泰徵《永樂鎮純陽宮肇修善事碑文》曾提到萬曆二十二年(1594)關内高士葛真玉在純陽宮無極殿主持誦經會,長達三年之久。不知這位"真"字輩高道是否亦爲華山派"真"字輩?如果真是這樣,那麼這位來自陝西的華山派道士與山西永樂純陽宮華山派之間在明代就有相當程度的聯繫。這或許暗示華山派的起源或與陝西華山有關。至於道門中流傳的有關元代道士賀志真開創華山派的説法,尚需更多材料來證實。

3. 泰山三陽觀的果老祖師雲陽派

關於明代嘉靖年間泰山三陽觀存在果老祖師雲陽派一系傳承,早已有學者作了詳細考論。白如祥《泰山石刻與泰山全真教》②、趙衛東《泰山三陽觀及其與明萬曆宫廷之關係》③都依據明代碑記對三陽觀開創、傳承的歷史進行重建,其中以趙衛東的論述較爲全面,所據材料也較爲翔實。趙衛東依據明蕭大亨分别撰於明隆慶四年(1570)的《建立三陽庵記》及撰於萬曆二十三年(1595)的《三陽庵新建門閣記》兩通碑記,結合于慎行撰於萬曆二十年(1592)的《重修三陽觀記》、程守訓撰於萬曆三十年的《昝雲山煉師碑記》及周連欽撰於民國十三年(1924)的《重修三陽觀記》的載述,考出泰山三陽觀由全真道士王三陽創始於嘉靖三十年(1551),並在創建過程中得到明代藩王德王府及當地士紳的大力支持。④ 由此可見這一派全真道士與藩王府的内侍們有着較爲緊密的聯繫。我們注意到這一聯繫具有連續性,並未隨着王三陽的仙逝而中斷。因爲此後當王三陽的弟子昝復明在稍後幾年增修三陽觀時,仍然是德王府的這位龍泉于公聯合時庵陳公、南泉

---

① 王宗昱《濰縣全真教小史》(載丁鼎主編:《崑嵛山與全真道》,北京:宗教文化出版社,2006 年)據《濰縣志稿》卷三十六"人物"記載,考出清代乾隆時山東濰縣玉清宫這一全真教龍門重鎮已易手於華山派。《濰縣志稿》云:"龍門派舊主玉清宫,乾隆末其派已絶。本禧、本祐乃以華山派來主是宫。兩道人全真養性,虔諷皇經,出其地租及所得佈施重修宫殿,焕然一新。本禧主玉清宫,本祐主天仙宫。是爲濰邑道教重興之始。"又據縣志記載,本禧、本祐均來自嶗山上清宫。這也就是説,最晚清乾隆前嶗山上清宫亦有華山派道士在活動。其實據劉以貴撰於康熙五十八年(1719)的《玉清宫碑》,其後題名就有道官姜沖禮,如果該"沖"字輩屬華山派,那麼玉清宫的華山派傳承淵源更早。不過山東濰縣玉清宫、嶗山上清宫的華山派是否與山西永樂純陽宫有關,不得而知。從派字上講純陽宫華山派在明末即已傳到"信"字輩,遠較山東兩宫爲早。

② 丁鼎主編:《崑嵛山與全真道》,第 394 ~ 403 頁。

③ 《道家文化研究》第 23 輯,第 280 ~ 306 頁。

④ 蕭大亨《建立三陽庵記》説:"德藩承奉龍泉于公,復捐俸以益之,於是庵不數月而底績。"

裴公(我推測可能也是王府常侍一類),爲這次復建提供資金援助。值得注意的是,通過王府内侍們的努力,三陽觀還最終變成德王府的香火院:"龍泉于公復謀於時庵陳公、南泉裴公,各捐金若干,增置殿閣,繚以石垣,益加勝概。即而事聞德王殿下,以爲香火院,命典服松岡馬公市莊宅一區,地三十畝,以爲焚修道衆衣糧之資。馬公又導諸内相,各捐貲以助其不給,而此庵益恢廓永賴矣。"①這件事對於三陽觀以後的發展非常重要,它使三陽觀有了穩定的財政保障。依靠藩王的護持來發展本宗力量,這是三陽觀開創的不同於上述永樂純陽宫的發展模式(1594)。

可能是因爲德王府的關係,三陽觀還受到皇室的關注。趙衛東注意到在三陽觀現存的碑刻中,有四處涉及明萬曆宫廷。其中有三塊明確標明爲紀念皇家清醮而創立,另一處爲全真崖的摩崖皇醮刻石。這四次皇醮分别發生於萬曆十七年(1589)、萬曆二十二年(1594)、萬曆二十四年(1596)及萬曆二十七年(1599)。均係明神宗寵妃鄭貴妃派太監到三陽觀請求建醮,其内容涉及明神宗萬曆年間著名的"國本案",亦即争立太子事件。② 這些碑刻透露的信息可以彌補正史對此事語焉不詳的缺憾。當然,三陽觀與萬曆朝宫廷的聯繫僅是一個個案,不能用來當作解釋明代全真教與宫廷關係的一般模式,多數情況下明代全真教各宗系還是秉承清修的宗風,與官府保持較遠的距離。

關於三陽觀的傳承譜系,趙衛東查考三陽觀道士的十一塊墓碑,發現其中有七塊刻有該觀道士的傳承系譜。經他的比對,其命名呈現的派字詩與白雲觀《諸真宗派總簿》所記果老祖師雲陽派系譜基本相同。白雲觀《諸真宗派總簿》所記該宗派字詩爲:"崇静真陽復,至堅守太玄,智禮清白信,存義法明長。道貴誠正理,德尚實和行,參贊乾坤機,變運造化功。"③只有"存意法明長"與"德尚寬和行"兩句個别字句有别,"存意法明長"《諸真宗派總簿》爲"存義法明長",而"德尚寬和行"《諸真宗派總簿》爲"德尚實和行"。趙衛東判斷可能是傳抄錯誤所致,完全有可能。此外應引起我們重視的是,果老祖師雲陽派創建者是活躍於嘉靖年間的王三陽,屬該宗派字詩第四字,這與我們上面討論的永樂宫華山派相比,距離開宗時距更近,有助於我們判斷該宗的起始點。趙衛東按十八年一代計算,將其定爲明代中期即正德年間也是有道理的。④

---

① 蕭大亨:《建立三陽庵記》,轉引自趙衛東《泰山三陽觀及其與明萬曆宫廷之關係》。

② 趙衛東:《泰山三陽觀及其與明萬曆宫廷之關係》,《道家文化研究》第23輯,第298~306頁。

③ 李養正:《新編北京白雲觀志》第八章《諸真宗派志》,第440頁。

④ 趙衛東:《泰山三陽觀及其與明萬曆宫廷之關係》,《道家文化研究》第23輯,第296頁。

4. 明代各地龍門派傳承

我們在上文已經通過對山西永樂純陽宫、山東泰山三陽觀的個案分析,發現這兩座宫觀在明代中後期已經存在華山派、果老祖師雲陽派傳承世系,又通過與白雲觀《諸真宗派總簿》所載兩宗派字詩比對,看到二者幾乎相同。接下來,讓我們再來探討有關龍門派的宗系傳承這個困擾道教研究界許久的問題。對於龍門派的宗系傳承的真實性,長期以來一直受到國内外學術界的持續質疑。① 我們通過綜合諸家的論述,發現質疑的焦點集中於下面四點:其一,趙道堅與龍門派的關係;其二,元世祖御賜前二十派字及康熙增賜後八十派字;其三,王常月之前六代宗師傳承的真實性;第四,有關王常月中興龍門派的問題。這四個問題的確值得認真探討,因爲在現存教史文獻中,圍繞這四點尤其是前三點的記載的確存在含糊不清及與歷史事實嚴重背離的現象。爲了便於分析,我們不妨先把白雲觀《諸真宗派總簿》所載龍門派派字詩列出來:

道德通玄静,真常守太清,一陽來復本,合教永圓明。

至理宗誠信,崇高嗣法興,世景榮惟懋,希微衍自寧。

住修正仁義,超昇雲會登,大妙中黄貴,聖體全用功。

虚空乾坤秀,金木姓相逢,山海龍虎交,蓮開現寶新。

行滿丹書詔,月盈祥先生,萬古續仙號,三界都是親。②

這份龍門派的派字譜,又被稱爲"龍門百字譜"或"龍門百字詩",在清代及民國時期不少道教宫觀都有收藏,亦載録於不少道教典籍中。對於學界有關這份龍門百字譜真僞的討論,我們認爲以前的研究有失籠統,在没有對明代龍門派各大宫觀的傳承展開大量的個案研究之前,只是籠統地質疑或者爲之辯護,都無助於問題的解決。爲此我們在此仍將聚焦於明代各宫觀的龍門派傳承。

甲、陝西佳縣白雲觀的龍門派

陝西佳縣白雲觀位於陝北黄河西岸白雲山,是明代全真教在西北的一座重鎮。此觀由全真道士李玉風始建於明神宗萬曆三十三年(1605)。此後各代又續有擴建,最終形成一座擁有五十三個殿堂的寵大建築群,並保留至今。這在當今道觀中,其規模也是相當巨大的。更爲難能可貴的是佳縣白雲觀保留有大量的碑刻,據稱總數多達一百七十二方,這就爲我們研究該觀的宗系傳承提供了第一

---

① 莫尼卡:"The Longmen School and Its controversial History during the Qing Dynasty",森由利亞:《全真教龍門派系譜考》,王志忠:《全真龍門派起源論考》,丁培仁:《〈金蓋心燈〉卷一質疑》。

② 李養正:《新編北京白雲觀志》第八章《諸真宗派志》,第438頁。

手的材料。最早關注陝西佳縣白雲觀並對之展開研究的學者是樊光春。他於2008年發表兩篇論文討論佳縣白雲觀龍門派的宗系傳承。① 樊光春通過實地考察,找到白雲觀存留碑刻中二十八通録有道衆名單及字派的碑刻,其時間上限爲明萬曆三十六年(1608),下止1995年,綿延三百八十八年。基本上涵蓋了該觀自創建以來至今的全部歷史。② 這就爲我們追溯該觀在明代以後的傳承世系及派字譜提供了扎實的資料基礎。

萬曆三十六年陝西布政使司頒佈一份諭帖爲佳縣白雲觀招募道士,從諭帖中提到的所招募的四名道士王真壽、景真雲、李守鳳、趙常清的派字看,他們與上引北京白雲觀所載龍門派的派字譜相合,屬龍門第六、七、八代,即“真”、“常”、“守”三字。③ 這説明早在明代萬曆三十六年就有龍門派道徒在活動。由於諭帖没有交待這幾名道士具體是從什麽地方招募來的,因此我們難以判定佳縣白雲觀傳承的淵源。不過他們的輩分都早於北京白雲觀的龍門傳承法脈。樊光春推測他們可能源於靳道元、姜善信、馬真一傳承系統。但這一傳承系統中也有不少疑點,如我們前文提到姜善信的嫡傳弟子爲董逸沖,時當元世祖至元年間,其命名不符合龍門派字詩,而馬真一活躍於明末,與姜善信之間存在很長時間空缺。看來對龍門派的真實發祥地還難以考定,需要等待更多材料出現。值得注意的是樊光春還提到明景泰三年(1452)陝西鄠縣的《重修東嶽廟記》碑,頗有助於我們進一步追溯龍門派的淵源。該碑正文中提到宣德元年(1426)北京隆陽宫全真道士榮常存來陝西,遊歷樓觀、終南、祖庭三宫。又該碑署名還有鄭守山等五位“守”字輩道士。如果他們也屬於龍門派的“常”、“守”字輩的話,那麽龍門派字譜出現時間又可以上推近一百八十年。④ 不過,此條碑文顯示證據較弱,我們不能因爲碑文中提到一個榮常存就確信北京隆陽宫有全真龍門派。這就如同我們在蒙古國及元代時期大量碑刻中普遍發現帶有“道”、“德”二字的全真道士,但我們不能説龍門派在這時已存在一樣。不過,無論如何,陝西佳縣白雲觀存留的

① 樊光春:《碑刻所見陝西佳縣白雲觀全真道龍門派傳承》,《道家文化研究》第23輯,第261~279頁;《全真道龍門派在西北的傳承》,《丘處機與全真道》,北京:中國文史出版社,2008年,第453~473頁。

② 樊光春:《碑刻所見陝西佳縣白雲觀全真道龍門派傳承》,《道家文化研究》第23輯,第261~279頁。

③ 《陝西布政使司諭帖》:(闕)照以便香火事。(闕)分巡道陝西布政(闕)此,遵依即招道士王真壽等,(闕)穀道既謹恪,准給帖,遵守焚修。(闕)真壽應承(闕),同人(闕)景真雲、李守鳳、趙常清,前赴白雲山安(闕),潔凈□宇,灑掃焚(闕)守清(闕)異人。如有棍徒並遊食可疑,王真壽執帖赴稟,以憑拿究不恕。須至帖者。右帖給住持王真壽等。准此。(闕)三十六年八月。轉引自樊光春《碑刻所見陝西佳縣白雲觀全真道龍門派傳承》,《道家文化研究》第23輯,第269頁。

④ 樊光春:《全真道龍門派在西北的傳承》,《丘處機與全真道》,第453~473頁。

碑文至少可以顯示明代萬曆年間已有龍門派在活動。此外從樊光春對該觀存留的二十八通不同時代記有道士名單、字派的碑刻的統計看,他們的派字有“真”、“常”、“守”、“太”、“清”、“一”、“陽”、“來”、“合”、“教”,與《諸真宗派總簿》所記龍門派字詩相合。①

乙、山東青州府臨朐縣修真宮之龍門傳承

除陝西之外,在明代山東青州府臨朐縣修真宮,我們還發現現存最早的全真教龍門派傳承世系。其傳承早至明武宗正德八年(1513)。

位於今山東省青州市彌河鎮的修真宮是一座頗具規模的全真教宮觀。據萬曆三十三年(1605)碑記,該宮佔盡形勝,景致優美:“前有流水,後有高崗,左有層崖石壁,右有龍門山。巍巍峨峨,斷岸(下缺)聳翠,憑高遠望,東連廣野,接於巨川,此修真宮之大觀也。”修真宮也頗具規模,明正德時,該宮即有三清殿、老君堂等主體建築,係一座自古相傳的全真教古老建築。然而其始建年代,明代人已無法考清。明武宗正德八年,時任修真宮住持兼充衡王府家廟司香燭的道士張守安,對修真宮進行了一次規模較大的修繕,留下《重修修真宮記碑》(1513 年撰文,1515 年立石)②,以後在明代又續有修繕之舉,並留有《重修修真宮記碑》(原碑所記年代之處有殘缺,趙衛東結合碑文考證爲萬曆十六年(1588),甚是),《重修修真宮碑》(原碑所記年代之處有殘缺,趙衛東結合碑文考證爲萬曆三十三年(1605),甚是),《明萬曆年間重修修真宮碑》(原碑所記年代之處有殘缺,趙衛東結合碑文考證爲萬曆年間)③。修真宮自明武宗正德八年至萬曆三十三年的九十三年中,一直得到修繕,這説明它在明代中後期一直維持活躍狀態。從四次修繕遺留的碑記看,前兩次修繕得到當地藩府衡王府的財政支持,因爲修真宮一度曾充當衡王府的家廟,後兩次修繕則得到當地民衆的經濟支持,據萬曆三十三年碑記,爲修繕修真宮,當地民衆還特别成立香頭社以募集資金。這説明修真宮在明代不但與上層保持良好關係,而且在當地民衆中具有很大影響力。這或許是它能在明代存續的重要原因。

關於修真宮的龍門傳承譜系,據正德八年碑之碑陰“本宮道衆”欄記載,早在此年該宮道士就有“守”字輩兩人、“太”字輩七人、“清”字輩四人、“志”字輩二人。又該碑碑陰還列張仙庵住持李一安,東城隍廟住持劉通達,樂安縣住持吕教

① 樊光春:《碑刻所見陝西佳縣白雲觀全真道龍門派傳承》,《道家文化研究》第 23 輯,第 261 ~ 279 頁。

② 承趙衛東教授惠賜碑文,在此特致謝意。原碑現存於青州市彌河鎮上院村村西修真宮院内。

③ 原碑現存於青州市彌河鎮上院村村西修真宮院内,承趙衛東教授惠賜碑文。

深等。張守安擔任修真宫住持。這説明在正德八年,修真宫宗派字譜中輩分最高者爲“守”字輩,而東城隍廟住持劉通達則屬更高的“通”字輩,另“教”字輩則稍晚。然而這種字譜排列是否屬於龍門派呢？從上述最後一通萬曆年間碑刻看,應當毫無疑問。因爲這通碑刻在“發心弟子”欄交待了道衆之間的傳承關係：“發心弟子:蘇陽臣,徒弟宋來夏、宋來春、李來迎,姪董來用,徒孫魏復慶、李復壽、趙復集、蔣復馨,重孫張本曾、傅本茂、張本盛、李本旺。”這種“陽”、“來”、“復”、“本”的排序完全符合龍門派前二十派字詩之“一陽來復本”。

修真宫的龍門傳承譜系在正德八年的“守”、“太”、“清”至萬曆年間的“陽”、“來”、“復”、“本”,這前後至少六十年共傳承不到十字。從修真宫的龍門傳承譜系在正德八年即至“守”字輩看,該宫全真教龍門譜系是現存所知最早者。如果再考慮從“道德通玄静真常”等七字傳到正德八年的“守”字,那麽修真宫的龍門派字譜當可追溯一個更早年代,可能早到明代初期偏後。

丙、武當山全真龍門派傳承

不少學者都注意到康熙二年(1663)龍門派第七代傳人王常月率徒南下,康熙十一年(1672)於武當山玉虚宫立壇授戒,從而促使龍門派在武當山興旺發展。不過從武當山凝虚觀、太子坡保留的相關碑刻看,龍門派在武當山的傳承當遠早於王常月的南下。武當山凝虚觀保存一通記載萬曆四十三年(1615)明神宗派太監葉思恭前往武當山遇仙坪,令凝虚觀全真道士李玄成爲其舉辦金籙醮,以祈釋結消愆,龍體康泰。從碑文記載看,凝虚觀住持爲李玄成,其徒列有以劉静功爲首的“静”字輩道士十五人,正符合龍門派“道德通玄静”的派字譜。[①] 而李玄成之所以能够上通皇宫,與神宗直接來往,乃是因爲他係神宗之舅。他在武當山遇仙坪創立凝虚觀的時間爲萬曆三十年(1602)。[②] 值得注意的是,武當凝虚觀龍門派傳承始於較早的“玄”字輩,屬龍門第四代。這就不僅早於北京白雲觀王常月的第七代,而且也早於陝西佳縣白雲觀的第六代“真”字輩。

又武當山太子坡存有清康熙二十九年(1690)所立《重修復真觀十方叢林碑記》、《重修復真觀暨神路碑記》兩碑。碑中記録了復真觀於康熙年間在官府支持下幾次重修過程。第一次重修係鄖陽撫治王來任於康熙元年(1662)邀請全真道

---

① 又據武當山保存的《太玄洞記》碑之“敕建大嶽太和山蠟燭澗太玄洞焚修全真弟子范教寬”,可知太玄洞有全真“教”字輩弟子,又八仙觀亦有王守真、趙福緣、王道暉,太常觀有殷守道、殷空道、徐永道等“道”、“守”、“永”字輩全真弟子。

② 梅莉:《清代武當山全真龍門派的中興與武當山宫觀的復修》,《全真道與老莊學國際學術研討會論文集》上册,第302~316頁。

士白玄福完成;第二次發生於康熙二十五年(1686),由玄福之徒孫,張静明之徒張真源主持,歷時五年,於二十九年(1690)完工。[①] 從碑文所載復真觀道士白玄福、徒張静明、徒孫張真源及張真源徒姪王常安(又碑末署名還有六位"守"字輩道士,如許守初)等人法名看,其派字屬"玄"、"静"、"真"、"常"、"守",正與龍門派百字詩相合。值得注意的是,白玄福在康熙元年(1662)修復復真觀時,王常月尚未南下,而且他的"玄"字輩也高王常月的"常"字輩三輩。可見武當山龍門派並非源於北京白雲觀。

丁、劉迅在南陽玄妙觀的發現

此外,劉迅在對南陽玄妙觀的田野調查時,也發現幾通清代道教碑刻,其中順治十五年(1658)及康熙四年(1665)的石碑刻有玄妙觀六十名道士的名字,其中的四十六位法名與全真教派字詩相合。[②] 劉迅在《張將軍瘞埋枯骨:清初南陽重建中全真道與清廷之合作》一文中列出的順治十五年碑中四十六位道士分別歸屬的龍門字派:

> 道德(2)通玄(3)静,真(2)常(5)守(7)太(10)清(8),一(4)陽來復本(3),合教(2)永圓明。

劉迅在文中又指出:"七年以後,名列1665年石碑的21名全真道士同樣顯示了他們名字與全真龍門一系詩文的系譜特徵的一致性:道德通玄静,真(1)常(4)守(6)太(3)清(2),一(2)陽來復本(1),合教永圓明。"[③]

承蒙劉迅教授惠賜上述順治十五年碑刻的釋文,我在該碑刻碑陰之本觀道人欄,找到"德"字輩道士三人,"通"字輩一人,"玄"字輩一人,"真"字輩二人,"常"字輩四人,"守"字輩五人,"太"字輩十人,"清"字輩七人,"一"字輩四人,"陽"字輩一人,"復"字輩一人,"本"字輩二人,"合"字輩一人,"教"字輩一人,"明"字輩一人。另還有"高"字輩二人,"崇"、"有"、"自"、"正"、"弘"、"尚"、"功"、"希"等字輩道士各一人。這與劉迅的計算小有差異。而康熙四年《十方功德碑記》之碑陰,在本觀住持及執事道衆一欄中,共列道士二十五餘人,除一人

---

① 兩碑均見梅莉:《清代武當山全真龍門派的中興與武當山宮觀的復修》,《全真道與老莊學國際學術研討會論文集》上册,第309~311頁。

② 劉迅《張將軍瘞埋枯骨:清初南陽重建中全真道與清廷之合作》,《道家文化研究》第23輯,第330~364頁。

③ 劉迅《張將軍瘞埋枯骨:清初南陽重建中全真道與清廷之合作》,《道家文化研究》第23輯,第345頁。

爲"常"字輩外,其派字分佈爲:真(1)常(3)守(6)太(3)清(4)一(3),另有"高"、"中"字輩各一人,又有一人中間一字有缺文。劉迅發現的上述南陽玄妙觀順治十五年、康熙四年碑刻的碑陰題名,對於考證龍門派字譜之淵源相當重要。因爲在順治十五年碑中居然有三位道士屬"德"字輩,一位屬"通"字輩,一位屬"玄"字輩。這麼高的輩分出現在碑刻中,這在以前資料中從未看到。更重要的是其年代與王常月活躍期重合。這就一方面證明北京白雲觀《諸真宗派總簿》所載龍門派百字譜絶非向壁虛造,另一方面説明龍門派百字譜確係起始於"道德通玄静"一句。此外從前二十字之後名字皆未出現於上述兩通碑陰來看,似乎又從一個側面暗示全真教相傳的康熙續賜八十字並非空穴來風,因此後續八十字無論是否出於康熙御賜,至少其出世年代應晚於前二十字。不過,南陽玄妙觀早在清順治時就存在龍門"德"字輩,遠高於北京白雲觀王常月的"常"字輩,這説明南陽玄妙觀的龍門派傳承與北京白雲觀王常月一系的龍門傳承無關,應該另有來源。然而由於上述兩碑之碑陰題名並没有明確指出彼此傳承關係,這就難免使人産生疑問,因爲兩通碑文中尤其是順治十五年的那通所列道士輩分相差太大,從最早的"德"字到最晚的"明"字,竟然差了十九代! 這種現象只有龍門派字譜前二十字循環使用纔有可能發生。否則就存在時間缺環,就不好解釋了。

戊、王崗對雲南昆明虛凝庵的個案研究

在2007年11月於美國加州伯克利召開的主題爲"全真道與近現代中國社會和文化國際學術研討會"中,王崗教授發表了題爲《明末清初雲南虛凝庵的龍門派傳承譜系》的論文。[①] 在文中他通過自己發現的八通有關虛凝庵的碑記,對明末清初存在於該庵的龍門派傳承展開詳細研究。這八通碑名分別爲《重修虛凝庵並置常儲碑記》(1586)、《昊天通明殿碑記》(1633)、《雲南府爲請敕清查勒石焚修事》(1638)、《雲南府復爲請敕清查朝陽虛凝二庵山場事 》(1638)、《 重修朝陽庵碑記》(1638)、《虛凝庵常住碑記》(1727)、《補修虛凝庵碑》(1783)、《重修虛凝庵添置常住碑》(1792)。這八通碑時間最早者爲明萬曆十四年(1586),最晚的一通爲清乾隆五十七年(1792),系統記述了一百多年來中國西南邊陲雲南昆明虛凝庵全真教龍門派傳承的歷史。

王崗判斷雲南昆明虛凝庵全真教龍門派傳承起始於公元1521~1536,即明正德十六年至嘉靖十五年,始於龍門派字詩的"真"字輩。此後龍門派在虛凝庵

---

① 該文係英文,其名稱爲"Longmen Lineage at Xuning' an in Late Ming-Early Qing Yunnan"。

的傳承一直没有中斷，延續至二十世紀中期。① 他在文中還以表格形式列出了虚凝庵龍門派傳承的具體派字狀况，其傳承始於真字，歷"常"、"守"、"太(泰)"、"清"、"一"、"陽"、"來"、"復"、"本"、"合(和)"、"教"、"永"、"元(圓)"、"明"，與龍門派字詩中前二十字相合。② 其中"圓"、"明"二字輩的年代已進入清乾隆末年。值得注意的是王崗認爲虚凝庵的全真龍門傳承源於雲南昆明本土傳統，不僅與明末清初北京白雲觀王常月傳承的所謂龍門正宗無關，而且較其更早，在當地也更有影響。

王崗對雲南昆明虚凝庵龍門派傳承的個案研究值得我們重視，因爲雲南昆明虚凝庵的龍門派較上述其他各地例如陝西佳縣白雲觀、湖北武當凝虚觀、河南南陽玄妙觀的龍門派年代都更早，且地處中國西南邊陲，這對於我們研究明代龍門派傳播路綫很重要。不過其派字詩並非最早，這説明龍門派的起源還可進一步上溯。如果早在明嘉靖初期虚凝庵就有"真"字輩龍門弟子在活動，那麽龍門派的開創至少可以追溯至明代中期以上。

又據《天仙正理直論》(1639)之《本序》，活躍於江西南昌一帶的伍守陽(1574～1634)也據"道德通玄静，真常守太清"的龍門派詩稱自己爲"邱真人門下第八派分符領節弟子沖虚伍守陽"③，這屬龍門第八代。據申兆定所撰《伍真人事實及授受源流略》，伍守陽還有三代以上的師承譜系：張静虚(1432～?)—李真元(1525～1579)—曹常化(1562～1622)三人，分别爲龍門第五、六、七代。其第五代亦可溯至明宣宗、英宗的明初偏後時期。④

結論

以上我們依據學術界已有的研究成就，對有關陝西佳縣白雲觀、湖北武當凝虚觀、復真觀、河南南陽玄妙觀、雲南昆明虚凝庵等地有關龍門派的傳承宗系作了分析。我們發現在明代中期以後，王常月中興全真龍門之前，陝西、山東、河南、湖北、江西、雲南等地都有全真教龍門派道徒在活動，其地域跨度之廣，超出

---

① Richard G. Wang, "Longmen Lineage at Xuning' an in Late Ming-Early Qing Yunnan", 2007 年 11 月美國加州伯克利"全真道與近現代中國社會和文化國際學術研討會"論文。

② Richard G. Wang, " Longmen Lineage at Xuning' an in Late Ming-Early Qing Yunnan", 16 - 19 表三，2007 年 11 月美國加州伯克利"全真道與近現代中國社會和文化國際學術研討會"論文。

③ 《藏外道書》第 5 册，成都：巴蜀書社，1992 年，第 782 頁。

④ 《藏外道書》第 5 册，第 784 頁。

傳統道典的記述。這些龍門派具有濃厚的地方色彩,彼此之間並無密切聯繫。因此傳統道典例如《金蓋心燈》構造的以王常月爲代表的龍門正宗的傳承譜系只能代表一宗的狀況,無法反映龍門派整體全貌。相反,所謂龍門正宗起源的歷史年代可能相對較晚,爲了競争,他們纔要構築一個較早的傳承世系。接下來我們再來嘗試解答上述列出的有關學術界對龍門派傳承的四點質疑。我們發現第一點有關趙道堅的問題依然固我,缺乏史料支撑教内的傳統記述。因此趙道堅開創龍門派的説法應予否定,很可能只是王常月一系所謂龍門正宗對傳法世系的構造。但因爲南陽玄妙觀中已有"德"字輩存在,因此龍門派起源於"道"字輩極有可能,儘管不可能是趙道堅。關於第二點元世祖御賜前二十派字及康熙增賜後八十派字。目前我們已知道龍門百字詩前二十字與後八十字確係分屬不同時期,前二十字出現於一個相對較早時期,後八十字則出現於其後,可能在乾隆之後。關於第三點龍門派前六代律師傳承的真實性,實難得到史料證實。這一方面是六位律師之間相距時間過長,如第一代趙道堅逝於 1221 年,至第七代王常月於 1628 年於王屋山遇趙真嵩得傳,前後共計 425 年,中間僅有五位傳人,即張德純、陳通微、周玄樸、張静定、趙真嵩,這意味着每八十多年纔有一傳,實爲不可思議。不過,具體的傳承人對不上並不意味着派字詩也是虚構的,從上引南陽玄妙觀順治十五年碑刻看,龍門派前二十字派字詩真實性没有什麽問題,最後關於龍門派字詩究竟始於何時?我們認爲根據現有史料仍然難以給出確切答案,但至少可以追溯至明中期以前。我們將它初步定爲明初期偏後,即宣宗之後。當然這只是推測,有待進一步發現新材料來修正。

明清時期西北地區全真道主要宗派梳理

□樊光春

摘要：全真道在西北地區的主要宗派是龍門、華山二派。最先出現的宗派名單是華山派，始於明景泰二年（1451）陝西洋縣豐都山所出現的“道”、“崇”兩個字派。龍門派名單最早見於景泰三年（1452）鄠縣《重修東嶽廟碑》。近代以來龍門派在西北佔據主要地位，各道場中以陝西佳縣白雲觀傳續最爲完整。除華山、龍門兩派之外，碑石資料還集中反映出，從明初永樂年間開始，在終南山還曾經傳續過“樓觀三丰派”，至清代康熙末年消失，歷時約330年。

關鍵詞：明清時期　全真道　主要宗派

作者簡介：樊光春，男，1952年生，陝西紫陽縣人。陝西省社會科學院宗教研究所研究員，專業方嚮爲道教，著有《長安·終南山道教史略》、《陝西道教兩千年》、《長安道教與道觀》、《西北道教史》等。

全真道起源於西北，在金元時期達到極盛。元末遭受佛道辯論敗北之後，全真七子之後裔，逐步形成若干宗派。活動於西北者，主要爲龍門、華山二派，其他宗派也有相對零散的分佈；與正一道也有交融。但是，學界和教界研究全真教史面臨的一個重大問題，就是所謂全真七派如何形成、何時形成。

本文試圖通過田野調查和文獻檢索所獲得的明代以後全真道教職人員名録，以及相關的宮觀歷史和人物事迹，對各教派的傳播及分佈進行一番梳理，力求將各宗派傳承的上限儘量推前，由此尋找各宗派誕生的蛛絲馬迹，並從這一角度闡釋全真道在社會的影響。

本文所依據的文獻，計有史志22種、金石280餘篇，涉及地域爲今陝西、甘肅兩省大部，以及青海和寧夏部分地區，宮觀數量100餘處。

一、全真宗派名稱的文獻檢索

所謂龍門、華山等教派名稱，不是從教派形成初期就有的，而是經過了一個逐步明晰的過程。在西北地區所見明代文獻記録中，後世所傳續的龍門派尚被統稱"全真道士"：

今宣德元年，有北京隆陽宫全真道士常存榮公因以樓觀、終南、祖庭三宫之福地盡在關中，由是駕言西邁，來遊觀之。乃與周曲灣正陽洞道士楊道中而共居焉。

（景泰三年鄠縣《重修古迹東嶽廟記》）

而華山派的稱呼出現於明代中後期，此時該派已傳承至第7代：

昔授華山郝祖道教事雲水道人五陽方演惠

（萬曆二年《古樓觀宗聖宫重建三清殿記》）

清初對龍門派的稱呼爲"邱祖派"：

邱祖派下山主黄本善

（康熙三十三年龍門洞《定心峰鐵塔銘》）

乾隆以後出現"龍門派"，緊接着出現代次：

先師劉姓，清教其道號也，係龍門派鳳翔府寶鷄縣釣魚臺住持。

（乾隆三十一年盩厔縣《辛口峪鳳凰山玉皇廟碑》）

龍門正宗第十一代羽化恩師諱一良潘老仙靈之墓

（嘉慶十五年留壩張良廟《潘一良墓碑》）

龍門正宗第十六代宏戒崑山道人劉合侖

（嘉慶十五年《重修樓觀臺記》；道光四年《龍門正宗第一十六代崑山劉合侖衣鉢塔銘》）

静機，山東萊州人，由武進士爲龍門派第五代法裔。①
（嘉慶二十五年城固野鶴觀《祖師田真人傳碑》）

龍門正宗邱大真人派下第二十三代玄孫弟子李宗江
（道光二年龍門洞《重修太上殿序》）

八仙庵龍門正宗第十八代方丈丁永惠
（道光二十二年《留侯廟建立十方叢林碑記》）

對一人身兼兩派的情况，也分别敘明。如張良廟十方叢林開創者任永真，先師承北京香山華山派李仁貴，後在白雲觀受戒爲龍門律宗。其墓碑載明其華山派法名爲義真，龍門派法名爲圓真：

香山華山派義真受律職永真字起美開創十方叢林
京都白雲觀繼龍門玄都律壇接法一十九代上圓下真
（同治六年張良廟《太上正宗全真道教演戒傳法老律師信陽任真人之墓》）

清末以後，在西北各地的道士墓地中，經常可見到署龍門派及代次的墓碑；一些縣志也有記録。如：

邵道名錦福，龍門派十五代嗣法。
（光緒三十四年寧夏《海城縣志》卷九《人物》）

張一齡，龍門派十一代孫。
（民國十五年《渭源縣志》）

二、各宗派在西北的傳承

根據各宗派序列名單在西北出現的時間順序，下面對幾個主要宗派的傳承作出描述。

---

① 静機道人，姓名不詳。爲城固野鶴觀道士田真善之師，約在天啓、崇禎間。

1. 華山派

西北地區最早見諸文獻的全真道宗派名單是華山派。永樂年間,陝西城固洞陽宫出現華山派"演"、"全"、"沖"等3個字派。(乾隆十年《洞陽宫暨扁鵲觀山林地界碑》)由於這一記録是後世所追敘,其準確性尚待考證。故本文以景泰二年(1451)爲華山派在西北出現的最早紀録。

終明之世,至清初,出現於各地的華山派名單依次爲:

景泰二年(1451),陝西洋縣豐都山:道、崇。

成化八年至康熙二十七年(1472～1688),陝西華山:志、上、道、崇、教、演、全、真、沖、和、德、正、本、仁。

正德三年(1508),甘肅靈臺縣丹陽觀:崇、教。

正德十三年至康熙五十九年(1518～1720),陝西耀縣藥王山:崇、教、演、全、真、沖、和、德、正、本、仁。

嘉靖四年(1525),陝西咸陽重陽天聖宫:道、崇、教、演。

嘉靖十一年(1532),陝西石泉天池山迎真觀:演。

嘉靖三十五年(1556),陝西城固洞陽宫:演、全。

嘉靖年間(1522～1566),澄城縣玉泉觀:教。

隆慶四年(1570),陝西安康雷神洞:真。

萬曆元年(1573),陝西樓觀吕公洞:道、演、全。

萬曆四年至康熙三十八年(1576～1699),陝西隴縣龍門洞:演、全、真、和。

萬曆七年(1579),甘肅隴西三靈侯觀:沖。

萬曆十二年(1584),陝西蒲城萬斛山寺:演、全。

萬曆二十七年(1599),陝西綏德修真洞:全、真、正。

崇禎十年(1637),甘肅天水玉泉觀:全。

崇禎十五年(1642),陝西韓城縣城隍廟:全、真、沖。

順治五年(1648),陝西臨潼老母殿:沖、和、德、正。

康熙四十二年(1703),陝西漢中天台山:沖。

據上述字派排列,華山派自1451～1703年的252年間,共計傳續12代,代距爲21年。而各個道場傳續速度不一:華山各觀1472～1956年共傳續23代,代距爲21年;藥王山1518～1925年傳續16代,代距25.4年;三原城隍廟1552～1757年傳續9代,代距22.7年。

2. 樓觀三丰派

從明初永樂年間開始,直至清代康熙末年,在大約320年的時間裏,道教仙都終南山古樓觀一直爲一支傳承清晰的教派所佔據。它起源於明帝尋訪張三丰的重大歷史事件。永樂五年(1407),明成祖派遣禮部尚書胡濙尋訪張三丰,道士侯圓方隨行到達陝西,後留居樓觀。朝廷"給領道藏經,並護敕住持宗聖、重陽等宮,統理道衆"[①]。在他的主持下,遭受元末戰亂毁壞的樓觀説經臺、宗聖宫以及全真道祖庭重陽宫等終南山一帶的道觀得以重建,重陽宫一度再現元代盛況,重建的玉皇閣高達 200 尺。[②] 正統年以後,其徒唐襲淳承繼道統,下傳繼、宗、明、道、德、中 6 代。至清康熙末年,尚有張中果住持樓觀吾老洞,另有石和鳴、紀常静師徒同爲住持,[③]顯係同一傳承。故此一教派自明初至清初共傳承 10 代,其活動範圍大致在樓觀—重陽宫一帶的終南山北麓,有明確記載的宫觀爲説經臺、宗聖宫、會靈觀、洪妙庵、吾老洞、重陽宫等。其最盛時的萬曆初,僅宗聖宫一處即住道士 200 餘人。[④] 文獻中没有關於這個教派名稱的記載,依其創始人侯圓方定居樓觀的原因分析,當與張三丰相關,或爲三丰傳人,故此暫定名爲樓觀三丰派。清代中葉以後,這一教派突然消失,很可能與龍門派合流,詳後述。

3. 龍門派

龍門派名單較華山派和樓觀三丰派出現爲晚。最早爲宣德元年(1426)由北京隆陽宫來終南山的榮常存,傳徒鄭守山等 7 人,見於景泰三年(1452)鄠縣《重修東嶽廟碑》。"常"和"守"爲龍門派 7 ~ 8 代。然而在此之後一個多世紀裏,先是嘉靖七年(1528),在西安城區出現"一"字輩,疑爲第 11 代;而隆慶六年(1572)却在樓觀出現了第 5 ~ 6 代。其間顯然没有傳承關係。見隆慶六年樓觀碑石《義記感格記》:

> 蓋玉堂真陽霍氏子,晉之洪洞人。……師事孫静恔。

華山則於隆慶四年(1570)出現"真"字輩,係由武當山傳入。而在此之前,咸陽黄山宫於正德十六年(1521)已出現"静"字輩,見《黄山宫記》碑。説明在宣德元年由外地傳入龍門派第 7 代之前,已有第 5 代在關中地區傳承。

龍門派名單大量出現於西北地區,是萬曆以後的事。

萬曆元年至八年(1573 ~ 1580)華山:守、來、永。

---

① 正德十年《重修洪妙庵記》,見王忠信編:《樓觀臺道教碑石》,西安:三秦出版社,1995 年,第 163 頁。

② 正統十年《重陽宫住持侯圓方重修祖庭碑記》,見劉兆鶴、王西平編:《重陽宫道教碑石》,西安:三秦出版社,1998 年,第 135 頁。

③ 康熙五十八年《重修吾老洞老君廟碑》,見《樓觀臺道教碑石》,第 201 頁。

④ 萬曆二年《古樓觀宗聖宫重建三清殿記》,見《樓觀臺道教碑石》,第 170 頁。

萬曆四年(1576)陝西隴縣龍門洞:常、守。

萬曆三十六年至康熙四十七年(1608~1708)陝西佳縣白雲觀:真、常、守、太、清、一、陽。

萬曆四十三年至康熙三十八年(1615~1699)甘肅平涼崆峒山:真、常、守、一、陽。

清康熙元年至五十二年(1662~1713)陝西隴縣龍門洞:常、守、太、清、本、合、教、永、圓。

清初至康熙四十三年(1644~1704)華山:一、陽、來。

自萬曆三十六年(1608)出現"真"字輩後,西北地區的龍門派傳承有了完整的傳續名單,至1950年代,共計傳續25代,代距爲13.7年。各道場中以陝西佳縣白雲觀傳續最爲完整,由於全部屬於本觀内部傳承,故而代距較長,342年僅傳承22代,代距15.5年。總起來看,龍門派傳續速度比華山派每代短5~11年,由此反映出近代以來龍門派在西北佔據主要地位的事實。一些原先以華山派爲主的道場,逐步變爲單純的龍門派道場。

4. 嵛山派

嵛山派在西北的傳承只是一個個案,即蘭州金天觀。據《甘肅道教志》(審定稿)記載,蘭州金天觀創建於明建文二年(1400),其觀址爲宋九陽觀遺址。建成之後,延請張三丰弟子孫碧雲爲首任住持,孫離蘭州去武當山後,由兩位越南人阮、黎二真人接替。阮、黎二人於洪武年間赴京進貢,留華不歸,至蘭州肅王府當差,後師從孫碧雲。但是,有關阮、黎二人的生平及宗派傳承没有更多的記録。他們之後,住持金天觀的道士教派不詳。至清雍正十二年(1734),觀内所住道士均爲正一派。甘肅巡撫許容以正一道士在觀内娶妻生子、道俗不分爲由,將其驅逐出觀,改由全真道士武威人王性叵住持。王性叵屬嵛山派第9代,但師承不明。其後,金天觀一直爲王性叵傳人住持,至1950年代傳承至第21代終止。

西北全真道宗派傳承分佈表

宮觀或區域	明前期 1368~1515	明中期 1516~1572	明後期 1573~1643	清前期 1644~1735	清中期 1736~1820	清後期至民末 1821~1949
漢中東部①	華:道、崇、演、全、沖	華:演、全	華:沖 龍:静、真、陽	龍:真、陽、來	龍:來、復、本、合、教	華:嘉、祥、泰 龍:合、教、永、圓、明、至、理、宗、誠

① 洋縣豐都山、城固洞陽宮、城固野鶴觀。

續表

宮觀或區域	明前期 1368～1515	明中期 1516～1572	明後期 1573～1643	清前期 1644～1735	清中期 1736～1820	清後期至民末 1821～1949
靈臺丹陽觀	華:崇、教					
華山及關中東部①	華:上、道、崇	華:道、崇、教、演 龍:真	華:演、全、真、沖、和 龍:守、來、永	華:上、全、真、沖、和、德、正、本、仁、義、禮 龍:太、清、一、陽、來、復、本、合	華:本 龍:合、教、永、圓、明	華:義、禮、智、信、亨、祥 龍:復、合、教、永、圓、明、至、理、宗、誠、信、崇、高、嗣、法、興
樓觀及周邊②	樓:圓、襲、繼、宗、明、道 龍:靜、真、常、守③	樓:宗、明、道、德 華:道	樓:繼、宗、明、道、德、中、和 華:道、演、全、真	樓:中、和、常 龍:一	華:上、演、德、正、仁、義 龍:太、清、一、陽、來、復、本、教、圓、明、理	華:和、德、正、本、義、禮、智、信、嘉、祥、宗、泰 龍:復、本、合、教、永、圓、明、嗣
三原城隍廟、高陵元君廟		華:教、演、全、真	華:教、演、全、真、沖、和、德	華:全、真、沖、和、德	華:正、本	華:信、嘉
耀縣藥王山		華:崇、教、演、全、真	華:真、沖	華:沖、和、德、正	華:德、正、本、仁、義、禮、智	華:信、嘉
咸陽④		華:道、崇、教、演 龍:靜				

① 蒲城萬斛山、韓城城隍廟、澄城玉泉觀。

② 含重陽宮及今盩厔、鄠縣。

③ 宣德元年(1426),北京隆陽宮全真道士榮常存與鄠縣周曲灣正陽洞道士楊道中共居東嶽廟。楊疑爲華山派。

④ 黄山宫、天聖宫、太清觀。

續表

宮觀或區域	明前期 1368 ~ 1515	明中期 1516 ~ 1572	明後期 1573 ~ 1643	清前期 1644 ~ 1735	清中期 1736 ~ 1820	清後期至民末 1821 ~ 1949
關中中部①		華:一		龍:清、一、陽、來、復	華:全、沖、和、德、正、本、禮、智、嘉、祥 龍:太、清、一、陽、來、復、本、合、教、永、圓、明、宗	華:德、嘉 龍:教、圓、明、至、理、宗、誠、信、崇、嗣、興
安康各縣		華:道、演			龍:守、來、本、合	龍:教、永、圓、明
隴縣龍門洞			華:演、全、真 龍:常、守	華:和、德 龍:常、守、清、本、合、教、永、圓	龍:永、圓、明、至、理、宗	龍:明、至、宗、誠、信、崇、高、嗣、法、興
佳縣白雲觀			龍:真、常、守、太	龍:太、清、一、陽、來、本	龍:合、教、永、圓	龍:永、圓、明、至、理
陝北綏德、榆林			華:全、真、正	華:沖、和、德、正		
隴西三靈侯觀			華:沖			
天水玉泉觀			華:全	龍:一	華:德、本	龍:復、合、教、永、圓、明、至、誠、崇、興
平涼崆峒山及周邊②			龍:真、常、守	華:沖、和、德、正、本 龍:一、陽、本	龍:復、本、合、圓	華:義、禮、智、信、嘉 龍:一、合、教、永、圓、明、至、理、宗、誠、信、嗣

① 長安丹霞觀、武功聚仙宮、西安八仙庵、臨潼朝元閣、老母殿。

② 静寧紫極觀、渭源城隍廟、首陽山、馬鹿山、平涼龍隱寺。

續表

宮觀或區域	明前期 1368～1515	明中期 1516～1572	明後期 1573～1643	清前期 1644～1735	清中期 1736～1820	清後期至民末 1821～1949
漢中西部①及張良廟					龍:清、一、陽、來、復	華:本、仁、義、祥 龍:復、本、合、教、永、圓、明、至、理、宗、誠、法
蘭州金天觀、白雲觀					嵛:性、明、金、玉、功	嵛:知、巧、通、此、加、地、仙、玄 龍:永、圓、至、理、宗、誠、信
榆中興隆山					龍:一陽、來、復	龍:本、合、永、至、理、宗、誠、信
寧夏中衛海原					華:本	龍:教、永、圓、明、理
甘肅西部②						龍:合、永、圓、明、至
甘肅南部③						龍:圓、明、至、理、宗、嗣、法
西寧						龍:教、永

三、西北地區傳續全真道派的主要道場

1. 華山

華山派由誰創立,早期傳承如何,都未見文獻記録。華山道場尊丘處機三傳

① 略陽靈崖寺、褒城連城山(今屬勉縣)、勉縣武侯祠。
② 張掖龍王廟、敦煌莫高窟、古浪雷祖廟。
③ 武山水簾洞、西和薩祖廟、禮縣香山、臨夏七真觀、萬壽觀。

弟子賀志真爲華山派開山祖師亦僅爲口碑相傳。然而，華山道場作爲華山派的大本營，至今仍保持其不變的地位，也是無可争議的事實。

華山在西北道教史上的地位可以説無可比肩者。一則，華山道教有文獻記録的歷史超過終南山古樓觀；二則，華山一直是單一的道教區；三則，全真道的兩大最主要教派華山派和龍門派的早期傳承都同華山道場有着密切的關係。

據李榕《華嶽志》記載，明成化八年（1472），有道士何志清、陳尚玉及徒任道元。《華山道教資料》"華山廟宇修建考"據經眼碑石亦載："弘治八年，尹道成、石崇寶、張演明、刀演鳳鑄鎮嶽宫大鐘。"可證其時已有華山派第1、4、5、6、7代在華山。此後，華山派在華山世代相傳直至現代不曾中斷。至於何志清是否華山派創始人，未見文獻説明。

同時，龍門派也在華山佔據一批宫觀。《華山道教資料》"華山道教全真派系的淵源"記載"隆慶四年（1570），胡真海由武當山太子坡來南峰"，修建金天宫和金鎖關，這是龍門派名單出現在華山的最早記録。萬曆後斷續出現"守"、"來"、"永"3個字派。此後至清康熙間曾出現"太"、"一"、"陽"、"來"、"合"等5個字派，乾隆年以後，始有"合"、"教"、"永"、"圓"、"明"以次的完整傳承派單。

2. 終南山古樓觀

終南山古樓觀爲老子講授《道德經》之聖地，道教建築歷史悠久。唐代皇室崇道，大肆擴建樓觀宫觀，以宗聖宫爲中心，形成龐大的道教建築群。此一規模延續至元代。元末，樓觀建築群遭受嚴重毀壞。明永樂五年（1407），道士侯圓方隨禮部尚書胡濙到陝西尋訪張三丰後留居樓觀。率領徒衆，相繼修復宗聖宫、説經臺、會靈觀、延生觀、洪妙庵、吾老洞等宫觀的主要建築，並對全真道祖庭重陽宫進行了大規模復建。整個明代，樓觀及其周邊的宫觀，均爲侯圓方子孫傳承，即樓觀三丰派。萬曆年間，有少數華山派道士常住於説經臺、會靈觀、洪妙庵、玉華觀、太虚觀等宫觀中，有"道"、"演"、"全"等字派見諸碑石。《古樓觀宗聖宫重建三清殿記》和《重建吾老洞殿宇記》都由華山派道士方演惠書寫。

龍門派道士出現於樓觀的文獻記録，首見於明隆慶六年（1572）《義記感格記》。據碑文記載，山西洪洞道士霍真陽，師從孫静恇。經數年修煉，頗有所得。而其師以爲他德行未備，須"修建黄籙大齋"以濟功行。並認爲"西秦盩厔終南山麓，有臺高百仞，地以肺名，以猶龍老祖爲文始仙伯説《道德》五千言於兹……海内外洞天福地，無出其右者。"要求他往樓觀修齋。於是，霍真陽攜師弟李真□，"逾河入關，過長安，止於臺下宗聖宫居焉。"長安道教居士聞風，紛紛出資捐助。在宗聖宫住持陳明壽等主持下，黄籙大齋於隆慶五年（1571）冬十一月二十一日如期舉行，爲期46日，盛會空前。黄籙大齋後，霍真陽二人行蹤不詳，或許仍返河東。自此之後，樓觀碑石中再未見龍門派身影。康熙五十八年(1719)時，仍保持樓觀三丰派傳承。其間，遊方道士梁一亮於康熙五十一年(1712)雲遊至樓觀，當時樓觀尚有道衆一百餘人，公推梁一亮“董理臺事”。

因説經臺年久失修，梁一亮“招徠道衆，從者如歸，闢歷年荒蕪之疆，返居民侵佔之址，鳩工庀材，經營揆度”。雍正六年(1728)工興之後，“北遊京師，入白雲觀爲知客。未幾復至樓觀，益整飭修理。凡附近祠廟，莫不補葺”。(《説經臺梁公道行碑銘》)雍正八年(1730)，盩厔縣署行文任命梁一亮爲樓觀臺監院。乾隆二年(1737)，説經臺重建工程竣工，乾隆四年刊刻《重修終南山古樓觀説經臺記》。按碑記録名，有龍門派“太”、“清”、“一”、“陽”、“來”、“復”、“本”、“理”等字派，還有華山派“教”、“演”、“德”、“正”、“仁”、“義”等字派，另外還有“然”、“尚”、“九”、“興”、“爲”、“性”、“福”等派字，不明宗派，或許是樓觀三丰派的餘緒。按梁一亮係隻身前往樓觀，不可能在十餘年間有6代以上傳續，因此，此碑所録龍門派道士名單，也有可能爲樓觀三丰派與龍門派合流的結果。由此前推至康熙五十八年(1719)，樓觀三丰派尚有“中”、“和”、“常”字派，恰與龍門派“真”、“常”、“守”、“太”、“清”相銜接。二者在樓觀合流存在一定的合理性。又從乾隆十一年(1746)《説經臺梁公道行碑銘》文末署名看，梁一亮“學徒”中，既有“陽”字輩，還有“重”、“清”、“志”、“演”、“一”、“來”、“教”、“性”、“真”、“復”等字派；孫輩中也有“一”、“來”，還有“清”、“正”、“明”、“復”、“福”、“本”等字派。其中顯然既有龍門派，也有華山派，還有樓觀三丰派。而且，此碑署名不稱“徒”而稱“學徒”，也與通常署名不同，很可能隱藏着多種師承的信息。由此似乎可以解釋乾隆以後樓觀三丰派消失的原因。

3. 藥王山

陝西耀縣藥王山是唐代著名醫藥學家孫思邈隱居之地，北宋建静應廟，金大定九年(1169)改静明觀，元世祖中統五年(1264)改静明宫。自金泰和初(1201)以後，爲馬丹陽弟子韓伏魯及其門人傳承。元延祐七年(1320)以後爲井德用及其門人傳承。井德用(1281～1348)，韓伏魯4代孫。後至元六年(1340)奉詔至大都長春宫，至正元年(1341)五月，住持大重陽萬壽宫。七月奉旨在重陽宫、終南太平宫、耀州静明宫及終南山古樓觀宗聖宫舉辦大醮。井德用既是韓伏魯第4代傳人，又是苗道一弟子。元末傳續不明。

明正德十三年(1518)《重修孫真人廟洞記》碑陰開始出現華山派名單，計有“崇”、“教”、“演”3代；同期還有一位道士名叫樊静思，疑爲龍門派第4代，但没有相應的傳承證據。自嘉靖九年(1530)至民國十四年(1925),不間斷地傳續"全"、"真"、"沖"、"和"、"德"、"正"、"本"、"仁"、"義"、"禮"、"智"、"信"等10餘代。從大量碑石文字識讀,藥王山自明代中期以來,爲華山派一派所佔據。其鄰近的三原城隍廟教派傳承也受到它的影響。自嘉靖三十一年(1552)《重修城隍廟創建無樑門明栶亭記》出現"教"字輩,直至清末宣統三年(1911),傳續至"信"、"嘉",即華山派第20~21代。[①]

4. 龍門洞

陝西隴縣龍門洞是丘處機修道之處,被龍門派奉爲祖庭。元至元十六年(1279)丘處機法孫賀志真重修龍門洞殿堂之後,刻立《隴州龍門洞景福山玉宸宫碑記》,録有道衆名單50餘人,此後再未見記録。明萬曆至天啓年間,相繼有華山派"演"、"全"、"真",龍門派"常"、"守"字派出現在碑文中。

明末,龍門洞道院被毁。清順治、康熙年間,武當山太子坡龍門派第8代曾守雲、田守存到達龍門洞,全面修復各處殿宇。此後,龍門派得以在龍門洞繁衍,直至當代。康熙十三年(1674),龍門派第10代苗清揚攜徒4人前往甘肅平涼,興復崆峒山道場。

5. 崆峒山

位於甘肅平涼市的崆峒山,是道教傳説黄帝問道廣成子的地方,自唐代起就開始建造道觀,元代曾被佛教佔據,明嘉靖三十年(1551)復歸道教,此後形成道、佛二教各佔半山的局面。明萬曆四十三年(1615)《重刊張三丰避詔書碑》載,時有住持道人霍真祥及徒張(常)明;此後至清順治八年(1651)《崆峒山重修玄帝殿並新建香亭碑記》中,又有3名大頂住持道人,其中兩位是華山派"和"字輩,另一位是朱守貞,當與真、常相銜接,爲龍門派第6~8代。繼之在順治十五年(1658)、康熙二十二年(1683)直至1954年的歷代碑文中,連續出現自"守"以後至第30代"興"字輩名單。在此期間,清康熙十三年(1674),平涼兵變,崆峒山被劫,僧道星散。事變後,當地鄉民呈請當局訪求高道,從陝西隴縣龍門洞請去龍門派第10代苗清揚攜徒范一聖等4人住持並整修崆峒山金城(皇城),相繼重修真武、藥王等殿宇,此後崆峒山龍門派傳承均屬苗清揚一系。而此前的霍真祥亦來自陝西隴縣龍門洞,但與苗清揚不屬同一法嗣——苗清揚來自武當山。

除龍門派以外,崆峒山在民國以前還是華山派和正一道的道場。

---

① 三原城隍廟洪武二年(1369)《詔書碑》有"本廟住持李崇昭",似爲華山派第4代,但没有傳承記録;同時距該廟傳續華山派第5代"教"相距183年,於常理不合。

據嘉慶《崆峒山志》,成化間,道士王全真遊居崆峒山問道宫,静修40年,歷成化、弘治、正德三朝,相繼修建三清殿、三官殿和玉皇閣等殿宇,後世爲之建閣紀念。但他的宗派傳承關係不明,疑屬華山派。另外,崆峒山大頂明代修建黄籙殿,一直爲正一道道場。但清光緒二年(1876),曾有陝西華山道士王義通至崆峒山,住持遭到兵燹中斷的黄籙殿醮會,故世傳黄籙殿爲華山派道場。民國元年(1912),正一道第62代真人張元旭爲慶賀崆峒山黄籙醮會住持旭谷煉師六十壽辰,專門送來金匾,可證直至清末仍爲正一道傳承。

6. 興隆山

甘肅榆中縣興隆山的道教建築有據可考的始建於宋金時期。有湖南衡山道士秦致通和河南嵩山道士李致亨結廬於西山棲雲峰朝陽洞,並營建了山上的道觀。兩人羽化後,其洞改名二仙洞。

明萬曆年間,有信士張梅捐資並倡捐募化,興建了玉帝行宫和二仙、三聖、靈官等殿堂,使興隆山逐步成爲西北地區一處重要的道教傳播據點。明末,大部分建築被毁,僅存靈官殿一處,道士星散。

清乾隆四十四年(1779),劉一明雲遊至此,見興隆山景色宜人,又有宋金時期秦、李二仙遺迹,決計留居此山。自嘉慶二年(1797)起,開始大規模興復興隆山道教建築群。關於劉一明的宗派傳承,文獻記録不是很清楚。其師龕谷老人姓樊,不知其道名,活動於榆中和陝西鳳翔。劉一明後來傳弟子張陽全、任陽固等,故後世認其爲龍門派第11代,西北各地有其門人繁衍。

7. 張良廟

陝西留壩縣紫柏山,原有東漢末張魯天師堂遺址,歷來有張良辟穀於此的傳説。清康熙年間建成留侯祠,後俗稱張良廟。嘉慶十四年(1809)前,由龍門派第11代潘一良住持,其弟子有祁信、徐陽明、李慧、黄教榮,徒孫有袁來義、陳永寧,玄孫有劉元松等,其字派不够規範。① 至道光十八年(1838),又有"永"、"圓"、"理"等字派見諸碑石和山志。道光年間,張良廟的佃户們喧賓奪主,自稱會長,不交納地租。住持道士陳永寧、易元棉無奈,赴西安八仙庵求援,聲稱願將廟産交八仙庵,自爲下院。八仙庵時由龍門律宗第18代方丈丁永惠住持,因不願招惹是非,不敢接收。知客任永真聽説後,自告奮勇,獨自前往,接管了留侯祠。

任永真(1798~1879),字起美,號信陽,遼寧鐵嶺縣人。先師從北京南極宫李仁貴,爲華山派,字派爲"義";繼投白雲觀張教智門下,爲龍門律宗第19代戒

① 見《潘一良方丈墓碑》,陳顯遠:《漢中碑石》,西安:三秦出版社,1996年,第243頁。

子,字派爲"圓"。後遊歷名山,止於西安八仙庵。任永真到達張良廟後,先通過訴訟奪回地産,接着於道光二十二年(1842)建立起十方叢林體制;又從道光二十五年(1845)開始,在原留侯祠大殿的基礎上,增建了三清、東華、觀音、娘娘等4座大殿,又新修了鐘樓、授書樓,使張良廟成爲秦嶺南麓最大的一處道教宫觀。同治七年(1868),任永真被授方丈法卷,同治九年(1870)開壇傳戒,此後在張良廟和沔縣武侯祠等宫觀傳續其法嗣,至民國年間,有"明"、"至"、"宗"、"誠"、"法"等字派出現在張良廟現存墓碑上。

任永真接管張良廟後,觀内還常住有"合"、"永"、"元"等字派的龍門派道士,傳承不明,很可能是原有潘一良法嗣。

四、分析與推論

通過對全真道各宗派在西北地區文獻中的記録梳理,仍然無法對各宗派的起源作出結論,但是所見文獻透露的大量信息,可擴展全真道宗派的基礎研究。下面對梳理過程中發現的幾個重要問題作一些分析和推論。

1. 各宗派在西北的地域分佈

全真道各宗派在西北傳續主要有樓觀三丰、華山、龍門、嵛山等4個宗派。樓觀三丰和嵛山派都局限於一個地域,華山、龍門兩派具有廣泛分佈的特點。

就華山、龍門兩派而言,儘管近代以來以後者分佈範圍最廣,有"龍門、臨濟半天下"之説,實際上無論是宗派名稱還是實際的傳續名單,華山派都早於龍門派。

從名稱來看,明萬曆二年(1574)已經有了"華山郝祖道教"的稱謂,而"邱祖派"和"龍門派"則分别出現於清康熙三十三年(1694)和乾隆三十一年(1766),較華山派晚出現122年。

從實際傳續名單來看,明洪武二年(1369)陝西三原城隍廟《詔書碑》中出現"住持李崇昭",疑爲華山派第6代,因没有傳承記録故不予認定;而洋縣豐都山景泰二年(1451)《重修玉皇三官殿記》同時記録了"道"、"崇"兩個字派,可證爲華山派第5~6代。華山自成化八年(1472)至正德十年(1515)傳續"志"、"尚(上)"、"道"、"崇"等字派;其中"志"是否爲第1代難以認定,而"上"、"道"兩輩則明確記録爲師徒關係,因此華山從成化八年開始傳續4代毫無疑問。(見李榕《華嶽志》)陝西耀縣藥王山自正德十三年(1518)開始記録華山派名單,自第6代"崇"開始連續傳承。嘉靖四年(1525),華山派已在陝西咸陽連續傳承第5~8

代"道"、"崇、"教"、"演",稍後在陝西東部的蒲城、陝西南部的安康等地傳續至第10代"真"。到萬曆七年(1579),華山派已傳至甘肅隴西,有《重建三靈侯觀記》記録"住持道士郭沖志",按前述陝西各地已有的傳承分析,這個郭沖志顯係華山派第11代。①

龍門派在西北的傳續雖然晚於華山派,最早記録爲陝西鄠縣東嶽廟的"常"、"守"即7~8代,但在清代發展快速,最先傳續華山派的陝西隴縣龍門洞、陝北、陝南和甘肅天水、寧夏中衛等地,幾乎已難見華山派的蹤影。

各宗派分佈情況見下圖。

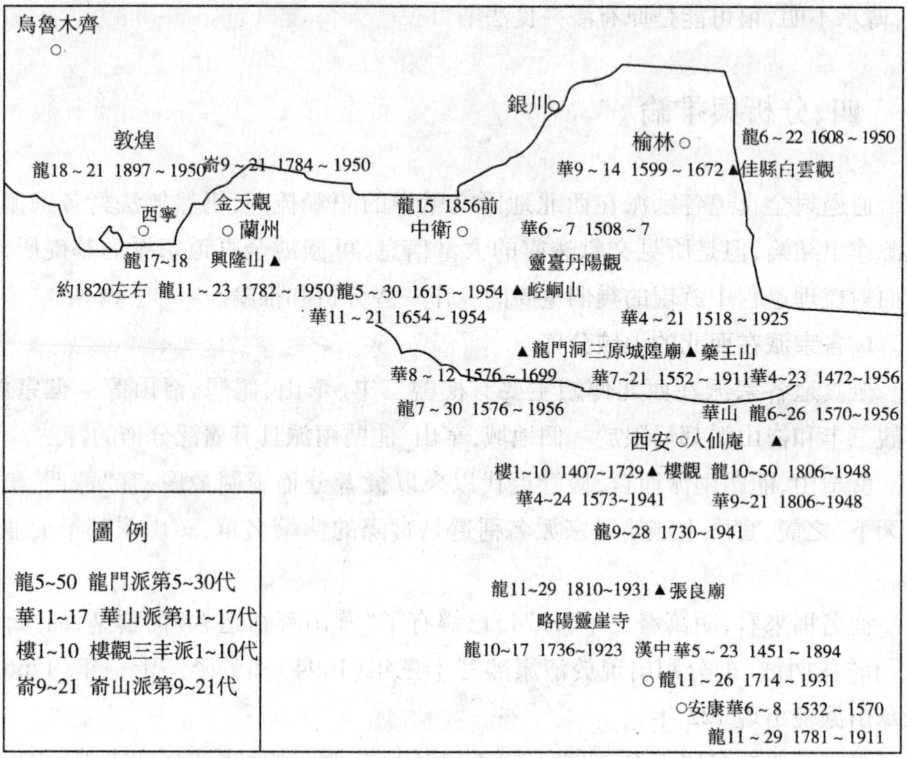

西北全真道宗派分佈圖

2. 龍門派西北傳承來源分析

西北地區傳承的全真道各宗派除龍門派以外,都没有發現其早期的譜系。而龍門派所謂創始於丘處機門人趙道堅,實際傳續開始於張德純,也有許多疑點。

① 陳垣編纂:《道家金石略》,北京:文物出版社,1988年,第1295頁。

其一，按閔一得《金蓋心燈》和北京白雲觀抄本《太上律脈源流》（一作《龍門傳戒譜系》），張德純於元末明初隱華山，傳道法於山東東昌人陳通微。陳通微先在秦晉間活動，後隱四川青城山，傳法於西安人周玄樸。周玄樸身後分傳張静定、沈静圓兩支，其中張静定傳趙真嵩，再傳王常月。王常月後隱居華山，清初至北京，主講白雲觀，開壇説戒，傳衣鉢於譚守誠。譚守誠於清康熙四十八年（1709）傳法於詹太林，此後傳戒重點區域移往秦蜀。先是，穆清風於成都繼承詹太林衣鉢。接着，陝西扶風人朱一和、鳳翔人袁清舉繼任第 11 ~ 12 代律師。雍正六年（1728），袁清舉歸陝，在隴州景福山開建律壇，傳戒 3 次，傳戒法於王來懷，戒壇移往涇陽縣嵯峨山雲門宫。陝西綏德人白復禮繼任第 14 代律師，在陝西藍田縣通真觀開壇傳戒。其後，有隴州龍門山人程本涣、山西代縣人張本瑞繼任第 15 代律師，在陝西韓城象山紫雲觀和華山一帶傳戒。乾隆五十六年（1791），北京白雲觀派人赴華山，禮請張本瑞赴京，次年二月開壇説戒，度戒子 120 人，傳戒法於陝西長安縣人張合皓。此後，龍門律宗的戒壇一直以北京爲中心。自袁清舉至張本瑞，戒壇設於關中 80 年，有隴州景福山、涇陽縣嵯峨山雲門宫、藍田縣通真觀和韓城象山（紫雲觀）、華山等 5 處戒壇。非常遺憾的是，在多年發現的諸多道教碑石和觀藏文書中，尚未發現一處關於景福山等 5 處戒壇的記録，需要進一步發掘新材料。

其二，在王常月之前，陝西已在明宣德元年（1426）、正德十六年（1521）和隆慶六年（1572）出現“静”、“真”、“常”、“守”等 4 代。清李榕《華嶽志》也記載，清初有巔峰道人馬真一①住華山王刁洞，傳徒常光②。陳銘珪（陳教友）《長春道教源流》認爲，龍門派的創始人爲居住於華山王刁洞的靳道元，經姜善信下傳，時間在元定宗至憲宗時期，大約爲 1246 ~ 1259 年間③。北京白雲觀的龍門派即爲此一法脈，由第 6 代馬真一下傳，第 10 代王清正在北京白雲觀首傳龍門派法脈。④這兩件事説明即或王常月之後以律宗傳承爲主體，然而活動於西北的早期龍門派絶非單一的傳承。

---

① （清）李榕：《華嶽志 · 人物》。另據民國三十四年《小張村改建馬仙洞碑記》，華陰縣小張村南有馬仙洞，祭祀馬真一：“仙係馬姓，諱□乾，字真一，爲明弘治間人，隱居於華山之王刁嶺。能文事，兼武略，蓋儒而飛遁者，以當時傳聞種種迹象證之，絶非庸俗常人所可方擬，殆所謂蟬蜕羽化者之流。”（張江濤：《華山碑石》，西安：三秦出版社，1995 年，第 505 頁。

② 常光一名或可讀爲姓常名光；姓常派常名光，姓與派字合一。

③ 據至元二十六年（1289）《敕賜靖應真人道行碑》，姜善信於至元十一年（1274）卒，其先於己巳年（1269）奉命南征。南征前十餘年一直在華山。見陳垣編纂：《道家金石略》，第 722 頁。

④ 李養正：《新編北京白雲觀志》第七章，北京：宗教文化出版社，2003 年，第 424 頁。

3. 龍門、華山二派起始時段推論

金元時期，全真道士派字多用"志"、"道"等，從元代後期多用"道"、"德"，也開始出現師徒相承"道"、"德"的情形，如前述全真道後期掌教之一的苗道一傳徒井德用。宗派之實也已見諸碑石文字。如《道家金石略》所録以下碑文：

至元二十五年《玄門弘教白雲真人綦公本行碑》：沖虛安静大師重陽萬壽宫提點兼本宗事賜紫門人蘇志和

延祐四年《永樂宫聖旨碑》：本宗祠下道衆……

延祐七年《玄通弘教披雲真人道行之碑》：賜紫崇玄明道沖素大師前奉元路大重陽萬壽宫副提點兼領本宗事陳德遇

泰定二年《太華山創建朝元洞之碑》：門下法孫本宗提舉明素凝真玄應大師陳志通

上碑碑陰《仙源圖》：奉元路大玄都萬壽宫本宗諸宫觀提點石一真①

龍門派"道德通玄静"序列用字出現於明代。據明隆慶《大嶽太和山志》卷四，明洪武初陝西已出現"德"、"玄"兩個與龍門派近似的傳續名單（李德囦、丘玄清）；但與緊接的有明確傳承的"静"、"真"兩代（隆慶六年樓觀碑石《義記感格記》）相差 200 年，與《長春道教源流》記録的龍門派第 4 代白玄福於清順治十三年（1656）從陝西到武當山修建明真庵和太子坡復真觀相距 280 多年，實難合理地銜接。又考宣德《敕建大嶽太和山志》卷八記録永樂十年（1412）朝廷欽選各布政司道衆名單，陝西布政司 22 人，只有一人派字爲"道"、兩人爲"守"，説明這一時期龍門派派字尚未大量出現。而山西布政使司的 71 人中，有一人爲"道"、一人爲"玄"、5 人爲"守"，透露出一絲迹象。

運用數學分析方法推算，陝西於明隆慶六年（1572）出現有傳承關係的龍門派第 5 代"静"，按照平均傳承速度每代 13.7 年前推，第一代出現的時間應在正德十二年（1517）。又按劉迅先生所考，伍守陽於萬曆乙卯年（1615）撰《天仙正理》火候經，文末録龍門派 20 字派字②，以此前推 7 代，亦爲正德十四年（1519）。

---

① 陳垣編纂：《道家金石略》，第 663、728、754、770 頁。

② 丘真人門下宗派曰："道德通玄静，真常守太清，一陽來復本，合教永圓明。"此二十字爲派者，乃真人在燕京東龍門山掌教時所立之派，後人稱爲龍門派者便是。

《龍門文史資料》的推論時間略早：

> 蓋洪武元年(1368)至萬曆四年(1576)，中間相距208年，再加上邱祖仙逝後(1227)至明初的一百多年，共爲349年。若以代距爲20年，萬曆四年出現的龍門派是派單第六代"真"字輩，華山派是第八代"演"字輩，龍門下傳六代需120年，華山下傳八代需160年；以此(推算)，(龍門派)"百字譜"的制定約在明宣德(1426)與成化(1465)之間。①

至於華山派，文獻記録反映有明確傳承關係的第5代"道"出現於明景泰二年(1451)，按照西北地區各宫觀平均傳承速度每代21年前推，第一代出現的時間當在元至正二十七年(1367)。但華山派本山華山道場傳承最早記録爲明成化八年(1472)陳尚玉及徒任道元，即第4~5代；同期還有何志清，難以確認爲第一代，因無傳續記録。繼爲弘治八年(1495)尹道成、石崇寶、張演明、刀演鳳等4人3代，即第5~7代。其後至萬曆十四年(1586)以後，接續"演"、"全"、"真"、"沖"、"和"等4代，至明末清初接續"德"、"正"、"本"等，至現代衍至"仁義禮智信，嘉祥宗太宇，萬里復元亨"。其中自1495~1586年91年中没有傳續記録。第一、二階段(明代)合計172年，傳續9代，每代19.11年；第三至五階段(清代)合計266年，傳續8代，每代33.25年；民國元年(1912)以後44年，傳續約6代，每代7.33年。總計484年傳續23代，每代用時21.04年。按最長每代33年前推，至第一代，大約爲明洪武六年(1373)；如按平均21年前推，第一代則爲永樂七年(1409)左右。

最近在華山發現民國三十五年(1946)抄本《南天門宗卷》，提供了華山派起源的新材料，但其中有多處不合情理與事實。關於華山派的來歷，《宗卷》是這樣記載的：

> 華山派，以郝太古立之始祖。蓋太古乃山東登州府文登縣寧海人氏，誕於金天眷三年正月初三日，於大元七年九月從師在朝元觀出家，是年三十六歲。享壽七十二歲，羽化於泰定四年十月三十日，在先天觀。名廣寧，字大通，道號廣陵子，封豁然大仙澄悟天尊。
>
> 志一無上道，崇教演全真，沖和德正本，仁義禮智信。
>
> 嘉祥宗太宇，萬里復元亨，清静通玄化，體性悟誠明。

---

① 龍門洞道院編：《龍門文史資料彙編》第一章第二節《歷劫復興》，1991年。

以此四十字名號。康熙時,王真人又續六十字,共得一百字,亦以名號。後上海桐柏宫復改後六十字並名焉。

這段文字有兩點應當注意:第一,有關郝大通的生平,“大元”乃“大定”之誤;第二,四十字派單中,以“志”爲首,與北京白雲觀《諸真宗派總簿》不同,似可視做尊賀志真爲開派祖師的依據。又,“太宇”二字《總簿》作“泰寧”,當以《宗卷》爲是;考近世華山派道士姓名,有“宇”無“寧”,可見《總簿》記録爲筆誤。

《宗卷》記録的南天門宗派,是賀志真所創建的南天門—朝元洞—全真觀道場所傳續的派單。這個名單以賀志真爲首,並列陳志通、李志松二人,以次列石一真、索無叟、范上古、姚道常、朱道寶、劉道源、嚴道清、張道堅、齊崇嵩、李教論、孟教註、劉教志、甄演義、劉演禮、閻全德、温真學、吕真誠、李沖元、孔和光、郝德繼、趙德慧、袁正興、郝正春等 23 人,爲華山派 2 ~ 14 代;其後有第 15 代王本義等 4 人、16 代賀仁潔等 7 人、17 代張義全等 3 人、18 代王禮忠等 8 人、19 代劉智清等 4 人、20 代多通道等 3 人、21 代梅嘉瑞等 7 人,連同編撰人齊祥海,共記録到第 22 代。從形式上看,從第一代到第 22 代每代都有人名,但這些人名中,只有“道”字派以前數人可考,其餘不明生活年代。而“道”字以前的 10 人中,據《朝元洞碑陰》,姚道常、朱道寶、劉道源爲賀志真門徒,陳志通爲賀志真法孫;石一真傳承不明,爲同期奉元路大玄都萬壽宫提點,與賀志真同宗;而列爲姚道常前代的范上古,本名范養民,字上古,號緗續,明崇禎朝太監,清初居華山西峰。後因全真觀缺得力人士執掌,被地方鄉紳延請爲全真觀住持,遂列名華山派祖師。因此,這個名單所排的宗派序列,並不完全符合事實,前幾代很可能是後世據派單作出的焊接。但《宗卷》對於進一步考證華山派的形成原因,還是具有重要價值。

綜前所述,有關龍門、華山二派的出現年代,前者大約在明代前期,不會超過宣德年間;華山派較龍門派出現要早若干年,大致在元末至明初。至於進一步的結論,尚需發現更多的碑石文獻資料,其關注區域當在山西、山東、河南、湖北,尤以山西道教碑石的調查和研究爲當務之急。當然,陝西的史料發掘也還有潛力。

清代全真道傳戒初探

□尹志華

摘要:道門戒律授受,歷史悠久。開壇傳戒,已見於金代文獻《中都十方大天長觀重修碑》。清初王常月所建構的龍門傳戒譜系,以及他本人廣泛的傳戒活動,事實上開創了道教全真龍門派的一個支系——龍門律宗。康熙時人彭定求就曾明確地稱王常月一系爲道家"律門"。本文對王常月的生平和傳戒活動進行了考察,對有關説法進行了辨析。王常月之後,龍門律宗的傳承,見載於《龍門傳戒譜系》。第八代傳戒律師譚守誠至第十五代傳戒律師程本煥先後活動於湖北、江浙、四川、陝西等地。北京白雲觀的傳戒歷史中斷了一百五十多年,直到清嘉慶十二年(1807),該觀纔恢復傳戒,並再次確立了"全真演教宗壇"的地位。嘉慶以降,北京白雲觀傳戒頻繁。本文對北京白雲觀歷代傳戒律師的生平和傳戒次數作了考察。並儘量搜集有關文獻,敘述了北京白雲觀以外,清代全國各地道教宮觀的傳戒情況。最後探討了全真道三壇大戒戒本的來歷、主要内容,並根據清代同治、光緒年間的科儀抄本,以及現代道門中人的有關記載,對傳戒儀軌作了簡述。

關鍵詞:清代　全真道　傳戒　歷史　律師

作者簡介:尹志華,男,1972 年生,湖南常寧人。哲學博士,副研究員,現任中國道教協會《中國道教》雜誌副主編。主要從事道教哲學和全真道歷史研究,已出版《北宋〈老子〉注研究》、《王常月學案》等著作。

一、道教傳戒歷史悠久

道教自建立教團組織之日起,戒律就應運而生了。有學者指出,由讖緯神學的"天戒"演化而來的《太平經》"天誡"是道教戒律的雛形;而《老子想爾注》所説的"道誡",則標誌着道教戒律的初步形成。[①]《老子想爾注》明確提出,學道之士要"自威以道誡,自勸以長生"[②]。後世道書記載有"想爾九戒"[③]。魏晉南北朝以來,道教融攝佛教戒律,不僅各種名目的戒律條文日益繁富,而且建立了與修行階次相對應的戒律傳授制度。唐王懸河《三洞珠囊》卷六引《正一法文》説:"凡爲道民,便受護身符及三戒,進受五戒、八戒,然後受籙。受籙之前未受戒者,受籙之後依次受之。"[④]在道士進階的過程中,往往既要受經,也要受相應的戒。如《傳授經戒儀注訣》、《傳授三洞經戒法籙略説》等經書的標題上,便是經戒或經戒法籙並提。唐代《三洞奉道科誡儀範》之《法次儀》規定,從較低等級的清信弟子,到最高的上清玄都大洞三景弟子、無上三洞法師,分别要受不同的戒文。[⑤]宋代《三洞修道儀》更明確規定:"凡初欲學道,男七歲,號録生弟子,女十歲,號南生弟子,始授訓師門。性行稍淳,與授三戒五戒,漸止葷血,自此後不更婚嫁。……其童男女秉持至十五歲,方與詣師請求出家(捨俗者不拘少長)。稟承戒律稍精,方求入道,誓戒三師,稱智慧十戒弟子。……次遷經法,於十部大乘之内精一帙,業成,授初真八十一戒。授竟,及保舉戒師七人,稱太上初真弟子。"[⑥]宋代《太上出家傳度儀》記載,道士履行出家儀式時,度師要爲弟子説十戒,每説一條戒文,要問"能持否",弟子長跪,回答説"能"。道士受戒後,稱爲"新戒"。[⑦]

我們還不清楚道教開壇傳戒的制度始於何時。金大定十四年(1174)《中都十方大天長觀重修碑》已明確提到,朝廷召"西京路傳戒壇主清虚大師閻德源"住持中都十方大天長觀(今北京白雲觀)。[⑧]大同市博物館發表的《大同金代閻德源墓發掘簡報》[⑨],披露墓室中有"天長方丈老人"印一方。"天長"即中都天長觀。閻德源的"天長方丈老人"印,可證實《中都十方大天長觀重修碑》所言朝廷召閻德源住持中都天長觀之事。據該《發掘簡報》所載《西京玉虚觀宗主大師閻公墓志》,閻德源(1094~1189),字深甫,汴梁(今河南開封)人。北宋宣和中,爲職籙

① 伍成泉:《漢末魏晉南北朝道教戒律規範研究》,成都:巴蜀書社,2006年,第20頁。

② 饒宗頤:《老子想爾注校證》,上海:上海古籍出版社,2001年,第18頁。

③ 《太上老君經律》,載《道藏》,北京:文物出版社、上海:上海書店、天津:天津古籍出版社,1988年,第18册,第218頁。

④ 《道藏》第25册,第326頁。

⑤ 張繼禹主編:《中華道藏》,北京:華夏出版社,2004年,第42册,第32~36頁。

⑥ 《道藏》第32册,第166頁。

⑦ 《道藏》第32册,第163~165頁。

⑧ 《宫觀碑志》,載《道藏》第19册,第716頁。

⑨ 載《文物》1978年第4期。

道士,授金壇郎(道官名)[1]。金滅北宋後,寓於西京路大同府玉虚觀。金廷"屢賜師號,爲羽流(指道士)之宗"。大定己酉年(1189)羽化,世壽九十六歲。閻德源是北宋時期入道的,可能並不屬於全真教團。我們尚不清楚,閻德源傳戒的戒壇是什麽式樣,傳什麽樣的戒律。

二、王常月開創龍門律宗

按道教内部説法,全真道龍門派祖師丘處機曾廣傳戒律,後來的傳人却改爲單傳秘授,直至清初第七代傳人王常月,方始恢復公開傳戒的做法。如《金蓋心燈》載趙真嵩對王常月説:"昔我長春真君於元世祖時廣行戒法[2],流演太上清静律寶,心心相印,祖祖相傳,皆守静默而厭有爲,單傳秘授,不能廣行,是以羽流道侣鮮覩威儀,幾不知玄門有戒矣。"[3]《龍門心法》則載王常月説:"又想丘長春祖師,自從元朝説戒興玄,到今四百年來,不行其戒。"[4]

然而,我們發現,明《道藏》所收陸道和編《全真清規》中有一節是《堂門戒臘》。所謂"戒臘",就是受戒以後的年數。《全真清規》規定,雲遊道士在某宫觀掛單三日後,"便看青册,排名排姓,各看排單,知己知人。便遵戒臘前後,必讓尊卑遠近,上殿登堂,依次序而行,行住坐卧,分長幼而居。各守戒臘,莫犯高低。依院門之次序,行方外之尊卑"[5]。這就是説,雲遊掛單道士,依受戒時間先後而定尊卑次序。可見,道士受戒在當時仍然是很普遍的事情。《全真清規》的編纂時間可能是元代末年[6]。也許進入明代後,全真道就没有再進行公開傳戒了。清代的説法,可能是把全真道停止公開傳戒的時間推算得過早了。

王常月所建構的龍門傳戒譜系,以及他本人廣泛的傳戒活動,事實上開創了道教全真龍門派的一個新的支系——龍門律宗。清康熙十五年(1676)狀元、道教居士彭定求在爲王常月的徒孫詹太林撰寫塔銘時,就曾敏鋭地意識到王常月一系的獨特之處,稱之爲道家"律門",認爲該門派"外以整肅威儀,内以精研性

---

① 南宋陳均撰《九朝編年備要》(《四庫全書》本)卷二十八載,宋徽宗"重和初别置道官,自太虚大夫至金壇郎,凡十六等,同文臣中大夫至迪功郎"。

② 按,根據歷史記載,丘處機已於元太祖二十二年(1227)七月羽化。

③ 《藏外道書》第31册,成都:巴蜀書社,1994年,第183頁。

④ 《藏外道書》第6册,成都:巴蜀書社,1992年,第772頁。

⑤ 《道藏》第32册,第157頁。

⑥ 《全真清規》收有《教主重陽帝君責罰榜》和《長春真人規榜》。按,王重陽封重陽帝君,是在元武宗至大三年(1310),時丘處機已羽化八十餘年。

命，最與儒者相近”[①]。後來龍門派的傳戒特别重視“法統”，流傳有“法卷”，也意味着它是一個有着特殊傳承的道教門派。

三、王常月的生平和傳戒活動考述

現存記載王常月生平的文獻，主要有閔一得於嘉慶年間所著《金蓋心燈》卷一《王崑陽律師傳》[②]，孟至才（法名孟永才）、完顔崇實於道光二十七年（1847）合著《白雲仙表》之《崑陽王真人》[③]，北京白雲觀藏民國八年（1919）手抄本《龍門傳戒譜系》[④]，莊嚴居士（嚴合怡）於民國十八年（1929）編《道統源流》卷下《王崑陽律師》[⑤]等。

《金蓋心燈》載王常月號崑陽，原名平，山西潞安人。《白雲仙表》和《龍門傳戒譜系》則更具體地説是潞安府長治縣人。《道藏輯要》所載《初真戒》，有署名王常月撰《初真戒律序》，自稱“西晉上黨傳戒道士”[⑥]。“上黨”是長治縣的古稱。

關於他的生年，《金蓋心燈》記載了兩種説法。王常月弟子吕守璞謂王常月生於萬曆甲午年（1594），范青雲撰《鉢鑑續》則載王常月生於嘉靖壬午年（1522）。《金蓋心燈》採納後一種説法。但王澐撰《漫遊紀略》卷四《楚遊中》，載其與川湖總督蔡毓榮於康熙癸丑（1673）仲夏遊武當山，至復真觀小憩，見到王常月，“丰姿修偉，自言年八十餘，善導引之術”。[⑦] 吕守璞説王常月生於萬曆甲午年（1594），則到康熙十二年（1673），王常月虚歲剛好八十歲。雖然與王澐記載的王

① 彭定求：《南畇文稿》卷十《詹維陽律師塔銘》，《四庫全書存目叢書》，濟南：齊魯書社，1997年，集部第246册，第776頁。

② 載《藏外道書》第31册，第183～184頁。

③ 載《藏外道書》第31册，第400～401頁。北京白雲觀有光緒十二年（1886）劉誠印所立、完顔崇實撰《崑陽王真人道行碑》，即取自《白雲仙表》。

④ 該手抄本爲卷軸，卷首題名“太上律脈龍門正宗”，正文標題則爲“龍門傳戒譜系”。内容爲全真道龍門派第一代至第二十一代傳戒律師簡歷。卷末載第二十一代律師陳明霖於己未（1919）春三月開壇傳戒。文中以“我師”稱呼陳明霖，則該卷軸應爲民國八年（1919）受戒弟子所書。

⑤ 《道統源流》又稱《道統源流志》，上海：民鐸報社等處發行，民國十八年（1929）。《王崑陽律師》見該書卷下，第2頁。

⑥ 見《道藏輯要》張集七。（筆者所引用的《道藏輯要》，爲中國道教協會圖書室收藏本。該書首册扉頁題“道藏全書”，但緊接着則爲題名“蘇朗”的《道藏輯要序》。序文首頁蓋有兩枚藏書印，一爲“面城樓藏書印”，一爲“順德温君勒所藏金石書畫之印”。面城樓爲清代廣東南海人曾釗（1793～1854）的藏書樓。曾釗去世後，其藏書大部分爲廣東順德温樹棵所得，故該套《道藏輯要》又有温氏的藏書印。）亦見《藏外道書》第12册影印《重刊道藏輯要》本。

⑦ 王澐：《漫遊紀略》卷四《楚遊中》，收入《筆記小説大觀》第17册，揚州：江蘇廣陵古籍刻印社，1983年，第7頁。此條材料係汪登偉先生告知，謹致謝忱。

常月"自言年八十餘"還是有些出入,但可信程度應該較"嘉靖壬午年"説要高。

《金蓋心燈》載,王常月之父兄皆留心玄門,尊事張麻衣。張麻衣爲王常月治危疾,大顯神力而去。王常月時年弱冠,棄家訪之,而嚮道之心已篤。《白雲仙表》則説王常月生當明季之亂,慨然有出塵之心。年甫弱冠,即遍歷名山參求大道。《金蓋心燈》言王常月踰越險阻,風霜道途,遍遊名山,參訪歷八十餘年,始於王屋山遇全真道龍門派第六代律師趙真嵩(號復陽)。所謂參訪八十年之説顯係誇大,以呼應其所主張的王常月生於明嘉靖壬午年(1522)之説。《白雲仙表》所述則較平實,謂王常月至中年,始於王屋山遇趙真嵩。《龍門傳戒譜系》所述王常月遍歷名山參訪之苦,用詞全同《金蓋心燈》,但捨棄了歷八十餘年的説法,可能就是覺得這種説法不可取。

諸書都載王常月懇求趙真嵩指示,趙不答,王飢餐松柏,渴飲清泉,拜求更切,趙見其虔誠,始收爲徒,命名常月,授以戒律二册。《金蓋心燈》多了一個張麻衣特來説情的細節。《白雲仙表》和《龍門傳戒譜系》則另有趙真嵩攜王常月至天壇王母洞告盟天地,授以戒律的記載。《金蓋心燈》載趙真嵩囑咐王常月説:"成道甚易,然亦甚難。必以苦行爲先,種種外務,切須掃除。依律精持,潛心教典,體《道德》自然之玄奥,探《南華》活潑之真機,方爲穩當。汝大器,當晚成。"

《金蓋心燈》載王常月從趙真嵩受教後,又遍訪名山,搜覽三教經書,孜孜不倦。"過一古觀中,道籍頗多,晝夜檢閲,每乏燈,以香續火光,照而讀。"歷八九年,參師二十餘位,印證五十餘人。時值明末之亂,聞湖北九宫山多異人,費力尋訪,至山林最深處,見一人巍然獨坐,近前叩拜,原來竟是他以前的師父趙真嵩。趙問他,闊别十年,持心應物,何得何失?王歷敘玄風頽敝,邪説流行,罹諸艱苦,徒增浩嘆。趙曰:"君子窮於道謂窮,通於道謂通。道備我身,何憂窮通?若違時妄行,安能免世俗之謗議、匪類之妒忌哉?吾有三百年獨任之事,當付於子,寶而秘之,時至而興,大闡玄風,是在子矣。"遂授以天仙大戒,並傳衣鉢。又説:"子於二十年後遊燕京,謁丘祖於白雲觀,是道行之時也。"

據王常月自述,此次與趙真嵩的重逢,是在崇禎元年(1628)。王常月《初真戒律序》説:"余因崇禎初歲雲蹤於楚,謁九宫山復陽趙真人,親授戒法,得其領要。"《道統源流》也説,王常月"於明懷宗崇禎元年戊辰受趙師戒律"。從王常月於九宫山重逢趙師是在闊别十年之後,可以推算出他於王屋山初逢趙師是在萬曆四十六年(1618)。

《白雲仙表》載王常月在九宫山告别趙真嵩後,隱居華山。"一日拜斗,見斗姥自空而降,謂曰:'汝緣在北,毋滯於斯。'"

《金蓋心燈》引《鉢鑑續》説，王常月“於崇正（即崇禎）庚辰年（1640）五月五日於王屋山手録大戒三册，首授江西伍端陽，名守陽，號沖虚律師”。《金蓋心燈》載有《伍沖虚律師傳》，説伍守陽曾從曹常化（號還陽）、李泥丸學金丹術，吉王（法名朱太和）聞其有道，羅致而師事之。伍守陽恐禍及，遁至天台山。趙真嵩知而訪之，謂其乃律門真種子，叫他到王屋山清虚洞天，訪王常月，切磋道術。伍守陽至王屋山，與王常月一見即契合，“遂皈投，疊受三大戒，得名守陽，字曰端陽”，爲龍門派第八代律師。[①]

按，伍守陽在其著作中每每自稱是“丘長春真人門下第八派分符領節弟子”，其爲龍門派第八代傳人無疑。但是否曾從王常月受戒，則需辨析。《天仙正理直論增注》之伍守陽自序，題署曰：“大明崇禎十二年（1639）己卯秋丘真人門下第八派分符領節弟子沖虚伍守陽序於南都（即南京）燈市道隱齋中。”[②]可知崇禎十二年（1639）秋天，伍守陽仍在南京。大概在該年年底或次年初，伍守陽應母親的召唤，回到南昌。伍守陽自作之《伍真人修仙歌》説：“憶母年將九十足，金陵（即南京）孤子歸寧速。”注中説：“母有嚙指之呼，不敢違。”[③]該《歌》載其母生於嘉靖壬子年（1552）[④]，“年將九十足”可能指崇禎十三年（1640）。該年十一月二十日其母卒。[⑤] 因此，《金蓋心燈》所謂伍守陽於崇禎十三年（1640）五月五日在王屋山從王常月受戒的説法，殊屬可疑。卿希泰先生主編的《中國道教史》指出，其時伍守陽應該是在家裏服侍母親，大概不會到王屋山從王常月受戒。[⑥]

據説，王常月於順治年間至京師，先掛單於靈佑宫，後於順治十三年（1656）在白雲觀傳戒。《金蓋心燈》和《龍門傳戒譜系》載王常月入京的時間是順治十二年（1655）秋天。《白雲仙表》則説入京時間是清世祖入關之始，即順治元年（1644）。

光緒二年（1876）瀋陽太清宫所立《太清宫特建世系承志碑》，説清代東北全真道始祖郭守真曾“謁崑陽（即王常月）於燕京”[⑦]，具體時間没有説。民國二十三年（1934），時任奉天通志館館長的白永貞撰《龍門八代祖郭真人碑》，説郭守真於明崇禎三年（1630）隱鐵刹山八寶雲光洞，順治六年（1649）至山東

---

① 《藏外道書》第31册，第185～186頁。
② 《藏外道書》第5册，成都：巴蜀書社，1992年，第782頁。
③ 《藏外道書》第5册，第775頁。
④ 《藏外道書》第5册，第769頁。
⑤ 《藏外道書》第5册，第769頁。
⑥ 卿希泰主編：《中國道教史》（修訂本）第四卷，成都：四川人民出版社，1996年，第40頁。
⑦ 見五十嵐賢隆：《太清宫志》，東京：國書刊行會，1986年，第260頁。

即墨縣馬鞍山聚仙宫拜李常明爲師,"順治八年(1651)詣燕京王真人白雲觀,求戒圓滿後,仍歸鐵刹山持戒熏修"。[①] 同年成書的《奉天通志》也有這樣的記載。[②]

若按《白雲仙表》的説法,王常月於順治元年(1644)就北上京師,則郭守真於順治八年(1651)至北京向他求戒,有可能。如果王常月北上京師的時間是《金蓋心燈》和《龍門傳戒譜系》所説的順治十二年(1655),則郭守真不可能於順治八年(1651)在北京從王常月受戒。

關於王常月到北京白雲觀傳戒的事情,筆者所發現的較早記載,是收録在《道藏輯要》中的《初真戒》所載兩篇序。署名王常月本人撰於順治十三年(1656)的《初真戒律序》説:"按法於丙申歲(1656)三月望日就白雲觀設立戒壇,傳戒演鉢。"署名龍起潛撰於康熙十三年(1674)的《初真戒律序》也説王常月曾在北京白雲觀傳戒:"崑陽王老師得戒法於復陽趙真人(趙真嵩),當世祖章皇帝時,於京都白雲觀設立戒壇,傳戒演鉢,一時授受弟子千有餘人。"

按,龍起潛的序中提到他曾"司李閩鳳刑讞"。司李,即司理,執掌刑獄。又爲推官的習稱。道光《晉江縣志》載,順治七年(1650),棗强進士龍起潛任泉州府推官。[③] 查《清朝進士題名録》,龍起潛爲順治六年(1649)進士,列第三甲第三十八名,直隸真定府棗强縣(今屬河北)人。[④] 序中所説的"閩鳳","閩"指福建省,"鳳"則是指泉州府安溪縣,因該縣的縣治爲鳳城。龍起潛在該序末署"恒山持戒弟子",不知是表明他已隱居恒山修道,還是以恒山泛指他的家鄉。

傳爲王常月在南京碧苑説戒内容之記録的《龍門心法》和《碧苑壇經》,也提到王常月在北京白雲觀傳戒之事。《龍門心法》之《闡教弘道》一節載王常月自述説:"在京都開壇,至於今日雷鳴八載,風動千真。"[⑤]《碧苑壇經》之《闡教宏道》一節亦載王常月自述説:"因在都中開壇設戒,寒暑八度,風動千真。"[⑥]《龍門心法》所説的"雷鳴八載",以及《碧苑壇經》所説的"寒暑八度",都是指從順治十三年(1656)到康熙二年。《龍門心法》和《碧苑壇經》正文開頭都説:"康熙二年,歲在癸卯,十月之吉,崑陽子説戒於金陵(今南京)碧苑。"由康熙二年(1663)上溯到

---

① 白永貞:《增續鐵刹山志》卷六,中國國家圖書館藏民國三十二年(1943)刊本。

② 民國《奉天通志》卷二百二十二《人物五十 · 方外》。

③ 周學曾等纂:《晉江縣志》卷二十八《職官志》。

④ 江慶柏編著:《清朝進士題名録》上册,北京:中華書局,2007 年,第 41 頁。

⑤ 《龍門心法》,載《藏外道書》第 6 册。

⑥ 《碧苑壇經》,載《藏外道書》第 10 册,成都:巴蜀書社,1992 年。

順治十三年(1656),正好是八年。

前引王澐撰《漫遊紀略》卷四《楚遊中》,載其與蔡毓榮於康熙癸丑(1673)在武當山復真觀見到“道人上黨王崑陽,白雲戒師也”①。所謂“白雲戒師”,顯然指王常月曾在北京白雲觀傳戒。

頗令人遺憾的是,乾隆年間所修北京史志文獻《日下舊聞考》,在詳細敘述北京白雲觀時,根本没有提到王常月這個人。

清嘉慶以降,至民國時期,提到王常月在北京白雲觀傳戒的文獻,主要有《金蓋心燈》、《皇極闔闢證道仙經》閔一得注、《白雲觀捐産碑記》、《重修白雲觀宗師廡記》、《白雲仙表》、《龍門傳戒譜系》、《道統源流》等。

《金蓋心燈》之《王崑陽律師傳》中説王常月“於順治乙未(1655)秋遊京師,掛單靈佑宫。歲丙申(1656)三月望日,説戒於白雲觀。因緣護法,天然會合,皆符真人(趙真嵩)語義②。戊戌(1658),陶然皈,命名守貞(原注:即靖庵先生)。己亥(1659),黄珏至,命名守元(原注:即赤陽律師)。凡三登壇,而得弟子千餘人。”所謂“三登壇”,是順治十三年(1656)登壇三次,還是順治十三年(1656)、十五年(1658)、十六年(1659)各登壇一次?按《金蓋心燈》載有題爲大學士黄機(1612~1686)撰《陶高士靖庵先生墓表》,説陶然於“歲戊戌(1658)受戒於京師白雲觀”③。而閔一得撰《靖庵先生傳》則説,晟溪雪簑翁(即閔聲)聞陶然之名,“將就訪,而崑陽王律師以卷册、如意、玉麈、芝杖遣人(原注:即程謌山律師)寄授,命名守貞”。又説,“歲己亥(原注:順治十六年),(陶靖庵)先生乃攜(黄)珏至京師,一以謝所授,且爲珏請受戒。”④則陶然並未於順治十五年赴京受戒,而是王常月遣人遥寄傳戒諸物。順治十六年陶然進京感謝王常月,並請王常月給黄珏單獨授戒。《金蓋心燈》卷六《鷄足道者黄律師傳》説:鷄足道者(野怛婆闍)於“順治庚子(原注:十六年)始至京師,觀光演鉢,崑陽王祖贈姓曰黄,命名守中”。但王常月並未給鷄足道者授戒,而是讓他住世一百三十年,“大戒自得”。乾隆五十五年(1790),閔一得往雲南,以大戒書交換鷄足道者之西竺斗法,始應王常月之預言。⑤這段頗富神奇色彩的文字中,所謂鷄足道者於順治十六年觀王常月傳

---

① 王澐:《漫遊紀略》卷四《楚遊中》,第7頁。

② 《金蓋心燈》之《王崑陽律師傳》載趙真嵩曾對王常月説:“子於二十年後遊燕京,謁丘祖於白雲觀,是道行之時也。”

③ 《藏外道書》第31册,第195頁。

④ 《藏外道書》第31册,第193~194頁。

⑤ 《藏外道書》第31册,第277~278頁。按,閔一得撰《度師野怛婆闍傳》説他首次拜謁鷄足道者是在乾隆壬子年(1792)。

戒,王收爲弟子而不授戒,讓他等候一百多年,"大戒自得",難以讓人相信。而閔一得編《古書隱樓藏書》之《持世陀羅尼經法》,有閔一得撰《度師野怛婆闍傳》,又説:"王祖契其德,贈姓曰黄,命名守中,成師久守鷄足之志,迭授我宗三戒。"①這與《金蓋心燈》所載自相矛盾。

又,《金蓋心燈》之《吕雲隱律師傳》稱,王常月在白雲觀説戒乃是"應世祖章皇帝詔"②。《金蓋心燈》之《龍門正宗流傳支派圖》,在王常月名下注:"順治十三年(1656)奉旨封國師。"③

閔一得在《皇極闔闢證道仙經》第十章的注中説:"律祖於順治、康熙間,五開演鉢堂,付授太上三大戒,弟子三千餘人……律祖戒堂,開在京邸白雲觀,爾時佛道兩宗傳戒,非奉旨不得私開。"④

嘉慶十六年(1811),署名"天津弟子蔡永清敬撰"的《白雲觀捐産碑記》説:"我大清康熙朝,有王真人者,傳大戒一壇。"⑤所謂"康熙朝",也許是"順治朝"之誤。

道光八年(1828),完顔麟慶撰《重修白雲觀宗師廡記》説:"我世祖章皇帝壹戎衣有天下,民樂熙皞,崑陽高士承恩主講白雲觀,宏演青律,特賜齋田,辭曰貧可養道。仁哉君德,介矣臣操。"⑥

道光二十七年(1847)北京白雲觀監院孟至才與道教居士完顔崇實合著《白雲仙表》,説王常月於"丙申(1656)三月望日奉旨主講白雲觀,賜紫衣,凡三次登壇説戒,度弟子千餘人,道風大振"。

北京白雲觀所藏民國八年(1919)手抄本《龍門傳戒譜系》載王常月自述在北京白雲觀傳戒事,文字與閔一得《金蓋心燈》基本相同:"於順治乙未(1655)秋遊京師,掛褡靈佑宫。時丙申(1656)三月望日,説戒於白雲觀。因緣護法,天然會合,求戒者衆。凡三登戒壇,得弟子千有餘人。"

莊嚴居士(嚴合怡)於民國十八年(1929)編《道統源流》,除載王常月奉旨封國師,開壇於京師白雲觀,傳授三壇大戒外,還載時爲太子的康熙皇帝"首先皈

---

① 《藏外道書》第10册,第553頁。

② 《藏外道書》第31册,第199頁。

③ 《藏外道書》第31册,第166頁。

④ 《藏外道書》第10册,第381頁。

⑤ 小柳司氣太:《白雲觀志》,載《中國道觀志叢刊》第1册,南京:江蘇古籍出版社,2000年,第145頁。本文所注《白雲觀志》頁碼,係《中國道觀志叢刊》影印原書頁碼。

⑥ 小柳司氣太:《白雲觀志》,第149頁。

依”,“恩頒度牒,通行天下”。

以上探討了王常月在北京白雲觀傳戒一事的敘述歷史。而王常月在江南的傳戒活動,也早在康熙時期就有教外文獻記載。

筆者所見最早提到王常月在江南傳戒的教外文獻,是沈季友(1654～1699)於康熙時所編《檇李詩繫》。檇李是浙江嘉興的古稱。《檇李詩繫》彙輯嘉興詩人所作詩歌,並附詩人小傳。卷二十七載秀才周之臣詩一首,詩人小傳中說周之臣是嘉興平湖人,於“康熙丁未(1667)受煉師王崑陽戒於松麈山,奉真朝斗”①。光緒五年(1879)刊《嘉興府志》引康熙二十八年(1689)知縣朱維熊重修《平湖縣志》,亦載:“周之臣,字爾襄,邑諸生。康熙丁未(1667)受煉師王崑陽戒,倡建松麈道院。”②

彭定求(1645～1719)所撰的《詹維陽律師塔銘》也提到了王常月在江南傳戒。該《塔銘》謂詹太林字晉柏,號維陽子,湖廣黄州麻城縣(今屬湖北省)人,於康熙五十一年(1712)羽化。《塔銘》中說,詹太林曾棲居茅山乾元觀,“時當崑陽王律師金陵(即南京)行道之後,其嗣心月譚律師(即譚守誠)以先生爲入室高弟,付龍門派第九傳云”③。

按,彭定求提到的王常月法嗣譚守誠,其生平見於陳鼎(1650～?)於康熙三十七年(1698)刊印的《留溪外傳》。該書卷十七之《心月道人傳》載:譚守誠,道號心月,楚之酃縣(今湖南炎陵縣)人。明亡,棄家爲道士。“一日遇王崑陽真人,相見如故,遂契合,偕往武當山中,傳秘密精義。操修二十餘年,無晷刻少懈。崑陽知其有所得,遂以龍門心印付之。”④

王常月何時開始南下傳戒?《龍門心法》和《碧苑壇經》正文開頭都説:“康熙二年(1663),歲在癸卯,十月之吉,崑陽子説戒於金陵(今南京)碧苑。”這就意味着,康熙二年,王常月已離開北京至南京。但閔一得《金蓋心燈》之《詹怡陽律師傳》中,鮑廷博注引《金蓋雲箋》説:“康熙三年(1664)歲次甲辰三月,國師王真人由京師出駐浙杭之宗陽宫,從者二十餘人。”⑤不知是鮑廷博所注時間有誤,還是王常月在南京説戒後即返回北京,次年又由北京至杭州。

---

① 本文所引《檇李詩繫》爲《四庫全書》本。
② 《嘉興府志》卷六十二,《中國方志叢書》第53號,臺北:成文出版社,1970年,第1850頁。
③ 彭定求:《南畇文稿》卷十,《四庫全書存目叢書》,集部第246册,第775頁。
④ 《四庫全書存目叢書》史部第122册,第797頁。
⑤ 《藏外道書》第31册,第186頁。

《金蓋心燈》載王常月在江南的行程是:康熙三年(1664)三月,駐杭州宗陽宮。[①]康熙六年(1667)七月,至金蓋山。[②]康熙七年(1668),至蘇州穹窿山。[③]

據載,王常月後來又到武當山傳戒。《道藏輯要》載龍起潛於康熙十三年(1674)撰《初真戒律序》説:"今朝謁武當,幸遇師傳戒於玉虚宫中,遂發心皈命,而受持戒律。"前引陳鼎《留溪外傳》則説王常月曾在武當山中給譚守誠"傳秘密精義",此未知在何年。

據《金蓋心燈》載,王常月在江南傳戒後,又返回了北京白雲觀。該書之《程華陽律師傳》説:"歲丁未(原注:康熙六年),崑陽王祖來駐金蓋,師(即程華陽)禮之,命名守丹,疊授初真、中極兩大戒,遂從王祖出駐江浙諸名境。復隨入京師白雲觀,暢演醒戲(指闡教弘道)[④]十有餘年,及祖逝(原注:時康熙十九年),自北南來。"[⑤]

《金蓋心燈》之《王崑陽律師傳》也載王常月羽化於康熙十九年(1680)。《白雲仙表》所載亦同,並説"葬於白雲觀西偏"。清末陳銘珪(陳教友)《長春道教源流》卷七則説王常月曾恢復江寧(即南京)虎踞關之隱仙庵。庵爲明嘉靖五年(1526)嶗山道人高玄禮創建,崇禎三年(1630)易今名。王常月有道行,曾寓北京白雲觀,後羽化於南京隱仙庵中。李皋爲之銘。[⑥]陳銘珪所據文獻是清末朱緒曾的《國朝金陵詩徵》。[⑦] 按,朱緒曾《國朝金陵詩徵》卷四十八《方外》載:"隱仙庵在虎踞關,李皋正殿碑云:'嘉靖五年,嶗山道人高玄禮結草,名竹林道院。後内監宋晉號宋神仙者新之。崇禎三年易名隱仙庵。康熙中,道士王常月字崑陽者,復恢其制。'崑陽嘗至燕都白雲觀。有塔焉,李皋爲之銘。"[⑧]王常月寓居南京隱仙庵的記載,亦見笪重光撰《初真戒後序》。後世以北京白雲觀爲傳戒祖庭,但當時

---

① 閔一得:《金蓋心燈》之《詹怡陽律師傳》,鮑廷博注引《金蓋雲箋》説:"康熙三年歲次甲辰三月,國師王真人由京師出駐浙杭之宗陽宫,從者二十餘人。"同書之《周明陽律師傳》載,康熙甲辰秋,"崑陽真人至武林(即杭州)"。朱文藻《金鼓洞志》卷七之周太朗傳,亦載周太朗"以康熙三年甲辰來杭,時崑陽王律師闡戒於宗陽宫"。

② 閔一得:《金蓋心燈》之《詹怡陽律師傳》,鮑廷博注引《金蓋雲箋》説:"康熙六年歲次丁未秋七月王崑陽真人來止我山(即金蓋山)。"《金蓋心燈》之《程華陽律師傳》也説:"歲丁未(康熙六年),崑陽王祖來駐金蓋。"

③ 閔一得:《金蓋心燈》之《詹怡陽律師傳》,鮑廷博注引《金蓋雲箋》説:康熙七年秋,"姑蘇施法師亮生、吕律師守璞來迎我真人,乃出山之穹窿"。

④ 該《傳》中説:"參玄訪道,醒戲也。貪財好色,迷戲也。"

⑤ 《藏外道書》第31册,第203頁。

⑥ 《長春道教源流》卷七,《藏外道書》第31册,第134頁。

⑦ 《長春道教源流》中,"朱緒曾"誤作"朱緒",恐係刻印錯誤。

⑧ 本文所引朱緒曾《國朝金陵詩徵》爲中國國家圖書館藏清刊本。

南京隱仙庵在龍門派受戒弟子中享有“祖庭”的聲譽,這可見於康熙二十五年(1686)吴太一所撰《初真戒説》。

《白雲仙表》説,王常月羽化後,“聖祖仁皇帝聞之,賜號抱一高士,命築饗堂以覆之,塑法像以祀之”。

四、北京白雲觀傳戒歷史的中斷和龍門律宗在各地的傳承

自從王常月到江南和湖北武當山等地傳戒後,數代傳戒律師先後活動於湖北、江浙、四川、陝西等地。除第九代律師詹太林可能曾在北京白雲觀傳戒外,第八代律師以及第十至十五代律師都没有到北京白雲觀傳戒。因而,北京白雲觀的傳戒歷史中斷了100多年。直到嘉慶十二年(1807),北京白雲觀纔恢復傳戒。

陳兵著《清代全真道龍門派的中興》一文,説王常月的法嗣譚守誠在王常月羽化後住持白雲觀。①此説根據不足。據康熙時的文獻,譚守誠住持的道觀是南京的隱仙庵。

清康熙時人陳鼎所編《留溪外傳》卷十七有《心月道人傳》,載:“心月道人者,楚之鄖縣人也,姓譚,名守誠,心月道號也。爲兒時,相貌不凡,嬉於庭,有紺發朱顔黄冠客,負蒲團策杖過其廬,見而異之,曰:‘此子骨氣異常,他日可肩吾大道也。’語畢,忽不見,家人皆怪之。明亡,遂棄家爲道士。遍遊名山勝境,求訪高賢,歷參名宿,頗有得。一日遇王崑陽真人,相見如故,遂契合,偕往武當山中,傳秘密精義。操修二十餘年,無晷刻少懈。崑陽知其有所得,遂以龍門心印付之。囑曰:‘爾得吾道,當以度人爲急。度一人證道,即積無量功德也。’於是守誠遊行天下,以救拔爲主,委曲勸化,誘人於至道。叮嚀告誡,勿使墮落旁門左路也。後至江南,見江左人材濟濟,有根器者衆,乃止於江寧(今南京)城西虎踞山之隱仙庵設教焉。誨人以忠孝爲本,以誠静爲用。其徒從者幾千人。康熙己巳歲(1689),語諸學人曰:‘吾將逝矣,當在某月日也。’至期,沐浴更衣,朝參上帝,説偈曰:‘一心静極萬緣消,獨露真容月正高。自在希夷堪湛寂,龍門法律柏林操。’端坐而化。”②

---

① 陳兵説:“譚守誠(心月)得王常月衣鉢,住持北京白雲觀,爲白雲堂上第八代嗣師。”(《清代全真道龍門派的中興》,《世界宗教研究》1988年第2期)

② 《四庫全書存目叢書》史部第122册,第797~798頁。

從《心月道人傳》的記載中,看不出譚守誠曾住持北京白雲觀的蹤迹。相反,傳記中却明確記載他棲止於南京隱仙庵。

閔一得《金蓋心燈》卷二亦有譚守誠傳①,所載譚氏生平與《留溪外傳》頗多出入。陳鼎所編《留溪外傳》刊印於康熙三十七年(1698),距譚守誠仙逝不到10年,所記譚守誠事迹,可信程度較高。而《金蓋心燈》所載,恐多係後來的傳聞,與歷史真相相去較遠。北京白雲觀藏民國八年(1919)手抄本《龍門傳戒譜系》,所載第八代律師譚守誠籍貫、少年事迹、遇王常月經過,以及精勤修持二十餘年後獲王常月傳授衣鉢等内容,②亦與陳鼎《心月道人傳》相同。只是關於譚守誠羽化的時間,有不同説法。陳鼎《心月道人傳》載譚守誠在康熙二十八年(1689)對門人説:"吾將逝矣,當在某月日也。"至期,端坐而化。只説"某月日",則羽化之期應在當年。《龍門傳戒譜系》則説譚守誠"於康熙庚午年(1690)十一月二十八日密傳楚之詹維陽,以光祖意"。這意味着康熙二十九年(1690)譚守誠尚在人世。二説未知何者爲是。

繼承譚守誠之法脈者爲詹太林(1625~1712),字晉柏,號維陽子。《龍門傳戒譜系》載:第九代傳戒律師詹太林,自述云:"余幼思致君,長懷出世。胞胎江漢,曾紹書香於孔孟門中;穎脱玉隆,遂溯道源於元始會下。……庚午(1690)冬月蒙遇譚師之希遇,得續祖脈。"康熙四十八年(1709)二月十三日,傳法於穆清風。

據清康熙年間彭定求撰《詹維陽律師塔銘》,詹太林爲湖北麻城縣人,族本儒家。曾"屢應舉子業,以多病故,棲心玄學"。四十九歲,"徑投江西南昌鐵柱宫入黄冠侶"。後至吴門(即蘇州)全真律壇受戒。"慕茅山爲仙宗奥府,往寓鬱岡之乾元觀。時當崑陽王律師金陵(即南京)行道之後,其嗣心月譚律師以先生爲入室高弟,付龍門派第九傳。"詹太林得法後,"北遊京師,直至盧龍塞上(今河北喜峰口),闡揚教律,羽流聞風駢集輦下"。後來詹太林"南還,由天津歷鄴臺(今河北邯鄲市臨漳縣西南),以至睢陽(今河南商丘)、亳土(今安徽亳州),所在皆演法談經,宗風遐暢,僉謂長春真人金蓮一綫,非先生弗克負荷矣。既渡江而東,句曲(今江蘇句容)令欽仰加禮,延主(茅山)乾元觀方丈"。欲復叢林清規而未果,"會其首座唐初陽(法名清善)構道院於京口(今江蘇鎮江市)銀山之塢,未幾奄逝。

① 《藏外道書》第31册,第201~202頁。

② 參見中國道教協會研究室編《道教史資料》,上海:上海古籍出版社,1991年,第393~394頁。

先生因往憩焉。復受衆請,宣戒一巡。"康熙五十一年(1712)十二月十八日羽化。[①]

從彭定求的記述可知,詹太林曾北遊京師,闡揚教律。但詹太林是否曾在北京白雲觀傳戒,彭定求没有説明。已知詹太林曾在北京靈佑宫傳戒。清末成都二仙庵方丈閻永和刊印的《玄都律壇傳戒威儀品》卷下,有署名詹太林撰的《弘戒序》,説他於"丙子(1696)上元,傳戒京師靈佑宫"[②]。

彭定求又説,詹太林棲居茅山鬱岡之乾元觀,"志在修廢舉墜,欲復叢林清規,俾四方來者得所皈依,而盡變應教營私之陋習。劬躬竭慮,晨夕靡寧。歲當洊饑,釜空糧絶,日啜麥粥一盂,端坐不稍懈倦。卒爲山蠹所嫉,結黨煽亂。先生乃喟然嘆曰:'福地罹厄,劫火熾然,吾既老矣,志其終不遂哉。'因下鬱岡,而静息於句曲邗城之間"[③]。

彭定求在邗城詩館時,曾乘暇朝真茅山,拜訪詹太林,"一見深契"。他感慨説:"余謂道家之有律門,外以整肅威儀,内以精研性命,最與儒者相近。而附會之流,往往言行齟齬,始作終輟。如先生執範貞確,殆幾於古所云恭則壽者,詎可多得乎哉?……惜乎時勢相左也。"[④]這裏透露出一個信息,此時形勢已變,詹太林欲立十方叢林,大舉傳戒,未能如願。後來閔一得在《皇極闔闢證道仙經》第十章的小注中説"律祖三傳而道遂絶"[⑤],不知是否反映了真實的歷史。

因《金蓋心燈》無詹太林傳,而有詹守椿(字扶摇,號怡陽子)傳,小柳司氣太《白雲觀志》、李養正《新編北京白雲觀志》都誤將詹太林視做詹守椿。小柳司氣太所見北京白雲觀祠堂内歷代律師神位,明明寫着第九代律師爲"上太下林維陽詹大真人",他却認爲"神位'怡'作'維',誤",遂不顧"上太下林"之名,徑書"第九代詹怡陽,名守椿,字扶摇,號怡陽子",下述詹守椿事迹,標明據《金蓋心燈》。[⑥]李養正則將"上太下林維陽詹大真人"徑改爲"上太下林怡陽詹大真人",並謂"詹太林,名守椿",將二人視做一人。[⑦]

據《金蓋心燈》,詹守椿爲王常月弟子,江南金陵(今南京)人,祖籍徽州(屬安徽),世業鹽。[⑧]據彭定求撰《詹維陽律師塔銘》,詹太林爲王常月徒孫,湖北麻

---

① 《四庫全書存目叢書》集部第246册,第775頁。
② 成都二仙庵刊刻《廣成儀制》戒律類第二函《威儀品》。
③ 彭定求:《南畇文稿》卷十《詹維陽律師塔銘》,《四庫全書存目叢書》集部第246册,第775頁。
④ 《四庫全書存目叢書》集部第246册,第775～776頁。
⑤ 《藏外道書》第10册,第381頁。
⑥ 小柳司氣太《白雲觀志》,第36頁。
⑦ 李養正:《新編北京白雲觀志》,北京:宗教文化出版社,2003年,第231頁。
⑧ 《藏外道書》第31册,第186頁。

城縣人，族本儒家。《龍門傳戒譜系》也説詹太林“胞胎江漢（湖北），曾紹書香於孔孟門中”。可見詹太林與詹守椿不可能是同一人。

《龍門傳戒譜系》在述詹太林事迹時，有一句説他“拾遺偈於仙洞，得秘書於良常”。按彭定求所撰《詹維陽律師塔銘》，謂詹太林“嘗採藥過良常洞天，見石函中秘扃《龍門心法》一帙，精思而勤習之，若有神授”①。可見，所謂“秘書”就是《龍門心法》。北京白雲觀於同治十年（1871）刊印的《龍門心法》，即題“第七代律師西晉崑陽子王常月傳，弘道闡教法孫維陽子詹太林校，弘道闡教玄孫初陽子唐清善演”②。唐清善爲詹太林的首座弟子。此處“演”的意思可能是演繹，即唐清善對《龍門心法》作了潤色、增補。

按，閔一得編《古書隱樓藏書》，收有《碧苑壇經》，實即《龍門心法》，却題爲“大清高士全真演教龍門承律第七代崑陽子王常月演，第八代戒弟子施守平纂，第十一代宗裔閔一得訂”③。二書内容大致相同，只是《碧苑壇經》最後一篇《參悟玄機》，《龍門心法》作《參悟玄微》，不是放在最後，而是置於《清净身心》與《求師問道》之間。《龍門心法》之《參悟玄微》篇，以王常月之偈言結尾，末句是“正道無人可奈何”④。《碧苑壇經》則在“正道無人可奈何”之後，續有“真人無相亦無形，一段天機處處陳。不顧眼前多暗摸，休抛正路入旁門”幾句偈言，後面還有：“爾時崑陽子普同大衆回向已，戒弟子施守平纂成卷册，呈請律師題示後學。律師曰：‘毋庸。汝但得人迭授，粤閱一百七十歲，當得訂爲《碧苑壇經》。’”⑤這一段明確標示編纂人和書名的文字，却爲《龍門心法》所無，頗讓人疑惑。是《龍門心法》有意回避，還是《碧苑壇經》中這一段文字爲閔一得所加？抑或早有不同版本流傳，二者各有所據？通過比較《龍門心法》和《碧苑壇經》，我們可以看出，《碧苑壇經》較《龍門心法》在文字上多所增飾，這應歸功於閔一得的“訂正”。但所謂王常月讓其説戒記録等到一百七十年後纔定名爲《碧苑壇經》的説法，頗讓人費解。而且王常月將自己的説戒與禪宗六祖慧能的説法相提並論，自命爲《碧苑壇經》，也不合常理。一般來説，道士是不會將自己署名的著作稱爲“經”的。

---

① 《四庫全書存目叢書》集部第 246 册，第 775 頁。

② 《藏外道書》第 6 册，第 729 頁。

③ 《藏外道書》第 10 册，第 159 頁。閔一得的弟子陳文述（圓嶠真逸）在《西泠仙詠》之《自敘》中説：“上年癸巳（1833），同門趙君刻《碧苑壇經》於吴門（即蘇州），蓋崑陽（即王常月）於秣陵（即南京）碧苑開壇説法之語。”（《藏外道書》第 34 册，成都：巴蜀書社，1994 年，第 623 頁）

④ 《藏外道書》第 6 册，第 747 頁。

⑤ 《藏外道書》第 10 册，第 217 頁。

因此,這段話頗讓人懷疑是閔一得所加。若原本題施守平纂,《龍門心法》反而改爲未曾聽王常月説戒的再傳弟子詹太林及第三代傳人唐清善編,恐怕不太合理,因爲這樣做會有降低該書權威性的危險。考慮到這些因素,可以認爲,我們現在所見到的《龍門心法》雖然刊印於同治十年(1871),但其原本應該早於閔一得訂正的《碧苑壇經》。

第十代律師穆清風到第十五代律師程本焕的事迹,目前只發現道教内部資料有記載。據《龍門傳戒譜系》所述第十代至第十五代律師簡歷,可知他們均没有在北京白雲觀傳戒。另,從王卡、汪桂平主編的《三洞拾遺》所載北京玉清觀全真道士房永謙①於同治十三年(1874)所抄《玄都律壇威儀戒科全部》之《祖堂奉師法座》,以及五十嵐賢隆《太清宫志》所載"龍門法卷"②,也可證實這一點。③ 茲將房永謙所抄第七代至第十五代律師法座稱呼轉録如下:

第七代白雲堂(北京白雲觀) 上常下月崑陽王大真人

第八代太和堂(湖北武當山) 上守下誠心月譚大真人

第九代隱仙堂(江蘇南京隱仙庵) 上太下林維陽詹大真人

第十代梓潼堂(四川成都梓潼宫) 上清下風玉房穆大真人

第十一代梓潼堂(四川成都梓潼宫) 上一下和自明朱大真人

第十二代雲溪堂(陝西隴縣景福山) 上陽下舉九陽袁大真人

第十三代太寧堂(陝西涇陽縣嵯峨山雲門宫?) 上來下還却塵王大真人

第十四代通真堂(陝西藍田縣通真觀?) 上復下禮慧直白大真人

第十五代紫雲堂(陝西韓城縣象山紫雲觀) 上本下焕香巖程大真人④

(以上"某某堂"後括號中的具體地點,係筆者據《龍門傳戒譜系》及相關資料注明。)

上述法座稱呼中的"某某堂",可能是依據該律師主要傳戒地點而定的。第七代至第九代律師的情況,前文已述。茲據《龍門傳戒譜系》,述第十代以降諸位律師事迹:

第十代律師穆清風,字玉房,號昇陽,河南人。慕道入玄,遇詹太林於茅山乾

① 其名見小柳司氣太《白雲觀志》第41頁,爲修建白雲觀第十八代律師孟至才墓塔諸人之一。

② 五十嵐賢隆:《太清宫志》,第64~66頁。

③ 成都二仙庵方丈閻永和於光緒末年所刊《玄都律壇傳戒威儀品》卷中,亦有《祖堂奉師法座》,第十四代和十五代誤標爲"白雲堂"。

④ 《玄都律壇威儀戒科全部》,載王卡、汪桂平主編:《三洞拾遺》,合肥:黄山書社,2005年,第11册,第51~52頁。

元觀,康熙四十八年(1709)嗣法,後"於成都梓潼宮演教,歲在甲午(1714)"。於康熙五十六年(1717)傳法於朱一和。①

第十一代律師朱一和,字自明,號懷陽子,陝西扶風人。父母早逝,出家爲道士,"遊至西蜀梓潼宮,開修接待常住","甲午歲(1714),忽有清風穆律師雲遊至此","遂受三戒,得傳道脈"。"師亦登壇三次,不意仙脈衰微,身被病恙。"臨終,語大衆曰,青城山人袁清舉可繼法統。②

第十二代律師袁清舉,法名陽舉,號九陽,陝西鳳翔人。路遇異人,遂至陝西隴縣景福山出家修道,後遊終南山、老君山、青城山,在成都梓潼宮從穆清風受戒。"雍正六年(1728)歲次戊申復遊陝省景福山,開建律壇。至八年(1730)正月登壇三次。"雍正八年(1730)傳法於王來還。③

第十三代律師王來還,號却塵子,北京人。幼信東王公教,長大後西遊關中,住玉泉洞玄真庵,繼登華山,開闡教法。"得遇真人授以《太上律脈源流》。""後有李大真人請至(陝西)涇陽嵯峨山雲門宮"④,開壇傳戒。"時聽戒者衆,有白復禮者,誠篤純樸,可任大事。故以歷敘源流,付之以衍其續。"⑤

第十四代律師白復禮,字慧直,號照圓子,陝西綏德人。幼嗜道教,年十九即出家訪道。於華山"受業於應詔道人伍子門下"。後"雲遊關内浴水觀,名曰通真,遂卜居焉","至於乾隆丁巳(1737)開演百日法戒"。以法統付程本煥。閉關三年後羽化。⑥

第十五代律師程本煥,號香巖,陝西龍門人。"幼棲(陝西韓城)紫雲觀,有學道志",於是"卜象山修心煉己"。乾隆二年(1737)受戒,"於乾隆戊子年(1768)三月清明日登壇説戒"。付法於華山道士張本瑞。⑦

第十代至第十五代律師,是否曾公開傳戒,殊屬可疑。此譜系真實與否,也無旁證,姑照録如上。

閔一得著《金蓋心燈》,載有全真道龍門派第八至十四代律師數十人,但所述皆係師徒個别傳戒,未記何人曾於何時在某宮觀開壇傳戒。

---

① 參見中國道教協會研究室編:《道教史資料》,第394頁。

② 參見中國道教協會研究室編:《道教史資料》,第394～395頁。

③ 參見中國道教協會研究室編:《道教史資料》,第395～396頁。

④ 《玄都律壇威儀戒科全部》所謂"太寧堂"應指"太寧宮",該太寧宮是否即雲門宮? 或爲嵯峨山之另一宮觀?

⑤ 參見中國道教協會研究室編:《道教史資料》,第396頁。該書將"王來還"誤作"王來懷"。

⑥ 參見中國道教協會研究室編:《道教史資料》,第397頁。

⑦ 參見中國道教協會研究室編:《道教史資料》,第397～398頁。

五、北京白雲觀恢復傳戒

北京白雲觀在陝西人張合皓擔任住持後，於嘉慶十二年(1807)恢復了開壇傳戒的傳統。

華山道士張本瑞，是北京白雲觀嘉慶十二年(1807)傳戒的律師。但《龍門傳戒譜系》只說他是山西代州人，出家於太華峰，未載其簡歷，詳情不得而知。

張本瑞，小柳司氣太《白雲觀志》據白雲觀祠堂歷代律師神位作"張本悟"，號壽山。[①]陝西樓觀臺於道光四年(1824)所立《龍門正宗第一十六代崑山劉合侖衣鉢塔銘》也提到了張壽山律師。該《塔銘》説，劉合侖號崑山，河南禹州人，"詣本州書堂山王母洞蘇真人壇下，簪冠學道，求度世術。會壽山張律師同主書堂山，師(即劉合侖)演鉢從遊，燕履鹿車，遍歷名勝"。張壽山律師羽化後，劉合侖爲之建塔立碣，廬墓三載。[②]此《塔銘》所提到的張壽山律師，應該就是嘉慶十二年(1807)在北京白雲觀傳戒的華山道士張本瑞或張本悟。

張本瑞(或張本悟)因與程本焕同輩，故亦被尊爲第十五代律師。小柳司氣太所見北京白雲觀歷代律師神位，第十五代列有兩位律師，分别是程本焕和張本悟。房永謙所抄《玄都律壇威儀戒科全部》之《祖堂奉師法座》，每代只列一位律師，故無張本瑞(或張本悟)之名。

《龍門傳戒譜系》每代律師也只列一人，而實際上傳過戒的，有時候一代可能有好幾個人。如小柳司氣太所見北京白雲觀歷代律師神位，第十五代有兩位律師，第十七代有三位律師(張教玄、孟教齡、張教智)，第十八代有五位律師(嚴永寬、吕永震、鄭永祥、袁永亭、孟永才)，第二十代有兩位律師(高仁峒、劉明印)。《龍門傳戒譜系》每代只列一位律師，其選擇標準是該律師必須得到上一代律師傳授法脈，指定爲繼承人。同一代律師中，傳過戒的可能有好幾位，但只有被指定爲繼承人的，纔能登録在《龍門傳戒譜系》中。房永謙所抄《玄都律壇威儀戒科全部》之《祖堂奉師法座》，所列祖師，選擇標準同《龍門傳戒譜系》。

北京白雲觀恢復傳戒的具體操辦者，是時任住持的張合皓。

據《龍門傳戒譜系》，張合皓(? ~1807)，字朗然，號怡軒，陝西西安府長安縣

---

① 小柳司氣太:《白雲觀志》，第33頁。

② 王忠信編:《樓觀臺道教碑石》，西安:三秦出版社，1995年，第190頁。

人。年甫弱冠,即有出世意。三十二歲,父母相繼辭世,遂入終南山,至鄠縣瑶上庵,拜道士李本善爲師。後遇異人赤脚董(即董清奇,於嘉慶年間住持西安八仙庵)、赤脚石、赤脚李。"乾隆四十二年(1777)攜李、董二師至京師,住白雲觀",任知客十三年。乾隆五十六年(1791)任住持兼監院。① "迄嘉慶十二年(1807),閱十六載,習勞任苦,道行精潔,四方諸友欣然雲集。""爲憫顓愚,往求賢哲,開壇演戒,説經講法,爰咨有衆,詢謀悉協",於是派知客張本重往華山迎請律師張本瑞(一作張本悟,號壽山),張本瑞於十二月初六日至白雲觀,次年二月開壇傳戒,得戒弟子一百二十餘人。②

張合皓是陝西人,故他可能對華山道教的情況比較熟悉。他決定往華山迎請張本瑞來北京白雲觀開壇傳戒,是爲了振興白雲觀。據蔡永清於嘉慶十六年(1811)撰《白雲觀捐産碑記》,白雲觀自王常月傳戒後,"又有王善人創構三清閣,規模宏麗。久之,金碧剥落,法衆跉竮,清規漸弛。訊之住持張怡軒(即張合皓),則愀然曰:'經費不給,鐘版闃然者,且百年矣。乾隆末有兩淮鹽政全公名德,助産,歲得息六百金,合之舊日所出,可千數百緡,而羽流亦多至三百餘衆,其不給如故也。'余因與張師熟計,延得華山張律師,並大師劉合崙等凡八人來觀,明年傳戒,百日功成"③。

張合皓提到的兩淮鹽政全德助産一事,亦見全德本人所撰《昌平州鳳山安雲觀碑》。碑文中説:"全德素虔事元天上帝及斗姥二尊神,歲在己丑(1769),督工欽安殿(皇宫中的道觀,今仍存——引者注),其所供即二尊神也。神最靈異,人莫不敬憚。於是齋心默禱,敬叩前途休咎,蒙賜吉語,果獲嘉應。嗣於戊戌歲(1778)罷官居京師,時遊白雲觀,與羽士晤,羽士以常住淡泊爲憂。全德即發願心,異日倘符所言,當分俸入,資其養贍。未及數年,前願克遂,且神力潛扶,委曲成就,凡所蒙佑,不可殫述……"碑文末署:"乾隆五十六年(1791)八月熱河總管巡按兩淮鹽政瀋陽全德敬識並書。"④可知,全德罷官後,在白雲觀祈禱,以求復官,後所願克遂,於是捐金資助白雲觀道衆。然白雲觀住觀道士增加至三百多人,所需費用巨大,於是張合皓住持在蔡永清居士等人的建議下,決定請人來觀

① 《龍門傳戒譜系》説張合皓於乾隆五十六年(1791)任白雲觀住持,小柳司氣太《白雲觀志》第39頁載張合皓在乾隆六十年(1795)爲第六代監院李陽玉所建寶塔的銘文中署"本觀監院張合皓同衆執事建修"。

② 參見中國道教協會研究室編:《道教史資料》,第398~399頁。

③ 見小柳司氣太:《白雲觀志》,第145~146頁。

④ 北京圖書館金石組編:《北京圖書館藏中國歷代石刻拓本彙編》,鄭州:中州古籍出版社,1989年,第75册,第180頁。

中傳戒。（傳戒不僅能擴大白雲觀的影響，還可向戒子收取一定的費用①，更重要的是可以向一些大施主化緣。）

《龍門傳戒譜系》没有説明華山道士張本瑞在北京白雲觀開壇傳戒是在哪一年。陝西樓觀臺於道光四年（1824）所立《龍門正宗第一十六代崑山劉合侖衣鉢塔銘》則説劉合侖於丙寅年（1806），"入京都白雲觀放戒，公卿訪道接踵，蔡善人尤至心皈依，捐資渡迷"②。此處所説的"蔡善人"，即上文提到的蔡永清③，也就是嘉慶十五年（1810）所立《重修樓觀臺記》中所説的"京師善士蔡西林"④。而據蔡永清本人所撰《白雲觀捐産碑記》，他在"戊辰歲（1808），捐白金六千爲傳戒費"⑤。那麽，北京白雲觀恢復傳戒的確切年份究竟是哪一年呢？《白雲仙表》之張教智傳，明確説張教智於"嘉慶十二年（1807）至白雲觀受戒於華山張老律師"⑥。小柳司氣太《白雲觀志》載有嘉慶十三年（1808）三月白雲觀方丈郭教仁等修建"羽化白雲堂上第九代監院上合下皓張公之寶塔"⑦。參考《龍門傳戒譜系》，可知張合皓羽化時間是嘉慶十二年（1807）七月。因此，張本瑞、劉合侖等在北京白雲觀傳戒的時間應爲嘉慶十二年（1807）二月。至於《崑山劉合侖衣鉢塔銘》所説劉合侖於丙寅年（1806）"入京都白雲觀放戒"，應爲劉合侖於丙寅年（1806）入京都白雲觀，次年傳戒。而蔡永清所説"戊辰歲（1808）捐白金六千爲傳戒費"，則應該是爲以後的傳戒準備費用。

據《龍門傳戒譜系》載，張本瑞傳戒後，想起其師程本焕的遺囑："吾之戒律，將來興化於北。"認爲"今日之舉，先數十年程師預知之，豈偶然哉"，遂遵程師之言，將龍門正宗法脈源流傳授給張合皓。⑧

張合皓準備於嘉慶十二年（1807）九月九日開壇傳戒，但至七月就羽化了。因此，張合皓實際上並未傳戒。但因他曾任北京白雲觀住持，且由他恢復了該觀

---

① 道士至北京白雲觀受戒，需繳費用不詳。據成都二仙庵方丈閻永和刊印《玄都律壇傳戒引禮規則》，清末該宫觀向每位前來受戒的道士收取"香信"3680文。

② 王忠信編：《樓觀臺道教碑石》，第190頁。

③ 白雲觀方丈嚴永寬於嘉慶十九年（1814）撰《新建齋堂敘》（見吉岡義豐：《白雲観の道教》，北京：新民印書館，民國三十四年［1945］，第220～221頁），亦提到大檀越蔡永清爲修建齋堂捐資。按《清史稿·谷際岐傳》（《列傳》一四三）提到蔡永清是閩浙總督陳輝祖的家奴："蔡永清者，總督陳輝祖家奴，擁厚資居京師，以助賑敘五品職銜，出入輿馬，揖讓公卿間。（谷）際岐疏劾，自大學士慶桂、朱珪以下，多所指斥，下刑部鞫訊，褫（蔡）永清職銜，（谷）際岐坐論奏未盡實，降授刑部主事。"

④ 王忠信編：《樓觀臺道教碑石》，第189頁。

⑤ 見小柳司氣太：《白雲觀志》，第146頁。

⑥ 《藏外道書》第31册，第405頁。

⑦ 小柳司氣太：《白雲觀志》，第39頁。

⑧ 參見中國道教協會研究室編：《道教史資料》，第399頁。

的傳戒活動,並已承繼法統,故後世仍尊他爲一代律師。小柳司氣太《白雲觀志》所載北京白雲觀祠堂中所奉歷代律師牌位中,即有"白雲堂上第十六代律師上合下皓朗然張大真人"之牌位。

吉岡義豐《白雲観の道教》載白雲觀齋堂中列有嘉慶以降歷次傳戒的年份和律師姓名,起首爲嘉慶十二年(1807),標明傳戒律師是"第十六代方丈張合德"[①]。"張合德"應爲"張合皓"之誤,實際上張合皓並未傳戒,傳戒律師是從華山請來的張本瑞。

六、嘉慶以降,北京白雲觀傳戒頻繁

張合皓羽化後,繼任住持郭教仁,監院益禮静。蔡永清撰《白雲觀捐産碑記》説:"未幾怡軒(即張合皓)化去,郭教仁師繼爲住持,益禮静師佐之監院。乃改立圜堂,修理戒堂,凡傳戒誦經,安單息静,種種所需,莫不咸具。"[②]郭教仁住持亦稱方丈,他於嘉慶十三年(1808)修建第七、八、九代監院寶塔,署"本觀方丈郭教仁同衆執事建修"[③]。監院益禮静生平不詳。

未知郭教仁羽化於何年。道光二年(1822)四月,時任方丈張教智爲其修建寶塔。

郭教仁羽化後,繼任方丈長師。蔡永清撰《白雲觀捐産碑記》説:"已而郭師復逝,繼者長師,傳戒一壇,受戒百人。未久復又入山。於是衆議始以監院孟師兼綜住持諸務。自兹調度有方,祖風漸振矣。"[④]

所謂"長師",名不詳,"長"可能是"張"之誤,小柳司氣太《白雲觀志》載有張教玄,號精一,爲白雲堂上第十七代律師。[⑤]

吉岡義豐《白雲観の道教》載嘉慶甲戌年(1814),時任白雲觀方丈嚴永寬撰寫《新建齋堂敘》。[⑥] 小柳司氣太《白雲觀志》所載白雲觀祠堂中歷代律師牌位,有"白雲堂上第十八代律師上永下寬沖陽嚴大真人",則嚴永寬號沖陽。嚴永寬任方丈,可能在"長師"之後。

---

① 吉岡義豐:《白雲観の道教》,第221頁。亦見該書第2頁,以及吉岡義豐《道教の實態》之《白雲觀授戒史》,載《吉岡義豐著作集·别卷》,東京:五月書房,1990年,第335頁。

② 小柳司氣太:《白雲觀志》,第146頁。

③ 小柳司氣太:《白雲觀志》,第39頁。

④ 小柳司氣太:《白雲觀志》,第146頁。

⑤ 小柳司氣太:《白雲觀志》,第33頁。

⑥ 吉岡義豐:《白雲観の道教》,第220~221頁。

蔡永清撰《白雲觀捐産碑記》提到的監院孟師，可能是孟教齡。小柳司氣太《白雲觀志》載其爲白雲堂上第十七代律師，號松雲。[①]孟教齡於道光八年(1828)孟夏前已羽化，繼任方丈張教智爲其修建寶塔。[②]

張教智(？ ~1840)，原名張合智，得張合皓傳授衣鉢後，輩分更改爲張合皓的下一代，表示接法之意，故稱張教智。可以説"張教智"是張合智在傳戒譜系上的法名。[③]

張教智亦被尊爲白雲堂上第十七代律師。他是中興白雲觀的又一功臣。其事迹除見於《龍門傳戒譜系》外，《白雲仙表》也有記載。他號慧生子，别號坤鶴，北京通州人，二十三歲在通州文昌閣出家，度師爲段真人。出外雲遊訪道多年，曾任瀋陽太清宫監院[④]，後常住白雲觀。嘉慶十二年(1807)從張本瑞受戒，並得張合皓傳授衣鉢。張教智"在觀十數年，廊廡殿宇修葺一新。觀中向無養贍恒産，值歲大饑，掛單者數倍於前，師於隆冬之際，持鉢募化，手足皆裂，不以爲苦。前後開壇十次，度戒子一千一百餘人。蓋自崑陽(王常月)以來，未有如此之盛者也"。道光二十年(1840)二月十九日羽化。[⑤]

吉岡義豐《白雲観の道教》第221頁載張教智於嘉慶二十四年(1819)、二十五年、道光元年(1821)、二年、六年、十五年、十六年、十七年、十八年、十九年、二十年分别傳戒，共傳戒十一次；同書第25~26頁誤記傳戒律師爲張合德。[⑥]上引《白雲仙表》則説張教智在白雲觀傳戒十次。或者是《白雲仙表》所説"開壇十次"乃約略而言，或者是吉岡義豐所記有誤，不過錯誤也可能來自於白雲觀齋堂張貼的文字本身。前引蔡永清撰《白雲觀捐産碑記》所説的"長師傳戒一壇"，在吉岡義豐所記齋堂張貼的歷代傳戒律師中，亦未有體現。

張教智羽化後，袁永亭繼任方丈，鄭永祥任監院。

袁永亭，號真一，生平事迹不詳，白雲觀祠堂將其列爲第十八代律師。

袁永亭羽化後，鄭永祥繼任方丈。

---

① 小柳司氣太：《白雲觀志》，第33頁。

② 小柳司氣太：《白雲觀志》，第39頁。

③ 從張教智開始，白雲觀的住持(方丈)和監院都有兩個名字，一個是入道時其師父給起的名字，一個是受戒後根據傳戒律師的輩分改的法名。

④ 葛明新：《太清宫叢林歷史志略》，見五十嵐賢隆《太清宫志》，第40頁。

⑤ 孟至才、完顏崇實：《白雲仙表》之《張老律師》，載《藏外道書》第31册，第405頁。

⑥ 吉岡義豐：《道教の實態》之《白雲觀授戒史》亦誤作張合德(見《吉岡義豐著作集·别卷》，第335頁)。李養正：《新編北京白雲觀志》第232頁亦説："清嘉慶十二年(1807)至道光十二年(1832)，有張合德律師在白雲觀傳戒十二次，度戒子1034人。張慧生即張合德。"本文前面已指出，嘉慶十二年傳戒律師應爲張本瑞。

鄭永祥，原名鄭至祥，號瑞陽，白雲觀祠堂亦將其列爲第十八代律師。

鄭永祥任方丈時，曾與監院孟至才一同重修明版《道藏》。據二人於道光二十五年(1845)合撰之《白雲觀重修道藏記》，明《道藏》“存於觀中者非一日矣，閱藏者不一其人，主事者弗介乎意，遂至三洞真經頗多殘缺”。二人雖久有重修之願，惜乎財力不逮。乙巳歲(1845)，得大施主王廷弼資助，“於是藉諸山之經，繕本補入，數月之間，竟成完璧”。① 二人還重印明道士白雲霽撰《道藏目録詳注》四卷。②

鄭永祥任方丈、孟至才任監院期間，曾於咸豐六年(1856)在客堂揭示《全真元範清規》，在齋堂揭示叢林各執事名稱，及叢林清規條律。③

吉岡義豐《白雲觀の道教》第26頁載鄭至祥(即鄭永祥)傳戒三次，分别是在道光二十四年(1844)、二十五年(1845)和三十年(1850)④；第222頁則只載有後兩次傳戒。按，孟永才(孟至才)在《守戒必持·跋》中自述曾於道光二十年(1840)至道光三十年(1850)四次擔任白雲觀全真律壇的保舉大師。⑤ 道光二十年(1840)傳戒律師爲張教智，若繼任方丈袁永亭没有傳戒，則鄭永祥應該曾傳戒三次。

鄭永祥於同治十二年(1873)十月前羽化，當年十月，監院朱至和爲其修建寶塔。⑥

孟至才於道光二十四年(1844)六月九日被推舉爲監院。⑦ 他出生於嘉慶十八年(1813)，直隸省遵化州(今屬河北)人。⑧於道光十五年(1835)在北京白雲觀從張教智律師受戒⑨，遂改法名爲孟永才。道光二十七年(1847)與完顏崇實合著《白雲仙表》一帙，述全真道五祖七真、隨丘祖西行之十八宗師及王常月、羅真人、張教智等白雲觀高道事迹。⑩ 道光二十年(1840)至道光三十年(1850)，曾四次

---

① 見丁福保編:《道藏精華録》，杭州:浙江古籍出版社，1989年，第1~2頁。

② 見小柳司氣太:《白雲觀志》，第36頁。

③ 見小柳司氣太:《白雲觀志》，第74~82頁。

④ 亦見吉岡義豐《道教の實態》之《白雲觀授戒史》，載《吉岡義豐著作集·别卷》，第335~336頁。

⑤ 孟永才:《守戒必持·跋》，載王卡、汪桂平主編:《三洞拾遺》第11册，第182頁。

⑥ 見小柳司氣太:《白雲觀志》，第41頁。

⑦ 孟永才在《守戒必持》後附自己所作十首偈，第五首“監院”自注:“道光甲辰(1844)六月九日被舉監院。”(王卡、汪桂平主編:《三洞拾遺》第11册，第181頁)

⑧ 《登真籙》載孟永才“係直隸遵化州人氏，癸酉相，十二月五日子時建生”，王卡、汪桂平主編:《三洞拾遺》第11册，第186頁。

⑨ 孟永才:《守戒必持·跋》:“前於道光乙未(1835)秋求戒白雲觀，叩謁慧生張老律師，領受戒法。”(王卡、汪桂平主編:《三洞拾遺》第11册，第182頁)

⑩ 《白雲仙表》之完顏崇實序，《藏外道書》第31册，第373~374頁。

擔任白雲觀全真律壇的保舉大師。咸豐八年(1858)辭退監院一職。[1] 繼任監院爲吕永震。

據《龍門傳戒譜系》載,吕永震(? ~1866),原名吕合震,字乾初,號雷鳴子。原籍山東青州府。母逝三年後,至濟寧州青鶴洞皈拜度師張本柱名下。雲遊至京都白雲觀,任執事總理數年後,被推舉爲監院。五年後退職南遊,被迎請至河南南陽玄妙觀任監院。道光十五年(1835)得第十七代律師張教智傳法。同治四年(1865),被迎請至白雲觀擔任傳戒方丈。是歲冬,覺有辭世之兆,遂將大法付與玄妙觀監院張宗璿(法名張圓璿)。[2]次年,吕永震羽化。南陽玄妙觀監院暨大衆、北京白雲觀監院暨執事於該年六月爲其修建寶塔。[3]

吉岡義豐《白雲觀の道教》第26頁載吕永震於同治二年(1863)在白雲觀傳戒[4],第222頁則載吕永震於同治六年(1867)在白雲觀傳戒,又載第十九代方丈張圓璿也在同年傳戒,並且將第十八代方丈吕永震排在第十九代方丈張圓璿的後面。第222頁的記載顯然有誤,因爲同治六年(1867)吕永震已羽化。關於吕永震於同治二年(1863)在白雲觀傳戒的事情,《龍門傳戒譜系》没有提到,但説到同治四年(1865)北京白雲觀請吕永震去傳戒,吕"自覺年邁,無能爲矣"。從《龍門傳戒譜系》的敘述推測,同治四年吕永震因年邁,可能没有舉行傳戒活動。

同治六年(1867),張宗璿從南陽玄妙觀被迎請至白雲觀任傳戒方丈。

據《龍門傳戒譜系》和濮文暹撰《南陽玄妙觀張耕雲道士磚塔銘並序》[5],張宗璿(1812~1887),法名張圓璿,字耕雲,號雲樵子。一説别號種菜道人。[6]山東福山縣人。二十九歲中道光庚子(1840)科舉人。三十二歲到嶗山上清宫出家爲道士。後於揚州天寶觀開立十方叢林,道衆雲集,玄風可觀。不料兵荒擾亂,遂轉至南陽玄妙觀。吕永震方丈舉薦其爲監院。張宗璿"乃創乃因,而玄妙觀之盛乃與白雲(觀)等"。因在南陽率衆協助清軍抵抗太平軍和捻軍入境有功[7],於同

---

① 孟永才《登真籙序》説:"於咸豐戊午(1858)初冬辭院(即辭去監院職務)養屙,閑居苟安,歲月十有四年。"(王卡、汪桂平主編:《三洞拾遺》第11册,第185頁)

② 參見中國道教協會研究室編:《道教史資料》,第407頁。

③ 小柳司氣太:《白雲觀志》,第41頁。

④ 亦見吉岡義豐:《道教の實態》之《白雲觀授戒史》,載《吉岡義豐著作集·别卷》,第336頁。

⑤ 載濮文暹:《見在龕集》卷十九,國家圖書館藏民國六年(1917)刻本。

⑥ 《劉定中方丈重修八仙庵並繼張耕雲律師放戒記》,見翼宸翰(Pierre Marsone):《西安寺廟碑刻新史料》,載法國《三教文獻》1998年第2期。

⑦ 其事詳見傅壽彤:《南陽玄妙觀藏經閣記》,載光緒三十年(1904)版《南陽縣志》卷十二,《中國方志叢書》第457號,臺北:成文出版社,1976年,第1420~1422頁。

治六年(1867)獲清廷頒賜明版《道藏》一部(現存南陽市圖書館,已不全)。①同年,白雲觀道衆請其任該觀方丈,並開壇傳戒。期滿,張宗璿南歸。同治九年(1870),白雲觀道衆又請他去傳戒。"時值皇親照公府太夫人(即慈禧太后的母親——引者注)靈寄觀中,師爲虔誦《血湖經》一藏半載之久,靡有怠容。蒙慈禧皇太后恩賜紫袍、玉冠,捐金助壇,開大戒場,伯子公侯,接踵而來請謁,聲名播於遠方。"②據《劉素雲道行碑》,同治十年(1871),張宗璿再次開壇傳戒,受戒者三百餘人。期滿又南歸。③據《龍門傳戒譜系》之高仁峒傳,張宗璿還曾赴關東、陝西傳戒。五十嵐賢隆《太清宮志》載張宗璿於同治十三年(1874)到瀋陽太清宮傳戒。④ 西安八仙宮《劉定中方丈重修八仙庵並繼張耕雲律師放戒記》,載張宗璿曾赴西安八仙宮傳戒,具體時間没有明説。⑤ 民國年間李理安編《長春觀志》謂張宗璿曾於同治四年(1865)在武漢長春觀和蘄州玄都觀傳戒。⑥"凡傳戒者五(應指五處——引者注),得度者共四千七百六十有三人。"⑦張宗璿羽化於光緒十三年(1887)閏四月初四日,世壽七十六歲。⑧

吉岡義豐《白雲觀の道教》第222頁亦載張圓璿(即張宗璿)曾於同治六年(1867)、九年(1870)和十年(1871)在白雲觀傳戒;但第26頁則多載張圓璿於同治十一年(1872)八月開壇傳戒⑨,應係誤記。

太監劉增禄(原名劉多生,1845~1895)亦拜張宗璿爲師,道名劉誠印,號素雲子。《劉素雲道行碑》載:"劉素雲煉師,法篆誠印,直隸東光人,自幼好善,儒道兼優,皈依在(北京白雲觀)第十九代方丈張耕雲名下爲徒,曾爲本觀護壇化主。"⑩

---

① 傅壽彤撰《南陽玄妙觀藏經閣記》載:"同治六年(1867)夏五月,禮臣以河南巡撫轉據前知南陽府事傅壽彤請,頒道經全部於南陽玄妙觀,表羽士張宗璿守城功。上聞,得旨允行。冬十一月,宗璿走京師,奉經南旋,以七年(1868)秋九月命工經始,築閣於觀,藏經於閣。"傅壽彤並感慨説,《道藏》於唐宋以來"海宇流傳,歷有年載。逮入我朝,不以行天下,蓋不欲崇尚玄教,致夷民行也。今以宗璿故,而乃順守吏之請,允部臣之議,舉國家二百餘年未嘗印給之經册,出自上方,藏於外郡,寧惟方士微勞,因是以垂於無窮?抑亦見聖天子之重土宇而順民情也"。

② 參見中國道教協會研究室編:《道教史資料》,第407~408頁。

③ 參見小柳司氣太:《白雲觀志》,第158頁。

④ 五十嵐賢隆:《太清宮志》,第111頁。

⑤ 見翼宸翰(Pierre Marsone):《西安寺廟碑刻新史料》,載法國《三教文獻》1998年第2期。

⑥ 《中國道觀志叢刊》第8册,第123~124頁。《長春觀志》又謂張宗璿此前已於同治初年在北京白雲觀傳戒。此説有誤,張宗璿在北京白雲觀首次傳戒應在同治六年。

⑦ 濮文暹:《南陽玄妙觀張耕雲道士磚塔銘並序》,載濮文暹:《見在龕集》卷十九。

⑧ 此據濮文暹《南陽玄妙觀張耕雲道士磚塔銘並序》。光緒三十年(1904)版《南陽縣志》謂張宗璿"卒年八十",應係約略而言。

⑨ 亦見吉岡義豐:《道教の實態》之《白雲觀授戒史》,載《吉岡義豐著作集·别卷》,第336頁。

⑩ 見小柳司氣太:《白雲觀志》,第158頁。

據《素雲劉先師碑記》載：劉太監是直隸東光縣（今屬河北）人，道光三十年(1850)定居京師。後因其才識爲怡親王所賞識，被詔入内侍，賜名增禄，又字德印。同治六年(1867)設壇於宏恩觀，上仙賜名素雲子。光緒十五年(1889)被授予總管六宫事務之職。光緒二十年(1894)萬壽慶典時恩賞三品頂戴，惠及三代。[1]

關於劉增禄皈依道教的經過，《素雲劉先師碑記》載：劉"於戊辰(1868)因奉差至白雲觀，適南陽張律師闡教觀中，一見相洽，殷勤展拜，執弟子禮甚恭，此師（即劉增禄）皈依道教之始也"[2]。因劉增禄（劉誠印）爲白雲觀的大功德主，故亦被尊爲白雲觀的方丈。白雲觀祠堂甚至將他與高仁峒並列爲第二十代律師，實際上他並未當過傳戒律師，只當過戒壇保舉師、演禮師。[3]

張宗璿於同治十年(1871)傳戒後南歸南陽玄妙觀，白雲觀傳戒方丈空缺，道衆乃於次年(1872)請退位監院孟至才（孟永才）任方丈，並開壇傳戒。《劉素雲道行碑》載，張宗璿於同治十年南歸後，"繼之者爲豁一孟師"。"豁一"爲孟至才之號。孟至才在同治十二年(1873)的《登真籙序》中自述説："於咸豐戊午(1858)初冬辭院（即辭去監院職務）養痾，閑居苟安，歲月十有四年。復蒙諸道侣棄遐謬舉，重返叢林，若不及時傳演衣鉢，闡揚教相，豈僅辜負衆等期望之心，更恐汩没後學參求之志。"[4]其於同治十一年(1872)冬所作《守戒必持·跋》説："適有慧生律師（即張教智）之曾孫宋元福捐備衣鉢百分，迫予登壇。"[5]可知他曾於該年傳戒。接着他又於次年再次傳戒，"擇吉九月望日掛號，孟冬朔又四日開壇，四衆求戒弟子一百有五人，三壇成就，百日功蕆，仙榜題名"[6]。此次傳戒（癸酉壇）的《登真籙》至今猶存。[7]

吉岡義豐《白雲觀の道教》除載孟永才曾於同治十一年(1872)、十二年(1873)在北京白雲觀傳戒外，還載他曾於光緒七年(1881)在白雲觀傳戒。[8] 光

---

① 《北京圖書館藏中國歷代石刻拓本彙編》第87册，第129頁。

② 《北京圖書館藏中國歷代石刻拓本彙編》第87册，第129頁。

③ 《素雲劉先師碑記》載："壬午、甲申、辛卯，白雲觀高律師屢開戒壇，師（即劉誠印）均爲保舉大師，監戒焉。"（《北京圖書館藏中國歷代石刻拓本彙編》，第87册，第129頁）此説不甚準確。按北京大學圖書館所藏光緒八年壬午(1882)壇《登真籙》，傳戒諸大師中，有劉明印，即劉誠印在傳戒時的法名，《登真籙》標明他爲演禮師。

④ 王卡、汪桂平主編：《三洞拾遺》第11册，第185頁。

⑤ 王卡、汪桂平主編：《三洞拾遺》第11册，第182頁。

⑥ 王卡、汪桂平主編：《三洞拾遺》第11册，第185頁。

⑦ 見王卡、汪桂平主編：《三洞拾遺》第11册，第185～192頁。

⑧ 見吉岡義豐：《白雲觀の道教》，第222頁，同書第26頁誤作"孟永震"。參見吉岡義豐：《道教の實態》之《白雲觀授戒史》，載《吉岡義豐著作集·别卷》，第336頁。

緒七年(1881)傳戒之事,也可在別的文獻中得到證實。民國時期來裕恂編撰的《杭州玉皇山志》,載玉皇山福星觀道士蔣永林曾於光緒七年(1881)赴北京白雲觀受戒於孟律師。①

光緒七年(1881),孟永才羽化,高仁峒繼任住持。②

高仁峒(1841~1907),法名明峒,字雲溪,號壽山子。山東濟寧州任城人。十九歲出家於蒙山白雲巖(在今山東平邑縣境内)③,度師李本固,爲全真華山派玄裔。④曾於同治十年(1871)至北京白雲觀,從張圓璿律師受戒,後又隨張圓璿律師傳戒於關東、陜西等地。光緒二年(1876)仍還京都,養静於西山。次年被推舉爲白雲觀監院。光緒七年(1881)任住持。同年冬,在白雲觀開壇傳戒,受戒弟子108人。⑤ 次年(1882)再次傳戒,受戒弟子404人。⑥ 該年傳戒的《登真籙》保存至今。⑦ 光緒十年(1884)第三次傳戒,受戒者500餘人。光緒十七年(1891)和二十二年(1896),高仁峒又兩次開壇傳戒。光緒二十一年(1895)所立《素雲劉先師碑記》載:"壬午(1882)、甲申(1884)、辛卯(1891),白雲觀高律師屢開戒壇。"⑧小柳司氣太《白雲觀志》卷二《授戒》一節,則載其見過光緒二十二年(1896)高仁峒傳戒的《登真籙》。⑨ 吉岡義豐《白雲観の道教》也載高仁峒於光緒八年(1882)、十年(1884)、十七年(1891)和二十二年(1896)四次開壇傳戒,缺載光緒七年(1881)傳戒。⑩ 宣統元年立於山東蒙山的高仁峒墓碑,則載高仁峒"凡七登律壇,得度者三千有餘"⑪。

據《龍門傳戒譜系》記載,高仁峒"輕財樂善,性喜交遊。當道名公巨卿,群相過訪,車馬冠蓋,絡繹於途,一時稱盛事焉"。國學大師汪辟疆(1887~1966)《小

① 來裕恂編撰:《杭州玉皇山志》卷十二《蔣永林》,載《西湖文獻集成》,杭州:杭州出版社,2004年,第21册,第865頁。

② 見解宗午:《壬午壇登真籙序》,載北京大學圖書館藏光緒八年《玄都律壇戒律》。

③ 高仁峒:《雲水集》下册《雲水記事》,光緒十三年(1887)北京白雲觀刻本,第1頁。

④ 見吉岡義豐:《白雲観の道教》,第37頁。

⑤ 高仁峒在《雲水記事》中自述説,孟方丈羽化後,"嗣届小寒,衆議開壇。推我方丈,衍此薪傳。予辭不獲,惶懼難安。焚香誓衆,敢告上天。戒惟其慎,功不敢貪。檀越助善,大衆臚歡。授徒百八,可云夙緣"。(《雲水集》,第7頁)

⑥ 見北京白雲觀藏《龍門傳戒譜系》。

⑦ 見北京大學圖書館藏光緒八年《玄都律壇戒律》。

⑧ 《北京圖書館藏中國歷代石刻拓本彙編》第87册,第129頁。

⑨ 小柳司氣太:《白雲觀志》,第71頁。

⑩ 見吉岡義豐:《白雲観の道教》,第26、222頁。

⑪ 該墓碑照片係趙芃先生惠贈,謹致謝忱。

奢摩館脞録》也載:“都中人爲余言:高道士正月二十日壽辰,凡王公百官以及優伶隸卒,咸往慶祝,並有俄國商人及太監諸色人等甚夥。”①

高仁峒與清宫總管太監劉增禄(劉誠印)均從張圓璿受戒,爲同戒師兄弟,得劉增禄護蔭甚厚。②《劉素雲道行碑》説:“雲溪(高仁峒)爲素雲(劉增禄)同戒至契,幸承素雲竭力護法,於壬午歲(1882)復募七千餘金,爲衣鉢口糧傳戒費,受戒者四百餘人。甲申(1884)歲,又募捐九千餘金,爲傳戒費,受戒者五百餘人。以至修屋建舍,刊板印經,種種不可枚舉。……兹又慮及燕九、九皇祖師兩聖誕,香供淡泊,敬約善士張誠明、張誠五以及内官信官助善者百餘人,建立長春永久供會,起於光緒八年(1882),每歲香供之費,約需三百餘金,至丙戌歲(1886),會中積蓄無多,素雲恐失其傳,又自捐三千二百六十金,購買昌平州地方上澤田十五頃有奇,每歲收租三百三十金,交本觀爲業,永遠作爲二會香供燈果之資以垂永久。”③白雲觀於光緒十六年(1890)拓修後院雲集山房、建戒臺、築假山、修遊廊,劉誠印又“助修園墻樓房銀一萬五千兩”④。

高仁峒於光緒三十三年(1907)羽化。白永貞編纂的《鐵剎山志》,據爐至順所述,高仁峒羽化的具體日期是 3 月 11 日。⑤ 葉恭綽《中俄密約與李連英》一文説:“高死於光緒三十三年,其訃聞所列御賜之物致佔四頁之多。”⑥該年六月,繼任住持劉至融爲其修建寶塔。⑦

劉至融,號林泉。他在光緒二十一年(1895)所撰《素雲劉先師碑記》中,署職爲白雲觀監院。其始任監院之年不詳。小柳司氣太《白雲觀志》卷二《歷代方丈》一節中,載白雲觀祠堂東房中央塑像之右側,設有神位“白雲堂上第廿一代律師上至下知林泉劉真人”⑧。“上至下知”應爲“上至下融”。同一節後面,小柳司氣太説,“第二十一代劉林泉名待查”⑨,實則劉林泉即劉至融。白雲觀塔院中有劉

---

① 《汪辟疆文集》,上海:上海古籍出版社,1988 年,第 680 頁。

② 關於太監劉增禄與高仁峒及白雲觀的關係,參見王見川:《清末的太監、白雲觀與義和團運動》,載王見川自選集《漢人宗教、民間信仰與預言書的探索》,臺北:博揚文化事業有限公司,2008 年,第 207 ~ 234 頁。

③ 載小柳司氣太:《白雲觀志》,第 158 ~ 159 頁。

④ 見高仁峒撰:《白雲觀拓修雲集山房小引》,載小柳司氣太《白雲觀志》,第 175 頁。

⑤ 見白永貞:《增續鐵剎山志》卷十五《爐監院從覺師明德各處參訪記略》,第 1 頁。爐至順於光緒三十三年(1907)至北京白雲觀掛單,到次年 10 月纔離開。

⑥ 葉恭綽:《中俄密約與李蓮英》,載《文史資料選輯》第 8 輯,北京:中國文史出版社,1986 年,第 131 頁。

⑦ 小柳司氣太:《白雲觀志》,第 42 頁。

⑧ 小柳司氣太:《白雲觀志》,第 31 頁。

⑨ 小柳司氣太:《白雲觀志》,第 37 頁。

至融的寶塔,塔銘上即書"白雲堂上第二十一代方丈上至下融林泉劉大真人法塔"。光緒二十二年(1896)《永安觀新建宗祠碑記》所記述的宗祠牌位中,也有劉林泉之名。(該宗祠爲生祠,所祀道士都是尚在世之人。)

劉至融於光緒三十四年(1908)開壇傳戒。該年受戒弟子范德壽所領《初真戒》除載有此次傳戒方丈律師劉至融外,還載有證盟、監戒等八大師的姓名。①

宣統三年(1911)劉至融羽化,陳明霦繼任方丈。

陳明霦(1854～1936),法名至霦,字鍾乾,號毓坤,道號玉峰子。天津寧河人。《龍門傳戒譜系》載,陳明霦於二十四歲時拜投天津新城聖海宮陳圓嵐爲師。光緒八年(1882)至北京白雲觀受戒於高仁峒。光緒十年(1884),高仁峒復開戒壇,陳明霦任引禮師。該年冬天,高仁峒"因事棘手,託故遠遊。維時張耕雲(即張宗璿)老方丈在觀客居,姚藹雲(即姚祥瑞,後任南陽玄妙觀方丈)大師爲監院,闔觀道侶,莫知所措"。陳明霦力主找回高仁峒主持觀務。次年,他在京郊四處尋找,果然找到了高仁峒,並將其勸請回觀。該年,他因母患病,告假省親,母一病不起,他在辦好喪事後,回到白雲觀。旋即擔任總理、都管各執事,"創辦花園工程,襄辦永久會務,並置昌平州田地十三頃"。辛卯歲(1891),高仁峒又開壇傳戒,他擔任監戒師。該年冬月,因積勞過甚,退居城南玉皇廟養屙。丙申(1896)春,聞其師陳圓嵐病篤,馳回新城聖海宮,侍奉湯藥。陳圓嵐旋即羽化,陳明霦爲其殯葬如禮。該年冬,高仁峒第四次開壇傳戒,陳明霦擔任證盟師。事畢,仍歸新城聖海宮。庚子年(1900),八國聯軍入境,新城正當其衝,陳明霦誓守廟土,毅然與聯軍長官接洽,訂立保護居民之約,使鄉民生命財產得以轉危爲安。壬寅(1902)正月,在新城創辦小學校。②"招鄰里子弟入校讀書,不收學費。所延教習,皆係精通中西科學","造就成材者日多"。③時爲直隸總督兼北洋大臣的袁世凱贈以匾額二方,一曰"德水滂仁",一曰"行道有福"。④宣統元年(1909),陳明霦任白雲觀監院。宣統三年(1911),任白雲觀方丈。⑤ 民國元年(1912),陳明霦聯

---

① 王卡、汪桂平主編:《三洞拾遺》第11册,第2頁。

② 據韓錫祿爲陳明霦《白雲集》所撰序,陳明霦所創立的新城小學校即後來的三清宮學校(《藏外道書》第24册,成都:巴蜀書社,1994年,第4頁)。

③ 參見聞承烈、劉鳳章、謝寵綸等分别爲陳明霦《白雲集》所撰序(《藏外道書》第24册,第2、4、5頁)。

④ 參見江朝宗撰:《白雲觀陳毓坤方丈傳戒碑記》,載小柳司氣太:《白雲觀志》,第179頁。

⑤ 蘇明齡爲陳明霦《白雲集》所撰跋中説:"迨辛亥年(1911),經十方道侶推陞方丈位。"(《藏外道書》第24册,第26)

絡道衆,倡立道教會,"以整頓道教清規,推廣地方慈善,並發起國民道德思想爲宗旨"[①]。次年三月,開壇傳戒,得戒弟子三百二十餘人。[②]己未年(1919)春三月,又開壇傳戒,"一因歐戰告終,爲世界祈禱和平;一因維持祖國宗教,度群生咸登道岸"[③]。是次傳戒,得戒弟子四百一十二人。大總統徐世昌頒賜匾額一方,曰"葆素涵真"。遜清皇室也賜額"保合太和"。[④] 據徐世昌所撰《白雲觀碑記》,陳明霦後來又於民國十六年(1927)再次傳戒。[⑤] 吉岡義豐《白雲観の道教》載此次傳戒的受戒弟子有三百多人。[⑥] 此爲北京白雲觀在民國時期的最後一次傳戒。[⑦]

據吉岡義豐《白雲観の道教》記載,陳明霦於民國二十五年(1936)羽化。[⑧]高萬桑《北京道士》載陳明霦羽化的具體時間是民國二十五年(1936)2月24日。[⑨]

七、北京白雲觀以外全真道宮觀的傳戒

在嘉慶十二年(1807)北京白雲觀恢復傳戒之前,各地的道教全真派傳戒情況,除了《龍門傳戒譜系》所敘述的第八代至第十五代律師以外,還有一些記載,但需要辨析。

張建新、陳月琴編著《西安八仙宮》,説任天然於康熙年間在西安八仙庵"首次公開開山傳戒,弘揚全真戒律道法"[⑩]。這可能只是一個傳説。按《八仙庵十方叢林碑記》,只載八仙庵於康熙初年,由任天然募化重修,没有提到任天然曾在八仙庵傳戒。[⑪]張建新、陳月琴編著《西安八仙宮》還説嘉慶丙寅年(1806)擔任八仙庵方丈的董清奇也曾開壇傳戒[⑫],此説也未有文獻依據。[⑬]

---

① 參見蘇明齡爲陳明霦《白雲集》所撰跋(《藏外道書》第24册,第26頁)。
② 江朝宗撰《白雲觀陳毓坤方丈傳戒碑記》則説是民國二年(1913)四月開壇傳戒。
③ 《龍門傳戒譜系》之陳明霦傳。
④ 參見李濟沆:《白雲觀陳毓坤方丈二次傳戒碑記》,載小柳司氣太:《白雲觀志》,第179~181頁。
⑤ 小柳司氣太:《白雲觀志》,第189頁。
⑥ 吉岡義豐《白雲観の道教》第26頁説是349人,第30~32頁則統計説是350人。
⑦ 參見李養正:《新編北京白雲觀志》,第385~386頁。
⑧ 吉岡義豐:《白雲観の道教》,第49頁。
⑨ Vincent Goossaert, *The Taoists of Peking, 1800 – 1949: A Social History of Urban Clerics*, p177.
⑩ 張建新、陳月琴編著:《西安八仙宮》,西安:三秦出版社,1993年,第113頁。
⑪ 《八仙庵十方叢林碑記》,見張建新、陳月琴編著:《西安八仙宮》,第258~259頁。
⑫ 張建新、陳月琴編著:《西安八仙宮》,第114頁。
⑬ 《八仙庵十方叢林碑記》只説:"嘉慶丙寅,赤脚董清奇復爲開修,大振仙宫,留參霞士。"(見張建新、陳月琴編著:《西安八仙宮》,第258頁)

據説龍門派第十三代傳人楊來基於嘉慶元年(1796)正月望日在委羽山大有宫傳戒,受戒弟子十餘人。民國二十九年(1940)《續纂委羽山大有宫龍門宗譜》(下簡稱《委羽山宗譜》)載,楊來基,號國寧子,浙江黄巖東鄉人。自幼慕道,父母逝後,飄然有世外想。遂雲遊名山洞天。至天台山百步紫陽宫,虔禱張伯端真人像前,獲感應指示。後於棲霞宫遇龍門派第十二代傳人徐陽明,遂執弟子禮,求講《道德經》、《南華經》和《悟真篇》,以及龍門説偈四句。後道業精進,凡驅邪祈禱之事,屢有徵驗。邑人感之,送匾曰"甘霖普濟"。後棲居委羽山空明洞,修大有宫諸勝迹,十餘年間,弟子日衆。[①]《委羽山宗譜》卷一所載宣統元年(1909)陳孔昇撰《纂修龍門法派譜序》,謂楊來基於嘉慶元年正月望日傳度,收十二房弟子;而民國二十九年(1940)蔣宗瀚撰《續纂道統徵文事略》,則謂楊來基於嘉慶元年(1796)大開戒門,得其真傳者,有十四大弟子;同年陳攖寧撰《重修委羽山大有宫宗譜序》,也説楊來基於嘉慶元年正月大開戒門。弟子或謂十二,或謂十四,已有不同;而傳度與傳戒也並非一回事。二説孰是,殊難判定。

前引陝西樓觀臺於道光四年(1824)所立《龍門正宗第一十六代崑山劉合侖衣鉢塔銘》,係西安八仙庵時任方丈朱教先立石。銘文中説,嘉慶二年(1797),劉合侖被迎請至馮翊羌白鎮三聖宫,"開期演戒,得戒子三十餘人"[②]。這是目前所見明確記載嘉慶十二年(1807)前,在《龍門傳戒譜系》所述之外的傳戒活動。

劉合侖,號崑山,河南禹州人。生於乾隆二十一年(1756)。幼失父母,依兄長大。兄亡,乃入本州書堂山王母洞學道。從壽山張律師(即張本瑞或張本悟)雲遊參訪,遍歷名勝。嘉慶二年(1797),被迎請至馮翊羌白鎮(今屬陝西省大荔縣)三聖宫傳戒。嘉慶十一年(1806)隨張壽山律師入京都白雲觀,次年二月在白雲觀傳戒。嘉慶十二年(1807),奉後來陞任四川總督的常明之命,經理西安八仙庵。次年在八仙庵傳戒。嘉慶十四年(1809)春,在京師善士蔡西林的資助下,重修盩厔縣樓觀臺。該年十一月在樓觀臺傳戒。該年還贖回以前被當賣的土地二百七十餘畝,供以後傳戒之資。晚年"自歸三聖宫,聽松歌桂,以自優遊"。[③]

---

① 王松渠等:《委羽山宗譜》,民國二十九年(1940)刊本,卷一《第十二代浣塵陽明自述》後附楊來基傳。

② 王忠信編:《樓觀臺道教碑石》,第190頁。

③ 嘉慶十五年(1810)立《重修樓觀臺記》、道光四年(1824)立《龍門正宗第一十六代崑山劉合侖衣鉢塔銘》,載王忠信編:《樓觀臺道教碑石》,第188~191頁。參見王士偉:《樓觀道源流考》,西安:陝西人民出版社,1993年,第191~192頁。

嘉慶十二年(1807)以後至清末,北京白雲觀以外全國各地宫觀的傳戒活動,據筆者目前掌握的資料,計有:

1. 嘉慶十三年(1808),西安八仙庵傳戒,律師劉合侖,受戒弟子人數不詳。①據載,嘉慶年間,劉合侖與其法子朱教先,先後在西安八仙庵傳戒五次。②

朱教先,號還虚,爲劉合侖之受戒弟子。嘉慶十三年(1808),主持西安八仙庵傳戒事宜,禮請劉合侖任傳戒律師。嘉慶十四年(1809)劉合侖重修樓觀臺,朱教先任都管。事竟,即退隱别院。十餘年後,樓觀臺又"風雨飄摇,金碧失色"。朱教先受邀重新掌理樓觀臺事務,"妥爲籌劃,募化善信","一切殿宇,盡爲葺補"。③

2. 嘉慶十四年(1809),陝西盩厔縣樓觀臺傳戒,律師劉合侖,受戒弟子97人。④

3. 道光三年(1823),瀋陽太清宫傳戒,律師孫抱一,受戒弟子36人。⑤

4. 道光十三年(1833),瀋陽太清宫傳戒,律師趙堅忍,受戒弟子102人。⑥

據葛明新於民國六年(1917)撰《太清宫叢林歷史志略》:"查太清宫自前清道光三年(1823),經孫抱一方丈首先傳戒。十三年(1833),趙堅忍方丈繼續傳戒。"⑦孫抱一、趙堅忍二人生平不詳。從《太清宫志》中甚至查不到他們的姓名(抱一、堅忍都是號)。但劉偉華撰集《千華山志》,載千山有道光五年(1825)《重修聖清宫碑志》,署"宏戒演道教士(應爲宏戒演教道士——引者注)孫永全撰文",又有道光三十四年(誤,道光年號總共只有三十年,故應爲二十四年,即1844年,或三十年,即1850年——引者注)《重修圓通觀碑》,署"盛京太清宫宏戒演教道士孫永全敬撰",⑧可知孫抱一道名孫永全。

5. 同治四年(1865),武漢長春觀傳戒,律師張宗璿,受戒弟子人數不詳。⑨

---

① 《龍門正宗第一十六代崑山劉合侖衣鉢塔銘》説:"十三年(1808),本庵開期,(朱)教先力承法戒,受心叩妙諦,推使主教。"(王忠信編:《樓觀臺道教碑石》,第191頁)

② 《劉定中方丈重修八仙庵並繼張耕雲律師放戒記》,見巽宸翰(Pierre Marsone):《西安寺廟碑刻新史料》,載法國《三教文獻》1998年第2期。

③ 道光四年(1824)立《龍門正宗第一十六代崑山劉合侖衣鉢塔銘》、道光五年(1825)立《新建樓觀臺碑亭記》、道光七年(1827)立《朱還虚律師增修説經臺記碑》,載王忠信編:《樓觀臺道教碑石》,第190~193頁。參見王士偉:《樓觀道源流考》,第192頁。

④ 嘉慶十五年(1810)立《重修樓觀臺記》,載王忠信編:《樓觀臺道教碑石》,第189頁。

⑤ 五十嵐賢隆:《太清宫志》,第110頁。

⑥ 五十嵐賢隆:《太清宫志》,第110頁。

⑦ 五十嵐賢隆:《太清宫志》,第40頁。

⑧ 劉偉華撰集:《千華山志》,瀋陽:遼寧人民出版社,2002年,第349、360頁。

⑨ 李理安編:《長春觀志》,《中國道觀志叢刊》第8册,第123~124頁。

清末卓炳森等輯《(杭州)玉皇山廟志》,載道士"鄒圓性,江蘇吴縣人,曾在湖北省長春觀受張方丈戒律考試"。[①] 所説"張方丈",應指張宗璿。

6. 同治四年(1865),蕲州玄都觀傳戒,律師張宗璿,受戒弟子不滿50人。[②]

7. 同治九年(1870),陝西漢中留壩縣張良廟傳戒,律師任永真,受戒弟子59人。[③]

任永真(1798～1879),道派名義真,字起美,號信陽,"永真"爲其傳戒法名。遼寧鐵嶺人。拜北京南極宫華山派道士李仁貴爲師,得派名義真。道光六年(1826)至白雲觀,從張教智受戒。中年涉歷四海,遍謁名山洞府。後棲蹤於西安八仙庵。陝南紫柏山張良廟道衆聞其名,延請任住持。時該廟香火地多爲俗人侵佔,任永真通過數載訴訟,終於收回廟産。旋即化緣擴建廟宇,定爲十方叢林。咸豐十一年(1861)受沔縣知縣特諭,接管該縣武侯祠。同治九年(1870)在張良廟開壇傳戒。[④]

8. 同治十三年(1874),瀋陽太清宫傳戒,律師張宗璿,受戒弟子177人。[⑤]

9. 同治末或光緒初年,西安八仙庵傳戒,律師張宗璿,受戒弟子人數不詳。[⑥]

10. 光緒二年(1876),陝西漢中留壩縣張良廟傳戒,律師任永真,受戒弟子百餘人。[⑦]

11. 光緒五年(1879),瀋陽太清宫傳戒,律師魏明彩,受戒弟子244人。[⑧]

魏明彩(1823～1880),道派名魏永彩,字丹霞,號眠雲,"明彩"爲其傳戒法名。山東濟寧人。幼而慕道,自投千山出家,爲夏教琳弟子。咸豐初,受太清宫常住道士之請,任該宫監院,主持修繕事宜。十年之内,建三閣、三殿、六堂,全廟

---

① 卓炳森等輯:《玉皇山廟志》之《分支各師》,載《西湖文獻集成》第25册,第1262頁。

② 李理安編:《長春觀志》,《中國道觀志叢刊》第8册,第123～124頁。

③ 同治十年(1871)刊《紫柏山志圖》(中國國家圖書館藏本)。參見王宗昱:《清代漢中地區的全真道》,載《丘處機與全真道》,北京:中國文史出版社,2008年,第440～452頁;陳明哲:《任永真開創的張良廟道教叢林》,載《中國道教》2003年第2期。

④ 《真人任永真墓碑》、《留侯廟接管沔縣武侯祠墓碑》,載陳顯遠編:《漢中碑石》,西安:三秦出版社,1996年,第305～309頁。

⑤ 五十嵐賢隆:《太清宫志》,第111頁。

⑥ 《劉定中方丈重修八仙庵並繼張耕雲律師放戒記》,見巽宸翰(Pierre Marsone):《西安寺廟碑刻新史料》,載法國《三教文獻》1998年第2期。

⑦ 光緒二十八年(1902)傅至湝撰《了還律師墓碑記》,載陳顯遠編:《漢中碑石》,第365頁。

⑧ 五十嵐賢隆:《太清宫志》,第112頁。

修葺一新。“又構別業數區，增善地若干畝。至是居者日益衆，恒百數十人。”於同治十三年（1874）迎張宗璿來太清宫傳戒。百日期滿，張宗璿歸去，遂嗣法爲方丈。光緒五年（1879）開壇傳戒，傳衣鉢於監院謝宇壽。傳戒事畢，行化於濱海諸城，於光緒六年（1880）三月十一日羽化於北鎮廟内。①

12. 光緒六年（1880），西安八仙庵傳戒，律師劉永鎮，受戒弟子 104 人。②

劉永鎮，號定中道人。山東沂州費縣人。38 歲在遼東鐵刹山雲光洞出家，後遊終南山。③ 同治初年任西安八仙庵監院。時八仙庵遭受兵燹，“半成劫灰”。劉永鎮募緣重修。又不憚跋涉，赴南陽玄妙觀請來張宗璿律師，於八仙庵開壇傳戒。劉永鎮從張宗璿嗣法後，於光緒六年（1880）在八仙庵傳戒。此次傳戒的大師還有王合源、辛陽純、梁永禄、劉本成、□明智、田合祥、曹理閲、李是成、蔣理文、李教祥等。④

13. 光緒八年（1882）九月至十月，杭州玉皇山福星觀傳戒，律師蔣圓林，受戒弟子人數不詳。⑤

蔣圓林（1826～？）⑥，道派名蔣永林（一作永齡），號玄晶子，一號四爲，受戒道號長青子，“圓林”爲其傳戒法名。浙江東陽縣人。幼即好道，父母爲之娶妻，不願，避走普陀。後至天台山崇道觀，拜龍門派道士董教禮爲師。同治三年（1864），至杭州玉皇山。當時玉皇山福星觀毁於兵燹，蔣在當地官、商、信士的支持下，修復道觀，闢爲十方叢林。光緒七年（1881）赴北京白雲觀，從孟永才律師受戒。得孟律師付法後，於光緒八年（1882）九月至十月在福星觀開壇傳戒，任方丈律師。九月份傳戒，其他八大師分別是：證盟黄明蓮、監戒柯明超、保舉黄圓

---

① 《太清宫特建世系承志碑》、《太清宫叢林歷史志略》，見五十嵐賢隆：《太清宫志》，第 261～262、41 頁。

② 《劉定中方丈重修八仙庵並繼張耕雲律師放戒記》，見巽宸翰（Pierre Marsone）：《西安寺廟碑刻新史料》，載法國《三教文獻》1998 年第 2 期。

③ 白永貞：《增續鐵刹山志》卷十一《關東龍門派第九代十四支以下譜系》，第 17 頁。

④ 《劉定中方丈重修八仙庵並繼張耕雲律師放戒記》，見巽宸翰（Pierre Marsone）：《西安寺廟碑刻新史料》，載法國《三教文獻》1998 年第 2 期。

⑤ 來裕恂編撰：《杭州玉皇山志》卷八《齋堂匾額楹聯》，載《西湖文獻集成》第 21 册，第 801 頁。

⑥ 來裕恂編撰：《杭州玉皇山志》卷八《客堂匾聯》，載“光緒十一年（1885）夏，福緣集司事，恭祝蔣老方丈六十壽誕”（《西湖文獻集成》第 21 册，第 800 頁），可知蔣永林生於 1826 年。來裕恂在《杭州玉皇山志》的序中説蔣永林羽化於光緒二十二年（1896）（第 572 頁），卷十二所載蔣永林小傳，更具體説蔣永林羽化時間是“丙申（1896）夏”（第 865 頁）；但卷八所載《齋堂匾額楹聯》則説“光緒二十二年丙申十月，蔣律師弘道傳戒”（第 801 頁），則至少在光緒二十二年十月，蔣永林尚在世。故蔣永林羽化之時間，尚待找到更多的資料纔能弄清楚。

怡、演禮馬明和、糾儀張圓純、提科劉明誠、登籙朱明亨、迎請鄒明性。十月份傳戒，證盟、監戒、保舉、演禮、登籙諸師未變，糾儀劉明誠、提科洪明通、迎請曾明元。後蔣方丈又受各處信士之請，往餘杭洞霄宮、杭州佑聖觀、鎮海淵德觀、嘉興玄妙觀、錢塘四鄉東嶽廟“整頓規模”，並派徒分往管理。[①]

14. 光緒九年(1883)，杭州玉皇山福星觀傳戒，律師朱圓亨，受戒弟子人數不詳。[②]

朱圓亨(1821～?)[③]，傳戒法名“明亨”，浙江平湖縣人。拜蔣永林爲師。曾於同治十年(1871)進京，受戒於北京白雲觀[④]，考試排名張字第十六名，道號通徹子。光緒元年(1875)，蔣永林往餘杭洞霄宮，朱圓亨接任福星觀監院。光緒八年(1882)得蔣永林方丈付法。次年開壇傳戒。此次傳戒的其他大師分别是：證盟洪明通、監戒儲明安[⑤]、保舉黄圓怡、演禮夏明馨、糾儀王明清、提科何明本、登籙金明純、迎請陳明海、糾察徐明真、道值葉明義、引禮吕圓功和杜圓修。朱圓亨後被派往諸暨牌頭鎮斗子巖龍王殿任住持。[⑥]

15. 光緒十一年(1885)，杭州玉皇山福星觀傳戒，律師蔣圓林，受戒弟子人數不詳。[⑦]

此次傳戒的其他大師分别是：證盟朱明亨、監戒馮至安、保舉陳至峻、演禮范至受、糾儀儲明炳、提科吴至能、登籙鄭至珍、迎請陳明海、糾察陳明融、道值姚明亮、引禮褚明松和鄭明行。[⑧]

《委羽山宗譜》卷四載王圓法、薛明德於光緒乙酉年(1885)至玉皇山受戒於蔣永林(即蔣圓林)律師。[⑨]

---

① 卓炳森等輯：《玉皇山廟志》之《燹後興復玉皇山福星觀開創師》、《開山真傳重演戒律序》，載《西湖文獻集成》第25册，第1257～1258、1235頁；來裕恂編撰：《杭州玉皇山志》卷十二《蔣永林》，載《西湖文獻集成》第21册，第865頁。

② 來裕恂編撰：《杭州玉皇山志》卷八《齋堂匾額楹聯》，載《西湖文獻集成》第21册，第801頁。

③ 來裕恂編撰：《杭州玉皇山志》卷八《客堂匾聯》，載“光緒十六年(1890)，龍門弟子祝方丈朱圓亨稀慶”，(《西湖文獻集成》第21册，第800頁)，稀慶即70歲，可知朱圓亨生於1821年。

④ 卓炳森等輯《玉皇山廟志》謂朱圓亨赴北京白雲觀受戒於孟方丈(即孟永才)，據筆者前文所考，孟永才首次傳戒是在同治十二年(1873)，同治十年(1871)北京白雲觀傳戒方丈應爲張宗璿。

⑤ 此人曾於同治十二年(1873)赴北京白雲觀，受戒於孟永才方丈。(見王卡、汪桂平主編《三洞拾遺》第11册所收同治十二年北京白雲觀所印《登真籙》)

⑥ 卓炳森等輯：《玉皇山廟志》之《監院師》、《開山真傳重演戒律序》，載《西湖文獻集成》第25册，第1258、1235頁；來裕恂編撰：《杭州玉皇山志》卷十五《監院師》，載《西湖文獻集成》第21册，第904頁。

⑦ 來裕恂編撰：《杭州玉皇山志》卷八《齋堂匾額楹聯》，載《西湖文獻集成》第21册，第801頁。

⑧ 來裕恂編撰：《杭州玉皇山志》卷八《齋堂匾額楹聯》，載《西湖文獻集成》第21册，第801頁。

⑨ 王松渠等：《委羽山宗譜》卷四《王圓法宗師傳》、《薛明德宗師行略》。

16. 光緒十四年(1888)至二十年(1894),成都二仙庵先後五次傳戒,律師宋至智,受戒弟子人數不詳。①

宋至智,號慧安,江西豐城人。②據説原爲重慶水月庵道士,後任成都二仙庵方丈。③閻永和刊刻《玄都律壇傳戒引禮規則》之《入期掛號法》載,宋慧安於光緒十年(1884)至京師白雲觀,受戒於高仁峒律師。接法回川後,於光緒十四年(1888)在二仙庵開壇傳戒。至光緒二十年(1894),先後五次傳戒,每次戒期一年。④筆者所見二仙庵方丈申信筠於民國三十一年(1942)撰《二仙庵壬午壇登真籙序》也説:"光緒間,宋慧安方丈憫宗風漸靡,大法無傳,慨然欲振而新之。年八十餘,跋涉數千里,走京師,留白雲觀數年,丐蕲戒法。回川後,接引後進,度脱群迷,慕道之士聞風興起,遠方來蜀求法者,幾遍天下。"⑤

17. 光緒二十一年(1895)和二十三年(1897),成都二仙庵傳戒,律師閻理和,受戒弟子人數不詳。⑥

閻理和(? ~1908),道派名閻永和,字笙喈(一作笙階),號雍雍子,"理和"爲其傳戒法名。四川崇慶州人。⑦ 十餘歲時,父亡,遂出家修行。⑧自稱"儒林之棄材"。光緒十八年(1892)嗣法於宋慧安律師,任二仙庵方丈。建大殿及御書閣。⑨ 光緒二十一年(1895)傳戒,戒期一年。光緒二十三年(1897)再次傳戒,戒期縮短爲半年。並擬定以後每年九月份開壇傳戒。⑩閻永和在二仙庵傳戒總次數不詳。任二仙庵方丈期間,發起重新刊刻《道藏輯要》。光緒三十四年(1908)羽化。⑪

18. 光緒二十二年(1896),杭州玉皇山福星觀傳戒,律師蔣圓林,受戒弟子

---

① 閻永和刊刻:《玄都律壇傳戒引禮規則》之《入期掛號法》,見成都二仙庵刊刻《廣成儀制》戒律類第二函。

② 閻永和刊刻:《玄都律壇傳戒威儀品》之《祖堂奉師法座》,見成都二仙庵刊刻《廣成儀制》戒律類第二函。

③ 丁常春、李合春:《成都二仙庵歷史沿革》,載《中國道教》2006 年第 6 期。

④ 見成都二仙庵刊刻《廣成儀制》戒律類第二函。

⑤ 見民國三十一年(1942)《二仙庵壬午壇登真籙》,此件係筆者託朋友丁常春從收藏者手中購買。《廣成儀制》收有民國三十四年(1945)《二仙庵乙酉壇登真籙》,所述亦同。

⑥ 閻永和刊刻:《玄都律壇傳戒引禮規則》之《入期掛號法》。

⑦ 閻永和刊刻:《玄都律壇傳戒威儀品》之《祖堂奉師法座》,見成都二仙庵刊刻《廣成儀制》戒律類第二函。

⑧ 彭瀚然:《重刊道藏輯要序》。

⑨ 閻永和:《重刊道藏輯要緣起》。

⑩ 閻永和刊刻:《玄都律壇傳戒引禮規則》之《入期掛號法》。

⑪ 丁常春、李合春:《成都二仙庵歷史沿革》,載《中國道教》2006 年第 6 期。

336人。[①]

此次傳戒的其他八大師分别是:證盟馮明安、監戒姚明亮、保舉方明根、演禮李明昇、糾儀陳明誠、提科林明清、登籙沈明堅、迎請沈明福。[②]

《委羽山宗譜》卷四載陸至和、華理勳(號占塵)、鄧理言於光緒丙申年(1896)至玉皇山受戒於蔣永林(即蔣圓林)律師。[③]

19. 光緒二十六年(1900),浙江雁蕩山净名道院傳戒,律師淩圓佐,受戒弟子人數不詳。

《委羽山宗譜》卷四載童明雲於光緒庚子(1900)春至雁蕩山净名道院,受淩圓佐律師三大戒,考取第二名,賜號陟霄子。[④]又載金理筌(號竹泉)"就雁蕩净名道院,領三壇戒法於淩圓佐律師"[⑤]。

淩圓佐(1828~1911),道號會默子,浙江臨海下陵人。早年常患胃病,久治不癒,諸醫束手。18歲時,一日正襟危坐,似見一道裝長者賜以靈丹,服之病癒,如夢初覺。自思與道有緣,不敢自昧前因,乃立誓不婚,棄儒入道,至委羽山拜張永翰爲師,與沈永良真人(號醉顛)相友善。勵志清修,静坐無間。認爲内功須兼外行,每遇善舉,力行不怠。曾獨創茶亭有三、募建大石橋有二。遠近道士慕其道深行廣,德劭年高,迎請爲雁蕩净名道院方丈,登壇傳戒,講座宏開,頗極一時之盛。[⑥]

20. 光緒二十七年(1901),浙江樂清羊角洞傳戒,律師不詳,受戒弟子人數不詳。

《委羽山宗譜》卷四載鄧理言於光緒辛丑年(1901)任樂清羊角洞戒壇糾察(應爲糾儀)大師[⑦]。尚未查到律師是何人。

21. 光緒二十八年(1902),陝西漢中留壩縣張良廟傳戒,律師閻理和。傳戒分兩期,第一期受戒弟子15人,第二期受戒弟子25人。[⑧]

---

① 見杭州圖書館藏福星觀印《光緒丙申壇登真籙》。參見來裕恂編撰:《杭州玉皇山志》之《齋堂匾額楹聯》,載《西湖文獻集成》第21册,第801頁。

② 見杭州圖書館藏福星觀印《光緒丙申壇登真籙》。參見來裕恂編撰:《杭州玉皇山志》之《齋堂匾額楹聯》,載《西湖文獻集成》第21册,第801頁。

③ 王松渠等:《委羽山宗譜》卷四《陸至和煉師傳》、《華占塵大師傳》、《鄧理言大師小傳》。

④ 王松渠等:《委羽山宗譜》卷四《童明雲大師傳》。

⑤ 王松渠等:《委羽山宗譜》卷四《金竹泉煉師傳》。

⑥ 王松渠等:《委羽山宗譜》卷一《淩方丈先師事略序》、卷四《淩方丈創建廣福宫記》,參見任林豪、馬曙明:《台州道教考》,北京:中國社會科學出版社,2009年,第363~364頁。

⑦ 王松渠等:《委羽山宗譜》卷四《鄧理言大師小傳》。

⑧ 見張良廟現存光緒二十八年(1902)衆戒子爲閻理和傳戒誌慶所立"法戒精嚴"匾額。彭瀚然《重刊道藏輯要弁言》也提到閻永和曾被"陝西留侯祠(即張良廟)延往傳燈"。

22. 光緒二十九年(1903),山東濟寧常清觀傳戒,律師不詳,受戒弟子人數不詳。①

23. 光緒二十九年(1903)和三十年(1904),浙江鎮海淵德觀傳戒,律師方圓根,受戒弟子人數不詳。

《委羽山宗譜》卷二載蔡理鑒於光緒癸卯(1903)冬在鎮海淵德觀受方圓根律師三大戒②;卷四載葉明達於光緒癸卯(1903)在鎮海淵德觀從方老律師受三壇大戒,又載朱宗祥於光緒甲辰(1904)秋赴淵德觀從方律師受三壇大戒。③

24. 光緒三十二年(1906),西安八仙宫傳戒,律師李宗陽,受戒弟子人數不詳。④

李宗陽(1856~1939),又名理然,法名至然,號摶虚道人,又號涵三子。河南濟源人。生於咸豐六年(1856)正月十九日。⑤幼隨叔父習商於南陽石橋鎮。未及成年,一日於大雪中晨起,遇異人,遂至南陽卧龍崗武侯祠出家爲道士,度師爲劉至善。⑥ 旋赴嵩山石室,静坐一載。復入華山,潛修煉養術。博覽三教經書。後赴北京,拜白雲觀方丈高仁峒爲師,並從高受戒。嗣返南陽,偕老母至陝西。李宗陽住西安東關八仙庵,在廟外租小屋供養其母,以孝敬聞名遠近。兩年後被推舉爲八仙庵監院。光緒二十六年(1900)八國聯軍攻佔北京,慈禧太后與光緒皇帝逃至西安。慈禧曾赴八仙庵進香,李宗陽奏對稱旨,獲賜玉冠、紫袍,敕封八仙庵爲"萬壽八仙宫"。光緒三十二年(1906),李宗陽在八仙宫開壇傳戒。次年赴各地雲遊參訪。三年後,居杭州玉皇山黄龍洞静修。民國元年(1912)南陽玄妙觀住持姚祥瑞被革命軍處死,李宗陽應該觀道衆之請擔任住持。曾與南陽紅十字會合辦紅十字醫院,在玄妙觀設孤兒院,收養棄嬰及苦難兒童。民國八年(1919)在南陽玄妙觀傳戒,受戒弟子 144 人。民國二十五年(1936)因年高卸任

---

① 吉岡義豐:《白雲觀の道教》,第 30 頁。

② 王松渠等:《委羽山宗譜》卷二《世系圖》,第 94~95 頁。

③ 王松渠等:《委羽山宗譜》卷四《葉明達大師小傳》、《朱宗祥煉師傳》。

④ 張建新、陳月琴編著:《西安八仙宫》,第 115 頁。

⑤ 五十嵐賢隆:《太清宫志》,第 115 頁載民國八年(1919)南陽府玄妙觀己未戒壇傳戒律師爲李至然,號宗陽子,係河南濟源縣人氏,丙辰(1856)相,正月十九日吉時建生。

⑥ 李宗陽爲其師所撰墓志曰:"師姓劉,諱至善,號若水,中州南陽人。性醇樸,幼業儒。年四十戴黄冠於諸葛廬。以弟子宗陽掌教關中,西遊秦,時棲老子説經臺,潛心默悟玄機,終日寂静寡言。宣統元年春,冥坐,翛然仙逝。"見王忠信編:《樓觀臺道教碑石》,第 102 頁。

住持之職。民國二十八年(1939)病逝於玄妙觀。[①]

25. 光緒三十四年(1908),浙江樂清縣羊角洞傳戒,律師姓王,名不詳,受戒弟子人數不詳。

《委羽山宗譜》卷二載陳理定、孫理華於戊申歲(1908)赴羊角洞,"受王律師三大戒",又載余至衆於戊申(1908)冬在羊角洞受三大戒。[②]

26. 宣統元年(1909)和二年(1910),河南南陽玄妙觀傳戒,律師姚祥瑞,受戒弟子分别爲300多人和5人。[③]

姚祥瑞(1847~1912),傳戒法名明瑞,號藹雲。在光緒八年(1882)高仁峒傳戒的《登真籙》上,姚明瑞任保舉大師。[④]該《登真籙》載姚明瑞係陝西西安府渭南縣人,生於丁未年(1847)十月十二日。其生平梗概見於曾任河南巡撫的于蔭霖所撰《西北園記》,謂其故家陝西,遭戰亂,闔門遇難。年十七,投奔清軍將領多隆阿(1817~1864)。多隆阿很賞識他,命他率親軍馬隊。身經數十戰,積功陞任遊擊。多隆阿卒後,遂棄官變名,入嶗山學道。復遊楚燕豫間。又至奉天(今瀋陽),棲太清宫。入都,居白雲觀。完顔崇厚撰《丘長春真人事實》載,光緒八年(1882)他恭録長春真人事實,送交白雲觀,懸於丘祖殿壁,復與高雲溪方丈、姚藹雲監院晤談,皆欲刻碑以垂永久。[⑤]由此可知,光緒八年(1882),姚氏已任白雲觀監院。又據上引《龍門傳戒譜系》之陳明霦傳,可知光緒十年(1884)時,姚氏仍在白雲觀監院任上。光緒乙酉(1885),來到南陽玄妙觀。[⑥]不久,即任玄妙觀方丈。姚祥瑞熱心教育,曾投巨資辦學堂。光緒三十二年(1906),河南總督和學部上書朝廷,請求對姚祥瑞和玄妙觀的辦學成績予以嘉獎。慈禧太后應請爲玄妙觀寫下了"全真廣學"和"惠浹中州"兩塊匾額。[⑦]民國元年(1912),姚祥瑞因與革命黨人爲敵,被革命軍處決。[⑧]

---

① 參見民國三十年(1941)曹天鐸撰《涵三子李宗陽道行碑》(感謝劉迅博士贈閲);《陝西省志·人物志》中册第五章《民族與宗教人物》,西安:陝西人民出版社,2005年;張建新、陳月琴編著:《西安八仙宫》,第39~46、114~115頁;張小麗《道長李宗陽生平事略》,載《中國道教》1997年3期。

② 王松渠等:《委羽山宗譜》卷二《世系圖》,第103、114、68頁。

③ 郭啓朝、姚偉:《道教叢林南陽玄妙觀系列之三》(2007年11月8日《大河報》B26版),載姚祥瑞在宣統元年(1909)傳戒,受戒弟子300多人;吉岡義豐:《白雲觀の道教》第30頁,載玄妙觀於宣統庚戌(1910)傳戒,受戒人數僅5人。

④ 見北京大學圖書館所藏光緒八年壬午壇《玄都律壇戒律》。

⑤ 小柳司氣太:《白雲觀志》,第155頁。

⑥ 光緒三十年(1904)《南陽縣志》,第1424頁。

⑦ 郭啓朝、姚偉:《道教叢林南陽玄妙觀系列之四》(2007年11月9日《大河報》B19版)。

⑧ 見南陽縣地方史志編纂委員會編:《南陽縣志》,鄭州:河南人民出版社,1990年,第587頁。

27. 宣統三年(1911),浙江鎮海淵德觀傳戒,律師姓周,名不詳,受戒弟子人數不詳。

《委羽山宗譜》卷二載朱至清、王理疇於辛亥歲(1911)赴鎮海淵德觀受周律師三大戒。①

八、全真道傳戒的戒本、儀軌初探

王常月所宣講的戒律,依次爲初真十戒、中極三百戒和天仙大戒,後世稱爲三壇大戒。

《道藏輯要》收有《初真戒》,據説是王常月在北京白雲觀傳戒的戒本。

《初真戒》所載十戒,標明是"虚皇天尊所命",即《道藏》中《虚皇天尊初真十戒文》所載十戒,但第七戒有所更改。《道藏》本第七戒規定"不得飲酒過差,食肉違禁",並不禁絶酒肉,只是不得飲酒過量,不得食用牛、犬、雁和鯉鱔等(因爲牛有功,犬有義,雁有序,鯉鱔朝北斗)。②《初真戒》則改爲"不得飲酒食肉,犯律違禁",規定得更嚴了。

當然,《初真戒》的重點不是十戒條文,而是領受三壇大戒的各種規矩,以及如何依戒修行。

《初真戒》中規定,入道者先受三皈依戒(即皈依道、經、師三寶)。再受積功歸根五戒(戒殺生、葷酒、口是心非、偷盜、邪淫)。"凡能持此五戒,精進無虞者,益算延齡,天神護佑,永脱五刑之苦,世世不失人身。"既受五戒,每日早晨焚香,誦《三官經》,念《太上感應篇》,並對照經文校正自己身心有無所犯。鍛煉百日,惡念盡消,方許受初真十戒。持守十戒無犯,方許再受中極三百大戒。已入鉢堂修煉身心者,及行持中極戒歷三年者,方受天仙戒。

《初真戒》中規定,凡學人未習戒法,不得習經法。入戒壇習初真戒未熟,不得躐等受中極戒。年少初真戒行未堅,道心未篤,宜專持本戒,不得早受中極戒。

書中謂,受天仙者,稱"妙道師";受中極戒者,稱"妙德師";受初真戒者,稱"妙行師"。

書中對傳戒三大師的資格也作了規定:傳戒本師乃太上繼宗演教、接化大德之師,不受天仙戒者,不得擔任。而證盟大師和監戒大師,非受中極戒者,不得擔

① 王松渠等:《委羽山宗譜》卷二《世系圖》,第148、155頁。

② 《道藏》第3册,第404~405頁。

任。

書中分别規定了領受天仙戒、中極戒、初真戒者,一百日内如何行持。受天仙戒者,持誦《道德經》。每日寅時,信禮十方,共十拜。子午二時,静坐内觀。受中極戒者,每日巳時,先禮足律師,然後起拜朝天懺,並靈寶大懺。受初真戒者,每日巳時,先禮足律師,然後起拜宥罪法懺。百日内禁足,不得出外應供,不得出外誦經。過百日不忌。"每逢戊日(戊日不朝真、不拜懺——引者注),與同戒者,或先覺師,進修德業,或講論《道德》、《南華》、《文始》、《譚子》、《黄庭》等經並諸家道典。熟讀一卷,主吏計功十倍。講明一卷,主吏計功百倍。"

書中還規定了受初真戒、中極戒、天仙戒者所着不同衣服,以及不同的修持和得到的果報。受初真戒者,着初真信衣,行千二百善,持《清静經》、《大通經》、《洞古經》,得真人戒果;行持具足,進受中極戒,着輕塵净衣,行二千四百善,持玉帝大法,得地仙戒果;行持具足,進受天仙戒,着天仙霞衣,戴五嶽真形冠,着五雲輕履,行一百八十細行密戒,或三百大戒,行三千六百善,參《道德經》,得天仙戒果。

書中對静坐繩床以及置辦衣、鉢、策杖、戒尺、净水瓶、牒囊、熏籠、刷牙等都作了規範。所載《玄門持戒威儀》,包括出入威儀、事師威儀、視聽威儀、言語威儀、盥櫛威儀、飲食威儀、聽法威儀、出行威儀、起立威儀、坐卧威儀、作務威儀、沐浴威儀等各個方面。還有弟子奉師科戒 39 條(實列 35 條),有關穿着戒衣的規矩 46 條。

這些規定,有的是爲了體現道教信仰的神聖性,如:"看閱經典,不得箕踞,當焚香,正襟危坐","閱戒本當焚香禮拜,不得草率展閱","不得當聖像坐",戒衣"不得置於不净之地,不得當賣,不得與常衣混同雜亂";有的是爲了維護師道尊嚴,如:"問師道法當禮拜","凡事白師,師聽與否,皆當作禮而退,不得含慍","師教戒嚴,切不得還逆語","隨師出入,不得左顧右盼,當低頭隨後","弟子不得犯師名諱";有的是爲了堅固道心,如:"不得無故至俗家","或有事至俗家,事畢即返,不得久留","不得與親俗小兒等笑談雜語","入城市,遇一切戲幻聚衆事,不得注目視","歸,不得侈談城市風景奢華","不得注視亂色,嘆羡奇艷","不得聽淫樂";有的是爲了防止謀利貪財,如:"不得專揀應赴經典(關於爲信衆做法事的經典)習學","不得見士俗,便説當佈施作福","不得强化施主財物,亦不得囑託豪貴親知募化","不得貨殖營利","不得假託緣事,募財爲私用";有的屬於社會功德方面,如:"棄不净水,不得當路。當低低潑下,不得高手揚潑,濺人衣上","有瘡癬當避人,不得盥手共器","有可畏瘡疣,不得刺人目";有講究衛生方面的,如:"夏月盥器當覆,不令生蟲","内衣宜頻澣,有蟣虱宜先拾去","髮宜多櫛"，"凡洗菜，當三易水"，"凡汲水，當諦視有蟲無蟲，絹濾過方用"，"凡作食，當三澡手，不得帶爪甲垢"，"掃地，當先灑水。……不得揚塵，不得逆風掃"。

行持各種規戒，關鍵在於一個"敬"字，時時約束身心，不讓放肆。"《書》云：'不矜細行，終累大德。'約而言之，事事不過一敬；推而廣之，洋洋奚止三千。現前衆等，若能隨事體察，觸類旁通，始或勉强，終歸自然也。勇猛力行，無怠無忽，不惟具大福報，決定仙都紀名，復有護戒神王，營護戒體，證無上道。"

書中附有《女真九戒》，謂："若道姑，若信女，而能行持不退，有大利益。不經地獄之苦，必生十善之家。再能精進修持，圓成戒果，名登紫府，位列仙班矣。"

《初真戒》最後是《崑陽律師付囑偈》，共六首：其一整衣（戒衣），其二護鉢，其三惜鞋，其四藏牒（戒牒），其五參訪，其六行持。

《道藏輯要》還收有《中極戒》，標明即《上清洞真智慧觀身大戒經》。與《道藏》本《上清洞真智慧觀身大戒經》比較，《中極戒》的條文作了較大改動。《道藏》本前 160 戒中，大多先是"道學不得做什麽"，然後是"道學不得教人做什麽"，相鄰兩條戒律的内容是一樣的。《中極戒》没有以"道學不得教人做什麽"的形式重複"道學不得做什麽"的内容。這樣，在前 160 戒中，《中極戒》增加了很多《道藏》本没有的戒律。後面的條文，《中極戒》也作了較大改動。在 300 條戒律後面，《中極戒》還有行持秘咒及跋文。可見，《中極戒》是以《上清洞真智慧觀身大戒經》爲"藍本"重新編纂的一部戒經。我們尚不清楚《中極戒》是否由王常月編纂，但應該反映了王常月的戒律思想。

目前尚未看到署名王常月傳下來的天仙戒的戒本。據説王常月的徒孫詹太林曾於"丙子（1696）上元，傳戒京師靈佑宫，門人以三品戒經屬之梓"①。既然説是"三品戒經"，則應包括天仙戒的戒本。

閔一得在《皇極闔闢證道仙經》第十章的注中説："律祖於順治、康熙間，五開演鉢堂，付授太上三大戒，弟子三千餘人……其所傳，有律、有書、有手卷，卷中載歷祖支派自太上而下所傳戒偈，或五言、或七言、或四言，纍代相承無缺。無所承者，則必屬冒人，律必究送勿貸。卷上録有諭旨冠其卷端，而玄律亦極嚴，所以杜假冒耳。所傳之書，義理本無所禁，然戒律鄭重，恐人褻玩，故輕泄之律最嚴，是以律裔一概襲藏，而凡無人可授之裔，則必聚而焚之。此食古不化之流弊。律祖三傳而道遂絶。今嘉慶間所開演鉢，丘祖戒本失傳，近所傳訪諸《净明宗教録》，

① 詹太林：《弘戒序》，載成都二仙庵刊刻《廣成儀制》戒律類第二函《威儀品》。

與丘祖所傳,小同而大異也。”①

查康熙年間胡之玫父子②編纂的《净明宗教録》③,卷五載有《太上十二上品飛天法輪勸戒妙經》、《净明初真戒經》、《净明正真戒經》、《净明上真戒經》、《净明在家奉持戒儀》、《净明女真戒儀》和《净明三真科戒威儀》。其中《净明初真戒經》説:“初真之士,務審其願力堅固,年紀老成,貫籍有據,聲音有别,師長有聞,無諸暗疾,方可准入戒壇。”“戒期前五日,聽選戒元,以領衆戒。”可見清初净明道也是實行集體傳戒制度。净明道的戒律也分三個層次:初真、正真、上真,與王常月所傳戒律分初真、中極、天仙有些相似。嘉慶年間北京白雲觀重開戒壇,戒本和儀軌是否參考了《净明宗教録》,尚需找到記載當時傳戒情況的文獻纔好做判斷。

後來被全真道奉爲天仙戒戒本的,是《道藏輯要》中收録的《三壇圓滿天仙大戒略説》。④ 該書署名“開玄闡秘宏教真君柳守元撰”。按,《道藏輯要》中有許多經書都署名柳守元撰。據《道藏輯要》所載,他是“天仙初祖”吕洞賓的弟子,爲“天仙二祖”。日本學者認爲,柳守元就是《吕祖全書》中所説的柳棨。清乾隆年間劉體恕等編《吕祖全書》卷十三有“吕祖晉秩玄元誥命”,説紫微大帝奉元始誥命,給吕洞賓晉秩後又給柳棨晉秩“玉樞右宰宏教真君”。⑤卷三十二“柳真君誥”,下有小注説,柳真君“爲吕祖首座弟子,諱棨,號青青子。《清微三品》告成,奉元始敕命,晉秩真君之號”。⑥《金蓋心燈·道譜源流圖》也説:“純陽帝君弟子有柳真君,名棨,字飛卿,晉代人,至唐朝得度,後封宏教真君。”日本學者研究發現,蔣元庭在《吕祖全書》基礎上所編《全書正宗》,將柳棨更名爲柳守元。⑦ 若柳守元即是柳棨,則其所撰《三壇圓滿天仙大戒略説》應是飛鸞降筆而成。

柳守元撰《三壇圓滿天仙大戒略説》的原因,書中有交待,説是“學道之士,戒行修持初真、中極皆有可聞,獨於天仙大戒曾未聞説”。於是“天仙初祖孚佑帝君”特命柳守元“將天仙大戒秘旨傳示人間,以作三壇圓滿功德”。

《三壇圓滿天仙大戒略説》稱元始天尊説天仙無極大戒。書中主要列舉了

---

① 《藏外道書》第10册,第381頁。

② 胡之玫係清初南昌青雲譜道院開山住持朱道朗之弟子。

③ 此《净明宗教録》共十卷,係民間人士收藏本,中國道教協會研究室2004年整理重刊。

④ 已知同治十二年(1873)北京白雲觀孟永才律師傳戒時,天仙大戒的戒本即是《三壇圓滿天仙大戒略説》。見王卡、汪桂平主編《三洞拾遺》第11册所收同治十二年受戒弟子王信祉所領受的《天仙戒》。

⑤ 《藏外道書》第7册,成都:巴蜀書社,1992年,第258頁。

⑥ 《藏外道書》第7册,第527頁。

⑦ 森由利亞:《清朝全真教の傳戒と吕祖扶乩信仰——天仙戒現行本の成立をめぐつて》,載《福井文雅博士古稀紀念論集》,東京:春秋社,2005年。

"不可稱量"的十種遠身行法、十種離口過法、十種除惡想法、十種拔逮根法、十種絶聲色法、十種儉愛欲法、十種放玩習法、十種洗垢穢法、十種無昏惑法、十種不淫想法、十種不疑空法、十種平好醜法、十種不邪還法、十種常住無法、十種絶心想法、十種習悉意法、十種善防言法、十種不亂轉法、十種不悟念法、十種不彼念法、十種不悠想法、十種無常定法、十種無常的法、十種無常顧法、十種不追懷法、十種無猶豫法、十種忍不可忍法。戒律方面,主要摘録了《碧玉真宫大戒規》、《太微靈書紫文仙真忌記上經》、《靈寶大乘妙法蓮華真經》和《孚佑帝君十戒功過格》。書中摘引經文甚多,如《無上内秘真藏經》、《洞玄靈寶業報因緣經》、《太上虚皇四十九章經》、《太上十二品法輪勸戒經》、《洞玄靈寶千真戒科》、《靈寶元陽妙經》、《玉皇本行集經》、《清静經》、《北斗玄靈心咒》、《玉皇心印妙經》、《純陽吕祖天師心經》、《無極至道沖虚太妙金玉玄經》等。最後以《吕祖寶誥》終篇。

每個受過全真道三壇大戒的道士,領受《初真戒》、《中極戒》、《天仙大戒》各一份。筆者所見清同治十二年(1873)受戒道士王信祉領受的三壇戒文,與《道藏輯要》所載《初真戒》、《中極戒》、《三壇圓滿天仙大戒略説》無異,只是在前面加了一段記載受戒人和此次戒壇情況的文字。如《初真戒》起首的文字是:

> 受戒弟子王信祉,年十七歲,丁巳相,六月二十九日寅時建生,叨蒙
> 中天大聖北斗第六宫北極武曲紀星君主照身命。直隸省順天府宛平縣人。在本縣吕祖閣出家,度師費誠卜。今在京都白雲觀全真律壇嗣
> 天仙正宗第十八代上永下才孟大律師門下拜受初真十戒玄都律文一部,終身佩奉,勿得違犯。須至通知臨壇
> 證盟師劉永春,糾儀師高永盛,
> 監戒師趙圓祥,提科師費圓樸,
> 保舉師宋元福,登籙師于明鱗,
> 演禮師趙圓勤,引請師李元山,
> 上元道化真君,中元護正真君,下元定志真君,主壇孟承誥奉行。①

戒文末尾增加"大清同治十二年歲次癸酉冬期領受"字樣。

《中極戒》和《天仙大戒》前所加文字相同,只將"拜受初真十戒玄都律文一部"分别改爲"拜受中極净戒玄都律文一部"和"拜受天仙大戒玄都律文一部"。

---

① 王卡、汪桂平主編:《三洞拾遺》第11册,第91頁。

另,《天仙大戒》中,受戒弟子的名字改爲“王元祉”。這是因爲王信祉受天仙大戒後,即接續傳戒律師孟永才的法統,故改名王元祉(龍門派字輩中“圓”字常簡寫成“元”)。北京大學圖書館藏《玄都律壇戒律》,係清光緒八年(1882)在北京白雲觀受戒的全真道士李理敬領受的三壇戒文、《守戒必持》和《登真籙》,其中《初真戒》和《中極戒》都署李理敬,而《天仙大戒》則署李至敬,接續該次傳戒律師高明峒的下一輩分。可見,受天仙大戒後,改從傳戒律師的下一輩分,乃是全真道傳戒的定規。

按,上文已提到,傳爲王常月所述《初真戒》,規定受戒弟子未受初真十戒前,先受積功歸根五戒,“每日早晨焚香誦《太上三元三品三官大帝護國佑民延生保命真經》(簡稱《三官經》),接念《太上感應篇》”①;受初真戒後,“持《清静經》、《大通經》、《洞古經》”②。此五部經書,被列爲受戒弟子必須持誦的寶典。第十八代律師孟永才於同治十二年(1873)在北京白雲觀傳戒時,鑒於受戒弟子必須持誦《感應篇》、《洞古經》和《大通經》,而這三部經書“向係抄傳口授,原無正本”,遂將這三部經書,連同自己所作的十首偈,一同刊刻,命名爲《守戒必持》,發給每位戒子。孟永才爲何没刊刻《清静經》和《三官經》? 可能是因爲這兩部經書已有刻本(其中《清静經》收入《玄門日誦早晚功課經》)。孟永才所刊刻的《守戒必持》,後來一直作爲受戒道士領受的文本之一。到光緒十五年(1889),成都二仙庵住持宋慧安與戒子閻永和重刻的《守戒必持》中,又增加了《羅念庵仙翁醒世詩十二首》。③羅念庵即明代學者羅洪先(1504~1564),嘉靖八年(1529)狀元。好仙道,《别殷市隱》詩曰:“我昔厭塵鞅,遺世問長生。中道逢市仙,餌我丹霞精。云此能起屙,騰化餘空名。但得松喬訣,何必遊華清。忽與此言會,恍然百慮平。宇宙不可逃,聊得從君行。”④關於羅洪先與“醒世詩”的關係,參見張子開《“醒世詩”考辨》⑤。

全真道十方叢林開壇傳戒,除了要推選傳戒方丈律師外,還要聘請傳戒八大師,即證盟大師、監戒大師、保舉大師、演禮大師、糾儀大師、提科大師、登籙大師和引請大師。八大師的職責分别是:“證盟指授教典,監戒背律考行,保舉薦引入戒,演禮教習禮法,糾儀稽察勤怠,提科懺悔過愆,登籙專司詞表經牒,引請率衆

① 《道藏輯要》張集七,亦見《藏外道書》第12册,成都:巴蜀書社,1992年,第18頁。
② 《道藏輯要》張集七,亦見《藏外道書》第12册,第20頁。
③ 見《廣成儀制》戒律類第二函。
④ 《四庫全書》本《念庵文集》卷十九《古詩》。
⑤ 《東方叢刊》總第57輯,2006年第3期,桂林:廣西師範大學出版社,2006年8月,第76~101頁。

三請登壇。”[①]此外，還有“道值師”，每日領取方丈示“道值籤”，巡視各寮，查處犯規戒子。[②]

傳戒前，就要做一系列的準備工作。據曾在成都二仙庵受過“代戒”的楊錫民先生撰文稱，傳戒的準備工作大體有三項：(1)修製戒中應用之道具，儲備主副食品及燃料，添製應用物品，修理圜堂床、棹，選拔傳戒大師，演習禮儀等。(2)雇成衣匠、錫匠、刻字匠等，做天仙戒衣（爲布製黄色黑邊之衣服）、規（爲黄色黑邊之拜墊）、錫鉢、木笏（即簡）等。(3)印刷初真、中極、天仙三大戒律書籍及應學習之書籍。[③]

關於傳戒的儀軌，北京玉清觀全真道士房永謙於同治十三年(1874)所抄《玄都律壇威儀戒科全部》，有較詳細的記載。光緒末年，成都二仙庵方丈閻永和又刊印了《玄都律壇傳戒威儀品》上、中、下三卷[④]，除中卷主要承襲《玄都律壇威儀戒科全部》的内容外，又增添了一些科儀規範以及《全真清規》、《孚佑帝君垂訓文》、《長春真人垂訓文》等。閻永和還刊印了《玄都律壇傳戒引禮規則》[⑤]，從入期掛號法到説三壇大戒法，共有數十種科儀規範。

曾於1995年在青城山受戒，後擔任2002年千山五龍宫傳戒律壇登籙大師的任宗權，在其所著《道教戒律學》一書中，根據其收藏的清代及民國時期的手抄資料，將全真道傳戒儀軌分爲以下幾個方面：(1)戒壇規制，如戒壇法座式、各種牌式等。(2)戒壇諸文式，如戒堂清規榜、律壇清規榜、律壇知事榜、律壇執事行爲榜、供齋榜文、登真威儀榜、新戒投嗣稿、青詞稿、各種疏文等。(3)戒壇行持，如入戒次序、戒堂行持鐘板定規、新戒入堂規範、審戒法則、殿堂課誦式、各種禮節等。(4)戒壇儀仗，如天樂儀仗、仙仗、法壇儀仗等。(5)戒具規格，如道值籤、清規戒尺、净水瓶、戒冠、戒衣、戒鞋、戒規（拜墊）、戒簡、戒鏟、熏籠等。(6)傳戒諸科儀，如迎請方丈入院科、迎接諸大師科、戒壇祝將科、拜請律衣科、三請律師科、接續法統科、説三壇大戒科、傳授衣鉢科等。[⑥]

據曾擔任過1989年北京白雲觀傳戒律壇保舉大師的黄信陽道長介紹，傳戒期間的科儀内容，主要有揚幡、張榜、開壇、取水、蕩穢、迎師、請聖、祝將、演禮、審

---

① 《登真籙》，見王卡、汪桂平主編：《三洞拾遺》第11册，第186頁。

② 黄信陽：《道教全真派的傳戒科儀》，載《中國宗教》2009年第8期。關於“道值籤”的式樣，參見《玄都律壇威儀戒科全部》。

③ 楊錫民：《我所瞭解的成都二仙庵》，《宗教學研究》1984年第1期。

④ 見《廣成儀制》戒律類第二函。

⑤ 見《廣成儀制》戒律類第二函。

⑥ 任宗權：《道教戒律學》下册，北京：宗教文化出版社，2008年，第412～564頁。

戒、考偈、誦經禮懺、上大表、説戒、過齋堂、傳授衣鉢、發放戒牒、晉表謝神、大回向、落幡送聖等儀式。①

律師傳戒説法是整個傳戒活動中最重要的内容。《玄都律壇威儀戒科全部》記載了如何演説初真、中極和天仙三壇大戒：先是使者念四句七言詩，然後是律師説四句七言詩，然後使者再念一段文，然後保舉師念一段文，然後律師答一段文，然後衆人念一段文，然後律師念一段文，然後引禮師念一段文，然後律師又念一段文。後面證盟、監戒諸大師各有念白。然後律師解説戒文。中間還有一些禮儀動作。最後衆念"全真演教天尊"聖號。任宗權《道教戒律學》有更詳細的記載。②

傳戒活動中，要進行審戒和考偈。

關於審戒：《玄都律壇威儀戒科全部》載，方丈掛牌，某月某日某時審戒。演禮師領衆戒子入靈官壇，拈香示衆畢，引禮師領戒子登證盟堂，跪聽證盟、監戒二師審問本身罪過。問畢，各落罪單一張。③《玄都律壇傳戒威儀品》卷中載有《審戒規則》。任宗權《道教戒律學》對審戒有詳細的介紹。④

關於考偈：《玄都律壇威儀戒科全部》載，戒子各作偈一首，七言二韻，"俾諸子心地工夫、古今學業，顯露呈明"⑤。

黄信陽道長説："考偈：由戒壇預設考題，主要考核文采學問，通過該項程序，方丈和衆大師可以從中瞭解戒子的稟性和志嚮，以便進行道教人才的後續培養。考偈結束，即按'千字文'的排序，排出名次。"⑥

考偈一般是由方丈、大師們出8個字，讓戒子們依此8個字作藏頭詩一首。據説王常月第一壇大戒出的藏頭詩題目是"上祝當今皇帝萬歲"。獲考偈天字號（即第一名）的戒子所作藏頭律詩是："上壇齊舉步虚聲，祝國迎祥竭寸誠。當日陳情金闕内，今朝香靄玉爐焚。皇圖鞏固山河壯，帝道遐昌日月明。萬民瞻仰堯舜日，歲稔豐登樂太平。"這首詩已被全真道收入《太上玄門早壇功課經》中。⑦

傳戒結束，所有戒子的名字，按成績排序，登在《登真籙》上，並注明道號（某某子，受戒時由登籙大師以神的名義所起）、派别、年齡、籍貫、出家宫觀和度師。同時，每名戒子獲發一份《净戒牒》，即某年在某律壇受戒的證明。

---

① 黄信陽：《道教全真派的傳戒科儀》。
② 任宗權：《道教戒律學》下册，第527～561頁。
③ 王卡、汪桂平主編：《三洞拾遺》第11册，第52～53頁。
④ 任宗權：《道教戒律學》下册，第467～470頁。
⑤ 王卡、汪桂平主編：《三洞拾遺》第11册，第66頁。
⑥ 黄信陽：《道教全真派的傳戒科儀》。
⑦ 任宗權：《道教戒律學》下册，第625～626頁。

護城保國

——十九世紀中葉清廷抵禦太平軍時期的南陽玄妙觀

□劉迅撰　宋學立譯

摘要:本文探討和研究了清代咸同年間太平天國戰爭時期南陽全真道玄妙觀在守護南陽城池的幾次戰斗中所扮演的角色。這個初步研究説明這座全真道教宫觀之所以效忠清廷並致力於守護南陽城池,不僅是由於其方丈張宗璿個人對於太平軍所懷有的厭惡,而更重要的是它反映出南陽玄妙觀從清初到19世紀中葉長期與清廷合作的傳統格局,和其多年致力於地方社會的經濟和儀式生活的結果。它還顯示由於其可觀的物質和經濟財富,還有其深厚的文化資本和政治影響力,南陽的玄妙觀成爲形塑清末當地社會和歷史的一股極俱活力的力量。

關鍵詞:南陽　全真道教　玄妙觀　叢林　合作　地方社會　經濟生活　儀式　太平軍

作者簡介:劉迅,美國南加州大學歷史學博士,現在美國新澤西州立羅格斯(Rutgers)大學歷史系任教。著有《摩登道:民國時期上海道教内丹的創新、俗衆修煉和社團》,哈佛大學亞洲學中心—哈佛大學出版社2009年出版。另外與宗樹人合編《永恒與現代之間:二十世紀的道教》,加州大學出版社2011年出版。目前,正在撰寫一部明清以來全真道教與南陽地方社會和國家互動的社會文化歷史專著。

導言

宗璿之有勞於南陽非一日也,南陽之民欲有以酬宗璿之勞非一人也。然則是舉也非爲經也,爲宗璿也。非爲宗璿也,爲南陽也。且非直爲南陽也!南陽之民,天下之民也。南陽之民之心,天下之民之心也。舉而獲天下之民之心！[①]

這段話出自傅壽彤（字青餘）之口，目的是爲了奏請清皇室和政府賜予南陽玄妙觀方丈張宗璿一部珍貴的《道藏》，時間是1867年五月。1850年至1865年，正值清政府鎮壓太平軍的巔峰時期。當時，傅壽彤在河南擔任鹽運使、候補道員。[②]在其任上，他被從開封派往南陽，在汝南道負責抵制太平軍（汝南道位於河南省西南部，是一處戰略要地）。當時，太平軍和捻軍曾幾度圍困南陽城。傅壽彤負責南陽城及其周邊幾個區縣的城防工作。他和玄妙觀方丈張宗璿攜手，與太平軍、捻軍展開多次激戰。[③]和張宗璿方丈協同作戰的經歷促發傅壽彤及其同僚們産生了下面這樣一種非常强烈的願望：奏請清政府認可並重視這位全真方丈及其統領的玄妙觀在守城過程中發揮的關鍵作用。

那麼，最初是什麼原因促發傅壽彤向清政府提出上述請求的呢？張宗璿是什麼人呢？在守護清政府在南陽地區政治利益的過程中，爲什麼此人會發揮如此之大的作用呢？這位玄妙觀方丈究竟做了些什麼纔得到清朝地方和中央政府的如此器重呢？爲了回答上述這些問題，我們有必要從研究這座全真玄妙觀的歷史着手。張宗璿是南陽玄妙觀的一位傑出的道教方丈，同時也是一位頗具影響力的地方社會領袖。19世紀中期，他曾和清軍一起設防抵禦太平軍。

在中國清代的一些主要的道教叢林中，坐落於南陽城北部的玄妙觀一般很少受到關注。事實上，直到最近，中國和西方的學術界還很少有人瞭解下面這一事實，即南陽玄妙觀曾經是清代主要的全真叢林之一。有清一代，在以武當山爲中心的真武信仰體系中，南陽玄妙觀一直發揮着至關重要的區域中心作用。在研究20世紀早期道教宫觀生活時，日本學者吉岡義豐（Yoshitoyo Yoshioka）曾專門探討了藏於北京白雲觀的全真公共道觀（Quanzhen public monasteries）的名録。然而，令人奇怪的是，如此龐大的一個名録竟然没有收録南陽

---

① 參見傅壽彤：《南陽玄妙觀藏經閣記》，這部碑刻的拓本收入筆者的個人收藏之中。另參見潘守廉、張嘉謀：《南陽縣志》（1904）卷十二，第22b頁。

② 傅壽彤出生於貴州貴築。1853年，獲進士功名。之後，1875年至1878年的幾年間，陞任河南按察使。此人學養頗深，曾以其書房之名"澹勤"爲名著書立説。關於傅壽彤的著述，可參見《澹勤室著述》（5卷），1877年；《澹勤室詩》（6卷）、《古音類表》（9卷），1876年；《孔庭學裔》，1863年；《秋闈雜詠》（1卷）。關於傅壽彤的人生和職業生涯，參見楊恩壽：《坦園文録》卷七，長沙：私人刊印，可能刊行於1875年，第24a～b頁。

③ 參見張宗璿：《禮部碑》（1867），碑文的拓本收入筆者的個人收藏之中。這通石碑現存於位於武侯祠的南陽市博物館倉庫之中。另參見傅壽彤：《南陽玄妙觀藏經閣記》，載《南陽縣志》卷十二，第21b～22b頁。也可參見筆者個人收藏中的這通碑銘的拓本。

玄妙觀。①現代學者和公衆之所以忽略南陽玄妙觀的存在,可能是多種因素造成的:一方面,北京白雲觀擁有見諸史册的歷史記載最早可以追溯至金元時代,與之不同的是,史書對南陽玄妙觀的記載相對比較簡略,只是提到它在清代發展迅猛,並成爲一座全真叢林。另一方面,以往對全真教的研究重點關注的是那些創製和保留了衆多文獻典籍的區域和宫觀。學者的調查研究也主要是圍繞上述區域和宫觀展開的。北京白雲觀就是一個很好的例證。② 鑒於上述原因,直至最近,南陽的這座全真道觀還很少受到學界的關注。

不過,這並不是説公衆對南陽玄妙觀一無所知。1900 年代中國建造了多條近代鐵路,逐步取代了那些途經南陽的傳統行旅和商貿路綫。事實上,南陽這座玄妙觀聲望的衰微也發生在這一時期,與鐵路取代傳統的遊歷商貿路綫密切相關。至少,從 17 世紀早期到清朝的鼎盛時期再到 19 世紀末,玄妙觀一直是河南及中原地區的一座重要的全真叢林。一直到 1900 年代初期,南陽都是漢水上游

---

① 參見吉岡義豐(Yoshitoyo Yoshioka):《道觀的生活》(“Taoist Monastic Life”),載尉遲酣(Holmes Welch)、索安(Anna Seidel)編:《道教面面觀——中國宗教論文集》(*Facets of Taoism: Essays in Chinese Religion*),紐黑文(New Haven):耶魯大學出版社(Yale University Press),1979 年,第 229 ~ 252 頁。作者説明:多謝北京中國道教協會尹志華博士指出吉岡先生曾在其 1945 出版的日文原版《白雲観の道教》書中列出南陽玄妙觀爲有清以來的一座全真叢林。其實並非只有吉岡義豐一人如此,還有其他學者提及南陽玄妙觀,但即使如此,他們都不了解、更没有説明此叢林在華北地區全真網絡中的地位和重要性。甚至現代學者對中國各大道教機構的地理學調查和全真教的研究也没有涉及南陽玄妙觀。具體可分别參見陳國符:《明清主要道教宫觀》(1963),載氏著《道藏源流考續編》,北京:中華書局,1963 年;吉岡義豐:《道教關係地名略圖》,載氏著《冀求永生與道教》,京都(Kyōto):淡交社,1970 年;莫尼卡(Monica Esposito):《清代的龍門派及其具有争議性的歷史》(“The Longmen School and Its Controversial History during the Qing Dynasty”),載勞格文編:《宗教與中國社會》(*Religion and Chinese Society*)卷二《近代中國的道教與地方宗教》(“Taoism and Local Religion in Modern China”),香港:香港中文大學出版社、法國遠東學院(école d' Extrême-Orient),2004 年,第 621 ~ 698 頁。不過,高萬桑先生曾撰文研究晚清時期大型全真教中心的網絡系統,他的這篇文章曾談及南陽玄妙觀。參見高萬桑:《全真道士:1700 ~ 1950》(“The Quanzhen Clergy, 1700 - 1950”),載勞格文編:《宗教與中國社會》卷二《近代中國的道教與地方宗教》,香港:香港中文大學出版社、法國遠東學院,2004 年,第 699 ~ 719 頁。關於真武信仰及其朝聖的新近研究成果,可分别參見勞格文:《武當山朝聖》(“The Pilgrimage to Wu-tang Shan”),載韓書瑞(Susan Naquin)、于君方(Chün-fang Yü)編:《中國的朝聖與聖地》(*Pilgrims and Sacred Sites in China*),伯克利(Berkeley):加利福尼亞大學出版社(University of California Press),1992 年,第 293 ~ 332 頁;梅莉:《明清時期的真武信仰與武當山朝山進香》,武漢:湖北人民出版社,2006 年;梅莉:《明清時期武當山朝山進香研究》,武漢:華中師範大學出版社,2007 年。

② 日本學者小柳司氣太(Koyanagi Shigeta)對北京白雲觀的研究,參見小柳司氣太:《白雲觀志》(Hakuunkan shi),東京(Tōkyō):東方文化學院東京研究所(Tōhō Bunka Gakuin Tōkyō Kenkyūjo),1934 年;另參見李養正:《新編北京白雲觀志》,北京:宗教文化出版社,2003 年;關於日本學者五十嵐賢隆(Igarashi Kenryu)對瀋陽全真太清宫的研究,參見氏著:《道教叢林——太清宫志》(Dōkyō sōrin-Taiseikyū shi),東京:國書刊行會,1938 年第 1 版,1986 再版。

的一座集商貿和朝山進香於一體的非常繁榮的城鎮。①

我們最近對南陽玄妙觀研究所取得的一些進展,是與學者們對保存於玄妙觀和南陽地區的衆多地方碑刻和其他一些較爲罕見的史料的收集和釋讀分不開的。

筆者正在從事"晚清帝國至當代中國南陽道教社會文化史與地方社會"研究。本文乃是這個在研項目的一部分。首先,在南陽地區,帝國與宫觀的互動已經成爲一種長期以來既定的傳統。作爲理解這一傳統的背景,筆者將對南陽地區道教的早期傳説和歷史作簡要概括。其次,文章將重點關注這座全真道觀在南陽城防工作中發揮的關鍵作用。玄妙觀參與城防工作也是對這座全真道觀與帝國合作早期傳統的繼承,同時也是它參與晚清地方事務的體現。最後,本文將得出幾點結論。

在研究玄妙觀在南陽城防工作中發揮的歷史作用時,筆者試圖實現以下幾個目標:第一,研究這座全真道觀在清政府地方統治和政權合法化過程中扮演的角色。在下文中,我們將會看到,作爲中原地區和漢水流域的一座重要的全真叢林,玄妙觀地位的提陞是與清朝歷史上的幾個關鍵時期密不可分的:一是17世紀中期鼎革時的地方重建;一是19世紀中葉清軍鎮壓太平軍和捻軍起義時期的南陽護城之戰。第二,我準備重塑南陽玄妙觀社會文化活動的歷史背景,探討這座全真道觀與地方文化、社會的多維互動,及其在構建地方社會的文化、儀式生活方面扮演的歷史角色。第三,通過研究玄妙觀與其他全真教中心(諸如北京白雲觀、陝西地區的八仙庵和全真教網絡體系,最爲重要的是,在南陽以南以道教仙山武當山爲中心的全真宫觀網絡和朝聖路綫的聯繫,突顯這座南陽全真道觀在整個全真聖地中的核心作用。最後,我試圖闡述下面這樣一個事實,即南陽玄妙觀的高道大德和道衆在守衛南陽城過程中扮演的關鍵角色對於形成和擴大全真教在南陽地方社會的認同發揮了舉足輕重的作用。1860年代全真道士參與守衛南陽城的工作使得這座全真道觀名利雙收。這是一個非常重要的歷史事件,不僅得到了清朝地方當局和朝廷的讚賞,而且也被南陽公衆和地方史册所銘記。這種記憶已經成爲之後幾十年之中玄妙觀發揮政治影響力和道德威信力(politi-

---

① 關於清初這座玄妙觀的歷史,參見劉迅:《張將軍瘞埋枯骨:清初南陽重建中全真教與清廷之合作》("General Zhang Buries the Bones: Early Qing Reconstruction and Quanzhen Collaboration in Mid-17th Century Nanyang"),載《中華晚期帝國》(*Late Imperial China*)第27期第2號,2006年,第67~98頁。關於清朝鼎盛時期這座玄妙觀在公衆心目中的突出地位,參見李海觀(字孔堂,號緑園,1707~1790):《歧路燈》,上海:上海古籍出版社,1990年。南陽城的衰落(特别是在20世紀初)和以下事實密切相關,即1910年代主要的商貿人口中心開始從南陽向新修的鐵路沿綫的轉移。參見郭天江:《南陽地區交通志》,鄭州:河南人民出版社,1995年。

cal influence and moral authenticity)的一個源泉。在此之後的幾十年裏,在近代早期教育、農業和社會慈善活動中,玄妙觀一直扮演着至關重要的領導角色。

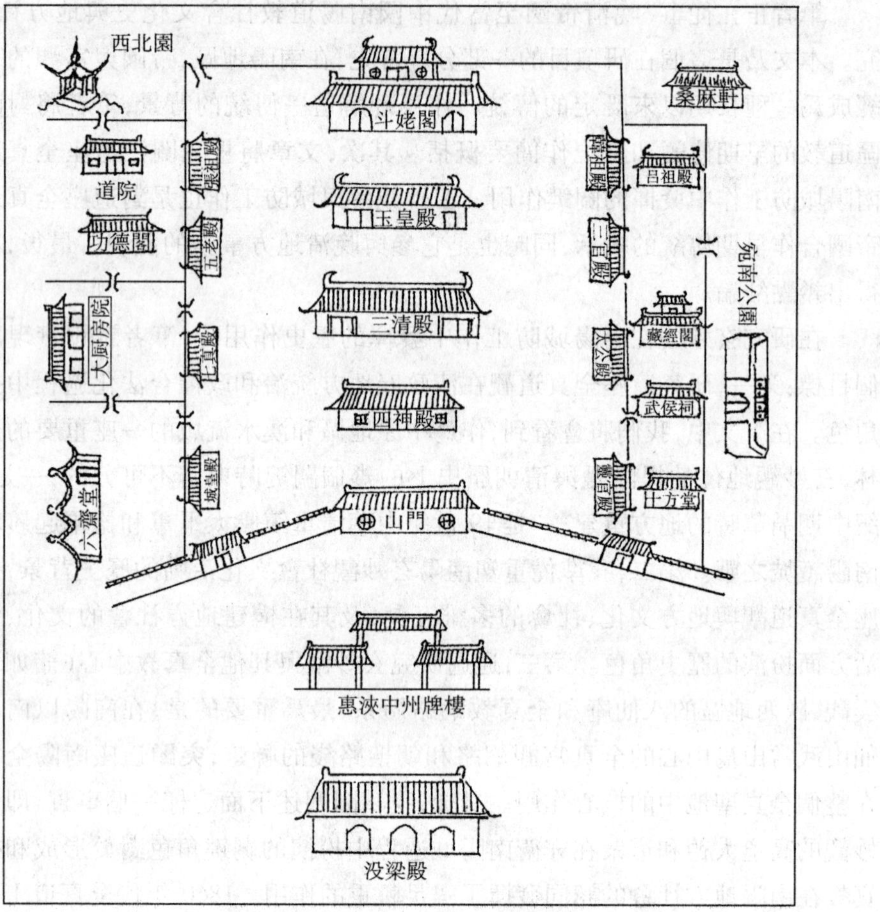

1960 年代南陽玄妙觀全圖,複印件見於筆者的個人收藏

南陽地區道教的早期傳説與歷史:老君堂、漢朝光復傳説與帝室的眷顧

南陽玄妙觀直到中華帝國晚期纔開始突顯其重要作用。儘管如此,作爲一座重要的全真叢林,關於它的起源和聲望,地方傳説多有載述。這些傳説認爲,這座玄妙觀早期輝煌的歷史可以追溯至漢代。因此,在瞭解了地方傳説對其早期歷史的説法之後,我們就不難理解作爲一座道教叢林的玄妙觀的崛起了。

玄妙觀坐落於明代南陽府的西北部,始建於元朝末年,建立之初即名爲"玄妙觀",是在一座破舊的道教宫觀的基礎上建立起來的。據説,這座破敗的道觀最早可以一直追溯至漢代。1621年的一通碑刻記載,這座玄妙觀可以追溯至漢唐時期。[①]漢代時期,在三清殿(這座道觀的主要殿宇之一)的現址基礎上曾建過老君堂。後者很可能是在西漢至東漢黄老崇拜的巔峰時期建立的。[②]老君堂的東面坐落着一尊泥牛的雕像。這尊雕像乃雕石而成,以之紀念老子騎着青牛歷盡艱險西行、脱離即將衰亡的周朝的歷史。南陽的地方傳説將泥牛的雕像與漢帝國統治的重建有機的聯繫在一起。根據這些傳説的記載,漢朝的光復者劉秀(公元25年至57年當政)曾經率領軍隊發動對篡權者王莽(公元9年至公元23年當政)的戰争。期間,在一個漆黑的夜晚,他與王莽的軍隊交戰。不幸的是,在南陽附近丢失了自己的戰馬。正當他爲自己的安危深表憂慮和悲觀的時候,老君堂前的泥牛雕像突然復活,並馱着劉秀渡過了一條河流,使其逃脱了敵軍的追擊,化險爲夷。[③]

除了傳説之外,南陽也是劉秀領導的光復軍的主要活動範圍。他領導的這支軍隊成功實現了漢朝的光復,並使他登上皇位,成爲光武帝。[④] 據稱,南陽地區

---

① 1621年碑刻名爲《修飾廟宇碑》。參見席正:《南陽玄妙觀》,載《南陽縣文史資料》第1輯,1987年,第58頁。不過,筆者本人並未親眼見到過這通碑刻。

② 卿希泰和其他一些學者認爲,黄老崇拜是建立在漢朝初年"休養生息"統治術基礎上的。參見卿希泰編:《中國道教史》第一卷,成都:四川人民出版社,1988年,第60~75頁。另參見杜維明(Tu Wei-ming):《黄老思想:反思馬王堆帛書中的老子黄帝書》("The 'Thought of Huang-Lao': A Reflection on the Lao Tzu and Huang Ti Text in the Silk Manuscripts of Ma-wang-tui"),載《亞洲研究》(JAS)第39期,1979年11月,第95~110頁。不過,漢帝國對老子崇拜的眷顧最初形成於東漢桓帝統治時期的公元165年。當時,他曾分别派朝中官員左悺和管霸前往河南苦縣祭祀老子。參見康得謨(Max Kalternmark)著,羅傑·克里弗斯(Roger Greaves)譯:《老子與道教》(*Lao Tzu and Taoism*),斯坦福(Stanford):斯坦福大學出版社(Stanford Universtiy Press),1969年,第109~113頁。另參見索安:《早期道教信仰中的完美統治者的形象:老子和李弘》("The Image of the Perfect Ruler in the Early Taoist Messianism: Lao-Tzu and Li Hung"),載《宗教史》(*History of Religions*)第1期,2/3,1969~1970年,第216~247頁。

③ 所引碑文名爲《泥牛古迹碑》。其中的兩行碑文云:"漢光武夜戰失騎,老君堂前泥牛助戰。"參見席正:《南陽玄妙觀》,載《南陽縣文史資料》第1輯,1987年,第58頁。筆者尚未見到這通石碑和泥牛。據當地人所講,這通石碑和泥牛都毁於"文化大革命"。不過,也有些人認爲這通石碑至今尚存,用作當地一座橋的石基。當地傳説關於劉秀與王莽交戰並被泥牛營救的説法,與史書對他早期與王莽交戰的記載存在着一定的共通之處。據《後漢書》記載,在與王莽交戰的初期,劉秀騎的就是牛,這一事實正好反映出他早年的農耕背景。在他的軍隊攻下新野並殺死新野縣令之前,劉秀一直未能騎上一匹戰馬。起義初期在南陽縣正南的一個叫做小長安的地方與王莽的軍隊交戰時,他還曾戰敗。關於劉秀在南陽地區的功業,參見《光武帝紀》,載《後漢書》。

④ 關於劉秀的人生和生涯,參見《光武帝紀》,載《後漢書》。劉秀的封地位於今天棗陽的西南部。在漢代,棗陽也是南陽府的一部分。

劉秀的一些親眷一直是這一地區道教的實踐者和資助者。南陽地區的一些最早的關於道教活動的記載充分展示了道教和東漢皇室之間的密切往來關係。在光武帝統治年間,光武帝的大姐湖陽公主劉黄最先出資興建了一座名爲煉真宫的道觀。這座道觀坐落於南陽市東 25 英里處的裕州,即現在方城縣城。據稱,湖陽公主本人也曾修習自我修煉之術。①另外一個出自南陽的漢皇室成員也是一位著名的道教自我修煉者。此人就是南陽公主,乃是效力王莽朝的王咸之妻。據説,她對道教的自我修煉非常癡迷。曾懇求丈夫與自己一起修道,但是後者並未答應她的請求去修道。爲此,南陽公主隻身前往華山。據稱,在登仙證道之前,她給後人留下了一雙紅鞋。當前往華山尋找妻子時,據説王咸發現南陽公主留下的那雙紅色的鞋子已經變成了石頭。爲了表達對南陽公主的敬仰之情,後人將她昇仙之前留下鞋子的地方命名爲“公主峰”。②帝國對道教的眷顧不只限於漢代。在將近湖陽公主登仙之後的兩個世紀以後,她在方城的修道之所仍然是一座道觀,而且在三國的早期(232)還曾經歷過重修。③

由此可見,很早以來,從玄妙觀所在的基址的出現,到中華帝國晚期這座全真道觀地位的極大提陞,都是與以下因素密不可分的,即西漢時期的黄老崇拜,見諸衆多地方史册的關於漢代光復的歷史以及漢帝國皇室對道教自我修煉的眷顧與參與。道教和帝國政治密切聯繫的傳統在中世紀和中華帝國晚期也鮮有間斷。

到了元代,南陽地區道教的歷史與朝廷的宗教政治的聯繫日趨緊密。由於朝廷對各種宗教多採取寬容的政策,因此南陽地區衆多古老的道教宫觀從中受益匪淺。忽必烈當政的至元年間(1264 ~ 1294),南陽地區原有的全真教呈現出蓬勃發展的勢頭。清朝初年的南陽地方志認爲,元朝初年或者明朝初年南陽的這座曾用以崇祀老子的老君堂經歷了重修,並被重新命名爲玄妙觀。④

不過,如果我們從下面這樣一種歷史背景來理解玄妙觀的興起與發展就更爲妥當了,即自 12 世紀末至 14 世紀中期,在女真人和蒙古人的統治下,全真教在

---

① 參見朱璘纂輯:《南陽府志》(1694)卷二,第 63b 頁。

② 關於這位南陽公主的仙傳,可分别參見《太平廣記》卷五十九,第 6b ~ 7a 頁;《河南通志》卷七十,第 14a 頁。

③ 1546 年的方志提到,發現於煉真宫的一通殘碑落款的年代是“太和六年”,也就是公元 232 年。這部方志認爲,這通碑刻可能是爲了紀念公元 3 世紀早期對這座宫觀的首次修繕而落成的。參見牛孟耕纂修:《裕州志》卷 六,第 1a 頁。這通殘碑的縮微膠片藏於普林斯頓大學蓋思托圖書館(Princeton University Gest Library)。

④ 1694 年的方志認爲,玄妙觀始建於元朝末年的至正年間(1341 ~ 1368)。參見《南陽府志》(1694)卷二,第 55a 頁。刻於 1867 年的一通玄妙觀石碑繼承了這種説法。參見張宗璿:《禮部碑》(1867)。這通石碑所給出的時間很可能是基於 1694 年的《南陽府志》。

中國北方和中原地區呈現出一種不斷發展壯大的勢頭。

13 世紀初,在全真教早期最爲活躍的領袖之一丘處機(1148 ~ 1227)及其衆弟子的統領之下,南陽地區的全真教得到了長足的發展。鎮平縣(南陽以西 15 英里的一座市鎮)有一座名爲太極觀的全真道觀,觀中存有一方碑刻。據當地碑銘記載,這座太極觀係丘處機在鎮平逗留期間所創。據稱,在撒馬爾罕(Samarkand)蒙古帝國的營帳中與成吉思汗會面以後,丘處機在返回的途中曾在此地逗留。①不過,這種説法是值得商榷的。原因在於,根據其他一些史料的記載可知,南陽地區的全真教在金元時期就已經得到非常迅猛的發展。②

事實上,其他一些史料顯示,到了金代末年全真教就已經在南陽地區站穩了脚跟。女真政權爲蒙古人推翻以後不久,金末著名詩人、史家元好問(字裕之,號遺山,1190 ~ 1257)撰寫的一篇文章充分闡釋了新道派全真派在女真統治下的北中國地區的勃勃生機和擴張程度。其原話如下:全真教的發展“南際淮,北至朔漠,西向秦,東向海”③。在金政權晚期的 1226 年至 1231 年間,元好問曾在鎮平、内鄉和南陽等地出任地方官。因此,他的觀察完全是以自己對全真教在漢淮河

---

① 參見吴聯元纂修:《光緒鎮平縣志》(1886)卷二,第 15a 頁;卷五,第 61a 頁。其他的一些明朝初年和清朝的史料都對這座全真太極觀有所記載,但是都没有闡明這座道觀的創建時間。分别參見《大明一統志》卷三十,第 14b 頁 ;《欽定一統志》卷六十六,第 26b 頁。1735 年《河南通志》記載,明朝時期這座太極觀曾經歷過兩次翻修,分别發生於 1441 年和 1474 年,參見《河南通志》卷五十,第 31b 頁。丘處機創建這座道觀的説法見於 1937 年《鎮平縣志》中的一通石碑碑銘,參見《重修太極觀碑》,載彭繼增編:《新修鎮平縣志》卷十二,鎮平:私人刊印,1937 年,第 21b 頁。另可參見 1998 年《鎮平縣志》。1998 年縣志認爲,這座太極觀是丘處機於 1223 年所創,之後分别於明清時期的 1579 年、1734 年經歷過兩次修復。參見鎮平縣地方史志編纂委員會編:《鎮平縣志》,北京:方志出版社,1998 年,第 730、912 ~ 913 頁。

② 丘處機從撒馬爾罕(Samarkand)返回走的是中國北部的一條綫路,僅在燕京以西和以北的幾座市鎮作過短暫停留,根本没有在河南境内經過。可分别參見丁謙:《長春真人西遊記地理考證》(重刊本)卷一,第 1 ~ 32 頁;王國維:《長春真人西遊記注》(重刊本)卷二,第 1 ~ 138 頁。這兩部著作均收入嚴一萍編:《道教研究資料》(第 2 輯),臺北:藝文印書館。從地理學角度對丘處機西行路綫進行研究的新近成果,可參見陳正祥:《長春真人西遊記的地理學評注》,香港:香港中文大學地理學研究中心(The Geographical Research Center of Graduate School of The Chinese University of Hong Kong),1968 年,第 41 ~ 47 頁,以及插圖部分。另可參見亞瑟 · 韋利(Arthur Waley):《一個煉丹士之旅》(*The Travels of an Alchemist: the Journey of the Taoist Ch' ang-chun from China to the Hindukush at the Summons of Chingiz Khan*),倫敦:Routledge & Kegan Paul 出版社,1931 年。對北中國地區早期全真教的宗系及認同形成的新近研究成果,可參見高萬桑:《一個教團的創立:13 世紀全真教的集體認同》(“The Invention of an Order: Collective Identity in Thirteenth Century Quanzhen Daoism”);康豹(Paul Katz):《撰寫歷史,創造認同——以〈玄風慶會圖〉爲例》(“Writing History, Creating Identity: A Case Study of *Xuanfeng qing hui tu*”)。這兩篇文章皆載於《中國宗教雜誌》(Journal of Chinese Religion)第 29 期,2001 年。關於北中國地區全真教的擴展及其宗系形成的最新研究成果,可分别參見王宗昱:《山東半島早期全真教的再考察》、佟洵:《道教在北京地區的傳播》,分别收入盧國龍主編:《全真弘道集》,香港:青松出版社,2004 年,第 79 ~ 90、385 ~ 394 頁。

③ 參見元好問:《紫微觀記》,收入氏著《遺山集》卷三十五,參見陳垣編纂:《道家金石略》,北京:文物出版社,1988 年,第 475 頁。

流域發展狀況的親身經歷爲基礎的。進一步而言，金朝末年詩人、醫家麻九疇（字知幾，1183～1232），是元好問的朋友，此人曾經爲南陽鄧州的一座全真道觀撰寫過一通石刻碑銘。碑文也證實，金朝末年全真教在南陽地區的發展勢頭就已經相當活躍了。鄧州擁有一座崇祀老子的古老道觀。金代末年，鄧州鎮防營偏校王立在這座道觀的基礎上建造了重陽觀。根據麻九疇的記載，王立出生於山東登州蓬萊（自12世紀初以來，蓬萊就是全真教之大本營）。王立在青年時期就得到了王重陽衆弟子的點撥。作爲地方官員戍守金朝邊疆數十年以後，年邁的他對年輕時所學的全真教義仍然記憶猶新。湊巧的是，在南陽西部的鄧州正好坐落着一座紀念老子的古老宫觀。因此，王立組織人力清除這座宫觀中的雜草，並對之進行了重修。之後，挽留王道賢、韓煉真、劉志剛（均係王重陽的弟子）等幾位道長主持這座道觀。在徵得朝廷的特許之後，王立將其命名爲重陽觀，以示對王重陽的懷念。在重修過程中，各種物資、神像、田産、修復工具和人力總計開銷兩萬鏹，均爲王立全額出資。①

在金朝南京開封之外，也就是位於南陽地區西部的内鄉縣也是一位著名的全真大師的家鄉。此人名爲李志静（道號清真子，？～1250），和鄧州的王立將軍一樣，也曾效力金廷，擔任過將軍。據地方志的記載，李志静原籍太原，15歲時考中武舉，隨之被任命擔任女真軍隊中的一個中下層官員。他精通戰術，尤其擅長騎射。金哀宗統治年間（1224～1234），李志静陞任武義將軍，奉命駐守戰略要塞潼關。（潼關位於華北平原和中國西北部之間，將二者一分爲二，戰略地位極其重要）。和衆多仙傳史料的俗套記載一樣，據稱李志静曾經遇到過一位雲遊道士。正是後者改變了他的人生。在與那位道者長談之後，李志静決定拋棄官位、妻兒，並在南陽西部内鄉縣的平仁里定居。在那裏，他以"清真子"道號自居，刻苦修行長達30年之久，一直到1250年登仙證道。李志静辭世之後，爲了表達對這位道教自我修煉大師的懷念，衆弟子在他原來修道的地方建造了一座丹霞觀。②

金代和元代初期這些全真教活動史迹乃是我們理解傳奇性的歷史人物丘處機及其在鎮平創建太極觀最好的歷史背景。事實上，到了1224年，也就是他在撒馬爾罕覲見成吉思汗凱旋返回以後，丘處機作爲全真教的最高領袖深得這位蒙古可汗的賞識和信任。後者授予他管領天下所有僧道事務的權力。憑藉着這

① 麻九疇：《鄧州重陽觀記》，載《甘水仙源録》，收入《道藏》第19册，北京：文物出版社、上海：上海書店、天津：天津古籍出版社，1988年，第799～800頁。

② 關於李志静的仙傳，可分别參見潘庭楠纂修：《鄧州志》卷九，第14b～15a頁；朱璘纂輯：《南陽府志》（1694）卷五，第83b～84a頁；孔傳金重輯：《南陽府志》（1807）卷五，第106b～107a頁。

種權力,通過興建新的宫觀、修復破舊荒廢的原來可能屬於佛教或者地方宗教的廟宇等形式,丘處機及其衆弟子在北中國地區大力發展全真教事業。他們經常會接管那些佛教的寺廟,並將其歸入全真教門下。根據柳存仁(Liu Ts'un-yan)、裘蒂絲·柏林(Judith A. Berling)兩位先生的研究,在元代初期佛教至少有230座寺廟歸入了迅速擴張的道教全真派。①

全真教在南陽地區的擴張是沿着那些主要的、水旱兩路的商貿路綫展開的。這些商貿路綫將今天的陝西中部、南部以及河南北部至西部、西南部的大型全真教中心有機地聯繫在一起。元朝時期,在短短的90年裏南陽地區就興建了14座新的道教宫觀。在這些道觀中,著名的德佑觀(位於鄧州城西部)係道士趙端所創,創建時間是忽必烈治下的中統年間。②

至少在元朝初年統治者是支持全真教的發展的。爲此,這個新生的道教全真派通過接管或者修復破舊的佛道廟宇的形式在全國範圍内不斷提陞自己的地位,擴充自身的實力。在整個元代,南陽地區的幾座早期道教宫觀得到了大規模的修復。内鄉縣城西南有一座石堂山,山上坐落着一處名爲普濟宫的道院。這座道院在元代初期的大德年間(1297~1307)經歷了大規模的重修。另外一處著名的道教宫觀長生觀坐落於内鄉縣城以南的永清山上。這座長生觀始建於北宋淳化年間(990~994),在元代末年的至正年間(1341~1368)也曾經歷過較大規模的擴建。③

13世紀全真教不斷在全國擴展自己的勢力,期間出身於南陽地區的一些全真道士逐漸榮陞爲北中國地區新興的全真派的領袖人物。在這些高道中,最爲傑出的當屬趙道監。此人出生於南陽新野,乃是丘處機最爲寵信的弟子之一。丘處機稱其爲"玄門柱石,天仙領袖"。據説,丘處機還將全真律法全面而直接地傳授予他。因此,後世的龍門派領袖們將其尊爲傳戒律師之第一人。據稱,13世

---

① 參見柳存仁(Liu Ts'un-yan)、裘蒂絲·柏林(Judith A. Berling)合著的《元代的三教》("The 'Three Teachings' in the Mongol Yuan Period"),收入陳學霖(Hok-lam Chan)和狄百瑞(Wm. Theodore de Barry)編:《元代思想:蒙古人統治下的中國思想和宗教》(*Yuan Thought: Chinese Thought and Religion under the Mongols*),紐約(NY):哥倫比亞大學出版社(Columbia University Press),1982年。

② 在内鄉縣城東南的鄧州,道士趙端於中統年間(1260~1264)創建了宏偉壯闊的佑德觀。參見潘庭楠纂修:《鄧州志》卷九,第11a頁。

③ 參見《河南通志》卷五十,第31頁。有關傾嚮佛教的儒教官員在佛道辯論中所擔任的角色,參見陳學霖:《劉秉忠(1216~1274):忽必烈朝的佛道政治家》("Liu Ping-chung〔1216-1274〕: A Buddhist-Taoist Statesman at the Court of Khubilai Khan"),載《通報》(*T'oung Pao*)第53期,第1~3號,1967年,第128~130頁。

紀時,趙道監曾在元大都最具威望的白雲觀内擔任方丈長達近三十年之久。[①]

如此說來,全真教在中原地區的擴張就成爲了理解南陽玄妙觀創製的宏大歷史背景,儘管我們不知曉這座全真道觀創立的具體時間和情況。總之,根據1461年明代地方志的記載可知,南陽玄妙觀始建於1371年。不過,除此之外,這部方志並未提供更爲詳盡的信息。[②] 完顔麟慶(字見亭,1791～1846)給出了一個比1371年稍早的創建日期。麟慶的祖父完顔岱(字曉巖,? ～1801)在南陽擔任知府期間,麟慶在南陽降生,並在當地長大。他對這一地區非常熟悉,而且長大後效力於道光朝期間還曾再次拜訪南陽。在完顔麟慶看來,這座玄妙觀建於元朝末年的至正中期。[③] 另外一則史料稱,明代初年,一個名叫李雲庵的道士在漢代老君堂的基礎上重建了這座玄妙觀。[④]

總而言之,玄妙觀自創建之初就與明帝國、封藩以及明地方官員建立了常規化的往來關係。1382年,洪武帝頒佈了對宗教事務嚴加管控的政令。隨之禮部在明帝國的各級政府設司專門監管道教事務。道紀司即是明政府專門管理道教的機構,其中設有都紀一名、副都紀一名。地方府縣也設有專門的道教管理機構,由地方宮觀經過考核的道士擔任道官。1382年,南陽地方政府在玄妙觀組建了道紀司,玄妙觀的方丈同時兼任都紀。根據一部現代史料的記載,直到1640年以前道紀司一直設在玄妙觀,之後,被移至武侯祠。武侯祠是一座位於南陽城

---

① 參見《太上律脈龍門傳戒譜系》,原始抄本現存於北京白雲觀,數碼照片收入筆者的個人收藏之中。這部抄本是在陳明霦(號毓坤,1854～1936)方丈的資助之下於1919年以後編定的。編者錯誤地認爲,趙道監從丘祖那裏接受律法的真傳發生於1280年。之所以説這種説法是錯誤的,原因在於丘處機早在1227年就已經仙逝了。如果我們相信趙道監得到了丘祖律法真傳的話,那麼此事只能發生在趙道監辭世之前,即1221年之前。這種時間上的誤差明顯是因爲早期龍門派的派系鬥争而僞造仙傳史料所致。詳見前引莫尼卡(Monica Esposito)《清代的龍門派及其具有争議性的歷史》,第621～698頁。不過,一些真正的、非人爲製造的錯誤認識使得上述這種混亂變得更是有增無減。《太上律脈龍門傳戒譜系》的編者明確將趙道監(號清虚)與趙道堅(號虚静,1163～1221)混爲一談。龍門派衆多仙傳史料都將後者視爲第一位傳戒律師、丘處機的嫡傳弟子。但是,1870年代末主持白雲觀的孟至才方丈指出,後一個趙道堅來自壇州(今天的北京密雲)。具體參見孟至才、完顔崇實:《白雲仙表》(1847),重刊於胡道静編:《藏外道書》第31册,成都:巴蜀書社,1994年,第373～379頁。然而,閔一得認爲同一個趙虚静來自南陽新野。具體參見閔一得:《金蓋心燈》(卷一,第1a～2b頁)之《趙虚静律師傳》,收入《藏外道書》第31册,第176頁。

② 參見《大明一統志》卷三十,第14b頁。一通明代略帶偏見的碑刻指出,玄妙觀的三清殿係唐定王於"國初"(指明朝初年——譯者)創建的。順便提一句,唐定王的封地就在南陽。參見張銖:《重修玄妙觀三清殿碑記》,碑刻拓本收入筆者的個人收藏之中。

③ 具體參見完顔麟慶:《玄妙尋蕉》,載氏著《鴻雪因緣圖記》(3卷)卷二,上海:同文書局,1886年,第22b頁。麟慶的説法得到了晚清時期南陽地區著名史家、地方志編纂者張嘉謀的認可。在1933年的一方碑刻中,張嘉謀提到玄妙觀的斗姆閣建於元代。具體參見張嘉謀:《劉公辦宛南公園記》(1933),碑刻拓本收入筆者的個人收藏之中。

④ 具體參見《南陽道教綜述》(2001),南陽市民政局編印的内部資料,第3頁,收入筆者個人收藏。

西南角的道觀,屬玄妙觀的下院,同時也是教授儒家經典的府學所在地。[①]

將整個南陽府的道紀司設立在玄妙觀也許體現了明地方政府對玄妙觀在具體事務層面和政治層面的重視,也同時反映出玄妙觀的規模和政治影響力。實際上,明地方藩王對這座全真道觀的眷顧,有利於玄妙觀發展成爲整個南陽地區頗具影響力的道觀。自 1375 年以後,洪武帝的第 23 個皇子唐定王(朱桱,生卒年不詳)的府邸就坐落於南陽城的西北角,府中建有一座假山,山頂上建有一處樓閣。站在樓閣之上可以盡覽南陽城的美景。[②]

整個明代,唐定王及其子嗣廣泛資助道教宮觀的修繕和擴建活動。在南陽地區,他們出資修復擴建的道觀就有 44 處之多。作爲南陽地區最爲重要的也是最大的道教宮觀,玄妙觀是明政府資助最主要的受益者。1371 年和 1439 年,這座道觀經歷了兩次大修。唐定王不僅爲修復工程捐助了善款,而且還在山門上題寫了"玄妙觀"匾額。在嘉靖和萬曆皇帝主政年間,南陽玄妙觀又得到了進一步的重修和擴建。特別是 1532 年的重修工程極大地擴充了這座全真道觀的規模和建築結構。[③]

有明一代,雖然説道教正一派在中央政府所在地北京及其衆多其他道教宮觀中佔據着主導地位,但是在整個南陽地區全真教一直非常活躍,許多全真道士通過個人的魅力和儀法技藝獲得了頗高的聲譽。其中的一個例子就是全真道士黄一真(號誠一子,1392 ~ 1472)。此人曾在玄妙觀擔任都紀一職,而且在整個明代初期享有較高的聲望。他是内鄉縣下關人,早在金朝末年下關地區就出現了全真教的傳教活動。和衆多其他著名的全真宗師一樣,現存的仙傳史料稱,黄一真從懷胎到降生都一直伴有神奇而吉祥的徵兆。據稱,黄母在懷上黄一真時曾

① 具體參見《南陽道教綜述》,第 3 頁。據鄭素春的統計,整個元代河南僅有 18 座全真道觀,佔到了當時全真道觀總數的 17%。他的調查研究並未提到南陽地區存在道教宮觀。只有 1694 年的《南陽府志》曾經提到元朝時期南陽地區創建了幾處道觀。應該指出的是,鄭素春的統計是不全面的。在統計過程中,没有收録河南主要的省、府方志以及碑刻資料。具體可參見鄭素春:《全真教與大蒙古國帝室》,臺北:臺灣學生書局,1987 年,第 114 ~ 156 頁。

② 這座假山是由産自揚州的、非常珍貴的太湖石堆砌而成的,高 18 米,是整個南陽城海拔最高的地方,站在山上可以盡覽整個城市的所有街道。參見鄔學德、劉炎:《河南古代建築史》,鄭州:中州古籍出版社,2001 年,第 204 ~ 205 頁。據野史傳説的記載,荒淫的唐定王及其子嗣經常利用權力之便佔有南陽新婚婦女的初夜權。據稱,他們會站在府中的假山之上觀望城内究竟哪家百姓在舉辦婚慶儀式。一旦發現有結婚慶典,他們就會將新娘綁回府中。由於他們的荒淫無度,因此直到 1950 年代初以前,南陽地區的百姓都不會像中國其他地區那樣在白天舉行婚慶儀式,更不用説鳴放爆竹、吹拉彈唱、舉行拜天地的儀式了。參見殷德傑:《老南陽》,鄭州:河南人民出版社,2005 年,第 43 ~ 48 頁。

③ 參見《南陽宗教志》,第 3 ~ 4 頁。另外可分别參見《南陽縣志》卷十二,第 21b ~ 24a 頁;席正:《南陽玄妙觀》,載《南陽縣文史資料》第 1 輯,1987 年,第 59 頁。

經夢見北斗樞星環繞在自己的周身。黄一真降生時,天空中還泛起了紅色的光芒。不過,據説他在年輕時就非常厭棄塵世生活。之後,他抛棄家業前往奉仙觀(位於内鄉縣城内)做了一名道士。之後不久,黄一真便開始在奉仙觀和鎮平南部的五朵山之間雲遊學道。在五朵山,他拜全真道士李崇撲爲師。作爲一名隱修之士,追隨師父修習自修之法長達三十餘年,而且鮮有世人知曉。①

五朵山,又名騎立山,自唐代以來山上就建有一些道教宫觀,並開展過一些信仰崇拜活動。唐代貞觀年間(627～649),道士們就在這座山上創建了一些和祈雨密切相關的宫觀殿宇。這座仙山作爲大型的祈雨場所一直沿用至宋代。宋朝時期,山上的主廟被重新命名爲龍堂。元朝政府繼續對五朵山採取眷顧護持的政策,並賜予山上主廟供奉的龍神以侯爵的名號。到了明代早期的永樂年間(1403～1424),南陽西北部的這座五朵山也投入到對真武大帝頂禮膜拜的舉國崇奉熱潮之中。大約也是在這一時期,山上的主廟被更名爲祖師廟,以示對已經登仙的真武神的敬仰。(朱棣及其追隨者在擊敗了朱允炆以後,便供奉真武爲明帝國的守護神)。同樣地,也是在這一時期,五朵山山巔的一座宫觀獲得了一個全新的名字——北頂。很顯然,這個名字昭示了以下兩個方面的事實:其一,與南方的以武當山爲中心的真武信仰之間存在的張力;其二,與武當山真武信仰的密切聯繫。不過,如果大明帝國護持武當山真武信仰反映了永樂皇帝追求政治合法性和神化自我的雙重目的的話,南陽當地的祖師信仰則體現了一種具有地方特色、甚至有些離經叛道的神譜。根據流傳至今的一些地方傳説,實際上,朱允炆乃是真武大帝的化身。明朝的第二位皇帝被他的皇叔、武當山真武信仰的資助者朱棣趕下臺後,南京的明皇宫失火時,朱允炆毫髮發未傷地躲過了此劫。後來,隱居在五朵山,過着隱士般的生活。通過修習張三丰等一些知名高道的自我修煉之法,他不斷地提陞自己身心的境界,其修真之路與先前的真武大帝成仙之路十分相似。②

南陽及武當山的真武信仰,也是黄一真拜五朵山全真道士李崇撲爲師的歷史背景。黄一真仙傳中的很多事件,如與北斗樞星相聯繫的降生、在五朵山的修

① 具體内容參見《南陽府志》(1807)卷五,第107a～b頁。

② 自從2002年首次在南陽開展田野調查以來,筆者發現朱允炆作爲道教祖師的説法已經得到南陽地區道俗兩界人士的證實。參見張玉峰:《北頂五朵山傳奇》,北京:中國文史出版社,2003年,第7～9頁。這種説法也廣泛見於當地有關文化與旅遊的官方網站,具體參見:www. ny114. com/corp/? id = 306;以及www. bhline. cn/ly/nzlwds. htm。2007年7月16日,筆者在當地進行實地調查,調查對象是居住在祖師宫(位於南召縣五朵山北頂之上)的兩位全真道士馬春林和馬明珠,他們的話再次證實了朱允炆作爲道教祖師的説法。

道生涯,顯然都是受真武大帝神啓的體現。作爲一名傑出的全真道士,黄一真的名字很快就傳到了唐定王那裏。之後,唐定王命他擔任道官,"主南陽北觀"。這裏的"北觀"很可能指的就是玄妙觀,因爲這座"北觀"在明代很長時間裏都是南陽府道紀司的所在地。然而,黄一真聲稱自己不能勝任都紀一職,因此並未在玄妙觀居住。反之,却經常在大峪谷的玉清宫和玉仙宫之間遊道,或是在自己的家鄉内鄉縣的奉仙觀修道。和衆多高道一樣,據説黄一真也曾預先向弟子們告知了自己的登仙時間。到了這一天,他正襟打坐,與聚集在前的徒弟和信衆道别之後,便登仙證道了。①

因此,明代親王對南陽玄妙觀的眷顧以及南陽地區道教活動的發展狀況,各種史料多有記載。這些活動充分體現了下述事實,即南陽玄妙觀已經具備了一座大型的道教宫觀的規模,足以構成一座道教叢林。黄一真的例子説明,明代初期在南陽地區的宫觀生活中,全真道士一直是非常活躍的。我們應該在明代道教宫觀的大規模擴張和發展的背景下,理解元代以來全真教的不斷發展。明英宗時期編訂的一部國家志書提到,當時南陽地區至少存有六座大型的道教宫觀。②

南陽及其周邊地區存在着大大小小的道教宫觀網絡體系,這就構成了作爲一座主要的全真叢林以及 17 世紀早期的一座全真教中心而出現的玄妙觀的物質和文化背景。

清朝初年對南陽的征服、政府的眷顧及其與全真教的合作

1640 年代中期清軍入主中原時,南陽玄妙觀已經成爲中原地區的一座主要的全真教中心。到了 18 世紀中期,它已經發展成爲一座知名的道教叢林,並深得民衆的青睞。那些遊走於華北平原全真教朝聖路綫上的道教醫家和庸醫們會經常到這座全真道觀中掛單。③

① 參見《南陽府志》(1694)卷五,第 83a ~ b 頁;《南陽府志》(1807)卷五,第 107a ~ b 頁。

② 參見《大明一統志》卷三十,第 14b 頁。除了談到位於南陽城西北門外的玄妙觀之外,這部志書還提到了其他五座道觀。它們分别是:位於鄧州西南的佑德觀,位於鎮平東部的太極觀,建於明宣德十年位於唐縣坊鄉保的通真觀,建於明洪武中期位於舞陽縣城的長春觀,爲了紀念漢代神仙王喬而建造的位於裕縣縣城東北部的雙鳧觀。黄庭堅曾寫過一首詩,讚頌王喬駕白鶴昇仙一事。據傳説所講,不管他走到哪裏,一對鳧鳥總會陪伴在身旁。每天上午王喬昇堂辦案時,這對鳧鳥就會落在衙門口。參見李昉:《太平廣記》,上海:上海古籍出版社,1990 年,第 1043 ~ 1135 頁。另參見謝肇淛:《五雜組》,上海:上海書店出版社,2001 年,第 243 頁。

③ 參見李海觀 :《歧路燈》,上海:上海古籍出版社,1990 年,第 706 ~ 734 頁。

在其他的文章中,筆者曾提到,玄妙觀之所以成爲一座知名的全真中心,是與下面的事實密不可分的:清朝初年清軍征服中原不久,在南陽的象徵性和實際的重建過程中,玄妙觀曾與清帝國及其地方政府密切合作。在每次朝代更迭的戰爭中,都會有衆多的民衆死於非命。這個時候,全真道士們就會擔當起收埋屍骨的工作。南陽玄妙觀全真道士繼承了早期全真教收埋屍骨的傳統。[①] 1658 年,玄妙觀道士與清朝地方政府以及軍事將領密切合作,掩埋死者屍骨,主持埋葬工作。1656 年至 1665 年,他們曾舉行過三次黄籙大醮。[②] 除此之外,作爲捐贈者和資助者,清政府地方官員也會參與整個南陽地區佛道廟宇的重修工作。這也是地方重建工程的一個組成部分。通過重修玄妙觀的幾座主殿,清政府地方官員試圖重新修復和維護象徵性的道德宇宙觀。在這個過程中,玄妙觀的道士們也都曾積極地參與其中。他們成功地得到了南陽軍政兩界將領、官員的眷顧和捐贈,從而使得宫觀的修復和重建工作得以順利開展。玄妙觀全真道士與清政府合作的諸多努力有利於清政府重建道德和政治的合法性,並使南陽地區的廣大民衆和平地接受了清王朝的統治。同時,他們還爲玄妙觀赢得了自清軍征服中原以來的、經久不衰的聲望,以及當地民衆的熱情支持。[③]

全真教與清初帝國的合作及其爲地方社會提供的儀式活動,已經成爲一種既定的模式。這種早期的合作模式已經成爲全真教與朝廷的敵對勢力(如 18 世紀末的白蓮教、19 世紀中期的太平軍)作鬥爭的有力手段。事實上,這種合作通過全真道士與清政府地方官員的私人交情又進一步得到加强。舉例而言,南陽知府完顏岱(字曉巖,? ~1801)及其家人就與全真道士建立了良好的個人往來

---

① 上文已經提到的全真宗師王志謹就是早期全真道士爲民衆和新王朝主持屍骨收埋工作、舉辦亡靈超度儀式的例證之一。金元易代之際,王志謹被從洛陽的道觀請到長安,與當地社會和政府密切合作,主持了數次大型的屍骨收埋、靈魂超度儀式。參見姬志真(號知常,1192 ~ 1268):《鄢陵黄籙大齋之碑》、《京兆普度碑》和《黄籙大醮碑》,均載氏著《雲山集》,收入《道藏》第 2 册,第 417 ~419 頁。

② 對今天的福建和臺灣地區道教黄籙大醮的系統研究,可分别參見丁荷(Kenneth Dean):《"雷雨聲"與福建地區戲劇、喪葬傳統中的目連》("'Lei Yu-Sheng'〔'Thunder Is Noisy'〕and Mu-Lien in the Theatrical and Funerary Traditions in Fukien");施舟人(Kristoffer Schipper):《道教中的目連戲》("Mu-lien Plays in Taoist Liturgical Context")。這兩篇文章分别載詹森(David Johnson)編:《儀式戲劇,戲劇儀式:中國民間文化中的"目連救母"》(*Ritual Opera, Operatic Ritual: "Mu-Lien Rescues His Mother" in Chinese Popular Culture*),伯克利(Berkeley):加利福尼亞大學東亞研究所(Institute of East Asian Studies, University of California),1989 年,第 46 ~104、126 ~154 頁。

③ 參見楊璥:《張大將軍收瘗枯骨碑》(1658)、《十方功德碑記》(1665)。這兩部碑刻的拓本均收入了筆者的個人收藏之中。對全真教與 1660 年代清軍征服中原之間密切合作的深入研究,參見劉迅:《張將軍瘞埋枯骨:清初南陽重建中全真道與清廷之合作》("General Zhang Buries the Bones: Early Qing Reconstruction and Quanzhen Collaboration in Mid-17th Century Nanyang"),載《中華晚清帝國》(*Late Imperial China*)第 27 期第 2 號,2006 年,第 67 ~98 頁。

關係。完顔岱出身於滿洲旗人豪門,據稱,是金世宗(1161～1189年當政)的後裔,因此,清朝初年完顔家族深得皇家的器重和賞識。在清初清軍征服中原的過程中,完顔岱的先祖們曾效力於皇太極(1592～1643)的麾下,並立下汗馬功勞。乾隆皇帝曾實施過一系列的重振旗人門志、鞏固提陞帝國政治與道德合法性的舉措。期間,他採取非常規的手段,將金世宗的後裔列在滿清旗志的突出位置。自清初以來,作爲清帝國的包衣,完顔家族深受清初幾位皇帝的崇信,往往在清政府中擔任要職。

1772年至1775年,完顔期成額(字勉齋,? ～1775)任乾隆朝兵部左侍郎。他生有兩子,完顔岱是他的長子。[①]完顔岱成年以後在清政府中擔任的首個官職是直隸河間府獻縣知縣。他勤於政務、廉潔奉公,擔任知縣以後不久就深得百姓愛戴。1790年代,完顔岱陞任南陽知府,並與當地玄妙觀建立了密切的往來關係。

完顔岱在南陽擔任知府期間,正逢白蓮教起義。這股受佛道兩教影響而形成的救贖起義於1796年最先興起於湖北,並很快又在鄰近的四川、安徽、河南、湖南、陝西、甘肅等省份得到響應,對清政府在這些地區的統治構成了嚴重的威脅。[②]這場暴亂對完顔岱的生活和職業生涯造成了很大的影響。1791年春,南陽知府完顔岱的孫子完顔麟慶(號見亭,1791～1846)降生,作爲祖父的他欣喜萬分。當時,麟慶的父親完顔斑鏴(? ～1821)正在蘇州知府的任上,遠在南陽的數百里之外。(當時,完顔家族的大多數人並不住在清帝國在北京賜給他們的府邸,而是住在南陽)。由於完顔斑鏴不在南陽,因此曉巖公對自己的孫子倍加珍愛,他在培養麟慶成長方面花費了很大的心血。麟慶六歲時,曉巖公還專門從繁忙的公務中抽出時間教他讀書。數年後,完顔麟慶回憶稱,祖父教給他的第一課就是"國語"即滿文。後來,因爲政務過於繁忙,曉巖公再也抽不出時間指導麟慶的學習,爲此,他特地請來了私塾先生,在自己家中教授麟慶讀寫。可是,1796年白蓮教起義爆發。這股起義勢力很快從湖北波及完顔岱治下的南陽地區,當時,小麟慶險些喪命。

---

① 參見錢實甫:《清代職官年表》卷一,北京:中華書局,1980年,第427～428頁。關於完顔岱的傳記資料,參見日本學者橋川時(Hashikawa Tokio):《滿洲文學興廢考》(Manshū bungaku kōhai kō),北平:Moji Dōmeisha出版社,可能出版於1942年,第38a頁。

② 對中華帝國晚期白蓮教歷史的研究,可分別參見田海(Barend ter Haar):《中國宗教史上的白蓮教》(*The White Lotus Teachings in Chinese Religious History*),萊頓(Leiden):布里爾(E. J. Brill)出版社,1992年;高斯塔德(Blaine C. Gaustad):*Rebellious Sectarianism and the State in Mid-Qing China: Background to the White Lotus Uprising of* 1796－1804,伯克利:加利福尼亞大學伯克利分校1994年博士學位論文。關於清政府對白蓮教的鎮壓,參見勒保(1740－1819):《平定教匪記事》,臺北:成文出版社,1971年。

南陽位於河南省的西南部,戰略地位尤爲重要。它的北部和東部是一馬平川的華北平原和黄河流域,後者將清帝國的西北地區和大運河流經的沿海省份有機的聯繫在一起。南陽南部緊接襄陽府,是一座至關重要的戰略要塞和漢水流域的商貿中心。襄陽南接物富人豐的湖廣地區,西北毗鄰甘陝等邊遠省份。由於在地理上處於中原的核心位置,因此自古以來南陽都是兵家必争之地。由此看來,1796 年白蓮教起義在漢水流域爆發以後首先波及其北部的南陽地區,就不足爲奇了。

1796 年的一天,剛剛六歲的小麟慶正在位於南陽城西北角的玄妙觀庭院中玩耍,這時,周三野率領的一支白蓮教起義勢力突襲南陽。不過,當時的麟慶對此一無所知。當這支起義軍到達玄妙觀時,小麟慶仍然在觀内玩耍,一點都没有意識到災難即將降臨。面對險情,一個名叫汪來粲的全真道士迅速抱起麟慶,並將其藏在一顆芭蕉樹内。起義軍離去之後,汪道士將麟慶送回其祖父的府衙。見到孫子奇迹般地逃脱了危險,曉巖公和他的妻子索綽羅(吕洞賓祖師的虔誠信徒)對汪道士感激萬分。於是,按照長久以來形成的習俗,曉巖公夫婦二人讓自己的孫子拜汪道士爲師。

汪來粲道士的營救給完顔麟慶留下了非常深刻的印象。麟慶認爲,在自己成長的過程中,和道教存在着某種"緣",汪道士的營救就是這種"緣"的具體表現之一。37 年之後的 1832 年,完顔麟慶在前往貴州赴任的途中,還曾專門拜訪過南陽玄妙觀,以期與師父的重聚。不過,令他非常失望的是,當時師父已經辭世。爲此,他作詩一首,以表達自己的感傷之情。[①]

玄妙觀汪來粲道士營救麟慶一事表面上看似巧合,但是到了 1797 年曉巖公離開南陽赴開封擔任河南布政使一職時,他已經和南陽玄妙觀建立了密切的來往聯繫。此事有完顔麟慶詩文中提到的《德政碑》爲證。這通碑刻稱曉巖公在南陽的統治爲"德政",將其比作古代的聖賢之士。[②]地方民衆爲了表達對即將離任的地方官的欽敬,通常會爲其刻石立碑。不過,按照慣例,這樣的碑石一般會立在即將離任官員的府衙之前。與此不同的是,《曉巖公德政碑》却被立在了玄妙觀主殿三清殿之前,正好位於這座全真道觀的中心位置。曉巖公曾經爲玄妙觀的繁榮發展提供捐助和護持。18 世紀末,玄妙觀是華北平原全真教雲遊和朝聖

---

① 參見完顔麟慶:《玄妙尋蕉》,載《鴻雪姻緣圖記》卷二,第 22a ~ b 頁。

② 這通碑刻名爲《曉巖公德政碑》。完顔麟慶在自己的傳記中曾多次提及這通具有紀念意義的碑刻。參見完顔麟慶:《鴻雪姻緣圖記》卷二,第 22b 頁。

綫路上的一座知名中心。將曉巖公的《德政碑》立於這座道觀的中心位置,足以體現玄妙觀全真道士對他的特殊禮遇與賞識。①

玄妙觀與清政府對太平軍的鎮壓

一方面,在保持和維繫清政府對全真教的資助與合作上,私人的交情與眷顧發揮了至關重要的作用;另一方面,政治危機的爆發又進一步鞏固了這種資助與合作模式。1851 年至 1864 年太平天國運動期間,玄妙觀再次站在清朝地方和中央政府的一邊,幫助政府守護南陽城,抵禦太平軍和捻軍的進攻。雙方的合作再一次考驗和加强了二者的緊密聯繫。②

1850 年代初期,守衛南陽已經成爲清朝中央政府和地方政府的第一要務。1853 年太平軍佔領南京並在那裏建都以後,捻軍開始在河南和中國北部、中部其他一些省份大肆擴張。在鞏固南京新政權的同時,洪秀全(1814 ~ 1864)及其統領的天朝決定發動一場針對北京清朝中央政府的北伐戰争。他們派出兩萬兵勇向西北方嚮的河南東南部進攻,直逼北京。1853 年 5 月至 9 月,驍勇善戰的林鳳祥(1825 ~ 1855)和李開芳(? ~ 1855)率領的北伐軍一路挺進,迅速佔領了河南東部和中部。清中央和地方官員竭力從省外糾集援軍,試圖圍剿這股勢力。可惜,事與願違,整個河南省一片大亂。當年秋天,太平軍離開河南,向西北的山西省進攻。河南省的危機暫時得以緩解。③

如果説 1853 年太平軍的首次北伐經河南中部和北部直逼北京,目的是爲了顛覆清王朝的統治的話,那麼他們的第二次北伐則是因爲 1861 年太平天國的西

---

① 1832 年春天,當麟慶再次拜訪南陽時,令他非常失望的是,汪來粲道長很久以前就已經辭世。不過,汪道長辭世的具體時日已經不可考。然而,有一點是確定的,即 1813 年以前,他就已經辭世或者離開了玄妙觀。原因在於,1813 年玄妙觀所立的一通重要的戒規碑刻中没有出現他的名字。這通碑刻開列了所有在玄妙觀定居和掛單的全真道士的名字。碑刻中提到的全真道士都要嚴格恪守這一年重新頒佈的戒規。具體參見《玄妙觀嚴整清規以端玄風五戒》(1813),碑刻拓本收入筆者的個人收藏之中。

② 對太平天國起義歷史的研究,參見梅谷(Franz Michael):*The Taiping Rebellion: History and Documents*,西雅圖(Seattle):華盛頓大學出版社(University of Washington Press),1966 年;另參見簡又文(Jen Yu-wen):《太平天國革命運動史》(*The Taiping Revolutionary Movement*),紐黑文(New Haven):耶魯大學出版社(Yale University Press),1973 年。

③ 1853 年至 1855 年的兩年間,蒙古親王僧格林沁率領的清軍最終將 1853 年林、李二人領導的北伐軍消滅在直隸、山西、山東等地。具體内容可參見恒慕義(Aurthur W. Hummel):《清代名人傳略(1644 ~ 1912)》(*Eminent Chinese of the Ch' ing Period*〔1644 - 1912〕)之《林鳳祥》、《僧格林沁》條,華盛頓(Washington, D. C.):美國政府印刷局(U. S. Government Printing Office),1944 年,第 508 ~ 509、632 ~ 635 頁。對太平軍第一次北伐的研究,參見簡又文:《太平天國革命運動史》,第 169 ~ 194 頁。

部要塞安慶的失守。爲了緩解清軍對太平天國都城南京的圍困,太平軍年富力强的將領陳玉成領導部衆實施了第二次北伐。這支軍隊共三萬餘人,他們按照預先制定的四條主要綫路一路挺進,旨在推翻清王朝。從戰略意義上講,陳玉成希望自己所領導的部隊能够直抵直隸和山東。在這兩個省份,他的部隊將與兩千太平軍的前鋒特使匯合,後者已經秘密策動在當地舉事。不過,北上的途中遇到的一些挫折使陳玉成及其部下們不能順利地向京城地區挺進。爲此,他的先頭部隊開始向西北進軍,試圖在陜西、甘肅等清軍力量比較薄弱的省份站穩脚跟。1862 年春天,就在太平軍取道安徽東部向河南南部和西南部進軍的時候,遍佈安徽東部和河南南部的捻軍便開始在安徽、河南與湖北西北部的交界處大肆擴張勢力範圍。①

自 1850 年代中期以來,作爲通向河南北部、陜西南部和其他地區的一座重要的商旅門户和樞紐,南陽城及其周邊地區一直是清軍與太平軍、捻軍的必争之地。對於清政府來講,如果南陽失守就意味着太平軍和捻軍可以不受任何制約地進入通向西北地區的各大門户和通道。一旦太平軍進入西北諸省,就會極大地牽制長江流域的清軍。除此以外,正如孔飛力先生(Philip Kuhn)研究太平天國時指出的那樣,南陽這樣的城市被太平軍視爲"帝國合法性和領土的象徵,這些城市能够孕生他們那套與衆不同的政治體系(symbols of imperial legitimacy as well as enclaves within which their distinctive institutions could be nurtured)"。因此,佔領或者損毁這些地區就意味着摧毁了清帝國的政治合法性和權力的根基。②

1860 年代初期,清軍和太平軍在南陽地區展開了緊張而又至關重要的激戰。期間,在守衛南陽城和維護清帝國的統治方面,南陽玄妙觀發揮了極其重要的作用。他們成功協助清軍守住了南陽城,確保了清政府能够繼續統治河南和中原地區。不僅如此,更爲重要的是,1630 年代李自成(1606 ~ 1645)及其領導的起義軍在進攻南陽時,曾殺戮了大批無辜百姓。玄妙觀參與護城行動有效地防止了

① 對太平軍第二次北伐的深入研究(包括主要進軍路綫、戰略規劃與目標等),參見簡又文:《太平天國革命運動史》,紐黑文:耶魯大學出版社,1973 年,第 463 ~ 477 頁。對捻軍歷史、戰略及其影響的研究,分别參見蔣相澤(Siang-tseh Chiang):*The Nien Rebellion*,西雅圖:華盛頓大學出版社,1954 年;鄧嗣禹(Ssu-yü Teng):《捻軍及其遊擊戰 1851 ~ 1868》(*The Nien Army and Their Guerrilla Warfare*, 1851 – 1868),巴黎:Mouton & Co. ,1961 年;裴宜理(Elisabeth Perry)編:*Chinese Perspectives on the Nien Rebellion*,阿蒙克(Armonk),紐約:M. E. Sharpe, Inc. ,1981 年。

② 參見孔飛力(Philip Kuhn):*The Taiping Rebellion*,載崔瑞德(Dennis Twitchett)、費正清(John K. Fairbank)編:《劍橋中國史》卷十《劍橋晚清史 1800 ~ 1911》(*The Cambridge History of China* (*v.* 10): *Late Ch'ing*, 1800 – 1911)第一部分,劍橋:劍橋大學出版社,1978 年,第 316 ~ 317 頁。關於太平軍向河南地區的進攻,參見王天奬:《太平軍在河南》,鄭州:河南人民出版社,1974 年,第 8 ~ 54 頁。

悲劇的重演。

在守衛南陽城的諸多全真教人物當中,最爲知名的當屬張宗璿(字耕雲,法名圓璿,號雲樵子,又號種菜道人,1821～1887)。此人出身於山東半島的福山(張家一直世居此地)。據稱,1840 年,19 歲的他就通過了會試科考。不過,由於張宗璿比較厭煩科舉考試,因此放棄了舉人的名號,只是選擇了"張家之子"的名號。1852 年,32 歲的他在三官廟出家做了一名全真弟子,開始了修道生涯。據說,在青島附近的嶗山太清宮受戒之前,張宗璿閱讀了大量的道教典籍,並廣泛遊歷中國知名的全真教宫觀(包括北京的白雲觀、蘇州的玄妙觀等)。[1]

在揚州天寶觀掛單期間,張宗璿充滿生機的弘道事業受到了長江下游地區太平軍的阻撓。在天寶觀,作爲一名富有創新精神的宗教改革家張宗璿大力幫助這座道觀恢復和重振道教的生活方式與實踐,並因此蜚聲揚名。天寶觀也因此吸引了衆多全真道士到此掛單、學道。[2]不過,由於太平軍全面損毁了整個江南地區的儒家書院、佛教寺廟和道教宫觀,因此揚州天寶觀也難逃此劫。在這個過程中,張宗璿蒸蒸日上的修道生涯和實踐活動也因此受到迫害。當時,太平軍殘殺佛道大師的謠言四處傳佈。在這種情況下,像張宗璿這樣的道教宗師完全有理由爲自己的性命和其宫觀的安危而擔憂。1853 年四月初一,太平軍未動一兵一卒便和平地佔領了揚州城。隨着太平軍臨近的消息傳來,衆多佛道徒衆紛紛逃逸。在這種情形之下,和衆多同道一樣,張宗璿只好離開揚州。[3]

張宗璿自揚州一路西行,再次來到南陽,並在玄妙觀掛單。在南陽玄妙觀期間,張宗璿得到方丈吕永震(字乾初)的激賞,後者對年富力强的道教領袖張宗璿早有耳聞。據一部宗派仙傳的記載,吕永震曾邀請張宗璿一起論道,二者的攀談長達數天之久。吕永震對他的才學非常賞識,並向其"傳龍門之大法"。這使得張宗璿有資格在一次全真教受戒儀式上擔任傳戒律師。此後不久,他便證明吕方丈對自己的信任是值得的,並開始在玄妙觀領導充滿活力的宫觀復興活動。

作爲恢復玄妙觀全真宫觀生活第一批工程的一個組成部分,張宗璿首先着手修復那些已經毁壞的殿宇。他到達南陽之後不久,便發現玄妙觀已經年久失修。這使他内心充滿無比的悲涼。爲此,他立誓要重修這座全真道觀,並與宫觀

---

① 參見濮文暹:《南陽玄妙觀張耕雲道士磚塔銘並序》,收入氏著《見在龕集》卷十九,第 39a～40b 頁。另可參見《太上律脈源流龍門傳戒譜系》。

② 關於張宗璿早年在揚州天寶觀的生涯,參見《太上律脈源流龍門傳戒譜系》之《張宗璿》條。另參見濮文暹:《南陽玄妙觀張耕雲道士磚塔銘並序》,收入氏著《見在龕集》卷十九,第 36a～40b 頁。

③ 關於太平軍對江南佛教和道教的態度,參見簡又文:《太平天國革命運動史》,第 126～128 頁。

的主事共商修繕之事，確定了修繕計劃和重振宫觀生活的計劃。通過籌集和捐助善款，張宗璿最終完成了這次修繕工程。不久，吕永震方丈及其徒衆便推選張宗璿擔任玄妙觀的監院。據説，擔任監院之後的張宗璿仍然日以繼夜，勵精圖治，嚴於律已，寬於待人，爲道衆所推崇。在他的領導和管理之下，玄妙觀的收入也有所提高。由於對田産管理有方，在財産和聲望方面，玄妙觀很快成爲可以和京城白雲觀以及其他一些主要的全真叢林相媲美的全真教中心。①

張宗璿大力修復玄妙觀、振興宫觀生活時期，也是清軍鎮壓來自漢水流域的捻軍以及稍晚的爆發於南方的太平軍的高峰時期。上文已經談到，張宗璿是被太平軍從揚州的天寶觀趕到南陽的，因此，他對清政府和地方當局鎮壓太平軍、守衛南陽城的工作給予了大力支持。如果當初張宗璿因爲太平軍逼近不得不離開揚州而對其有所厭惡，那麼隨着太平軍大規模摧毁江南以及揚州道觀的消息傳來，他的這種厭惡感也就日益加深。自從 1853 年張宗璿首次抵達南陽以來，這座城市已經多次受到來自於南陽城郊及鄰近區縣的侵襲，不過，第一次給南陽地區帶來重大危機的是從漢水流域進入南陽東部的捻軍小股勢力。這股勢力雖然人數不多，但反應迅速，對南陽城形成了極大的威脅。1861 年農曆二月，姜太淩、張宗禹領導的這股捻軍勢力從安徽西北部經南陽東部的葉縣向周口急速挺進，一夜的時間居然行軍近百里。他們經唐縣進入南陽市郊，先是向西部的鄧州挺進，不過，很快又調轉方嚮，從東北方嚮直逼南陽。在不到數天的時間裏，他們渡過白河，從南陽城的南部包圍了這座城市。整個南陽城四面受敵，被這股捻軍勢力緊緊圍困。城内人心惶惶，整座城市都籠罩在恐怖之中。南陽城的城墻存在着一處缺口，這就意味着，如果捻軍經此屠城的話，那麼，無論從規模上還是從嚴重程度上來説，都不會亞於闖王李自成及其部衆在兩個多世紀以前的 1630 年代對南陽城的屠戮。②

當時，南陽城的城墻已經多處年久失修。自從明代初年的重修加固以後，這

---

① 參見《太上律脈源流龍門傳戒譜系》。目前，我們尚没有關於 19 世紀中期玄妙觀田産的數據資料。不過，與此相關的一些資料足以表明，玄妙觀擁有大批的田産。一位已經卸任的河南官員在 1880 年代曾經在玄妙觀做過短期的逗留，當時玄妙觀的財産給他留下了極其深刻的印象。他的一篇文章談到了其中的一座富麗堂皇的花園，同時還提到有"數百道士"（"several hundreds of Daoist clerics"）在那裏居住或掛單。參見于蔭林：《西北園記》，載《南陽縣志》卷十二，第 22b ~ 24a 頁。1912 年辛亥革命時期，玄妙觀的田産達 7800 畝左右，參見馮紫崗、劉端生：《南陽農村社會調查報告》，上海：黎明書局，1934 年，第 84 頁。

② 參見傅壽彤：《南陽玄妙觀藏經閣記》。相比之下，張嘉謀對捻軍首次進攻南陽城的記載和傅壽彤的記載略有不同，他並没有詳細描述捻軍對南陽城的長期圍困，而是説在南陽守軍實施炮擊之前，圍城的捻軍就撤離了。另可參見《南陽縣志》卷 八，第 19b ~ 20a 頁。

裏的城墻就再也没有經歷過大規模的修復,很多的地方已經嚴重破損。鹽運使傅壽彤奉命負責南陽城的守衛工作。他後來回憶當時的情景說,自己擔心和憂慮的並不僅僅是那些年久失修的城墻。1850 年初,在清政府鎮壓太平軍鬥爭的早期階段,後來擔任南陽知府的顧嘉蘅(生活於 1840 年代前後)曾經號召南陽城裏和附近的"鄉保"修築"砦堡",加强城防。然而,當時大多數南陽人還未意識到從南方起兵的太平軍究竟能够給南陽帶來多大的威脅,因此幾乎没有人在意這位知府的緊急號令。①

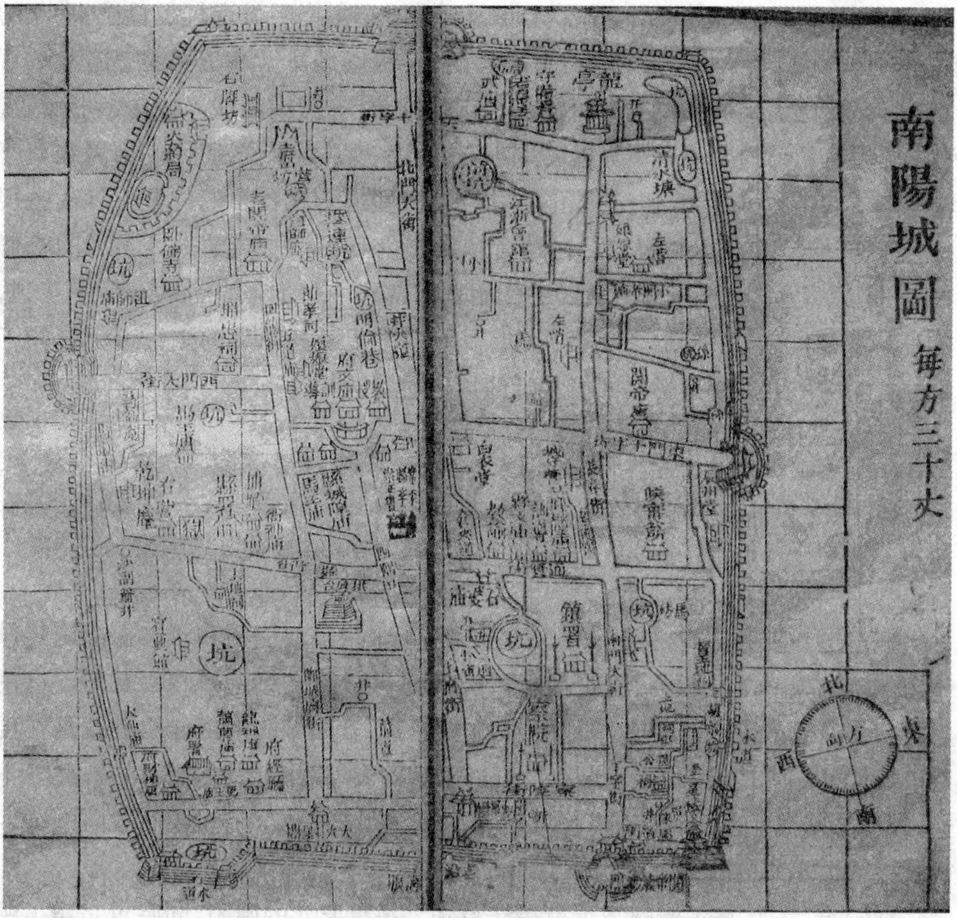

1860 年代擴建之前的南陽城圖,見 1904 年《南陽縣志》

1860 年冬,在南陽上任之後不久,傅壽彤便召集當地耆宿和士大夫共同商討

① 參見《南陽縣志》卷八,第 29b ~ 30a 頁。

南陽防務之事。在其中的一次會議上,當地人向傅壽彤稟報了城墻的破損情況,他聽了之後甚是吃驚。南陽城的西北角地廣人稀,有一座小山,從山上可以俯瞰整個南陽市的街區。與此相反,其東南角則人口稠密,但是缺少堅固的城垛。這種狀況使得進犯者很容易從外部攻入,防禦工作異常艱巨。爲此,傅壽彤專門就城防戰略求教於當地的年長者。其中有一個名叫崔懷玉(字中立,生卒年不詳)的當地士大夫,也是一名"鄉保",站出來在傅壽彤面前坦然地講到,只要有張宗璿方丈在,南陽城防就不會出問題。①

歷史證明崔懷玉並没有説謊。1861 年,太平軍對南陽城進行了長達 40 天的圍困。傅壽彤下令炮擊圍城的太平軍。期間,張圓璿方丈率玄妙觀"道衆數百人",與清地方武裝和軍隊共同抵禦太平軍的進攻,守護南陽城。據傅壽彤所説,張方丈將其領導的全真道士分成若干小隊,並以"保"爲單位,將他們部署在整座城市重要的街區、城門等處("雜伍保中")。這些道士在各自的位置上日夜監視太平軍的動嚮,絲毫不敢懈怠。在動員和組織南陽民衆支持清地方當局的整個城防工作中,他們發揮了非常重要的作用。禮部在一份上報皇帝的奏摺中談到,在一次與圍城的太平軍的大型戰鬥中,張宗璿方丈及其領導的全真道士發揮了非常重要的作用。傅壽彤在回憶當時的情形時講:

> 道士糾領道衆等陴協守,捐資募勇,闤廂賴以安全……宗璿且知緩急,識進止,善拊循。匪獨能用其衆,凡所建言郡中人均樂從之。故卒使城無可乘之釁,守以固,民以安。始信懷玉言非偶然,宗璿誠非尋恒羽流也。②

傅壽彤後來回憶説,打敗太平軍之後不久,張宗璿便開始和自己探討南陽城將來的防衛戰略。他認爲,這座城市城防的薄弱環節在東南部和西北部。這兩處最容易受到入侵者的侵襲。因此,張方丈建議,鞏固城防的最佳之計就是在現有的城墻外圍建造環城的"砦堡"。他的建議深得傅壽彤及其繼任者的讚賞。③不過,還未來得及建造"砦堡",南陽城就又遭到了另外一股從湖北、安徽向中國西部挺進的太平軍的襲擊。

1862 年六月,爲了減輕清軍對長江沿綫太平軍要塞的圍困,同時也是爲了轉

---

① 1850 年代,崔懷玉是當地保甲局的一個頭目(the co-head of the local mutual defence bureau〔Baojiaju 保甲局〕during the 1850s)。參見丁華永:《南陽文物志略》,臺北:南陽同鄉聯誼會,1983 年,第 7 頁。

② 可分別參見傅壽彤:《南陽玄妙觀藏經閣記》;張宗璿:《禮部碑》。另參見濮文暹:《見在龕集》卷十九,第 38 頁。

③ 參見傅壽彤:《南陽玄妙觀藏經閣記》。

移圍困南京清軍的注意力，太平軍決定實施第二次北伐，統帥包括扶王陳得才、端王藍成春、遵王賴文光。他們一路向西北的甘肅、陝西、寧夏等省份進攻，試圖在這些地區與清軍開闢新的戰場。在起兵階段，這支多達十萬人的太平軍很快從安徽進入了河南南部，並重創清軍沿長江北岸部署的防綫。當年七月，北伐太平軍的先頭部隊與當地的捻軍匯合，並迅速向河南西部的南陽進攻，力圖佔領西進陝西及其以西地區的戰略要道。①

在七月初一至十七的兩個多星期裏，太平軍和捻軍聯軍全面包圍南陽城。除了正面的進攻之外，他們還採取挖地下工事的方法，試圖攻破南陽城防。爲了解除起義軍的圍攻，傅壽彤和清南陽地方官員們全面動員南陽民衆，群防群策。他們下令所有郊區的百姓都要遷入城内。同時，拆除城墻附近的各種房屋建築，以免起義軍利用這些建築攻城。同時，還囤積了大量的糧食，並徵用了大批建築物資，以應對城外起義軍的長期圍攻。此外，還在城内建造了兩座高聳的瞭望塔，用以監視起義軍的動嚮，特别是他們企圖破壞城墻的進攻工事。在高高的城墻上，傅壽彤部署了數門火炮，以打擊圍城起義軍的氣焰。在經過上述的周密部署之後，南陽守軍一次又一次地擊退起義軍。最終，在來自河南北部和湖北的援軍的協助下，南陽廣大軍民徹底擊退這支進攻勢力，解除了南陽城的危機。

1862 年夏天，起義軍二度進攻南陽。不過，這次進攻僅僅是提高了南陽軍民修築新的更加牢固的城防體系的急迫意識。起義軍撤離之後，傅壽彤回憶到，衆多南陽民衆認爲如果事先修築了護城堡壘的話，夏天的這次危機也許就不會那麽糟糕。很多人都對張宗璿最初的建議深表讚賞。那年夏天，南陽民衆紛紛開始出資出力，修建張宗璿所倡導的環城砦堡。在此後的一年裏，當傅壽彤奉命回到南陽（這次他的使命是負責部署 1863 年夏天的城防工作）時，環城砦堡的修築工作已經接近尾聲。他到達南陽之後，即刻請張宗璿及其他負責防務工作的領袖，共同商討護城大計。他們首先對這個城市的防禦體系進行了評估，並完成了尚未竣工的砦堡修築工作。新修築的環城砦堡上建有十六座城垛，上面均配有火炮、火槍和弓弩。1863 年夏天，環城砦堡和配有火器的城垛修築工事最終竣工。②

---

① 傅壽彤曾經爲毗鄰的鎮平縣的一座書院撰寫過數篇碑記。在其中的一篇名爲《重修湝陽書院碑記》中，傅壽彤追述了太平軍、捻軍聯合進攻南陽的緊急形勢。具體内容詳見傅壽彤：《重修湝陽書院碑記》，載吴聯元：《光緒鎮平縣志》（1876）卷六，第 27a ~ 29b 頁。

② 南陽縣令李瀛曾經談到，在 1862 年起義軍圍城之後，張宗璿方丈在籌集修築砦堡的資金方面發揮了至關重要的作用。參見李瀛作於 1864 年的一首詩的注文。這首詩被刻在一方碑石之上，但没有名字。碑刻拓本收入筆者的個人收藏之中。

新修築的城防體系中建有四座大型的砦堡（four large fortified citadels，即四關），分别位於原南陽城城墻四座主門的右側。這四座堡壘和新修建的十六座配有火炮的碉堡互相呼應，使得整個防禦體系固若金湯。在北門防禦工事的修造工程中，僅張宗璿及其所在的玄妙觀就爲工程捐資達一萬三千貫之多。（北門防禦砦堡的修建有力地鞏固了整個城墻防禦體系中最爲薄弱的環節）。[①]南陽民衆把這些新修建的砦堡稱做“月城”，原因是四座大型的堡壘均呈月牙形。如此一來，在原有的城墻四角，又建造了强大的護城堡壘。與此同時，每座砦堡也可以作爲獨立的堡壘抵禦攻城的起義軍。總之，他們在南陽城内城之外又修建了環城的防禦體系，從而有力地保障了内城商鋪、政府衙署、宗教廟宇以及居民區的安全。

新修建的南陽城四關圖，見1904年《南陽縣志》

除了軍事防禦功能之外，四關還具有以下作用，即爲戰時湧入城内的灾民或

① 參見濮文暹：《見在龕集》卷十九，第38頁。

城郊民衆提供避難的居所。當起義軍圍城時，城郊大量民衆就會拋家捨業進入砦堡避難。圍城起義軍撤離之後，他們就會再次重返家園。到了 1900 年代早期，這些"月城"或者砦堡的周邊地區已經併入南陽城，原因是，越來越多的臨時避難的難民、住户和商鋪已經長期在這些地方定居。和平時期，爲了給這些地方的民衆提供方便快捷的出入南陽城的通道，當地政府還專門在砦堡的城墻上開鑿了一些小型的城門。①

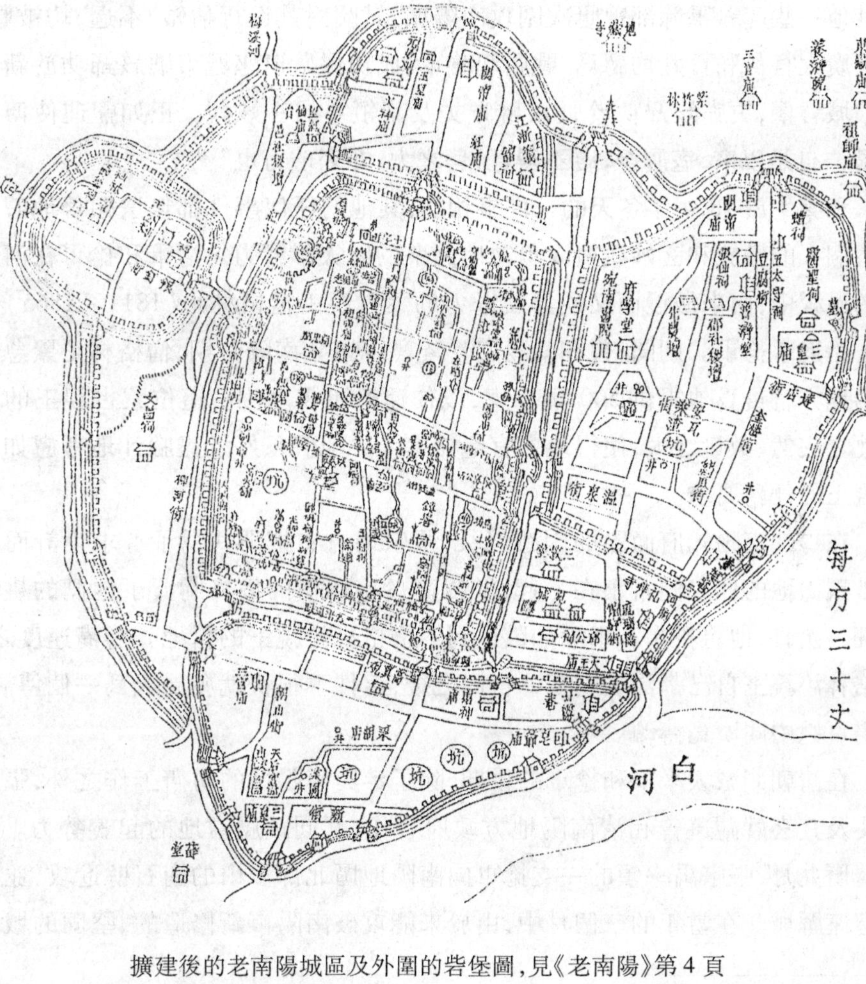

擴建後的老南陽城區及外圍的砦堡圖，見《老南陽》第 4 頁

① 具體内容參見傅壽彤：《南陽玄妙觀藏經閣記》。1939 年，大部分南陽城城墻以及關口、碉堡都被拆毀了。據説，之所以這樣做，是爲了保證在日軍空襲之前南陽民衆能够快速的撤離。參見王俊修：《瑣談南陽城門近代名稱演變》，載《南陽縣文史資料》第 6 輯，1992 年，第 64 ~ 66 頁。另參見殷德傑：《老南陽》，第 4 ~ 10 頁。

據説,除了參與修造老城周邊的新型防禦工事之外,張宗璿方丈及其領導的玄妙觀道衆在報經當局允許之後,還曾製造火槍、火炮以及其他各種武器,而且這些武器都用在了守護城垣的工作中(史書原文爲"並稟明製造鎗砲保衛城垣")。[①]

在此之後,太平軍和捻軍也曾多次進攻南陽城,每次進攻,新修建的砦堡防禦體系都發揮了非常有效的作用。1863 年夏至 1865 年春,太平軍、捻軍以及當地其他一些起義軍餘部曾屢次圍攻南陽城,試圖對其進行佔領,不過,均被擊退。南陽廣大官員和百姓均認爲,戰勝起義軍、成功保衛這座城市應該歸功於新建造的環城砦堡,更應該歸功於張宗璿方丈及其領導的玄妙觀。正如鹽運使傅壽彤所講,"自是以來,寇屢至,屢不得逞,砦之力,亦宗璿力也"[②]。

和發生於 1864 年冬天的一件事相比,其他的任何事件都無法顯著地體現張宗璿個人的權威和玄妙觀對南陽當地民衆的巨大影響力。清軍和捻軍在河南交戰的過程中,向來傲慢而又極具震懾力的蒙古親王僧格林沁(1811 ~ 1865)率部隊一路追擊捻軍。期間,曾在南陽安營紮寨。[③]駐紮南陽時期,僧格林沁緊急命令南陽地方官員爲他提供 500 輛牛車,以作運輸軍需之用。這位蒙古親王的要求如此之突然、數量之大,使得地方官毫無準備。他們只好絞盡腦汁地考慮如何完成親王的任務要求。

在得知南陽知府面臨的困難以後,張宗璿方丈把那些爲了尋求生計而租種玄妙觀田地的佃農們召集在一起,並以高於市場價的價格購買了他們的耕牛和車輛。次日,他將耕牛和車輛如數送到了僧格林沁親王的營地。籌備速度之快,僧格林沁親王自己都深表震驚。自此之後,這件事很快就發展成爲一個傳説,在南陽百姓中間廣爲傳頌。[④]

在清朝剿滅太平軍和捻軍的後期,除了參與南陽城的防衛工作之外,張宗璿方丈及其玄妙觀還曾和清南陽地方政府合作,共同鎮壓當地的起義勢力。1863 年農曆九月,張宗禹率領的一支捻軍向南陽地區北部多山的南召縣進攻,並佔領了這座縣城。在當年的三個月中,由於未能攻破南陽市新修造的、堅固的城防體

---

① 參見張宗璿:《禮部碑》。

② 參見傅壽彤:《南陽玄妙觀藏經閣記》。另參見《南陽縣志》卷十二,第 21b ~ 22b 頁;濮文暹:《南陽玄妙觀張耕耘道士磚塔銘並序》,載《見在龕集》卷十九,第36a ~ 40b 頁。

③ 關於僧格林沁的人生和職業生涯,參見朱孔彰:《僧格林沁别傳》,載繆荃孫編:《續碑傳集》,收入沈雲龍編:《近代中國史料叢刊》(重刊本)第 99 輯,卷七十,第 1a ~ 3b 頁。

④ 參見《南陽縣志》卷八,第 22b ~ 23a 頁;另參見濮文暹:《見在龕集》卷十九,第 38 ~ 39 頁。

系,因此這股捻軍勢力便開始大肆洗掠南陽郊區。爲了應對這種長時間的危機,當地的大小官員和士大夫紛紛獻計獻策。整個南陽亂作一團。此時,張方丈再次站出來爲他們解除燃眉之急。一年前,爲了守護南陽城,張宗璿曾在南陽周邊地區組建了一支民軍。這次,他再次把這些人召集在一起,並將他們部署在南陽市區内外,與當地的政府官員和士大夫協同作戰。在此後的三個月裏,由道士組成的這支軍隊日夜在南陽城周圍巡邏,嚴密監視,直到年末將這股捻軍勢力逐出南陽。①

玄妙觀一系列的財産及其在南陽的影響力

張宗璿方丈及其玄妙觀在南陽地區的權威性和影響力是建立在下述事實的基礎上的,即這座全真道觀擁有大量的物質、經濟、文化財富,而且多年來都一直參與地方事務,爲地方社會服務。上文已述,1861 年起義軍圍城以後,爲了修築南陽城北部的砦堡,張宗璿曾捐助一萬三千貫銀兩。1864 年,在完成蒙古親王僧格林沁提出的近乎無法實現的命令過程中,張方丈再次展示了自己迅捷而强大的動員能力。這兩件事足以彰顯玄妙觀的巨大財力。當然,玄妙觀經濟實力的凝結是與自身多年來的積纍以及政府的眷顧分不開的。早在 1660 年代,作爲道教叢林的玄妙觀,常駐道士就有 60 餘位。清軍征服中原以後,在短短的 1656 至 1665 年的幾年間,薛清福方丈及其領導的玄妙觀就曾舉辦過三次耗費巨資的黄籙普醮,以超度那些死於戰争的南陽民衆的亡靈。②

到了 19 世紀早期,玄妙觀已經在整個南陽地區擁有幾座下院,它們分别是南陽城東北郊獨山上的祖師殿、西南郊的武侯祠和相鄰的方城縣博望鎮的三元宫。到了 1813 年,南陽玄妙觀住庵道士已經接近百人。玄妙觀及其下院在南陽地區佔有大量的田産,而且宫觀田産的收入與日俱增。在這種情況下,一些道士開始大肆揮霍、鋪張浪費。爲此,玄妙觀及其下院的領袖和道團開始意識到必須重新制訂宫觀清規,從而使"銀錢賬物不得在外互相捐借"、避免宫觀田産"私行當買"。③

---

① 對 1863 年南陽守護戰的詳細記載見於 1868 年的一通碑刻。張宗璿方丈在南陽作戰中立下了卓著的功勳,因此清帝國政府曾對其大加賞賜。1868 年碑刻對此事有所載録。具體内容參見張宗璿:《禮部碑》(1868)。

② 參見《十方功德碑記》(1665)。

③ 參見《玄妙觀嚴整清規以端玄風五戒》(1813)。

到了19世紀末,玄妙觀固定的田産已經多達7700百畝。根據民國早期的統計,絶大多數田産都是這座宫觀數個世紀以來獲得和積纍下來的,剩下的2700畝廟産田,主要是廣大信衆和資助者捐助的。[①]據説,大量田産的地租足以維持數百位道士的日常之需。玄妙觀的大部分田産都是在1850年代早期張宗璿擔任監院和方丈期間獲得的。在他的有力領導和多年的精心管理下,玄妙觀的財富日益增長。當地的政府官員們已經認識到這一點,並於1867年夏天擬奏摺將這一事實上報了禮部。[②]

玄妙觀佔有大量的財富和資源。這使得玄妙觀方丈有能力通過各種形式的儀式服務和慈善活動和南陽士大夫精英及地方社會建立廣泛的經濟、文化方面的聯繫。與此同時,這種聯繫又進一步提陞了玄妙觀在當地民衆中的聲望和知名度。1860年代初,就在張宗璿擔任玄妙觀監院之後不久,南陽地區遭遇大旱。因此,張方丈率領全真道衆在南陽城内遍設粥棚,爲灾民提供給養。爲了惠及更多的當地民衆,張宗璿和玄妙觀雇傭了三千餘位勞力,讓他們從事各種行業。玄妙觀爲此給他們發放了五個月的薪酬,使這些人及其家人得以平安度過這場灾荒。

張宗璿經常及時地爲小商小販、商鋪老闆以及縉紳家庭(literati families)提供貸款和買賣業務,爲廣大佃户提供勞作賺錢的機會,爲急需幫助的普通百姓捐贈食品和衣物。通過上述方式,他與南陽地方社會也建立了良好的往來關係,並得到了後者對自己的眷顧和支持。多年以來,通過爲地方社會提供慈善活動和幫助,玄妙觀與地方社會建立了密切的資助和往來關係網。同時,張方丈及其玄妙觀也從中賺取了道德資本和權威。南陽地方官員們適時地注意到了這一事實。1883年至1890年代中期張宗璿擔任方丈期間,南陽知府濮文暹(字青士,號瘦梅,1829~1909)與其結下良好的個人關係。在闡述張方丈及其玄妙觀的影響

---

① 1911年辛亥革命以後,經過多年的商討,玄妙觀最終和南陽地方政府達成了一項協議。協議規定,所有"經查證爲人民施捨"的宫觀田産均需充公,以作發展地方教育之用,没有捐助記録或者擁有買賣地契的田産,則仍然歸玄妙觀所有。最終,有證據顯示總共有2700畝田産爲民衆施捨、捐助,爲此,這些田産只得移交南陽地方當局,並作爲發展教育事業的資金。具體内容參見《三次贖地記略》,載王新昌、唐明華編:《醫聖張仲景與醫聖祠文化》,北京:華藝出版社,1994年,第127~128頁。

② 參見于蔭霖:《西北園記》,載《南陽縣志》卷十二,第22b~24a頁。另外可分别參見馮紫剛、劉瑞生:《南陽農村社會調查報告》,上海:黎明書局,1934年,第10~11頁;張宗璿:《禮部碑》。田地委託是玄妙觀獲得田産的一種最爲重要的方式。舉例而言,1883年九月,當地的醫生、藥店老闆和藥師(他們都是醫聖祠的資助者)與玄妙觀達成一項田産委託協議,前者將醫聖祠及其所屬的700畝田産委託給張宗璿及其玄妙觀管理經營。具體内容參見《三次贖地記略》,載王新昌、唐明華編:《醫聖張仲景與醫聖祠文化》,第127~128頁。

力和權威時,濮文暹寫道:

> 郡中凡四民之土著者,流寓者,迨乎婦孺,無貴賤親疏,大半賴耕雲施貸或衣食,所傭至老死不倦。①

除了給南陽社會帶來的衆多經濟利益之外,通過私人友誼和文化追求,玄妙觀及其領袖們還積極地與南陽士大夫和政治精英們建立起密切的往來關係。1860 年代至 1880 年代擔任玄妙觀方丈期間,張宗璿與清廷密切合作。他的忠誠、個人素養和魅力深深地折服了衆多地方官員和士大夫精英。張方丈和南陽士大夫精英們之間存在着共同的政治利益,同時也都爲維護清廷的統治秩序服務。除此之外,他們之間還存在着共同的文化品位和文化追求。前任南陽知府顧嘉蘅曾撰有一首詩,詩文對張宗璿在書法和繪畫方面的文化修養深表仰慕。顧的父親也是張方丈的奕友。南陽縣令李瀛(字蓮樵,生卒年不詳)及其繼任者任愷(此人也是一位知名的藝術家和書法家)也曾作詩讚頌張宗璿方丈卓越的精神修爲和政治業績。②

---

① 參見濮文暹:《見在龕集》卷十九,第 38 頁。關於濮文暹的人生和職業生涯,包括他在南陽的任職情況,參見陳作霖:《欽加三品銜河南陞用道南陽府知府濮公行狀》,載閔爾昌編:《碑傳集續》,收入沈雲龍編:《近代中國史料叢刊》(重刊本)第 100 輯,卷二十五,第 1455 ~ 1460 頁。

② 南陽知府顧嘉蘅的這首詩被刻在碑石之上,這方碑石至今仍存於玄妙觀的前院。其文如下:

唉到清齋午夢醒,交遊方外已忘形。
善書善畫稱最絶,胸飽五千道德經。
一畫乾初易理精,仙如橘叟對棋枰。
百年丹鼎傳衣鉢,同是冰霜煉骨成。
開珠桂蕊菊尤黄,散透天香讓冷香。
淡逸自能堅晚節,看花老眼不炎涼。
頻歲神人夢以和,瓊臺玉綏何功多。
環山紫氣皆清霄,鶴舞壇外客詠歌。

李瀛的詩文於 1864 年也被刻在碑石之上,他的這首詩主要讚頌了自己與玄妙觀張宗璿方丈之間的友誼。其文如下:

勘破浮名一羽輕,珊珊仙骨玉同清。
養生獨得長生訣,遺世還留濟世情。
不與群玄爭築舍,早倡衆志共成城。
狼氛掃空鴻安宅,鶴戾風聲心不驚。
薄書鞅掌幾經年,欲滌塵襟百載牽。
未許煙露偕嘯傲,何妨香火結因緣。
君方青飯初餐得,我在黄粱未熟先。
自笑華胥誰解脱,茫茫宦海尚無邊。
(兩首詩文的碑刻拓本均收入筆者的個人收藏之中。)

多年來,張宗璿方丈及其玄妙觀與南陽當地士大夫、商人、精英、普通百姓建立了密切的社會、經濟和文化聯繫,並從中積累了巨大的道德聲望和道德資本。在當地精英和普通百姓看來,張方丈已經修得精神上的和身體上的真性。他踐行了一位理想的修道者應有的對朝廷的忠誠和對地方社會的眷顧。此人道德高尚,精神超越。用光緒朝南陽知府濮文暹的話來説,就是"賢士大夫皆樂與之遊"。在剿滅太平軍的高潮時期,張宗璿藉助與南陽地方社會形成的這一龐大的社會、經濟和文化關係網,充分發揮玄妙觀的影響力,動員民衆支持清政府維護南陽的政治和道德秩序。

後太平軍時代:帝國的眷顧與玄妙觀的聲望及其擴張活動

張宗璿對朝廷的忠誠以及在防衛南陽城過程中立下的赫赫功勳,進一步增進了清政府和玄妙觀之間長期以來形成的密切合作關係。作爲一位極具領導力的道教領袖,張宗璿的名字在道教界廣爲傳頌,而且經常會有同道邀請他主持各種道教活動。1865 年,就在太平天國起義接近尾聲的時候,張宗璿的師父、北京著名的白雲觀方丈呂永震就曾邀請他赴北京主持一場傳戒儀式。在京城白雲觀掛單期間,慈禧的母親剛剛辭世不久,"皇太后哀痛所迫,乃用道家醮薦事,以伸罔極之思"。作爲喪葬儀式的一個組成部分,成殮屍體的棺槨在正式下葬之前,曾暫時停放在白雲觀長達 300 天之久。期間,張宗璿方丈率領白雲觀道士爲亡者舉辦靈魂超度儀式。據説,他"獨跪壇下凡三百日,不懈益虔"①。

他對這次喪葬儀式的虔誠和投入深得慈禧的信任和賞識,同時也得到了公衆的欽敬。②慈禧對他非常感激,並曾賜給他玉冠、紫袍,同時還爲白雲觀捐贈了大批銀兩。1867 年,利用皇帝的賞賜和捐贈,張宗璿在京城白雲觀主持了一場大型的全真傳戒儀式。③

---

① 在道教的喪葬儀式中,死者的屍體有時候會被存放在宮觀之中。這個時候,道觀就會請來一些資深的道教喪葬法師,他們的職責是日夜不間斷地舉行別具一格的亡靈超度儀式,確保死者的亡靈能够平安地從陽間抵達陰間。這種喪葬活動持續的時間長短不一,對於窮人來説,一般只有 7 天;對於達官顯貴來説,則會持續 49 天之久。不過,慈禧太后母親的棺槨爲何在白雲觀停放近一年的時間,目前尚不清楚。對北京道教喪葬儀式的概述,參見高萬桑:《1800 ~ 1949 的北京道士: 一部城市道士社會史》(*The Taoists of Peking*,1800 – 1949: *A Social History of Urban Clerics*)附録部分《道教死亡儀式簡史》("A Brief History of Taoist Death Rituals"),劍橋:哈佛大學東亞研究中心、哈佛大學出版社,2007 年,第 244 ~ 255、333 ~ 344 頁。

② 參見濮文暹:《南陽玄妙觀張耕耘道士磚塔銘並序》,載氏著《見在龕集》卷十九,第 36b ~ 40a 頁。

③ 參見濮文暹:《見在龕集》卷十九,第 36b ~ 40b 頁。

當時，張宗璿方丈在守衛南陽城過程中立下的戰功及其作爲一名深受帝國寵信的全真宗師的名望早已蜚聲整個道教界。全國各地大大小小的道教宮觀廟宇紛紛邀請他主持各種傳戒儀式（consecration ceremonies）。太平軍起義對道教的宮觀生活和秩序造成了極大地破壞。爲此，張宗璿立志要重振並進一步充實道教的宮觀活動。1864 年春天，就在清軍鎮壓太平軍接近尾聲的時候，他開始在江南、華北平原以及滿洲地區的各大全真宮觀之間巡遊。期間，他曾回到揚州天寶觀（四年前由於太平軍的侵襲，張宗璿不得不逃離這座古老的道觀），並主持了作爲道教叢林的天寶觀的重新開放儀式（the reopening of the monastery）。後來，他又先後巡遊京城、山東以及奉天等地，主持了五次以上大型的全真教受戒儀式，爲多達 4763 名新入道的道士受戒。同時，在很大程度上恢復了這些地區道教宮觀的宗教生活方式。①

1866 年，張宗璿再次回到南陽。當時，他的聲望可謂達到了巔峰。鑒於他在守護南陽城過程中作出的傑出貢獻，上到南陽大小官員，下到普通百姓——具體包括士大夫、普通民衆、傅壽彤及其繼任者張仙保、李瀛、任愷等領導的南陽各級官員——紛紛請求河南巡撫嘉獎張方丈及其玄妙觀在幾年前南陽保衛戰中立下的赫赫功勳。負責在南陽抵禦太平軍的當年鹽運史和候補道傅壽彤現在已陞任開歸陳許道。他代表上述官員士庶向河南巡撫李鶴年（字子和，？～1890）呈報了請求嘉獎張宗璿的奏章。其文如下：

> 宗璿之有勞於南陽非一日也，南陽之民欲有以酬宗璿之勞非一人也。然則是舉也非爲經也，爲宗璿也。非爲宗璿也，爲南陽也。且非直爲南陽也！南陽之民，天下之民也。南陽之民之心，天下之民之心也。舉而獲天下之民之心！②

1867 年農曆二月二十九，河南巡撫李鶴年以傅壽彤的奏章爲基礎，爲禮部擬寫了一份奏摺，請求同治皇帝賜給張宗璿及其玄妙觀明本《道藏》一部，以示皇家

① 好像張宗璿成功主持的各種全真受戒儀式大多都發生在中國北方和東北地區。1865 年，他曾在武昌長春觀舉辦過一次受戒儀式。可是，當地政府官員對道教非常反感，並對受戒儀式横加干涉。因此，這場儀式最終未能成功，儘管張宗璿曾經不厭其煩地、彬彬有禮地和他們交涉。此後不久，張方丈在玄都觀（位於湖北東部的蘄春）舉辦了一場小規模的受戒儀式，大約有 50 名道士受戒。參見李理安：《長春觀志》卷二，第 16a～b 頁。玄都觀是蘄春的一座小型的全真道觀，詳細情況可參見張仲炘、楊承禧：《湖北通志》卷十六，第 459～461 頁。

② 參見《南陽縣志》卷十二，第 22b 頁。

恩寵。[1] 當年五月，禮部通過南陽知府和縣令等大小官員的奏摺證實了張宗璿在守衛南陽過程中的詳細情況，於是，他們按照規定向内務府轉呈了河南巡撫的奏摺（内務府掌控着皇室經卷印製和頒發）。同年五月十一，内務府上奏摺懇請同治皇帝下旨賜給張宗璿武英殿藏《道藏》一部（武英殿是紫禁城内四大皇家圖書館之一）。[2]

1867 年六月二十四，同治皇帝很快就同意了内務府的奏請。下旨命張宗璿親自赴京接領並護送御賜《道藏》回南陽。到達南陽以後，張方丈專門在玄妙觀内建造了一座藏經閣，以存放皇家所賜的《道藏》。當時，接領《道藏》的場面甚是隆重，南陽的各級政府官員和普通百姓紛紛到場祝賀。衆多現職的和已經卸任的官員以及當地的士大夫精英們紛紛吟詩作賦，讚頌這一盛大場面。在很多人看來，1867 年同治帝御賜明本《道藏》充分昭示了下面這一事實，即在守衛南陽城和維護清朝政治、道德秩序過程中，張宗璿個人及其領導的玄妙觀發揮了至關重要的作用。御賜《道藏》一事一方面進一步提陞了久負盛名的作爲全國最爲知名的道教叢林的玄妙觀的聲望和權威，另一方面，也成爲當時南陽的道士們和廣大世俗民衆引以爲自豪和增進地方認同的源泉。[3]

反思：晚清時期的玄妙觀

二百多年以來，玄妙觀鑄就了自己輝煌的歷史，贏得了令世人仰慕的聲望，同時也積纍了大量的財富。到 19 世紀中期，一方面它已經確立了作爲南陽和中原地區一座主要的全真叢林的地位，另一方面，也成爲晚清時期一座頗具政治、文化影響力和經濟實力的道教中心。

---

① 關於李鶴年的人生和職業生涯，參見金梁編：《光宣列傳》之李鶴年條，載王有立編：《中華文史叢書》（重刊本）第 10 册，第 241 ~ 243 頁。

② 參見張宗璿：《禮部碑》。

③ 需要指出的是，在禮部呈遞給内務府和同治帝的奏摺中，請求頒賜的是佛教的《大藏經》，而不是道教的《道藏經》，參見張宗璿：《禮部碑》。不過，前任南陽知府傅壽彤最初是希望清政府頒賜一部《道藏經》，參見傅壽彤：《南陽玄妙觀藏經閣記》（1867）。張宗璿獲得御賜《道藏》一事，南陽政界和文化界的精英們反響熱烈。當時，任愷曾經創作了一首名爲《大□克成》的詩，詩文充分反映了當時的熱烈場面。這首詩的拓本收入筆者的個人收藏之中。

後帝國時代，這部御賜的明本《道藏》的命運和玄妙觀的命運都是比較悲慘的。20 世紀上半葉，國民革命軍和共產黨的抗日武裝曾先後佔領南陽玄妙觀。當時，這座全真道觀遭受了很大的破壞。1940 年代後期，一些士兵甚至利用部分《道藏》經卷燒火取暖。這部《道藏》的剩餘殘卷現存於南陽市圖書館，查閲其中的經卷一般都會受到嚴格的管理和限制。它已經成爲當代南陽人（特别是當地知識分子）增强文化自豪感和地方認同的一種源泉。具體參見殷德傑：《老南陽》，第 181 ~ 189 頁。

1640年代清軍征服中原以後,玄妙觀在其早期歷史上就曾積極參與、支持南陽城的重建和興復事業。1860年代,全真道士參加南陽城的防禦工作充分反映了玄妙觀對南陽地區事務一如既往地參與和援助。和清朝初年全真道士收埋戰爭遺骸一樣,他們對破損的玄妙觀的修復和重建也有利於南陽城的穩定和重建。19世紀中期張宗璿方丈及其率領的全真道士保障了南陽市成千上萬名民衆的生命財産安全。由此可見,全真道士參加南陽城的守衛工作並非僅僅是爲了效忠於清帝國,同時也是全真道士參與南陽地方社會重建的體現。

張宗璿及其玄妙觀對清政府是無限忠誠的,對南陽當地社會事務也是充滿熱情的。因此,上到河南巡撫下到南陽縣令的大小地方官員都對他們心懷感激。同時也使這些官員有充分的理由請求皇室賞賜給張宗璿及其玄妙觀大批銀兩和珍貴的《道藏》。1860年代,作爲鹽運使,傅壽彤肩負着守衛南陽城的重任。1867年,他曾經給河南巡撫李鶴年上報了一份奏章,其中非常真誠地表達了自己對張宗璿方丈及其玄妙觀的感恩和欽敬之情。

傅壽彤敏鋭地認識到了南陽公衆對張宗璿方丈及其玄妙觀的深厚情感,這種情感在太平軍起義以來有關張方丈和玄妙觀的傳説中也得到了較爲充分的體現和印證。事實上,這位全真方丈及其玄妙觀的英勇事迹和清皇室頒賜《道藏》一事共同構成了當地大量關於玄妙觀的民間傳説的基礎。同時,也有利於塑造和解釋玄妙觀在公衆心目中的文化傳統和身份認同。[①]

玄妙觀參與剿滅太平軍、守護南陽城的工作並非僅僅源於張宗璿方丈對這股起義力量的敵視,更爲重要的是長期以來張宗璿及其玄妙觀都一直參與南陽地方事務,爲當地社會服務。這已經形成一種傳統,而且他們參與或者提供服務的形式多種多樣。具體來講,主要包括以下幾種形式:賑濟災荒、定期的各種宗教儀式、惠及民生的借貸、土地租賃、提供就業崗位、與地方社會形成的密切的個人友誼和眷顧關係,等等。當然,他們之所以有能力從事這些活動,還是以玄妙觀擁有的大量田産爲基礎的。

在研究當代北中國農村地區儀式生活及其結構的過程中,歐大年(Daniel Overmyer)教授和其他一些學者已經證實,在過去的幾十年裏,農村儀式活動的領袖們(香頭)及其領導的儀式團體在組織和塑造當地政治、社會、文化生活方面一直發揮着主導性的影響力。他們的集體活動表明,在國家和從古到今的精英階

① 關於當代學者對南陽和玄妙觀的論説,參見殷德傑:《老南陽》。

層之外,這些鄉村的香頭們在北中國的農村社會中也一直扮演着重要的角色。①在筆者看來,上述的研究充分表明,當前我們必須對非傳統精英人物在塑造地方文化和社會生活中的作用予以更多的關注。毫無疑問,19世紀中期的南陽,張宗璿方丈(及其玄妙觀)就是對當地社會的發展和繁榮起到過主導作用的非傳統精英人物之一。他們的權威和影響力主要來自於以下兩個方面:其一,與帝國政府和地方當局的長期合作;其二,數個世紀以來對南陽地方社會、經濟與儀式活動的廣泛參與。幾個世紀以來,他們積纍了大量的物質財富和强大的文化影響力和政治影響力。因此,在起義軍進攻南陽城的關鍵時刻,張宗璿方丈及其玄妙觀纔能够站出來,並發揮核心性的作用。在19世紀末至20世紀初南陽地區的近代化過程中,上述道德資本和物質資本同樣能够激勵玄妙觀和全真道士們廣泛參與社會事務,構建應對混亂時局的新方略,保持、創新、鞏固全真教的身份認同和影響力,積極推動南陽地區的近代化進程。

(本文是筆者的在研專題項目"晚清帝國至當代中國南陽道教社會文化史與地方社會"的一部分内容。2007年11月,第四屆道教研究國際研討會在香港舉行,會上,筆者曾將本文的一部早期文稿提交會議小組討論。法國高等實驗研究院(EPHE)、香港中文大學(CUHK)的勞格文(John Lagerwey)先生及與會同仁都曾細心評論這篇文章。此後,法國國家科學研究中心(CNRS)的高萬桑(Vincent Goossaert)先生、萊頓大學(Leiden)的田海(Barend ter Haar)先生也爲筆者提出了頗具洞察力的修改意見和建議。另外,我還要感謝《通報》(T'oung Pao)的幾位評論者爲修改本文英文原稿作出的努力。本篇論文的中文翻譯以在《通報》發表的英文稿爲基礎。在此,筆者謹向《通報》編輯部總編法蘭西學院 Pierre-Etienne Will 教授鳴謝。蔣經國基金會(The Chiang-ching Kuo Foundation)和法國國研會(Agence Nationale de la Rercherche,簡稱 ANR)爲筆者的此項研究工作提供了經費支持,使我能够完成在中國河南省南陽市的檔案文獻搜集和田野調查工作,對於兩家機構的支持,筆者深表謝意。最後,我也向本文譯者中國社科院的宋學立博士表示感謝。)

---

① 參見歐大年(Daniel Overmyer):《20世紀北中國地方社會中的香頭》("Ritual Leaders in North China Local Communities in the Twentieth Century"),載《民俗曲藝》(Min-su ch'ü-i)第153期,2006年9月,第203~263頁;另參見范麗珠:《作爲華北村落社區核心宗教的蠶母崇拜》("The Cult of the Silkworm Mother as a Core of Local Community Religion in a North China Village: Field Study in Zhiwuying, Baoding, Hebei"),載歐大年編:《當代中國宗教》(*Religion in China Today*),劍橋:劍橋大學出版社,2003年,第53~66頁;張振南、暴海燕:《上黨民間的迎神賽社》,載《民俗曲藝》第81期,1993年1月,第209~230頁。

金蓋山網絡

——近現代江南的全真居士組織

□高萬桑（Vincent Goossaert）撰　吴亞魁譯

摘要：金蓋山是湖州市的一座小山，半山坡處，有一座以（古）梅花觀和純陽宫之名而著稱於世的道觀。乾隆末年以來，當地俗居奉道弟子創建了此吕祖道場，並提供扶乩、治療及儀式服務。稍後，在閔一得的引領之下，金蓋山吸納了大量來自江南地區的俗居弟子，發展爲著名的全真道活動中心。閔一得在龍門派的框架之内，爲之創建了新的派别。歷經19和20世紀，這個新的派别逐漸發展爲一個頗具獨創、富有魅力的機構（這裏我稱之爲"金蓋山網絡"），到新中國成立前管轄70多處分壇。本文提供金蓋山網絡的初步歷史研究，論及分壇發展的過程，各壇弟子的社會背景及他們的儀式、慈善、修煉等方面的活動。

關鍵詞：金蓋山　江南　吕祖　全真　居士

作者簡介：高萬桑，1997年在法國高等研究實踐學院獲得宗教學博士學位，博士論文題爲《近代道教的建立——全真道》。1998年至今，擔任法國國家科學院專職研究員。2004年至今，擔任法國社會·宗教·政教關係研究所副所長。2007年，擔任香港中文大學中國文化研究中心客座教授。研究範圍爲近代中國宗教社會史，著作包括《1800～1949的北京道士：一部城市道士的社會史》（哈佛大學，2007年）及《近代中國的宗教問題》（合著，芝加哥，2011年）

金蓋山是一座高292米的小山，距湖州府城中心（現湖州市）約8公里，南鄰杭州，北接太湖。該山半山坡處，有一座以（古）梅花觀和純陽宫之名而著稱於世的道觀，後一種稱謂表明它是專事崇奉吕洞賓的道場。道觀的早期歷史詳情尚不明瞭，但它似乎一直處於僧侶住持的佛教寺廟和地方精英的私人隱修場所的交替之中。1787年至1792年間，當地俗居奉道弟子創建了此吕祖道場，他們經營於此，並提供奇迹般的治療及儀式服務。[①] 稍後，在閔一得（1748～1836）的引領之下，金蓋山吸納了大量來自江南地區的俗居弟子，發展爲著名的全真道活動中心。閔一得在龍門派的框架之内，爲之創建了新的派别。歷經19和20世紀，這個新的派别逐漸發展爲一個頗具獨創、富有魅力的機構（這裏我稱之爲“金蓋山網絡”），關於它的研究，展現了現代中國宗教歷史的諸多方面。

關於閔一得及其令人印象深刻的文本遺産，莫尼卡和森由利亞等學者業已頗多涉獵。[②] 其他學者，如王宗昱、吴亞魁，則側重於研究全真道在江南地區特别是湖州的宗派歷史，尤其在研究閔一得所創派别的傳承譜系方面用功較勤。[③] 基於這些堅實的研究，以及其他一些新的資料（著者如新近出版的宫觀志、乩文集和20世紀初期的修煉文獻），本文試圖將其置於現代中國社會一個更廣大的宗教團體的類型之中，提供一個金蓋山網絡的社會史的研究。通過這一個案研究，主要的論點在於表明：帝國晚期和民國時期全真道的生命力和創造力，它如何能够適應現時代的新的社會和政治條件。

一、創建：閔一得與梅花觀

閔一得出身於湖州的一個世族家庭。天台山（浙江中部）的全真道士治癒了他孩提時期的痼疾。在返回故鄉之前的一段時日，他曾在雲南入仕爲宦。1796年起，住守金蓋，成爲一個極其成功的知識領袖和組織幹才。此前，閔一得就是一個吕祖扶乩崇拜的熱心參與者；此後，依舊樂此不疲。閔一得住守之前，金蓋

---

① 參見王宗耀《古梅花觀志》中的碑文，内部資料，2003年，第151～154頁。

② 莫尼卡：“La Porte du dragon”（“La Porte du dragon：L'ecole Longmen du mont Jin'gai et ses pratiques alchmiques d'apres le Daozang xubian〔Suite au canon taoiste〕”，Ph. D. dissertation，Universite Paris VII，1993），“Longmen Taoism”（“Longmen Taoism in Qing China：Doctrinal Ideal and Local Reality”，*Journal of Chinese Religions*，29（2001），pp. 191－231），《清代における金蓋山龍門派の設立と金華宗旨》（京都大學人文科學研究所編：《中國宗教文獻研究》，京都：臨川書店，2007年，第239～264頁），《清代道教の密宗——龍門西竺心宗》（麥谷邦夫（Mugitani Kunio）編：《三教交涉論叢》，京都：人文科學研究所，2005年，第287～338頁）；森由利亞：《全真教龍門派系譜考》（道教文化研究會編：《道教文化への展望》，東京：平河出版社，1994，第180～211頁），《吕洞賓と全真教》（野口鐵郎（Kikuchi Noritaka）編：《道教の神と経典》，東京：雄山閣，1999年，第242～264頁）。

③ 吴亞魁：《江南全真道教》（香港：中華書局，2006年，第280～296頁），《論清末民初的江南全真道“壇”》（Paper for the international conference“Quanzhen Daoism in Modern Chinese Society and Culture”，UC Berkeley，2－3 November，2007）；王宗昱：《吴興全真道史料》（In Poul Andersen & Florian Rerter，eds.，*Scriptures*，*School and Forms of Practice in Daoism*：*a Berlin Symposium.* Wiesbaden：Harrassowitz，2005，pp. 215－232）。

山屢有神降乩示,但似乎是在閔一得住守和主持大規模重建梅花觀並有雲巢壇(或雲巢宗壇)作爲其扶乩内壇之後①,扶乩崇拜真正風行一時。結果,閔一得參與了數本吕祖經文的乩壇降示和編輯,並在兩個密切相關的文集《古書隱樓藏書》和《道藏續編》(前者有37種書,後者收其中的23種)中,與其個人著述(包括經典釋文和論文)和其他文獻混爲一體。《古書隱樓藏書》和《道藏續編》二書,均於1834年,即閔一得仙逝前兩年,由梅花觀首次出版。

閔一得的著述,内容十分豐富。他涉及全真道教義和歷史的重新建構——而後者見之於他屢屢爲人引述的傳記作品《金蓋心燈》。《金蓋心燈》記述了閔一得個人視野中的龍門道派歷史,首次出版於1821年。② 但這裏,我們無意於關注閔一得的著述,而是其所創機構怎樣隨着時間的推移而演變。閔一得據稱是創建了龍門派的支派,名作"方便法派"(道士自稱"嗣龍門")③,入派道士從屬於雲巢壇。"方便法派"的稱謂,意即它的成員不必恪守許多龍門派道士遵行的獨身和終身素食主義的道規。相反,縱觀其將近二百年的古老歷史,直至今日,大多數成員有家室,除却特定場合亦食葷④,並不倚賴宗教服務而謀生。更有甚者,現今的一些成員是當地的實業家,他們爲金蓋山的深厚文化魅力所感召,從而皈依金蓋山道統。

早期階段,直至太平天國戰争,金蓋山機構(即梅花觀和雲巢壇的俗居弟子社團)似乎即便未處於支配地位,至少閔氏子孫進行了大量投資,他在湖州南部農村和金蓋山周邊地區創建了最負盛名的家族。正如王宗昱所指出,許多名列金蓋山道派傳承譜系的閔氏成員是閔一得的嫡傳和再傳弟子,其中一些弟子即與幾位著名道士一起落葬於梅花觀墓地。⑤

對於金蓋山和江南的許多其他宗教機構來説,轉折點在於造成了巨大破壞——梅花觀被焚毁——瓦解了宗教網絡及其經濟基礎的太平天國戰争。1864

---

① 有元以來,雲巢似乎一直是梅花觀所在地的另外一個名稱(王宗耀:《古梅花觀志》第二章),當地人至今仍稱其爲雲巢廟。1864年後重建以來,梅花觀内專事扶乩的壇場名作巢鶯閣。故雲巢壇成爲一個社會機構而不是某一特定地方的稱謂。

② 莫尼卡:"Longmen Daoism","The Longmen School"("The Longmen School and its Controversial History During the Qing Dynasty", In John Lagerwey, ed., *Religion and Chinese Society*, pp. 621-698. Hong Kong: Chinese University Press, 2004)。

③ "方便法派"在閔一得的幾篇著述中皆曾論及:參見吴亞魁:《江南全真道教》,第292頁;劉焕玲:《試析閔一得之龍門方便法門》,《中國道教》2005年第5期。

④ 王宗耀:《古梅花觀志》第123、133頁,引述了網絡成員的兩個事例,他們是素食者,表明此種情形既罕見,同時又受人敬重。

⑤ 王宗昱:《吴興全真道史料》,第222~223頁。

年至1874年間，地方精英人士重建了梅花觀（其中没有一人屬於閔氏）[1]，他們可能重新獲得了大約20畝土地及湖州市區的房産，用以支持幾位常住道士[2]，但閔一得所創建的令人印象深刻的圖書館（古書隱樓）内的大多數所屬物均已蕩然無存。如今，梅花觀的重要性由其身爲相關乩壇的一個網絡擴張的中心而確定。

二、網絡的擴張

1870年代到1930年代期間，通過在整個江南地區創建新的分壇，金蓋山雲巢壇規模大增。這些分壇成爲發展中的金蓋山網絡的組成部分，特徵就是壇名的第二個字（這些分壇的許多成員也都以“雲”作爲道號的後一個字）都是“雲”字（個别例外）。它們經由定期參訪，特别是每年的吕祖誕辰（四月十四日），和功德奉獻，維繫與祖壇（雲巢宗壇）之間的密切聯繫。分壇的個别成員亦可赴雲巢壇雲遊，並於此正式注册爲雲巢弟子。[3] 通常，那些因職業原因而不得不遷居的現有壇場的成員創建了新的分壇。創建於上海的十個分壇正是此種情形的顯著事例，其中大多數由湖州籍人士創建。最大的一個分壇是覺雲壇，1888年由三位湖州人（顯然是商人）創建於上海東門外郎家橋。[4] 他們在分壇創建壇堂，邀請雲巢壇的宗師於開光時赴壇建醮。[5]

新的分壇的創建並非集中規劃，而是採取了多種形式。其中一些分壇亦發展爲一個吕洞賓道場，如純陽宫。[6] 更多則是創建於金蓋山周邊農村，成員爲數較少；它們很有可能基於鄉村廟宇或原有正一道觀，如緊鄰湖州府城的保壽宫或天醫院（曾爲正一道觀），或安吉縣的棲真道院（位於湖州府的西部）。在某些情形下，分壇實際上接管了處於困境的道教廟觀。如吴亞魁探討了德清紫陽觀的個案。紫陽觀是一個古老的正一道觀，太平天國戰爭後由全真道士接管。他們

---

① 參見著名學者俞樾1882年所撰碑文《金蓋山重建純陽宫記》，載王宗耀：《古梅花觀志》，第155～156頁；另載《春在堂雜文》第4/1.第2a～3a頁（見《春在堂文集》，1889年）。俞是德清人，德清距金蓋不遠，但俞本人並不熟悉金蓋其地及其網絡。

② 丘壽銘：《道教湖州雲巢純陽宫》，載浙江省政協文史資料委員會編：《浙江文史集粹》第七卷“社會民情卷”，杭州：浙江人民出版社，1996年，第118頁。這些道士從事固定的日常服務和神誕慶典，但不爲私人家庭舉行儀式；分壇成員從事私人家庭的儀式服務。其中一些常住道士沉醉於隱居修煉。

③ 吴亞魁：《論清末民初的江南全真道“壇”》，第4頁。

④ 至少上海的湖州同鄉會的領袖之一是金蓋山網絡的一個成員。見王宗耀：《古梅花觀志》，第130頁。

⑤ 吴亞魁：《論清末民初的江南全真道“壇”》，第6～8頁；《江南全真道教》，第256～260頁。

⑥ 如孝豐縣錦雲壇（位於湖州府的西部）。

於此創建了梵雲壇，非常可能是金蓋山網絡的一部分，儘管未曾列入其傳承譜系。[①] 實際上，金蓋山網絡分壇的經濟基礎（一般來自成員的奉獻）較之那些依賴土地租金的廟觀模式更加適應於太平天國戰後的條件。尤其當民國時期廟觀的土地收入被政府代理人或反迷信人士侵奪或攫取時更是如此。在一些城鎮，分壇作爲善堂而獨自創建。相應地，各個分壇的知名成員由數人至數百人不等。

下圖所示的金蓋山網絡的地理分佈表明，大多數分壇位於湖州府境内，特别是湖州府城（10 個分壇）和諸如南潯這類的周邊繁華商業集鎮。另一個主要聚集地是上海，在江蘇南部如蘇州、太倉和浙江杭州地區，也發現爲數不多的分壇。分壇的名録處於變動之中。在傳承譜系出版的 1920 和 1930 年代，分壇數目介於 50 到 60 之間。72 壇的理想數目偶或亦曾提及。我的研究和下列圖示基於王宗耀的新近著述，其中羅列了 69 個分壇。[②]

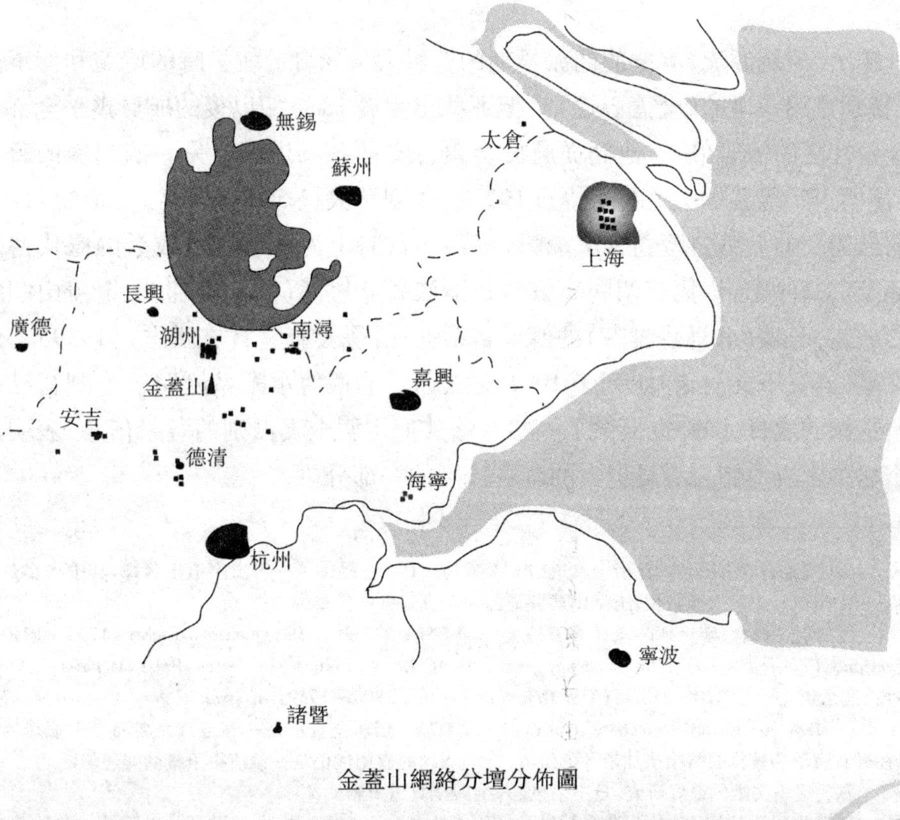

金蓋山網絡分壇分佈圖

① 吴亞魁：《江南全真道教》，第 251 ~ 252 頁。在王宗耀的《古梅花觀志》中，梵雲壇亦未列入其傳承譜系。

② 王宗耀：《古梅花觀志》，第 175 ~ 179 頁。

三、全真身份和傳承譜系

分壇的成員包括一些出家的全真道士①,儘管他們僅是一小部分。金蓋山網絡的主幹是由那些在政界、軍界和商界擁有非宗教職業的在家俗居弟子組成。然而,這些弟子從屬於全真道龍門派,聲稱擁有明確的全真身份,所以我將這個網絡稱做——還有其他類似的網絡,特别是廣東方言區——"俗居全真"。②

從金蓋山網絡印行的傳承譜系可以清楚地發現:金蓋山網絡的一個主要特徵是它特别强調全真正統及與龍門派的關聯。最大的一個傳承譜系是《道統源流》(1929),録有1885個道士名。順便説一句,這是我所知的最大的道教傳承譜系。③

雖然《道統源流》有關龍門派早期的資料大量録自於較早時的傳記和傳承譜系(特别是閔一得的《金蓋心燈》),但那些出生於18世紀以後的成員幾乎全部都是金蓋社團的俗居弟子,他們從屬於金蓋分支的各個道壇。另一個相關的著述是《龍門正宗覺雲本支道統薪傳》(1927),羅列了大概500個人名。《道統薪傳》由前已述及的上海分壇覺雲壇編輯,提供了當時上海分壇在世成員的歷代傳承關係及宗師傳記。④ 第三個同類資料是浙江省諸暨縣(浙江中部,距金蓋山網絡中心較遠)分壇(名爲覺雲軒)的傳承譜系——《覺雲軒雲霄玄譜志》(1939)。這個文獻(詳見下文討論)羅列了1001個人名。這個傳承譜系證明了他們自己是龍門道派的成員,同時也提供了一些有關其他主要全真派别的背景信息,表明這些俗居弟子視他們自身爲更大的全真社團的一部分。⑤

---

① 吴亞魁《論清末民初的江南全真道"壇"》第15~16頁,提供了一份出家道士名録,其中大多數於杭州玉皇山受戒。太平天國戰後,玉皇山演變爲江南全真道教的主要中心。

② 關於這一概念,參見高萬桑:《全真道士》,第741~747頁("The Quanzhen Clergy, 1700-1950", *Religion and Chinese Society*, John Lagerwey, ed., Hong Kong: Chinese University Press & Paris, EFEO, 2004);《北京道士》,第310~318頁(The *Taoists of Peking*, 1800-1949: *A Social History of Urban Clerics*. Cambridge (Mass.): Harvard University Asia Center, 2007)。俗居全真不是一個自我命名而是一個學術概念。在極其廣泛和複雜的吕祖扶乩崇拜的世界,這一概念的適用性仍是一個值得争議的問題。

③ 關於這一文獻的最好研究,是王宗昱的《吴興全真道史料》。

④ 關於此壇及其譜系,卿希泰主編的《中國道教史》第四卷(成都:四川人民出版社,1995年)第298~304頁曾有探討,但未曾提及它是一個俗家乩壇。王宗耀《古梅花觀志》也提供了豐富的譜系資料,大都選自《道統源流》和《龍門正宗覺雲本支道統薪傳》,並補充了現有成員。

⑤ 關於可信的全真道派名録,參見高萬桑:《全真道士》,第731~732頁;王宗昱:《吴興全真道史料》,第218頁。

除了對全真身份强烈的譜系認同,金蓋山網絡的領袖人物還藉由另一種方式表達了他們與全真道教的正式關聯:這就是成爲1912年由最主要的全真道士創建於北京的全國道教會的分會。① 嚴合怡,《道統源流》的編輯者,於1912年創立了全國道教會的吴興(以湖州地區爲中心)分會——還有孔教會的地方分會。② 這樣,嚴合怡,可能還有其他金蓋山網絡的領袖,明顯地與這些持反迷信改良主義觀點的新的協會結成了同盟。③

與宗教教派機構的如此緊密的關聯,使得金蓋山網絡有别於大多數江南(和其他地方,諸如北京④和四川)的吕洞賓扶乩團體,在它們當中,我們的網絡僅是少數而已。這些團體數量衆多,但明顯地規模很小和完全獨立,彼此互無關聯或與教士機構全無關聯,與金蓋山網絡能够羅列數以千計的教派成員不同;結果,隨着時間的推移,它比我們的網絡也就更不穩定。

四、分壇成員:地方精英和婦女

金蓋山網絡的成員是誰? 相當一部分是由地方精英人士組成。上述傳承譜系所列的大部分成員是士紳和官員,在任的或退休的。⑤ 富商亦爲數不少。著者如高福箴,民國時期上海覺雲壇、梅花觀本壇和湖州商會的領袖。⑥ 也有一些醫

---

① 關於此道教會,參見高萬桑:《北京道士》,第74~77頁。

② 吴亞魁:《論清末民初的江南全真道"壇"》,第5頁;王宗昱:《吴興全真道史料》,第217頁。

③ 關於1912年創立的各種宗教協會之間的共同的改良主義觀點,參見高萬桑:《民國的教會工程》("Republican Church Engineering: The National Religious Association in 1912 China",In Mayfair Mei-hui Yang, ed., *Chinese Religiosities: Afflictions of Modernity and State Formation*. Berkeley: University of California Press, 2008, pp. 209-232)。

④ 關於由官員蔣予蒲(1756~1819)於1798年在北京創建並由此産生了《道藏輯要》的吕洞賓扶乩團體,參見莫尼卡:"The Discovery of Jiang Yuanting's *Daozang Jiyao*"(麥谷邦夫〔Mugitani Kunio〕編:《江南道教の研究》,京都:人文科學研究所,2007年,第79~110頁);森由利亞:《道藏輯要と蔣予蒲の吕祖扶乩信仰》(《東方宗教》第98期,2001年,第33~52頁),"Identity and Lineage"("Identity and Lineage: The *Taiyi jinhua* and Spirit-writing Cult to Patriarch Lu in Qing China",In Livia Kohn and Harold D. Roth, eds., *Daoist Identity: Cosmology, Lineage and Ritual*, pp. 165-184. Honolulu: University of Hawai'i Press, 2002),《清朝全真教の傳戒と吕祖扶乩信仰》(載《福井文雅博士古稀記念論集·アヅア文化の思想と儀禮》,東京:春秋社,2005年),《蔣予蒲の吕祖扶乩信仰と全真教》(載堀池信夫〔Horiike Nobuo〕、砂山稔〔Sunayama Minoru〕主編:《道教研究の最先端》,東京:大河書房,2006年)。

⑤ 吴亞魁《論清末民初的江南全真道"壇"》第13頁和王宗昱《吴興全真道史料》第225頁提供了一份官員名録。一些是湖州現任官員,意即他們皈道,不是因爲家庭傳統,而是因爲他們任職湖州時處於分壇的直接影響之下。

⑥ 王宗耀:《古梅花觀志》,第93頁。

師，他們在分壇的活動正是這些分壇的慈善服務部分。[①] 不必獨身而仍可獲得全部教職權利的事實，似乎是該道派的主要魅力所在。如王來覺（？ ～1862），清道光年間皈依全真，在其死於太平天國戰事之前一直是梅花觀的領袖。王來覺親覩他的妻子和孩子死於時疫，遂決意重返他的早年生涯出家爲僧。他的母親極力勸其改變心志，結果，他成爲全真居士社團的一員。[②]

但是，與帝國晚期的一些扶乩團體全然由上層士族組成不同，金蓋山支派廣泛接納下層鄉村精英。關於入壇皈宗程式的最好描摹是丘壽銘的著述。1949 年前，丘是湖州鄉村皈雲壇的成員。他敘述了他的整個家庭，包括他的父親和兄弟，怎樣成爲皈雲壇的成員。[③] 欲入壇者，須誠實，有讀寫能力，並由一在壇成員引薦，然後通過扶乩獲得一個龍門派的派名，同時指派另一個在壇成員作爲其師。那些已經皈壇的成員均有一個稱做“派單”的證書。[④] 據丘稱，所有成員皆可參與由分壇組織的日常扶乩集會，但記録神的降示的成員則須具備較高學識。在 1920 年代丘所在的皈雲壇，記録人先前是一位省議員，後來則以律師爲業。

從閔一得所在的早期時代到 1949 年，金蓋山網絡對於精英人士的接納是頗爲獨特的。一個有趣的早期事例是著名的杭州詩人陳文述（1771 ～1843），表明金蓋山支派怎樣吸引那些精英人士。陳編撰了一部專門詠頌曾經活動於杭州的神仙及其遺迹的詩集——《西泠仙詠》。在此書的長篇序言中[⑤]，陳提供了一個令人吃驚、直言不諱的心靈自傳，描述了他入道以來在不同崇奉吕祖和其他道教神明（大多數似乎與金蓋山網絡無關）的乩壇的不同階段，從青年時期被一位仙人奇迹般的治癒，到四十以後逐日漸增的熱切和系統的修煉。歷經 20 年身爲官員的繁冗政務以後，陳深感疲憊和病體纏身，遂有意於以内丹修煉作爲康復之道。他被人引薦至一個壇場，成爲壇下弟子，在那裏，諸仙們指導他閱讀内丹經籍。他的小妾，本身就是閔一得的弟子，向他傳授更加高深的内丹修煉功夫（她本人從事於更爲精深的存思修煉法）。自閔一得於 1818 年在蘇州治癒陳的病患後，陳正式成爲閔一得的弟子，並認真地更新了他們之間的關係。從此，他在漢口、

---

① 參見《龍門正宗覺雲本支道統薪傳》第 439 頁金本幹的事例，陸本基：《龍門正宗覺雲本支道統薪傳》（1927），載《藏外道書》第 31 册，成都：巴蜀書社，1994 年。另一事例是王來因（卒於光緒年間），他是梅花觀的都講，同時也是一家大藥店的店主，見王宗耀：《古梅花觀志》，第 119 頁。

② 王宗昱：《吴興全真道史料》，第 229 頁，引自《金蓋山志》（我未曾親見）；王宗耀：《古梅花觀志》，第 117 頁。

③ 丘壽銘：《道教湖州雲巢純陽宫》，第 118 ～119 頁。

④ 《龍門正宗覺雲本支道統薪傳》的篇首，提供了一份“派單”的樣本。

⑤ 《自敘》，見陳文述：《西泠仙詠》，第 1a ～11b 頁，載《武林掌故叢編》。

蘇州、上海和杭州的各個不同壇場間周遊,在那裏,他獲得了進一步的指導和職銜。他務求使得其整個家庭的所有女性成員皈入道門,並接受其他女性爲自己的弟子。該書的其他序言和後跋,一再表明了陳十分精通全真的文本遺産。

陳文述的陳述,證明了一般來説在俗居全真社團,特殊而言在金蓋山網絡,女性的地位。甚至證明,19 世紀吕洞賓乩壇崇拜的一個重要方面是女丹手册的産生。儘管女丹的傳統早於 19 世紀,並爲現代的女性道士和俗居修煉者共同採納,但大量的女丹手册産生於 19 和 20 世紀期間,通常經由扶乩,由俗居全真社團們(特别是金蓋山和四川)專爲女性成員而設。① 閔一得本人編撰了兩本女丹著述,作爲其文集的一部分。② 儘管在金蓋山網絡的框架之内女性如何修煉女丹的細節,不幸付之闕如,但傳承譜系確實證明了她們的大量存在。甚至於,吴亞魁指出,進入 20 世紀以後,女性(大多是已婚在家,她們的丈夫通常也是道壇弟子)的數量實際上已超過了男性。儘管法會可以男女混雜(與帝國晚期和民國初期廣東方言區一些俗居道教乩壇堅持排斥女性,形成一個有趣的對照)③,但在傳承譜系中,她們與男性是分别羅列的。諸暨的覺雲壇在其 1001 位成員中有 462 位女性。④ 通常經由他們的妻子,這些男性精英人士前來加入網絡。例證之一就是著名的國民黨領袖和佛教居士戴季陶(1891 ~ 1949),他於 1911 年新婚之後成爲網絡成員。⑤

五、儀式活動

一些活躍於 19 和 20 世紀中國的崇奉吕洞賓的扶乩團體,頗有一種反儀式主義者的觀點,醉心於個人修煉,至於儀式則局限於簡單地唱頌崇奉吕祖的經文。⑥

---

① 關於女丹傳統,參見 Despeux, *Immortelles*, (*Immortelles de la Chine ancienne: Taoisme et alchimie feminine*. Puiseaux: Pardes, 1990) 第 163 ~ 182 頁;"Women and Daoism(《女性與道教》)"。Valussi,"Men and Women(《男性與女性》)"("Men and Women in He Longxiang's *Nüdan hebian*", *Nan Nü: Men, Women and Gender in China*, 10(2), 2008, pp. 242 – 278(Special issue on "Women, Gender and Religion in Premodern China");"*female Alchemy*(《女丹》)"("Female Alchemy and Paratext: How to Read *Nüdan* in a Historical Context", *Asia Major*, 3rd series, 21(2), 2008, pp. 153 – 193)。

② 一是《女金丹訣》,由孫不二扶乩降示,1799 年閔一得的一位弟子於杭州獲得。另一爲《西王母女修正途十則》。

③ 吴亞魁:《論清末民初的江南全真道"壇"》, 第 10 ~ 11 頁。

④ 《龍門正宗覺雲本支道統薪傳》之《例言》,解釋了男性和女性可以共同聚集於覺雲壇。

⑤ 王宗昱:《吴興全真道史料》,第 216 頁。

⑥ 莫尼卡:"The Discovery of Jiang Yuanting's *Daozang Jiyao* in Jiangnan",第 108 ~ 109 頁。

但這不是金蓋山網絡就整體而言的情形（儘管很有可能它是某些成員的個別情形）。每一個壇從事固定的儀式活動，傳承譜系中的一些成員被選拔出來，接受堅實的儀式訓練。與俗居全真社團相關聯的弟子則從他們的前輩那裏接受儀式訓練。傳承譜系表明，在每一壇，每一代弟子，僅有少數成員被推舉爲法師，現今所見的特别儀式包括雷法和"正一法事"。① 陳文述確實述及他在不同地點所受的法籙。儘管有一些吕祖降示的新的儀式經文，但這些社團的儀式總的説來類似於全真道院所行的儀式。

關於分壇的儀式活動，丘壽銘曾有描摹。② 當分壇規模大到足以僱用一位住觀道士時，則提供日常的早晚課。所有分壇都有三個主要節日：玉皇誕（一月十九日）、吕祖誕（四月十四日）和斗姥誕（九月九日）。屆時，所有成員身穿道袍參與其中。接受良好儀式訓練的7人，則演習科儀（主要是拜懺）2小時。然後，所有成員共同享用一道素食。但在雲巢壇，吕祖聖誕是一特别的事件，網絡分壇的代表及湖州當地的縉紳和官員（1804年以來清帝國一直將吕洞賓列入官方祀典）悉數參加慶典；大量的朝聖者則提前一日到達（其中一些朝聖者搭乘梅花觀的2艘渡船從湖州擺渡而來），留宿於梅花觀客棧。在所有分壇，節日期間或日常時候，吕洞賓的靈籤總是供不應求。

除了固定慶典，分壇也向信衆家庭提供儀式服務，特别是葬儀。道教居士通常在他們自己的分壇或雲巢宗壇爲當地人家舉行超度儀式。與職業道士不同，他們的服務是免費的（該户人家僅爲他們提供一頓飯，可能向分壇作些奉獻）。當邀請的人家來自富商背景時，其所舉辦的儀式可能規模盛大。③ 此儀式非常類似於職業道士，也是日間拜懺，夜間煉度。在傳承譜系中的幾位成員據説是編輯和傳演了《太極煉科》④，它是江南正一道士演習的主要煉度科儀⑤，故很有可能也是整個金蓋山網絡所使用的科儀。梅花觀也向信衆出售《玉皇本行集經》和《長生疏牒》等經書。⑥ 那些向分壇奉獻的成員在他們死後可以將他們的牌位供

---

① 吴亞魁：《論清末民初的江南全真道"壇"》，第16～17頁。王宗耀《古梅花觀志》第19頁證明，一位成員因驅除邪魔而享有盛名。

② 丘壽銘：《道教湖州雲巢純陽宫》，第119～123頁。

③ 丘壽銘：《道教湖州雲巢純陽宫》，第120～121頁。

④ 王宗耀：《古梅花觀志》，第174～175頁。

⑤ 《太極煉科》在現代江南可説是權威性的一個版本，由著名的龍虎山道教領袖婁近垣（1689～1776）編撰。

⑥ 王宗耀：《古梅花觀志》，第27頁。

奉於祖堂——現今所有道教居士團體的一種通行做法。

分壇還向當地社區提供儀式服務，偶爾也被邀至鄉村廟宇從事醮儀[1]，就像他們今日所做的那樣。某些場合，所有成員按照他們在壇内的職位和階層聚集於分壇。很有可能，一些較小的分壇没有受過高功訓練的弟子，但在不同分壇互相合作的場合，較大的分壇會向較小的分壇派遣一位高功以主持後者的慶典。[2]

此外，全真科儀的聲名導致獨立的乩壇尋求歸屬於金蓋山網絡，以便接受儀式的訓練和傳授。此即發生於 1894 年的惠雲善壇（江蘇南部太倉）。這個最初獨立的乩壇逐漸引進經懺科儀，邀請金蓋山分壇的道士，後來吕洞賓命令這個團體從屬於雲巢壇（見附録）。所以，從屬於金蓋山網絡的有利因素之一就是接受全真科儀訓練和能够爲其成員提供儀式服務。

在諸暨（浙江中部）覺雲軒，相類似的步驟爲其後一代弟子所遵行。當地一個扶乩團體，創立於 1920 年，於 1924 ~ 1928 年間擴建爲一座廟觀，名作雲霄殿。[3] 這個扶乩團體的首領於 1924 年從其他扶乩團體邀請法師從事醮儀。金蓋山網絡代表的科儀表演令其如此印象深刻，以致他們特邀這些代表向他們傳授全套科儀劇目，包括爲亡者舉行的煉度科儀。結果，他們將覺雲軒歸屬於雲巢壇，後者則定期派遣使者檢視他們的科儀演習，進行現場訓練。從此，這個團體對於科儀的需求與日俱增，同其他分壇一樣，儀式服務是免費的。

雲巢壇和其他大的分壇向新的下屬分壇所提供的部分儀式訓練，包括了贈送或出售科儀文本。這些由梅花觀印行的經文（其中一些以閔一得圖書館古書隱樓的名義）似乎爲數不少[4]，但存世無幾。在王宗耀的藏書（他非常善意地向我展示）中，我看到幾部此類科儀經書，特别是一本由古書隱樓印行的 1869 年版的《南極長生經懺》。一些新近發表在由金蓋山傳統的專家主持的博客上的帖子亦羅列了其他 7 本古梅花觀於 1871 ~ 1887 年間印行的科儀文本，包括《太極祭煉儀》、經懺和道經。[5]

如果金蓋山分壇的儀式活動主要面向於服務當地社區，則一些成員可能擁

---

① 丘壽銘：《道教湖州雲巢純陽宫》，第 121 頁。

② 《龍門正宗覺雲本支道統薪傳》述及一位上海分壇的成員於 1923 年被邀至北京演習科儀。

③ 《龍門法懺志》，見沈睿：《覺雲軒雲霄玄譜志》（載《中國道觀志叢刊》第 22 ~ 23 册，南京：江蘇古籍出版社，2000 年）卷四，第37a ~ 38b 頁。

④ 吴亞魁：《論清末民初的江南全真道"壇"》第 19 ~ 20 頁引述傳承譜系，意謂雲巢壇和其他分壇印行了大量的經典道書（著者如《玉皇本行集經》）和各種懺儀。

⑤ http://bbs.byscrj.cn/thread-1118-1.html，2009 年 5 月 18 日登録。

有他們自己的個人儀式訓練方法。一個有趣的事例是沈秉成(1823~1895),一位職位非常高的官員,曾經出任江蘇和江西的總督。沈氏爲湖州最古老和最興盛的宗族,而沈秉成爲一位宗族領導和宗譜的編輯者。① 他與他的妻子一道成爲金蓋山網絡的成員,夫妻二人每日念誦《玉皇經》(即《玉皇本行集經》,金蓋山網絡出版並流通),定時拜斗。② 他參與重建古梅花觀的項目,支持湖州分壇主辦的一個主要善堂——仁濟堂。諸如此類的奉道生活在道教居士中堪稱經典,但就金蓋山網絡來説似乎並不特別。此種情形在俗居道教信衆中隨處可見,但值得注意的是,金蓋山網絡歡迎並鼓勵這種類型的道教信徒。③

六、修煉、教義及經籍

金蓋山網絡是儀式服務的重要提供者,作爲一個教授並傳播修煉方術和理論的機構它也同樣享有盛名,這從網絡的編輯活動中可以發現。梅花觀宗壇及其分壇涉及了兩種出版事業:第一種,關於自己的團體創建,他們出版了傳承譜系、科儀文本和扶乩所得的經集;第二種,網絡創建時具名入壇的成員出版或編輯了關於他們個人修煉的著述。④ 我這裏的討論,基於迄今我所發現的非常不完整的諸如此類的文集。

梅花觀宗壇的第一種出版物,包括兩套由閔一得編輯的大部頭文集(《古書隱樓藏書》和《道藏續編》,二者均由梅花觀於1834年首次出版)。但是,太平天國戰爭對梅花觀的破壞是災難性的,特别是對於它的圖書館。《古書隱樓藏書》於1904年再次印行,但現今可見的重印本並未顯示是由該機構負責此次重印。⑤

---

① 周揚波:《從士族到紳族:唐以後吴興沈氏宗族的變遷》,杭州:浙江大學出版社,2009年。

② 嚴合怡編:《道統源流》,上海:民鐸報社等處發行,1929年,第317~318頁;王宗耀:《古梅花觀志》,第121頁;王宗昱:《吴興全真道史料》,第225頁。沈秉成撰作了一篇閔一得傳,收録於1904年重印的《古書隱樓藏書》序言部分。

③ 關於19世紀高層官員中道教居士的修道生涯,如混合吕祖崇拜,傾嚮於全真身份,日常念誦經文等,另一事例的極好探討,見劉迅"Immortals and Patriarchs"("Immortals and Patriarchs: The Daoist World of a Manchu Official and His Family in Nineteenth Century China",*Asia Major* 3rd series, 17〔2〕, 2004, pp. 161-218)。不幸的是,我們似乎没有任何能够告訴我們更多關於沈秉成的道教實踐和介入金蓋山網絡情形的沈的個人著述(詩歌、日記、散文集等)。值得注意的是,他的兒子,沈瑞麟(1874~1935後),民國時期的一位官員,在金蓋山網絡中也扮演了一個領導角色。王宗耀:《古梅花觀志》,第124頁。

④ 王宗耀《古梅花觀志》第172~175頁選録了傳承譜系中網絡弟子撰作的著述的一份書目,其中大多數著述似乎失佚,至少未見於主要的圖書館或收藏。

⑤ 《藏外道書》(根據上海圖書館收藏的一個印本)第10册。

由萬啓型(一位閔一得弟子的弟子)編輯的擴充版於1916年印行,由著名的道士加商人加改良主義知識分子鄭觀應(1842～1921)和他的兩位友人資助。[①] 萬和鄭都是該地區不同道教乩壇的成員,吕祖的個人弟子,但他們都未列入任何金蓋山網絡的傳承譜系。如此一來,在由其他團體的成員傳播的意義上(儘管這可能受到了金蓋山網絡成員的歡迎),似乎金蓋山網絡已經失却了對自己的經書遺産的控制。鄭還涉及另一個主要内丹文集的重新印行,這就是晚明的《方壺外史》(見《三洞拾遺》第19册);在此書1915年的再版中,我們發現編輯者在書的封面署名爲"雲巢古梅花觀弟子陶本念校",但在序言(鄭序和其他撰者序)裏,則從未提及金蓋山網絡。[②]

梅花觀並不局限於印行閔一得的著述。太平天國戰後,它出版了大量的科儀文本(顯然都是小批量的),可能是爲了重新供給那些日常所需藏書遭致損毁的分壇。金蓋山網絡的自身歷史——《金蓋山志》,亦於1896年出版[③];1880年,《金蓋心燈》再版行世[④]。

在分壇印行的著述方面,我們已經討論了由道壇編輯、在網絡内部流通的三種傳承譜系。鑒於扶乩在整個金蓋山網絡的極端重要,由網絡成員印行的已知扶乩文獻的數量並不令人驚嘆。其中之一,是1904年由惠雲壇在太倉印行的《醒夢編》。此書係由葛玄開示的有關道德和修煉(關注於理論上的而不是實踐上的)的短篇文字組成;語言晦澀難懂,内容則似乎同於很多當時的其他善書。後記説明惠雲壇長期以來一直從事於醫療慈善,但在綜合性教理方面付之闕如,一種現今充斥於此書的宏願。其後是南宗和全真道派的宗師開示的詩歌。除了諸如此類由分壇造作的經書,各個分壇的一些成員就其個人來説在道教出版的繁榮世界裏相當活躍,撰作或編輯了標明他們作爲金蓋山網絡弟子身份的經籍。一個後來的事例,是一位名叫陸淇圖的人(1940年代爲位中善堂診所的管理人),他是著名的醫生和修煉專家林品三(1858～1936)的弟子。1945年,陸爲林的講授(有關宇宙論和修煉術的頗爲簡要的文字)文集作序,其間,他解釋説,在

① 關於鄭觀應之從事於道教修煉和扶乩,參見范純武:《修真、飛鸞與辦善:試析鄭觀應的宗教世界》(載巫仁恕、林美莉、康豹主編:《從城市看中國的現代性》,待出版);高萬桑:《北京道士》,第174、328頁;劉迅:*Daoist Modern*(*Daoist Modern: Innovation, Lay Practice and the Community of Inner Alchemy in Republican Shanghai*. Cambridge (Mass.): Harvard University Asia Center, 2009),第22～23頁。

② 在《道統源流》中,我未發現陶本念的名字。

③ 王宗昱:《吴興全真道史料》,第226～227頁。這是一本罕見之書,據我所知未曾重印,原印本現藏於北京大學及哈佛大學圖書館。

④ 1880年的這個重印本又被收録於《三洞拾遺》第16册(合肥:黄山書社,2005年)。

他整個的成年時期,一直是金蓋山網絡的成員,一直從事於閱讀、實踐和參與修煉團體的活動。儘管他未曾明言林品三本人就是一位網絡的成員,但陸淇圖稱讚金蓋山網絡將修煉的秘密公之於衆,"上至最高官,下至苦役"。[①]

金蓋山網絡一般來説在傳播道教文化,尤其是在修煉方面發揮了較大作用。儘管其他類型的機構(諸如上海翼化堂這樣的出版機構,以陳攖寧〔1880~1969〕爲中心的居士社團和救世團體等)[②]比金蓋山網絡出版了更多數量的道教修煉書籍,但這個網絡仍舊是流通和使用這些書籍的重要機構。丘壽銘指出,分壇的成員要接受道教經典(《老子》、《莊子》)和"邱長春長生術"的訓練。[③] 在發現關於分壇内部如何傳授修煉功夫的更多信息之前,[④]似乎這種傳授業已超出大多數的宫觀而普及於更爲廣大的受衆之中。雖然金蓋山網絡不必具備一個高度統一的教義身份,但它似乎是其他機構出版的經書的流通和傳授的重要場所。[⑤]

七、慈善

對修煉實踐指導的需求,與對健康體魄的關注是密切相關的。人們如陳文述等由於被奇迹般的治癒而被引入全真居士社團。[⑥] 全真壇場不僅治癒個人,而且派送仙人降示的藥方(許多被印行或登報),特别是在時疫流行期間。這些壇場同時也作爲善堂而運作,其領袖支持免費派送仙人降示的藥方,此即惠雲善堂的事例。[⑦] 金蓋山網絡壇場所從事的慈善活動覆蓋了所有的範圍:施診給藥,施粥施衣,興學恤孤,掩埋棄屍,惜字放生,宣講善書,等等。

正如王宗昱所指出的:金蓋山網絡興辦的善堂,在當地方志中已有記載,但

---

① 《江西分宜林品三先生語録序》(見《三洞拾遺》第19册),第1~2頁。

② 關於所有這些,參見劉迅:Daoist Modern。

③ 丘壽銘:《道教湖州雲巢純陽宫》,第121~122頁。

④ 傳承譜系中的一個有趣附注,描述了一位成員,在其加入網絡之前,根據經典的《靈寶畢法》自行修煉,結果並不令人滿意,後在網絡得以糾正。見王宗耀:《古梅花觀志》,第119頁。

⑤ 高萬桑《北京道士》第306~319頁,探討了北京的幾個扶乩團體和救世團體在流通和傳授全真道教經書方面所起的作用。

⑥ 王宗耀《古梅花觀志》第22~23頁,載有大量19世紀早期人們到梅花觀求醫,或被那裏的道士、或通過扶乩被吕洞賓治癒的軼事。

⑦ 《惠雲善壇創始記》(1903),見《醒夢編》後記部分。施藥(其藥方係通過扶乩由吕洞賓降示)在廣東方言區及江南的吕洞賓扶乩團體中十分常見。《申報》刊登了大量相關報道。關於清代及民國時期慈善事業中吕洞賓崇拜和扶乩的角色,一個極好的綜合研究是由游子安作出的,即《善與人同》(北京:中華書局,2005年)。

從未提及他們内在的道教身份。[①] 許多分壇都有一個作爲善堂的名稱和另一個作爲乩壇的名稱,通常解釋爲前者是"對外"而後者是"對内"。[②] 例證之一就是前已述及的湖州仁濟堂,即是湖州 10 個分壇之一的夙雲壇的所在。[③] 另一個例證,可能是所有與金蓋山網絡相關的善堂中最大的一個,這就是位中善堂,此即上海覺雲壇的"對外"身份。與這兩個機構相關的文獻,很少指明它們二者實際上是同一回事,儘管相關閲讀可知是足够明顯的;在一個反對"迷信"的背景下,扶乩和儀式活動勢必在某些公共語境中遭貶低,但這並不意味着這些團體經歷了一個世俗化的進程。[④] 位中善堂從 1888 年到 1955 年引人矚目地開辦了一個免費診所和一所義務小學(1927 年以後),除却日本侵華時期,是與湖州社團相關的上海最主要的慈善機構,因而與其社會經濟階層、地理來源和宗教背景密切相關。[⑤]

這樣一種雙重身份,是一個分佈廣泛的模式,特别見之於從 1860 年代以來在江南興起的濟公乩壇,它們的祖壇是在杭州。業已研究了這些濟公壇的王見川發現,他們不僅按照與金蓋山網絡壇場完全相似的模式運作,而且實際上通常與其混爲一體。[⑥] 正如王見川所指出的,一些最主要的慈善家同時是雙方網絡的成員,著名的事例是王一亭(1867 ~ 1938)。[⑦] 王一亭(來自湖州)是濟生會的最重要的成員,後在 1920 年代成爲覺雲壇的領袖。而濟生會,則是作爲濟公乩堂的外在善堂身份於 1916 年在上海創建的頗有影響的慈善團體。這並非一個古怪的個案。所有三個傳承譜系都羅列了那些同時擁有一個由濟公(其派别爲南屏派,本身是臨濟宗的分派,其運作則如吕洞賓的龍門派一樣,俗居弟子通過扶乩獲得一個派名)賜予佛名的弟子的名諱。[⑧] 一些金蓋山網絡的分壇從濟公那裏得受降示[⑨],正像許多濟公壇從吕洞賓那裏接受降示。一位來自上海的富商於

① 王宗昱:《吴興全真道史料》,第 230 ~ 231 頁。

② 吴亞魁:《論清末民初的江南全真道"壇"》,第 17 ~ 18 頁。

③ 王宗耀:《古梅花觀志》,第 119 頁。

④ 在此文的下一版本中,我將根據上海檔案館的一批豐富資料,深入研究這個善堂的歷史。一直至 1949 年,它還提供乩方及超度儀式。

⑤ 陶水木:《北洋政府時期旅滬浙商的慈善活動》,《浙江社會科學》2005 年第 11 期。

⑥ 王見川:《清末民初中國的濟公信仰與扶乩團體——兼談中國濟生會的由來》,《民俗曲藝》第 162 輯(2008),第 215 ~ 232 頁。

⑦ 關於王一亭,參見 Katz, "The Religious Life" ("The Religious Life of a Renowned Shanghai Businessman and Philanthropist, Wang Yiting", Forthcoming)。

⑧ 吴亞魁:《論清末民初的江南全真道"壇"》,第 13 ~ 14 頁。南屏派被列入《道統源流》承認的諸多派别之内。王宗昱:《吴興全真道史料》,第 218 頁。

⑨ 《醒夢編》序言部分,載王見川、林萬傳編:《明清民間宗教經卷文獻》第 11 册,臺北:新文豐出版公司,1999 年。

1903 年在梅花觀内建立了一座濟公神壇。① 甚至它們的分壇的稱謂都是相似的，許多濟公網絡的分壇稱做□雲軒。

實際上，諸暨覺雲軒表現了兩個網絡——金蓋山網絡和濟公網絡的一種非常本質的融合。正如我們所知，覺雲軒最初是一個獨立的扶乩團體，經歷了1920年代的驚人發展，創建了一座廟觀及幾個相關神會，每一個都有捐贈和章程，一些是慈善性的，另一些則是儀式性的。廟觀與金蓋山網絡發生正式關聯主要是因爲後者的儀式訓練，但它也是濟生會的地方分會。照此説來，它接受了大量來自吕洞賓和濟公的降示，其中一些散佈於它的《覺雲軒雲霄玄譜志》之中(《覺雲軒雲霄玄譜志》卷二)。它的成員獲龍門派和南屏派的雙重承認。現在諸暨芝山道院的道士建醮時也壇上供奉吕祖、濟公兩像。② 此外，如同他們的傳記所證實的那樣，最主要的成員如天庭官員一般被授予連續性的神聖職銜(《覺雲軒雲霄玄譜志》卷六、七)。Philip Clart（柯若樸）指出，一個不斷自我封聖的進程，是20世紀中國民間儒家扶乩團體的主要特徵(但在其他金蓋山網絡分壇中似乎並未得以證實)。③

八、近現代宗教版圖中的金蓋山網絡

既然我們已經描述了金蓋山網絡歷史和活動的主要輪廓，現在則嘗試將其放入自身是其中一分子的更大的宗教版圖之中。我認爲，這個網絡提供了一個非常有趣的跨邊界的事例，挑戰了業已建立的宗教團體的類型學。金蓋山網絡是一種源自於道教教士建制的帝國晚期的創造，但同時亦在幾個方面逐步演變，某些情況下與20 世紀早期的改良主義運動和新宗教運動相互影響或相互融合，我們將其中一些運動歸入救世團體(如同善社、道院、萬國道德會等)一類。④

許多這種團體(一些民國時期的學者認爲是道教的主流⑤)的確從地方扶乩

① 王宗耀:《古梅花觀志》,第 26 頁。

② 芝山道院是目前諸暨唯一一座道廟，民國時期是諸暨拜吕祖及濟公的道壇之一。

③ Clart, “Confucius and the Mediums” (“Confucius and the Mediums: Is there a ‘Popular Confucianism’?” *T’oung Pao* LXXXIX (1-3), 2003, pp. 1-38).

④ 關於民國時期的救世團體與其他宗教改革和復興運動的類型學，參見宗樹人和高萬桑:《宗教問題》第四章(Palmer, David〔宗樹人〕& Goossaert, Vincent〔高萬桑〕, *The Religions Question in Modern China*, 1898-2008. Chicago: University of Chicago Press, forthcoming)。

⑤ 高萬桑:“Daoists in the Peking Self-cultivation Market” (“Daoism in the Modern Self-cultivation Market: the Case of Beijing, 1850-1949”, In David Palmer & Liu Xun eds., *Daoism in the 20th Century: Between Eternity and Modernity*. Berkeley: University of California Press, forthcoming)。

團體演變而來。介於傳統的小型的獨立的扶乩壇堂和全國性的救世團體之間，諸如金蓋山網絡和濟公網絡這樣的地域性網絡提供了一種具有帝國晚期和民國時期特徵的居中位置。金蓋山網絡和濟公網絡二者都維持了與僧道建制的密切關係(與救世團體不同)，組織了赴金蓋山和杭州濟公塔的朝聖。二者也都樂於捐贈地方廟觀和修復廟觀，甚或當廟觀被損毀時接管它們，如濟生會於1920年代接管了一個大的道觀——南京附近的玉虛觀。[①] 二者會員衆多(濟生會有超過1000的成員)，從通過扶乩而治癒的病人那裏募集捐款用於慈善；女性會員爲數不少(在一些濟公扶乩團體中與男性分别聚集)；組織道團從事儀式活動。王見川指出，所有這些，似乎已成爲稍後的道院(創建於1921年)和其他救世團體的樣板。[②]

因此，金蓋山網絡在帝國晚期精英的精神世界和民國時期的新型宗教團體之間提供了各種類型的延續性。在金蓋山網絡的領袖當中，我們發現既有清代的傳統精英，亦有民國的新式精英。而梅花觀的領袖到1910年爲止大都是退位的地方士紳，梅花觀董事會(1912年後不久創立)的一位首領是從日本歸國的留學生。[③] 對這些延續性我的第一個觀察是在個人軌迹的延續性的層面。金蓋山分壇非常開放(對其成員没有前設條件)，不排外，其某些成員也是其他團體的成員，包括救世團體。特别是，一些雄心勃勃的政客和商人爲了擴展他們自己的社會形象，也是林林總總的宗教團體的成員，但他們一般並不積極參與其中。可能正是在這樣一個語境裏，我們可以理解金蓋山網絡内著名如吴佩孚(1874～1939)這樣的成員，他也參與幾個其他的道教團體和救世團體。[④] 甚至更有意義的是，領袖們和活動家將理念、經書和實踐從一個團體攜至另一個團體。包括嚴合怡的事例，他活躍於金蓋山網絡和孔教會；類似的還有金蓋山網絡和濟生會的許多領袖。經由這類活動家，起源於閔一得全真正統理念的金蓋山網絡，在救世團體的方嚮上發生演變。[⑤] 在某些情形下某些分壇也被政府的官員視做如此。我至少發現了一個金蓋山分壇(孝豐縣錦雲壇，距湖州西北不遠)1949年後即與其他的救世團體(反動會道門)一道被取締的明顯事例。[⑥] 但非常可能也有其他

---

① 王蓮友：《重建金陵玉虚觀紀事徵信録》，載《中國道觀志叢刊》第11册。

② 王見川：《清末民初中國的濟公信仰與扶乩團體》。

③ 王宗耀：《古梅花觀志》，第127頁。

④ 關於吴佩孚的成員問題，參見王宗昱：《吴興全真道史料》，第217頁；關於其介入北京道教和救世團體的問題，參見高萬桑："Daoists in the Peking Self-cultivation Market"。

⑤ 此與北京情況的比較，參見高萬桑：《北京道士》第七章。

⑥ 趙嘉珠編：《中國會道門史料集成·近百年來會道門的組織與分佈》，北京：中國社會科學出版社，2004年，第439頁。1958年，孝豐縣併入安吉縣。錦雲壇由諸本慈(1863～1952)創建，諸是當地富家後裔，他也創辦了學校和孤兒院等。見王宗耀：《古梅花觀志》，第128～129頁。

的情形——儘管不是梅花觀本身。[①]

金蓋山網絡和救世團體之間的延續性,也可從其他的層面加以觀察。在神學理念的層面,儘管金蓋山網絡與全中國數以千計的其他扶乩團體頗多共同之處,但閔一得的遺産與其由醫世理念而決定的教義革新相關聯,其中,吕洞賓被視爲是整個宇宙的拯救者。[②] 儘管我没有證據表明這一觀念在20及21世紀的分壇中怎樣被接納和理解,但它確實展現了與許多救世團體拯救世界的教理明顯的延續性。

最後要説的是,組織模式的延續性,提供了金蓋山網絡怎樣成爲民國時期救世團體創立者的直接靈感源泉之一的撩人心魄的掠影。雖然崇奉吕洞賓的乩堂模式,在地方精英當中招募成員,提供治療,傳授修煉,從事慈善活動,至少自18世紀以來非常普遍,但就金蓋山網絡來説顯然全新的是,大規模的聯合性組織。就我所知,金蓋山網絡之外的扶乩崇拜團體——它的近親濟公網絡和後來的救世團體,不曾出版有着數以千計成員的成員名録。此外,在最爲集中的地方,像湖州和諸暨,似乎金蓋山網絡分壇在某種程度上堪與其他救世團體在某些地方所取得的成就相比,在地方精英當中和在地方的政治、經濟生活中,是一個支配性的存在。[③]

顯然,金蓋山網絡代表了現代江南地方精英的道教,重視修煉和慈善活動,以扶乩爲中心而建立組織。就此而言,它在多個方面類似於廣東方言區(不僅廣州—香港地區,還有潮州地區)的道教居士團體,崇拜吕洞賓,具有作爲善堂的"對外"身份的同時兼有"對内"的道教身份(或全真道,或先天道),提供治療和儀式服務。[④] 一個關鍵的不同是,在廣東方言區顯然不存在一個如同金蓋山那樣

① 《中國會道門史料集成》第454頁顯示,1949至1953年的鎮壓,諸暨有大量的乩堂被取締。我不知覺雲軒是否也在其中。在長興縣(就在湖州西面,有幾個金蓋山分壇在此活動),龍門道被鎮壓,我不知與金蓋山是否有任何關聯(《中國會道門史料集成》,第435頁)。

② 莫尼卡:"Longmen Taoism";森由利亞:《吕洞賓と全真教》(載野口鐵郎(Kikuchi Noritaka)編:《道教の神と経典》,東京:雄山閣,1999年,第242~264頁)。

③ 例如與蔣竹山《1930年代天津獨流鎮商人的宗教與社會活動參與——以在理教爲例》(載王見川、蔣竹山主編:《明清以來民間宗教的探索——紀念戴玄之教授論文集》,臺北:商鼎文化出版社,1996年,第266~291頁)一文所研究的在理教相比。

④ 黎志添:《香港道堂科儀歷史與傳承》(香港:中華書局,2007年)、《廣東地方道教研究》(香港:中文大學出版社,2007年)、《香港道教》("Hong Kong Daoism: A Study of Daoist Altars and Lü Dongbin Cults",*Social Compass* 50(4), 2003, pp. 459-470);志賀市子:《近代中國のシヤーマニズムと道教》(東京:勉誠出版社,1999年)、《民國期廣州の道教系善堂》(《中國—社會と文化》第21期,2007年,第148~164頁);梁其姿:《道堂乎?善堂乎?清末民初廣州城内省躬草堂的獨特模式》(Paper for the International Conference "Temple and Local Communities in Urban China from the Ming to the Republic". Beijing, October 29-31, 2009)。

的有一中心宗壇的網絡。自明代以來一直存在、今天依然繁盛的吕祖乩堂,特别是在香港,構成金蓋山網絡源出於此的基質,長久以來肯定形成了各種非正式的路徑,在不同壇堂之間進行經籍和人員的流通。但是,一個組織化網絡的金蓋山模式,即明確的歸屬中心宗壇,共同的傳承譜系,固定的交流、參訪,資金流通,是金蓋山網絡的一個原初和重要的特徵。

但是,我們也發現金蓋山網絡和大的等級制宗教組織(諸如救世團體)之間的不同。與後者不同的是,前者維持了與公共宗教(地方神廟)、宫觀道士建制的牢固關係,並未建立一個完全獨立的教士結構。1949 年前,金蓋山網絡各分壇的一些弟子,在杭州玉皇山受戒而被明確認定爲正式的全真道士。它的一些分壇如鄉村廟宇般運作或與其密切合作。救世團體全然是社會大衆的(其成員出於個人的選擇),而金蓋山網絡某種程度上則植根於中國宗教的公共地域維度。實際上,這似乎是現今主要留存於世的東西。

九、今日之孑遺?

梅花觀於 1937 年被日軍侵佔,但直至 1950 年代顯然仍得以良好維護。1951 ~ 1952 年,廟觀土地被國有化,11 位道士分得一小塊土地以維持生計。1962 年,道觀被改作一所干部療養院;1972 年,又變作一所學校。1968 年,其間所有的經籍和塑像被損毁。[①] 許多分壇的活動一直持續到 1949 年,但隨着新中國的成立而停止——某些分壇,正如我們已知的那樣,在 1949 ~ 1953 年反“反動會道門”運動的浪潮中遭受取締。

大約 1989 年,梅花觀開始恢復,自此漸次重修。[②] 當我於 2007 年第一次參訪時,大部分殿堂業已新近重新整修。現在,它是道教協會湖州分會的所在地。與此同時,其他分壇作爲鄉村廟觀也重新開放。[③] 梅花觀道士保存了一份與創建於 1949 年之前的 69 個分壇相關聯、現今仍在活動的 12 個“分壇”的名册,儘管分壇的涵義業已改變。這些分壇没有居廟道士,但是有香客需要法事時就從金蓋山邀請幾位道士給香客做。即使分壇的代表確於吕洞賓聖誕日前往梅花觀,

---

① 王宗耀:《古梅花觀志》,第 27 ~ 29 頁。

② 莫尼卡參訪和參與了 1989 和 1991 年的當地儀式。當時,廟觀尚未重修,僅於節誕時開放。(口頭交流)

③ 此段信息,基於我 2007 年 11 月和 2009 年 12 月的田野訪談和方玲 2009 年 4 月的個人田野調查。多謝方玲博士的幫助,並與我分享她的信息。

似乎也不再有任何的資金流動。作爲鄉村廟觀,湖州農村的幾個前分壇現在香火興盛,規模已經超過了梅花觀。同時,一些於梅花觀受訓的道士作爲居家道士而受僱於鄉村廟觀,而後者從來不是1949年前金蓋山網絡的一部分,從而創造了一種新型網絡。道士們聲稱,現在没有任何一座分壇繼續公開從事扶乩,儘管"一些老人仍然知道如何操作"。要想知道金蓋山網絡如何生存以及它的未來如何,需要進行更多的田野調查。

龍門居士道派是活着的:王宗耀,一位當地實業家,非專業的歷史學家,當地道教協會的秘書,在他個人出版的梅花觀志中記録了十數個新近的皈道者。其中一些學習了道教科儀,有時應邀於鄉村廟觀演習科儀。在經由道教協會幫助這些鄉村廟觀獲得官方承認的身份方面,梅花觀發揮了作用。它也熱衷於派遣一些本觀道士作爲鄉村廟觀的住持者而外出工作,從而,在梅花觀和鄉村廟觀之間産生了一種新型關係,頗爲不同於以前的"分壇"網絡。顯然,復活一個網絡,仍然是有潛在可能的。

歷經過去的兩個世紀,金蓋山網絡已在不同層面,介於鄉村宗教和見多識廣的精英世界之間,逐漸演變;表明全真道在現代中國社會裏的十分豐富和複雜的潛能,以及它與其他形式的中國宗教的多樣聯繫。

附録:

惠雲善壇創始記①

蘇省太倉州境劉河鎮東,自甲午歲,經蔡、潘諸君情殷慕道,虔設惠濟一壇,開砂以米,飛鸞以竹,屢蒙雲岫石、撥雲費真人指示迷津,循循善誘。惟草創之初,未成規制。迨乙未歲,葉君明悟主席其間,增壇房,備經懺,經之營之,不遺餘力。適遇拂雲道友之來,與葉君講論相得,壇内規儀,悉承指點而改觀焉。旋奉吕帝降筆,改名惠雲,以冀祖述雲巢一脈相傳之義。去年,葉君他往。禀蒙吕帝諭令,覺修子接替主理,恪恭將事,蕭規曹隨,有加無減。尤幸同門桃李,雝肅一堂,頗有蒸蒸日上之象。若非葉、蔡諸君數載辛勤,安得有贊成之一日?撫今追昔,能不飲水而思源耶?且本壇毫無恒産,凡施藥、放生,種種善舉,全賴玄下同人佽助;遇有求方等事,竭誠而來者,罔不應效,從未收取分文,以仰副吕帝利濟爲懷之本願。更可喜者,《醒夢箴言》,葛真人不頒於他處而發於本壇,真意料所

① 《惠雲善壇創始記》(1903),見《醒夢編》後記。

不及。書成之日，群仙畢集，賜詩賜跋，並賜靈丹。設非一點至誠，大公無我，而能感格神明如斯顯應者，吾不信也。而今而後，所望同玄諸君子，襄理壇庭，始終不懈，體上天好生之德，存古人飢溺之心，庶幾貧病孤寒，常叨惠澤，則本壇固可垂於不朽，而諸君子亦可藉此□功焉。茲主理囑記於予，予本不能文，聊將創立始末原由，拉雜書此，伏祈閱者諒之。

光緒貳拾玖年歲次癸卯四月，捧花道子王本承謹記。

（多謝王宗耀於 2007 年 11 月帶領我參訪金蓋山；多謝方玲，她亦從事湖州地區的田野工作，並樂於與我分享她的調查結果。本文較早時的初稿曾提交 2009 年 6 月 9 日 ~10 日於臺灣佛光大學舉行的"民間儒教與救世團體國際學術研討會"，康豹和莫尼卡予以評議。本文現今所見資料部分的初步分析同時也是我的論文《全真道士》的一部分。目前從事的研究是在"近現代中國城市道士與廟宇研究計劃"項目的框架內進行的。該項目獲法國 ANR 和臺灣蔣經國〔學術交流〕基金會〔CCKF〕資助，詳情請流覽該項目網頁：http://www.gsrl.cnrs.fr/taoist - and - temple/。）